Das Buch des renommierten Autors über den psychischen Konflikt, den zentralen Gegenstand der Psychoanalyse, zählt zu den Meilensteinen der psychoanalytischen Literatur. Ohne sich von vorgefaßten, zum Teil »geheiligten« Auffassungen beirren zu lassen, prüft Brenner, Verfasser von Standardwerken der Psychoanalyse, alle an dem psychischen Konflikt beteiligten Motivationselemente auf ihre theoretische Schlüssigkeit und praktische Bedeutung hin. Brenners radikale Überprüfung theoretischer Konzepte der von Freud entwickelten Psychoanalyse mit Hilfe klinischer Daten ist ohne Beispiel in der Literatur. Der logische Aufbau des Buches, die didaktische Klarheit der Darstellung und die präzise Sprache machen es zu einer gewinnbringenden Lektüre auch für Leser mit nur allgemeinen Kenntnissen der Psychoanalyse. Brenners Buch, Pflichtlektüre für den angehenden wie den erfahrenen Analytiker, ist nicht nur subtile Sondierung des »Urgrunds« der Psychoanalyse, sondern zugleich auch Einführung in das psychoanalytische Denken.

Charles Brenner, Jg. 1913, hat Medizin an der Harvard-Universität studiert. Im Anschluß an sein Praktikum begann er mit der psychoanalytischen Ausbildung, zunächst in Boston, dann in New York. Er ist seit mehr als 20 Jahren Mitarbeiter des New Yorker Psychoanalytischen Instituts und Professor für Psychiatrie an der Yale-Universität. Weitere Titel des Autors im Fischer Taschenbuch-Programm: »Grundzüge der Psychoanalyse« (6309) und »Praxis der Psychoanalyse« (6740).

Charles Brenner

Elemente des seelischen Konflikts

Theorie und Praxis der modernen Psychoanalyse

Aus dem Amerikanischen
von Bernadette Eckert

Fischer
Taschenbuch
Verlag

Ungekürzte Ausgabe
Veröffentlicht im Fischer Taschenbuch Verlag GmbH,
Frankfurt am Main, August 1994

Lizenzausgabe mit freundlicher Genehmigung
des S. Fischer Verlag GmbH, Frankfurt am Main
Die amerikanische Originalausgabe mit dem Titel
»Mind in Conflict« erschien 1982
bei International Universities Press, New York

Druck und Bindung: Clausen & Bosse, Leck
Printed in Germany
ISBN 3-596-12232-5

Gedruckt auf chlor- und säurefreiem Papier

Inhalt

Vorbemerkung zur deutschen Ausgabe

Zu meinem großen Vergnügen wird mein jüngstes Buch den deutschen Lesern in einer Übersetzung vorgestellt, die nicht weniger gründlich und genau erarbeitet ist als mein zuvor erschienenes Buch mit dem deutschen Titel »Praxis der Psychoanalyse«. Wie es sich trifft, steht der vorliegende Band in enger Beziehung zu dem letztgenannten: Er liefert die theoretische Grundlage für ihn. Ich empfehle ihn daher den Lesern, die die »Praxis« gelesen haben, wie auch all denen, die – mögen sie an der psychoanalytischen Praxis auch nicht interessiert sein – neugierig sind zu erfahren, was die Anwendung der psychoanalytischen Methode über die Rolle des Konflikts im Seelenleben und im Verhalten des Menschen ans Licht gebracht hat.
In Vorbereitung der deutschen Ausgabe habe ich die Erörterung der Gegenübertragung, die ein oder zwei Absätze am Ende des 12. Kapitels umfaßt, auf mehrere Seiten ausgedehnt. Die längere Fassung dieses interessanten Themas, auf das in der psychoanalytischen Literatur der letzten Jahre so häufig Bezug genommen wird, bietet einen besseren Einblick als die Fassung des amerikanischen Originals.

Im Frühjahr 1986 Charles Brenner, M. D.

1. Einleitung

Die Ausführungen dieses Buches über den psychischen Konflikt beruhen auf Einsichten der Psychoanalytiker – seit Sigmund Freud – in das psychische Geschehen und die psychische Entwicklung des Menschen. Daher soll zunächst die Psychoanalyse in ihrem Wesen als Methode psychologischer Forschung und ihr Platz in der Arena der Wissenschaften beschrieben werden.

Die Anfänge der Psychologie als Tätigkeitsgebiet systematischer Forschung werden übereinstimmend Aristoteles zugeschrieben. Ergänzt man die Betrachtungen von Aristoteles und von Wissenschaftlern und Philosophen, die wie er vom Geist wissenschaftlicher Forschung erfüllt waren, um die Mutmaßungen von Dichtern, Mystikern und religiösen Denkern, erkennt man deutlich, daß die Psychologie seit Tausenden von Jahren, vor und nach Aristoteles, für die Menschheit ein Thema von zentraler Bedeutung gewesen ist.

Es ist daher um so erstaunlicher, daß die Psychoanalyse in weniger als einem Jahrhundert mehr zum Verständnis der Humanpsychologie beigetragen hat als alle Untersuchungen und Spekulationen zusammen, die vor Freuds bedeutenden Entdekkungen liegen. In der Psychologie leitete seine *Traumdeutung* (1900) ganz sicher ebenso eine neue Epoche ein wie Newtons *Principia* in der Physik und Darwins *Über die Entstehung der Arten* in der Biologie.

Wie war ein solch außergewöhnlicher Fortschritt möglich?

Darauf gibt es eine zweifache Antwort. Es war die Verbindung von psychoanalytischer Methode und psychoanalytischer Situation. Obwohl von Hause aus Neurologe, hatte Freud das Glück, psychisch kranke Patienten behandeln zu können, deren Krankheiten, wie er herausfand, psychogener Art waren. Die therapeutische Situation von Analytiker und Patient erwies sich als Quelle psychologischer Daten, deren Bedeutung bis heute unübertroffen ist. Allerdings ist es eine Quelle, deren Daten sich nur erschließen, wenn eine spezielle Methode der Untersuchung und Forschung angewandt wird. Es ist ein Maßstab für Freuds Genialität, daß er es war, und er allein unter den vielen, die an psychogenen Krankheiten leidende Patienten zu behandeln versuchten, der die psychoanalytische Methode von ihren Ursprüngen in der Hypnose her entwerfen und entwickeln konnte (Freud 1925b).

Es liegt nicht in meiner Absicht, einen detaillierten Abriß der psychoanalytischen Methode zu geben. Aus andernorts dargelegten Gründen (Brenner, 1976) bin ich davon überzeugt, daß ein solcher Abriß niemals wirklich zufriedenstellend sein kann. Persönliche Erfahrung im Umgang mit der Methode ist eine *Conditio sine qua non* für deren adäquates Verständnis – was für jede spezialisierte Methode wissenschaftlicher Forschung zutrifft. Für meine augenblicklichen Zwecke genügt eine stark komprimierte Zusammenfassung der psychoanalytischen Methode. Die Methode besteht einfach in folgendem: Die betreffende Person, ein Patient, teilt so frei wie möglich mit, was auch immer ihr in den Sinn kommt, nachdem sie sich zu Beginn der Behandlung bereit erklärt hat, auf jeden Versuch bewußter Kontrolle zu verzichten.

Der Analytiker hingegen konzentriert seine Aufmerksamkeit so ausschließlich wie möglich auf die Aufgabe, Natur und Ursprung der psychischen Schwierigkeiten des Patienten zu verstehen und dem Patienten dieses Verstandene mitzuteilen.

Die Anwendung der psychoanalytischen Methode ist keine einfache Angelegenheit. Sie erfordert viel an Ausbildung, Erfahrung und Sachkenntnis auf seiten des Analytikers, soll sie so eingesetzt werden, daß ihre Ergebnisse therapeutisch wirkungsvoll und wissenschaftlich zuverlässig sind.

Verglichen mit vielen anderen wissenschaftlichen Methoden und Techniken ist die psychoanalytische Methode freilich äußerst einfach. Sie erfordert keine künstlichen Hilfsmittel, keine speziellen Werkzeuge oder Apparaturen irgendwelcher Art. Nur Zeit und Privatheit sind erforderlich. Die Methode besteht einfach darin, die Abfolge des bewußten psychischen Lebens eines Individuums zu beobachten, und zwar so wie die betreffende Person darüber unter Bedingungen berichtet, die den Einfluß externer Reize auf ein Minimum reduzieren.

Trotz ihrer relativen Einfachheit hat sich die psychoanalytische Methode in einem Maße als fruchtbar erwiesen, das weit über das hinausgeht, was vorherzusehen war. Auf Erfahrung mit der Methode gestützte Reflexion allein bietet eine Erklärung für diesen Erfolg. Die Praxis hat gezeigt, daß die psychoanalytische Methode die einzige der für die Untersuchung der menschlichen Psychologie zur Verfügung stehenden Methoden ist, die zweierlei zu leisten vermag. Erstens sichert sie in beträchtlichem Umfang den Zugang zu den wirklich bedeutsamen Aspekten des psychischen Lebens, das heißt zu den einzigartigen individuellen Motiven, Erinnerungen und gegenwärtigen Erfahrungen des Menschen. Zweitens ermöglicht sie eine unabhängige, objektive Bewertung dieser Aspekte des Seelenlebens. Die Verbindung dieser beiden Eigenschaften ist es, welche die psychoanalytische Methode gegenüber ihren zwei Konkurrenten, der Introspektion und den Methoden der akademischen Psychologie, so überlegen macht.

Diese Behauptung bedarf einer Erklärung. Introspektion wird schließlich seit undenklichen Zeiten als Methode psychologischer Erforschung angewandt. Diejenigen, die ihre Verwendung befürworten, behaupten sogar ihre Überlegenheit über die psychoanalytische Methode, weil die Beschreibung eines psychischen Ereignisses niemals genau die Qualität und Lebendigkeit der Erfahrung dieses Ereignisses vermitteln könne. Dennoch sind die Ergebnisse von Introspektion, die oft als subjektive Daten eingestuft werden, aus rein empirischen Gründen lange als unzuverlässig diskreditiert worden. Subjektiv und unzuverlässig sind zu synonymen Begriffen geworden.

Bis zu der Zeit, als psychoanalytische Befunde zugänglich wurden, war allerdings nicht klar, warum das so sein sollte. Sobald sie jedoch zur Verfügung standen, lag die Antwort auf der Hand. Jeder Mensch, ohne Ausnahme, ist in beträchtlichem Ausmaß darum bemüht, sich selbst über seine eigenen Motive, vergangenen Erlebnisse und aktuellen Pläne oder Wünsche für die Zukunft hinwegzutäuschen. Genau aus diesem Grund sind die Daten der Introspektion so unzuverlässig. Sie sind stets systematisch verfälscht, unterdrückt oder beides. Es ist darum kein Wunder, daß ein Psychoanalytiker genauere, nützlichere und informativere Daten aus den verbalen Mitteilungen eines Patienten gewinnen kann, als dies irgend jemand nur mit Hilfe von Introspektion vermöchte.

Was die akademische Psychologie betrifft, liefern ihre Methoden ausführliche und zuverlässige Daten nur über solche Aspekte des psychischen Lebens, die in jedermanns subjektiver Einschätzung von geringerer Bedeutung sind, wie zum Beispiel Untersuchungen über die Psychologie sensorischer Wahrnehmung. Akademische Psychologen, die versucht haben, die psychoanalytische Methode in anderen als therapeutischen Situationen anzuwenden, sahen sich aus naheliegenden Gründen in ihren Hoffnungen enttäuscht. Niemand wird zu einem Fremden Stunde um Stunde und Tag für Tag ohne den Einsatz bewußter Kontrolle über seine Gedanken sprechen, wenn er nicht eine dringende Notwendigkeit dazu verspürt. Über den bloßen Anfang hinaus ist eine Psychoanalyse nur dann möglich, wenn die betreffende Person ein Patient ist. Es ist nicht möglich, die therapeutischen Aktivitäten eines Psychoanalytikers von seinen oder ihren wissenschaftlichen Forschungstätigkeiten zu trennen (Freud, 1927).

Was macht denn nun das Wesen der Daten aus, die mit der psychoanalytischen Methode gewonnen werden können? Auf welcher Art von Fakten beruhen die Theorien der Psychoanalyse?

Die Befunde selbst unterscheiden sich qualitativ nicht von denen der Introspektion und denen aus alltäglichen Beobachtungen der Leute um uns herum. Man kann sie beschreiben als Wünsche, Ängste, Phantasien, Träume, körperliche Sensationen und so weiter, die in Worten und Gesten ausgedrückt werden. Es ist die Spannweite und der Inhalt psychoanalytischer Daten, die einzigartig sind. Ihre Natur ist keineswegs einzigartig. Es sind gewöhnliche psychologische Daten. Als solche unterscheiden sie sich natürlich in bestimmter Hinsicht von denjenigen anderer Wissenschaftszweige, zum Beispiel der Physik oder Neurophysiologie. Diese Tatsache hat einige Psychoanalytiker zu dem Schluß verführt, die Psychoanalyse sei überhaupt kein Zweig der Naturwissenschaften, sondern eine Wissenschaft *sui generis,* da sie mit Sprache und Bedeutung zu tun habe. Außerdem gibt es Wissenschaftsphilosophen, die den psychoanalytischen Theorien kritisch gegenüberstehen und die Psychoanalyse fälschlicherweise eher als Spekulation charakterisieren denn als Zweig der Wissenschaft. Und das trotz der Tatsache, daß sie selbst keine Erfahrung im Umgang mit der Methode haben, welche die Grundlage der Theorien darstellt, die sie kritisieren. An anderer Stelle habe ich mich ausführlich mit diesen und ähnlichen Einwendungen auseinandergesetzt (Brenner, 1968; 1973a; 1980). Ich werde darum hier lediglich meine Schlußfolgerungen wiederholen. Sie besagen, daß die Psychoanalyse ein Zweig der Psychologie ist und als solcher Teil der Wissenschaft als ganzer. Sie erforscht einen Aspekt des zerebralen Geschehens, mit Hilfe einer Methode, die für diesen Zweck am besten geeignet ist.

In gewisser Hinsicht sind die Ergebnisse der Psychoanalyse einzigartig, aber das trifft auf die Befunde aller Zweige der Wissenschaft zu. Wären sie es nicht, gäbe es keinen Grund, die einzelnen Wissenschaftsbereiche auseinanderzuhalten. Demgemäß konstituierten zum Beispiel die Ergebnisse aus der Physik und der Chemie unterschiedliche Zweige der Wissenschaft, solange ihre Daten sich substantiell unterschieden. Als sich ihre Aussagen im wesentlichen deckten, gab es keinen Grund mehr, sie zu unterscheiden. Sie gingen ineinander auf. Ähnliches gilt für die Biologie, die im Verlauf der letzten Jahrzehnte mit der Physik und Chemie verschmolzen ist. Im Gegensatz dazu unterscheiden sich die Ergebnisse der Psychoanalyse immer noch deutlich genug von denjenigen, die mit anderen Forschungsmethoden erzielt werden, um die Behandlung der Psychoanalyse als separaten Wissenschaftszweig zu rechtfertigen. Wie auch immer, es besteht kein Zweifel daran, daß die Psychoanalyse ein Zweig der Wissenschaft ist. Überdies, was ein Psychoanalytiker mit den Daten tut, die sich aus der Anwendung der psychoanalytischen Methode ergeben, unterscheidet sich nicht von dem, was jeder Wissenschaftler mit seinen Daten tut. Ein Analytiker postuliert für psychoanalytische Daten die gleiche Ursache-und-Wirkung-Relation wie zum Beispiel ein Physiker im Hinblick auf die ihm zugänglichen Daten. Wie jeder andere Wissenschaftler ist ein Psychoanalytiker ein Empiriker, der aus seinen Daten einfallsreich funktionale und kausale Beziehungen ableitet, wobei er möglichst Generalisierungen vermeidet, die einander entweder dem Wesen nach widersprechen oder die unvereinbar sind mit gesicherten Befunden anderer Wissenschaftszweige. Die solchermaßen aufgestellten Generalisierungen oder Hypothesen konstituieren die psychoanalytische Theorie. Einige werden durch eine Fülle von Material erhärtet, andere sind weniger gut belegt, aber bei allen handelt es sich um empirisch fundierte Hypothesen, die denjenigen aus jedem anderen Wissenschaftsbereich völlig vergleichbar sind. Auf diese Tatsache bezog sich Freud (1933), als er schrieb, die Psychoanalyse enthalte keine philosophischen Auffassungen, keine andere Weltanschauung als die der Wissenschaft als ganzer.

Aus diesen Überlegungen folgt unter anderem, daß psychoanalytische Hypothesen wie alle wissenschaftlichen Hypothesen der Überprüfung unterliegen, sobald relevante neue Daten zugänglich werden. Hypothesen, das heißt Theorien, die entweder im Widerspruch zu neuen Fakten stehen oder durch diese unplausibel werden, müssen revidiert oder verworfen, neue Theorien müssen gebildet werden. Je größer die Übereinstimmung zwischen Daten und Theorie ist, um so besser ist man in der Lage, nach neuen Fakten zu suchen, um die Theorie zu überprüfen und sie als Grundlage theoretischer Weiterentwicklung zu benutzen. Wie Freud (1915b) in einer Arbeit zur Triebtheorie schrieb, ist es möglich, zur Erklärung vorhandener Daten viele verschiedene Theorien zu konstruieren, doch gibt die Übereinstimmung von Theorie und Fakten den Ausschlag dafür, welche Theorie vorzuziehen ist. Wie er es formulierte, muß es einen stichhaltigen, sinnvollen Zusammenhang zwischen den Daten und der Hypothese geben, soll man die letztere ernst nehmen und als Basis für weitere Forschungen betrachten.

Von diesem Geist ist auch die Darstellung der Theorie des psychischen Konflikts in diesem Buch geprägt. Das Konzept des psychischen Konflikts war eine von Freuds frühesten Entdekkungen. Sobald er die Technik der Hypnose als Methode zur Erforschung der Ursprünge psychogener Symptome aufgegeben hatte, stieß Freud, seinen eigenen Angaben zufolge, auf das Phänomen, das er als Widerstand bezeichnete, und erklärte es mit der Annahme von Konflikt und Verdrängung (Freud 1925b).

Seine erste Arbeit zu dem Thema, »Die Abwehr-Neuropsychosen«, erschien 1894, ein Jahr vor der Veröffentlichung der *Studien über Hysterie*.

Obgleich das Konzept des psychischen Konflikts von Anfang an einen bedeutenden Stellenwert in der psychoanalytischen Theorie innehatte, stand es bis 1926 nicht wirklich im Mittelpunkt von Freuds Theorie über die Entstehung von Neurosen. Vor diesem Zeitpunkt ordnete er die Ur- oder infantile Verdrängung anderen Faktoren als der Angst oder dem Konflikt zu. Damit meine ich, daß er annahm, Angst sei ein Ergebnis des Mißlingens von Verdrängung und nicht deren Motiv.[1] Erst 1926, in »Hemmung, Symptom und Angst«, schrieb Freud der Angst und dem Konflikt zentrale Bedeutung zu, die Schlüsselrolle in der psychoanalytischen Theorie der Neurosenentstehung, die sie seitdem einnehmen. Er brachte Angst in Zusammenhang mit einer Reihe von Gefahren, die mit dem Triebleben der Kindheit verbunden sind, und erkannte ihre Funktion als Auslöser von Abwehr und Konflikt sowohl in der Kindheit wie während des ganzen Lebens eines jeden Menschen.

Freuds Revision dieses wichtigen Aspekts der psychoanalytischen Theorie erwies sich als höchst fruchtbar für die Entwicklung der Psychoanalyse. Sie ermöglichte den Wandel der Psychoanalyse von einer Psychologie der Träume und neurotischen Symptome zu einer Psychologie, die unentbehrliche Beiträge zur gesamten Spannweite menschlicher Psychologie zu liefern vermag. Mit anderen Worten, damit wurde der Wandel der Psychoanalyse von einer im wesentlichen psychopathologisch ausgerichteten zu einer allgemeinen Psychologie möglich. Gleichzeitig ergaben sich daraus wertvolle Weiterungen für die psychoanalytische Praxis. Auch der Wandel dessen, was primär Es-Analyse war, zur Analyse der relevanten Aspekte von Ich- und Überich-Funktionen wurde dadurch eingeleitet. Als Folge davon erweiterte sich der Anwendungsbereich der Psychoanalyse (Stone, 1954), und die Sicherheit und Zuverlässigkeit ihrer Technik wurden bedeutend verbessert.

Seit 1926 ist über ein halbes Jahrhundert vergangen. Während dieser Zeit haben viele Analytiker weitere Beiträge zur psychoanalytischen Theorie des psychischen Konflikts geliefert. Hervorzuheben sind Anna Freud (1936), Fenichel (1941) sowie Hart-

1 Für eine gründlichere Erörterung dieser und anderer Änderungen der Freudschen Theorie siehe Arlow und Brenner (1964) und Brenner (1957a).

mann und Kris (1945), zu denen später Loewenstein stieß (1946, 1949). Einzeln und gemeinsam trugen sie Bedeutendes bei zum besseren Verständnis der Abwehr, zur Technik der Ich- und Überich-Analyse, zur Theorie der Aggression und zur Rolle der Aggression im psychischen Konflikt. Nichtsdestoweniger blieben die Hauptelemente des Freudschen Konzepts seit 1926 unverändert.

1975 habe ich eine wesentliche Änderung in der psychoanalytischen Theorie des Konflikts vorgeschlagen. Aufgrund psychoanalytischer Befunde formulierte ich, daß *Unlust* die Ursache ist für Abwehr und Konflikt im Zusammenhang mit infantilen Triebwünschen und daß weiterhin diese Unlust in zwei Erscheinungsformen auftritt, als Angst und, wie ich es nannte, als depressiver Affekt (Brenner, 1975a).

Wie bei der 1926 von Freud eingeleiteten Revision der Konflikttheorie bin ich davon überzeugt, daß auch die von mir zuerst 1975 vorgeschlagene und in diesem Buch ausführlicher entwickelte Veränderung sich als fruchtbar für die zukünftige Entwicklung der psychoanalytischen Theorie und Technik erweisen wird. Unter anderem erscheinen dadurch die Psychopathologie depressiver Erkrankungen, die psychosexuelle Entwicklung in der phallisch-ödipalen Phase und bis dato unerforschte Bereiche der Überich-Tätigkeit in einem interessanten neuen Licht.

Auf den folgenden Seiten habe ich so vollständig und präzise wie möglich die Aussagen formuliert, die meiner Meinung nach über den psychischen Konflikt auf der Grundlage des zur Zeit zugänglichen Belegmaterials getroffen werden können. Mein Hauptgrund dafür ist folgender: Das gründliche Verständnis des psychischen Konflikts ist gleichermaßen unerläßlich für jemanden, der hofft, ein kompetenter Psychoanalytiker zu werden, wie für jemanden, der den psychoanalytischen Beitrag zur Humanpsychologie verstehen möchte. Ohne dieses Verständnis kann man Psychoanalyse weder kundig praktizieren noch ihre Theorien begreifen.

Der Aufbau des Buches entspricht meinem Verständnis von Konflikt: seiner Komponenten, deren Interaktion und seiner Konsequenzen für das psychische Leben. Die Komponenten sind vielfältiger Natur. Sie schließen Triebabkömmlinge, Angst und depressiven Affekt, Abwehr und verschiedene Manifestationen der Überich-Tätigkeit ein. Diese Elemente interagieren unter der Herrschaft des Lust-Unlust-Prinzips. Die Folgen von Konflikten sind Kompromißbildungen. In all diesen Fragen habe ich die psychoanalytische Theorie abgeändert oder revidiert – wie zuletzt 1975 –, um sie so zufriedenstellend wie möglich mit den gegenwärtig verfügbaren Befunden in Einklang zu bringen. In jedem einzelnen Fall habe ich versucht, die Notwendigkeit der Veränderung bestehender Theorien aufzuzeigen, um die Grundlage für meine Änderungsvorschläge zu dokumentieren und um die Vorteile der neuen Theorien gegenüber den alten zu illustrieren. Einige der Veränderungen sind von substantieller Art. Als Orientierungshilfe für den Leser werde ich die wichtigsten der von mir vorgenommenen Abwandlungen zunächst kurz beschreiben.

Als erstes die Triebe. Die bedeutsamsten Veränderungen hier haben zu tun mit der Natur und der Quelle der Triebe sowie mit der Beziehung zwischen Triebzielen und Ichentwicklung. Alle psychischen Phänomene stellen Aspekte der psychischen Gehirntätigkeit dar. Die Triebe so gut wie jeder andere Aspekt, aber auch nicht mehr als die übrigen. Triebe haben keine einzigartige, körperliche Quelle oder Quellen. Sie sind keine Phänomene an der angenommenen Grenze zwischen Geist und Körper, denn eine solche Grenze existiert nicht. Das Konzept der Triebe ist ein psychologisches Konzept. Es beruht – recht exakt – auf psychologischen Befunden, will heißen, auf psychoanalytischen Befunden. Die Triebziele sind überdies mit der Ichreifung und Ichentwicklung in einer substantielleren und innigeren Weise verbunden, als dies gewöhnlich erkannt wird.

Die Änderungen in der Angsttheorie wurden bereits erwähnt. Wie gesagt, gaben sie den ursprünglichen Anstoß zur Abfassung dieses Buches. Ich bin davon überzeugt, daß sich sowohl für die Theorie als auch für die Praxis der Psychoanalyse Konsequenzen von großer Tragweite aus der Einsicht ergeben, daß die durch Triebabkömmlinge erzeugte Unlust von zweierlei Art ist, nämlich Angst und depressiver Affekt, und daß beide eine Rolle spielen bei der Konfliktauslösung.

Wie die Veränderungen der Triebtheorie habe ich die von mir vorgenommenen Änderungen in der Theorie der Abwehr teilweise schon in früheren Schriften publiziert (Brenner, 1975b;

1976). Die wichtigste besagt, daß Abwehr durch ihre Konsequenzen definiert werden sollte und nicht durch die zur Abwehr benutzte Methode. Jede Komponente der Ichfunktionen kann zur Reduktion von Unlust in Verbindung mit Triebabkömmlingen und/oder Überich-Forderungen benutzt werden und wird auch so benutzt. Jeder sogenannte Abwehrmechanismus kann zur weiteren Befriedigung eines Triebabkömmlings benutzt werden und wird es auch. Von Abwehrmechanismen zu sprechen ist darum zweideutig und irreführend. Darüber hinaus ist Abwehr nicht einzig damit befaßt, Triebabkömmlinge und Verbote oder Forderungen des Überichs abzuwehren. Abwehr kann auch gegen die Unlust von Angst und depressivem Affekt, gegen deren Vorstellungsinhalte oder gegen beides gerichtet sein.

Objektverlust, Liebesverlust und Kastration sind die Katastrophen der frühen Kindheit. Wie Freud (1926) dargelegt hat, bilden sie die Vorstellungsinhalte der durch Triebabkömmlinge erzeugten Angst. Hinzufügen möchte ich, daß sie auch den Vorstellungsinhalt des depressiven Affekts ausmachen, der durch Triebabkömmlinge hervorgerufen wird. Darüber hinaus empfehle ich zwei Verallgemeinerungen, die beide so wichtig und ungewohnt sind, daß sie in diese einleitende Zusammenfassung aufgenommen werden müssen. Die erste besagt, daß der mit psychischem Konflikt verbundene depressive Affekt weder unveränderlich noch ausschließlich eine Folge realen oder phantasierten Objektverlustes darstellt. Er kann aus allen Katastrophen der Kindheit resultieren: Objektverlust, Liebesverlust oder Kastration. Zweitens, obwohl diese Katastrophen der Reihe nach im Verlauf der psychischen Entwicklung auftreten, verschwinden die früheren nicht, sobald die nächstfolgende ins Spiel kommt. Eine jede dauert während der ganzen Kindheit an, ja während des ganzen Lebens. Besonders während der ödipalen Phase sind alle von Bedeutung, und was noch wichtiger ist, sie stehen alle in enger Wechselbeziehung untereinander (Brenner, 1959).

Was das Kapitel über die Überich-Bildung und Überich-Funktionen angeht, möchte ich bereits im voraus auf drei Punkte aufmerksam machen. Einer davon ist, daß unter die Rubrik Schuld weitaus mehr fällt, als die Art von Angst, auf die sich Freud (1926) bezog, nämlich Angst vor Strafe. Schuld ist ebenso eng mit dem depressiven Affekt verbunden wie mit Angst. Der zweite

Punkt betrifft die Rolle der libidinösen Triebabkömmlinge bei der Überich-Bildung und den Überich-Funktionen. Sie ist weit bedeutsamer, als es seit der Einführung des Überich-Konzeptes durch Freud (1923) in der Literatur zu diesem Thema zum Ausdruck kommt. Der dritte Punkt besagt, daß sowohl die Ursprünge als auch die Funktionen des Überichs zu sehen sind im Lichte der Theorie des psychischen Konflikts, die das Thema dieses Buches darstellt. Das Überich hat seinen Ursprung im Konflikt. Es ist selbst eine Folge des Konflikts – eine Kompromißbildung. Aus diesem Grund auch trägt es in seiner späteren Tätigkeit zum Konflikt in komplexer und vielfältiger Weise bei. Um nur ein Beispiel zu nennen: Manchmal wird das Überich tätig, um Unlust zu verringern, manchmal um Unlust zu erzeugen. Tatsache ist, die Theorie der Überich-Bildung und der Überich-Funktionen ist weitgehend unverändert geblieben, nachdem Freud sie entwickelt hatte (Freud, 1920; 1923; 1924b). Sie ist nie im Lichte seiner späteren Auffassung über den Konflikt revidiert worden (Freud, 1926). Sie muß aber revidiert werden, wie ich es hier getan habe, um sie in Einklang zu bringen mit dem heutigen Wissen über ihre Rolle im psychischen Geschehen.

So viel als erste Orientierung. Ich beginne die Darstellung der Komponenten des psychischen Konflikts und seiner Folgen im psychischen Leben mit einer Diskussion des Triebkonzeptes.

2. Die Triebe

In *Neue Folge der Vorlesungen zur Einführung in die Psychoanalyse* schrieb Freud: »Die Trieblehre ist sozusagen unsere Mythologie. Die Triebe sind mythische Wesen, großartig in ihrer Unbestimmtheit. Wir können in unserer Arbeit keinen Augenblick von ihnen absehen und sind dabei nie sicher, sie scharf zu sehen.« (Freud, 1933) Ich bin überzeugt, daß es möglich ist, einige Aspekte der Triebtheorie, wenn vielleicht auch nicht völlig scharf, so doch zumindest wesentlich präziser und weniger mythisch darzustellen, als es in der Vergangenheit der Fall war. Im folgenden werde ich das versuchen.

Freuds Vorstellungen von der Natur und den Quellen der Triebe

Freud stellte sich die Psyche als einen Apparat vor, der von Reizen zweierlei Art aktiviert werden kann, von sensorischen Reizen aus der Außenwelt und von körperlichen Reizen einer bestimmten Qualität. Diese letzteren nannte Freud die Triebe, da sie den psychischen Apparat zur Aktivität in Übereinstimmung mit dem Lustprinzip drängen oder treiben. Das ist die Rolle, die Freud den Trieben in der psychoanalytischen Theorie zugeschrieben hat. Die Triebe sorgen für Antrieb. Sie treiben die Psyche zu Aktivität.

In Übereinstimmung mit dieser Vorstellung glaubte Freud, daß psychoanalytische Befunde allein niemals eine adäquate Basis für eine zufriedenstellende Triebtheorie sein können. Er war davon überzeugt, und an dieser Überzeugung hielt er bis an sein Lebensende fest, daß ein Trieb etwas Somatopsychisches sei, etwas, dessen Quelle somatisch und dessen Effekt psychisch sei. Der Trieb erschien ihm »als ein Grenzbegriff zwischen Seelischem und Somatischem ... als ein Maß der Arbeitsanforderung, die

dem Seelischen infolge seines Zusammenhanges mit dem Körperlichen auferlegt ist« (Freud, 1915b).
In der Theorie, die Freud über einen Zeitraum von fünfzehn Jahren entfaltete, unterschied er zwischen zwei gesonderten Trieben: Libido und Aggression. Jedem ordnete er eine somatische Quelle zu. Im Fall der Libido sind das die erogenen Zonen, wie Freud sie nannte. Im Fall der Aggression ist die Quelle ein Todestrieb, der allem Lebenden innewohnt. Darüber hinaus schrieb Freud den beiden Trieben unterschiedliche Triebziele zu. Das Ziel der Libido sei die Erlangung von Lustgefühlen. Das Ziel der Aggression sei Tod und Zerstörung des Selbsts, des Objekts oder beider (Freud, 1905b; 1915b; 1920; 1924a).
Die primären erogenen Zonen, die Freud als Quellen der Libido bezeichnete, sind Genitalien, Anus und Mund. Die sekundären oder untergeordneten sind die Haut und die Organe spezifischer Sinne wie Augen, Ohren und die Riechorgane. Ein Teil der Anhaltspunkte, die für die Annahme sprechen, daß diese Teile des Körpers Quellen der Libido darstellen, ist nichtanalytischer Natur. Man muß kein Analytiker sein, um Libido beispielsweise mit den Genitalien in Verbindung zu bringen, oder um zu wissen, daß bestimmte Sensationen wie Berührung, Schauen, Geruch und Geräusche sexuell stimulierend sein können. Man muß sich auch nicht auf psychoanalytische Befunde stützen, um Mund und Anus zu den primären erogenen Zonen zu zählen. Es genügt, die sexuellen Perversionen zu betrachten, um zu der Überzeugung zu gelangen, daß diese Körperteile einer primären sexuellen Funktion dienen können. Beobachtungen des sexuellen Verhaltens von Kindern unterstützen ebenfalls Freuds Vorstellung von den Quellen der Libido, das heißt dem Zusammenhang von Libido und den erogenen Zonen.
Tatsächlich machte Freud in seinem Pionierwerk zu diesem Thema, den *Drei Abhandlungen zur Sexualtheorie* (Freud, 1905b), von all diesen eben erwähnten Anhaltspunkten Gebrauch, um seine Behauptung zu belegen, daß Mund, Anus, Genitalien und, weniger wichtig, Haut, Geschmack, Geruch, Sehen und Hören erogene Zonen darstellen und somit die somatischen Quellen der Libido. Das soll heißen, er zog Belegmaterial heran aus allgemein zugänglichem Wissen, aus Beobachtungen über sexuelle Perversionen und aus dem Sexualverhalten von

Kindern, um seine Libidotheorie zu stützen. Dem fügte er noch psychoanalytische Befunde hinzu. Er hatte entdeckt, daß die unbewußten Phantasien von neurotischen Patienten den sexuellen Wünschen und Aktivitäten von Kindern und von Perversen entsprechen. Das mittlerweile verfügbare analytische Material läßt erkennen, daß das gleiche auch für die unbewußten Phantasien von nicht-neurotischen Menschen gilt. Die oralen, analen, phallischen und andere libidinöse Wünsche der frühen Kindheit bleiben als treibende Kräfte im psychischen Leben eines jeden Erwachsenen erhalten. In der Tat waren es gerade die zuerst von Freud erhobenen psychoanalytischen Befunde, die ihn ursprünglich dazu veranlaßten, seine Libidotheorie zu formulieren. Allein psychoanalytische Daten lassen die ganze Tragweite der Rolle erkennen, welche die Libido als treibende, motivierende Kraft im psychischen Leben von der Kindheit bis ins hohe Alter spielt. Zwar wurde vor Freud sexueller Drang als Motiv nicht ignoriert – ganz sicher nicht –, aber Freud war es, der ihre Universalität offenlegte, ihre frühen Anfänge, ihre vielfältigen Maskierungen und die Bedeutung, die ihre Verbindung mit anderen Körperteilen außer den Genitalien für jeden Menschen besitzt. Um *diese* Merkmale deutlich zu machen, sind psychoanalytische Befunde unentbehrlich. Freud, und nur Freud, konnte sie in den Jahren 1905 bis 1915 aufzeigen, weil ihm, und ihm allein, die psychoanalytischen Daten vorlagen, die für diese Aufgabe wesentlich sind.

Indem ich einen Überblick über so geläufige Dinge gebe, möchte ich folgendes hervorheben: Für den Teil seiner Libidotheorie, der sich auf die Quelle oder den Ursprung bezieht, wollte sich Freud nicht auf psychoanalytische Befunde stützen, da er davon überzeugt war, daß die Quelle somatischer Natur sei. Er glaubte, daß hinreichend zuverlässige Daten zu diesem Sachverhalt nur aus anderen als psychoanalytischen Beobachtungen stammen könnten. Sie könnten sich zum Beispiel ergeben aus der Beobachtung des sexuellen Verhaltens, aus dem besseren Verständnis von der Natur und der Funktion der Sexualhormone, aus vergleichenden physiologischen und anatomischen Untersuchungen und ähnlichem. Aus diesem Grund war er von den – später diskreditierten – Berichten angetan, daß die Gonaden von vier- bis fünfjährigen Kindern im Verhältnis zum gesamten Körpergewicht größer sind als diejenigen von Kindern in der präödipalen Phase oder in den Latenzperioden; diese Berichte schienen die Intensität der phallischen Wünsche in der ödipalen Phase zu belegen. Selbst Ferenczis (1923) phantasievolle Erklärung der Beziehung zwischen Latenzzeit und der jüngsten Eiszeit erschien Freud ernsthafter Betrachtung wert. Es war ganz und gar nicht nach seinem Geschmack, daß *psychoanalytische* Befunde die wesentlichen Bestätigungen für so weite Bereiche der psychoanalytischen Libidotheorie liefern sollten. Er wünschte, es wäre anders, und er versuchte, so weit es ihm möglich erschien, sich auf andere als psychoanalytische Daten zu stützen.

Wenn man all dies bedenkt, ist es nicht schwer zu verstehen, warum Freud hormonale und andere somatische Prozesse in den erogenen Zonen als Libidoquellen postulierte. Als Psychoanalytiker sind wir mit dieser Formulierung so vertraut, daß wir sie selten in Frage stellen. Sie erscheint selbst-evident oder zumindest so plausibel, daß wir sie bereitwillig akzeptieren.

Die *Verbindungen* zwischen der Libido als treibender Kraft im psychischen Leben und jenen Körperteilen, die Freud als erogene Zonen bezeichnet hat, sind eng und unbestreitbar. Psychoanalytische Befunde lassen daran keinen Zweifel. Auf der anderen Seite wissen Psychoanalytiker aus wiederholter Erfahrung, daß die psychologische Bedeutung der Wünsche, die mit diesen verschiedenen Körperteilen verbunden sind, ständig bekräftigt und betont werden muß, denn es sind genau solche libidinösen Abkömmlinge, die in der frühen Kindheit Unlust erzeugen und die seitdem nachdrücklich abgewehrt werden. Aber das ist nicht dasselbe wie die Aussage, die Libido gehe vom Mund, vom Anus, von den Genitalien usw. aus. Wie wir gesehen haben, stehen bestimmte Fakten in Einklang mit der Theorie, daß es sich so verhält. Andere freilich nicht.

So stimmt zum Beispiel der verstärkte Druck libidinöser Wünsche während der Pubertät völlig mit Freuds Theorie überein. Doch für das gleiche Phänomen in der Zeit der Menopause oder des Klimakteriums gilt das nicht. Noch kann, nebenbei, Freuds Theorie das Aufblühen sexueller Wünsche während der ödipalen Phase zufriedenstellend erklären. Soweit mir bekannt ist, gibt es bis heute noch keine zuverlässigen Befunde über endokrine oder andere Veränderungen im Genitalapparat selbst, die Freuds

Theorie stützten, daß die phallisch-genitale Zone die *Quelle* der Libido als treibender Kraft im psychischen Leben bildet. Es besteht kein Zweifel daran, daß die Stimulation irgendeiner der wichtigen Zonen den Druck libidinöser Wünsche steigern kann. Aber dies anzuerkennen ist etwas ganz anderes als die Behauptung, diese Zonen seien die Quellen der Libido als treibende Kraft im psychischen Leben. Tagtägliche analytische Erfahrungen lassen zum Beispiel erkennen, daß im Kontext der Beziehung zwischen Patient und Analytiker Ereignisse eintreten können, wie etwa eine nahe bevorstehende Trennung oder der Beginn einer Analyse, die den Druck der libidinösen Wünsche kräftig steigern, das heißt stimulieren können, aber aus solchen Beobachtungen würde niemand den Schluß ziehen, daß die Beziehung zwischen Patient und Analytiker, das heißt die Übertragung, eine Quelle der Libido darstellt, geschweige denn *die* Quelle. Aus dem gleichen Grund ist es nicht überzeugend, aufgrund der engen Beziehung zwischen erogenen Zonen und libidinösen Abkömmlingen zu folgern, die Zonen seien die *Quelle* des libidinösen Triebes. Sicher, sie sind innig miteinander verbunden. Weniger sicher ist, daß die einen die Quelle der anderen darstellen.
Ich habe diese Zweifel an Freuds Libidotheorie nicht aufgeworfen, nur um anschließend auf ihrer Grundlage zu behaupten, es sei von zweifelhaftem Wert, wie Freud anzunehmen, ein spezifisches Charakteristikum der Triebe sei, daß sie ein somatopsychisches oder Grenzphänomen des Seelenlebens darstellen. Im Gegenteil, ich bin davon überzeugt, daß Freuds Annahmen hinsichtlich der Libido plausibel genug sind, um einen darin zu bestärken, weiterhin an ihnen festzuhalten – trotz aller Zweifel an ihrer Stichhaltigkeit, die durch solche Einwendungen, wie ich sie vorgebracht habe, aufkommen können. Erst wenn man sich von der Libido- der Aggressionstheorie zuwendet, wird das gegen das Grenzkonzept der Triebe sprechende Beweismaterial unwiderlegbar. Solange die Libido den einzigen Trieb darstellte, also vor 1920, ließen sich Gründe für die Stichhaltigkeit des Grenzkonzeptes anführen. Daß es, innerhalb des Bezugsrahmens der dualen Triebtheorie, nicht länger aufrechtzuerhalten ist, scheint mir eine unvermeidliche Folgerung zu sein.
Betrachten wir zunächst die Art des Beweismaterials, auf das Freud seine Theorie gründete, Aggression sei nicht weniger eine

treibende Kraft im psychischen Geschehen als Libido. Gleich zu Anfang soll gesagt werden, daß es sich dabei um eine Frage handelt, die sich nicht mit letzter Sicherheit beantworten läßt. Freud selbst hat nie explizit erklärt, welche Befunde ihn zu der Auffassung bewogen haben, Aggression sei mit Recht als Trieb anzusehen. Freilich kann man davon ausgehen, daß es sich sehr wahrscheinlich um psychoanalytisches Material handelte. Ich glaube nicht, daß es das brutale Massaker an Millionen von Soldaten im Ersten Weltkrieg 1914 bis 1918 war, so schockierend dieses Blutbad auch für jeden kultivierten Europäer gewesen ist, besonders für jemanden, dessen Söhne, wie die von Freud, an der Front standen. Noch denke ich, daß es die Experimente der Mikrobiologen mit Generationen von Paramecien (Pantoffeltierchen) waren, die Freud zur Theorie der Aggression veranlaßten, trotz aller Bedeutung, die er jenen Experimenten in seinen Ausführungen in *Jenseits des Lustprinzips* zumaß. Wenn man liest, was Freud in den Jahren um 1920 geschrieben hat, kann man sich – glaube ich – nicht des Eindrucks erwehren, daß die Aggressionstheorie zurückgeht auf die Anhäufung psychoanalytischer Befunde über die Bedeutung der gegen das eigene Selbst gerichteten Aggression im psychischen Leben, auf Belegmaterial also, das Freuds Studien über die Melancholie, die sexuellen Perversionen, besonders den Masochismus, und vor allem seine Studien über die Natur und die Funktion des Überichs ergaben (Arlow und Brenner, 1964, S. 45 f.). Mit anderen Worten, Freud wurde zu seiner Aggressionstheorie durch klinische Daten angeregt, die ihn auch zu »Trauer und Melancholie«, »Ein Kind wird geschlagen«, »Das Ich und das Es« und zu »Das ökonomische Problem des Masochismus« inspiriert haben, Arbeiten, die in der Zeit von 1915 bis 1924 entstanden sind.

Diese Schlußfolgerung, wenn sie richtig ist, bedeutet, daß die Grundlagen für die Aggressionstheorie psychoanalytischer Natur waren, Grundlagen, man bedenke, die Freud als für diesen Zweck ungeeignet erachtete. Wenn Aggression ein Trieb ist, dann muß sie ein Grenzphänomen sein und kann sich nicht primär auf psychoanalytisches Beweismaterial stützen. Zu diesen Folgerungen gelangte Freud, und wegen dieser Folgerungen formulierte er seine Ausführungen über die Aggression als Trieb so, wie er es in *Jenseits des Lustprinzips* getan hat.

Tatsächlich wollte Freud Beweise erbringen für die Existenz eines Triebes in jeder lebenden Materie, in den anorganischen Zustand zurückzukehren. Damit will ich sagen, daß er sich für einen Todestrieb aussprach, der aller lebenden Materie inhärent sei. Die psychische Manifestation dieses ubiquitären Todestriebes, so behauptete er, ist der Aggressionstrieb. Obwohl nicht mit spezifischen oder örtlich festgelegten Körperpartien oder körperlichen Prozessen verknüpft, wie die Libido mit den erogenen Zonen, ist nach Freud Aggression mit dem jeder Körperzelle innewohnenden Todestrieb verbunden. Damit unternahm er den Versuch, das Konzept von Aggression als Trieb im Seelenleben auf ein Fundament zu stellen, das außerhalb psychoanalytischer Beweiskraft liegt.

Zusammenfassend kann man also folgendes festhalten: Grundlegend für Freuds Triebkonzept ist die Annahme, daß es sich dabei um etwas Somatopsychisches handelt. Der Trieb liegt auf der Grenze zwischen Körper und Psyche. Freud war davon überzeugt, die Triebquelle sei ein somatischer Prozeß, für die Libido zum Beispiel die Erregung von Nervenendigungen in den erogenen Zonen. Bezogen auf die Aggression – immer laut Freud – sei dieser somatische Prozeß das universelle Streben aller lebenden Materie nach dem Tod. Freud wußte sehr wohl, daß die Unterteilung der Triebe in Libido und Aggression auf seinen klinischen Erfahrungen als Psychoanalytiker beruhte, das heißt auf psychoanalytischen Befunden. Im Fall der Libido hat er die Art des herangezogenen psychoanalytischen Beweismaterials spezifiziert. Es ergab sich aus Erkenntnissen über die kindliche Sexualität, die sexuellen Perversionen und über unbewußte, besonders pathogene, sexuelle Phantasien von Erwachsenen. In bezug auf die Aggression hat er keine genauen Angaben gemacht, aber die psychoanalytische Evidenz ergab sich, wie man billigerweise vermuten kann, aus der Analyse von Fällen, in denen Aggression gegen das eigene Selbst gerichtet war, sowie aus der Analyse von sadomasochistischen Phänomenen. Man sollte freilich nicht vergessen: Freud war davon überzeugt, daß sich eine zufriedenstellende Triebtheorie nicht allein auf psychoanalytisches Material stützen könne, denn er ging schließlich von der Prämisse aus, ein Trieb müsse seine Quelle in einem oder mehreren körperlichen Prozessen haben.

Aus Gründen, die weiter unten ausführlich dargestellt werden, bin ich davon überzeugt, daß das verfügbare Material in starkem Maße für Freuds duale Triebtheorie spricht. Das gleiche kann man freilich weder für sein Konzept der Triebe als etwas auf der Grenze zwischen Körper und Psyche Liegendem sagen, noch für die Verallgemeinerung, die er heranzog, um sein Konzept von Aggression als Trieb im psychischen Geschehen mit Beweiskraft auszustatten, die Verallgemeinerung nämlich, daß aller lebenden Materie ein Todestrieb eigen wäre, ein angeborenes Streben, in einen leblosen, anorganischen Zustand zurückzukehren. Ich werde das Konzept der Triebe als Grenzphänomen weiter unten diskutieren. Zunächst möchte ich mich jedoch mit der Gültigkeit des Konzeptes vom Todestrieb beschäftigen.

Das Konzept eines Triebes zu sterben impliziert die Vorstellung einer eindeutigen Unterscheidung zwischen Leben und Tod. Das Konzept eines Todestriebes beruht auf der Annahme, daß Leben und Tod biologisch so verschieden und gegensätzlich sind wie der Wunsch nach sinnlicher Lust, das heißt Libido, und der Wunsch zu zerstören, das heißt Aggression, in der psychischen Sphäre. Biologisch gesehen gibt es keine solch eindeutige Unterscheidung zwischen Leben und Tod. Die scharfe Trennung besteht nur auf psychologischer Ebene. Leben und Tod sind zwar in den Vorstellungen der Menschen polare Gegensätze, nicht so in der Biologie.

Leben und Tod, Lebendiges und Lebloses, Organisches und Anorganisches sind weder chemisch unterscheidbar noch exakt voneinander trennbar. Im Gegenteil, die über viele Jahrzehnte angesammelten Erkenntnisse, angefangen bei der Synthese von Harnstoff durch Wöhler im Jahr 1828 bis zu den jüngsten Entdekkungen der Molekularbiologen, haben stetig zur Absicherung der mittlerweile unumgänglichen Ansicht beigetragen, daß es keine Diskontinuität zwischen dem Lebenden und dem Leblosen gibt. Es liegt auf der Hand, daß sich die physikalisch-chemischen Systeme, die wir als primitiv und anorganisch ansehen, und jene, die wir als lebende Pflanzen oder Tiere bezeichnen, auf einem Kontinuum bewegen. Es gibt keinen spezifischen Punkt auf diesem Kontinuum, an dem Leben in ein physikalisch-chemisches System eintritt. Es treten schlicht graduelle Veränderungen physikalisch-chemischer Eigenschaften von einem System zum anderen auf, innerhalb einer Reihe, die mit dem beginnt, was wir als anorganisch bezeichnen, und die mit dem endet, was wir lebende Materie nennen. In der Biologie als Gesamtbereich besitzen Leben und Tod keine solche Bedeutung oder Wichtigkeit, wie sie ihnen jeder von uns aus sehr persönlichen Gründen zuschreibt und wie Freud in seinen allgemeinen Aussagen über einen Todestrieb und, nebenbei bemerkt, auch über einen Lebenstrieb angenommen hat. Natürlich mag man auf die offensichtliche Tatsache hinweisen, daß es in den physikalisch-chemischen Systemen, die wir wegen bestimmter Eigenschaften als lebendig bezeichnen, häufig Veränderungen in Richtung auf diejenigen Systeme gibt, die wir wegen ihrer Eigenschaften leblos nennen. Lebendes wird leblos. Doch daraus läßt sich keine brauchbare Bestätigung für Freuds generalisierende Formulierungen herleiten. Die Vorstellung von Leben und Tod als bedeutungsvolle, kontrastierende und genau abgrenzbare Eigenschaften physikalisch-chemischer Systeme ist eine wesentliche Voraussetzung für seine Argumentationslinie. Seine Theorie hat ihren Ursprung in der Differenzierung innerhalb des psychischen Geschehens zwischen sinnlichen Wünschen, das heißt Wünschen nach Lust durch körperliche Nähe, körperliche Stimulation und Liebe auf der einen Seite und Wünschen zu verletzen, zu töten und zu zerstören auf der anderen Seite. Diese psychoanalytischen oder, im weiteren Sinne, psychologischen Befunde haben die Unterscheidung nahegelegt, die Freud zwischen Libido und Aggression als Triebe des psychischen Lebens vorgenommen hat. Jene Befunde stützen diese Unterscheidung. Freud versuchte die Gegenüberstellung der beiden Triebe im psychischen Geschehen durch eine parallele Gegenüberstellung von Leben und Tod als biologische Phänomene zu untermauern. Leben und Tod stellen also Schlüsselkonzepte in Freuds Triebtheorie dar. Sie sind unentbehrlich für den Bestand der Theorie. Es ist schon fragwürdig genug anzunehmen, wie Freud es tat, daß ein mutmaßliches Bestreben der Zellen zu sterben die Grundlage für solch komplexe psychische Phänomene wie aggressive oder destruktive Wünsche liefern kann. Wenn man sich darüber hinaus noch klarmacht, daß Leben und Tod keine präzise definierbaren Konzepte darstellen und physikochemisch nicht so abgrenzbar sind, wie Aggression und Libido einander psychologisch gegenüberstehen, dann kann man nur zu dem Schluß gelangen, daß Freuds Todestriebtheorie als Basis für das Postulat eines Aggressionstriebes im psychischen Leben gänzlich unbefriedigend ist.

Eine alternative Theorie

Wie Freud bin ich davon überzeugt, daß wir Datenmaterial besitzen, welches das Konzept von Aggression als menschlichen Trieb belegt, genauso wie Daten vorliegen, die das Konzept eines libidinösen Triebes absichern. Allerdings stammen diese Belege nicht aus der Biologie, also anderen als psychologischen Erkenntnisgebieten. Ganz im Gegenteil, es handelt sich um psychologische Daten. Genauer, es sind psychoanalytische Befunde, das heißt, Erkenntnisse, die sich aus der Anwendung der psychoanalytischen Methode ergeben. Ohne diese Methode, ohne die daraus resultierenden Befunde, würde die von Freud vorgeschlagene Triebtheorie wenig Unterstützung erfahren. Es sind psychoanalytische Befunde, die so eindringlich für Freuds Theorie sprechen, und nicht Ergebnisse aus anderen Bereichen der Biologie.

Freud selbst hat sehr genau begriffen, daß seine duale Triebtheorie durch psychoanalytisches Material abgesichert wird. Allerdings beunruhigte ihn seine Überzeugung, daß psychoanalytische Befunde allein nicht als ausreichende Grundlage für eine Theorie der Triebe dienen können, eine Überzeugung, die sich aus dem Konzept des Triebes als Phänomen auf der Grenzlinie zwischen Psyche und Körper herleitete. Demzufolge muß als erstes über die Frage entschieden werden, ob ein Trieb als Grenzphänomen anzusehen ist, das heißt, als ein Maß für die Forderung an die Psyche, entsprechend ihrer Verbundenheit mit dem Körper tätig zu werden, im Gegensatz zu anderen psychischen Merkmalen, die rein psychologische Phänomene darstellen. Muß man für den Entwurf einer Triebtheorie auf andere als psychoanalytische Befunde zurückgreifen wie Freud behauptete, oder handelt es sich bei den Trieben um psychologische Phänomene, die durch psychoanalytische Daten bestätigt oder verworfen werden können?

Es steht außer Frage, daß Freud zu Recht die untrennbare

Verbindung von Psyche und Körper betont hat. Zu Freuds Zeiten mußte jeder, der wie er in Neuropathologie und Neurophysiologie ausgebildet war, hinsichtlich dieser Frage zwangsläufig zu der gleichen Auffassung gelangen; der Zuwachs an Wissen in den seither vergangenen Jahren hat ihre Richtigkeit bestätigt. Ich behaupte auch nicht, daß Freud Unrecht hatte mit der Bindung der Psyche an den Körper, sondern daß er dabei nicht weit genug gegangen ist.

Alles psychische Geschehen ist ein Aspekt der Wirkungsweise des Zentralnervensystems. Es gibt keine Grenze zwischen Psyche und Körper. Die Vorstellung von einer solchen Grenze ist lediglich ein Relikt aus jener Zeit, als die Trennung von Psyche und Körper noch umstritten war, also aus der Zeit, als man noch mit einigem Recht behaupten konnte, Psyche und Körper seien etwas Getrenntes. Diese Zeit ist längst vorbei. Die Vorstellung von der Psyche als etwas vom Körper Losgelöstes ist nichts anderes als eine verschleierte Version des uralten Glaubens an eine körperlose Seele. Sobald man jedoch die letzten Reste dieses Glaubens ablegt, wird klar erkennbar, daß alles verfügbare Material für die Ansicht spricht, daß die Psyche einen Aspekt des zerebralen Geschehens ausmacht. Man kann genausogut sagen, das Gehirn sei das Organ der Psyche, wie man sagen kann, die Lungen seien die Organe der Atmung und das Herz das Organ des Blutkreislaufs. Ohne Gehirn gibt es keine Psyche. Die in den vergangenen 150 Jahren angesammelten Erkenntnisse der Neurophysiologen, der Neuropathologen, der Forscher in vergleichender Neurologie und der Entwicklungspsychologen lassen keinen Zweifel an der Richtigkeit dieser Aussage. Die Psyche, das heißt das Seelenleben, ist ebenso ein somatisches Phänomen wie die Atmung und der Blutkreislauf, obgleich wir so viel mehr über die Zuständigkeit des Herzens und der Lungen für den Kreislauf und die Atmung wissen als darüber, wie die Gehirnaktivität psychische Phänomene bewirkt.

Da alles psychische Geschehen somatisch ist, erweist es sich als unnötig und in mancher Hinsicht sogar als irreführend, eine Gruppe psychologischer Phänomene von anderen dadurch abzusondern, daß man sie als von Natur aus somatisch etikettiert. Wenn es auch noch so richtig ist, daß jener Aspekt des psychischen Geschehens, den Freud zutreffend als Triebe vom übrigen

Teil abgrenzte, somatisch abhängige psychologische Phänomene umfaßt, dieses Merkmal unterscheidet sie jedoch nicht von anderen psychologischen Phänomenen. Alle psychologischen Phänomene sind vom Körper abhängig. Sie alle sind Aspekte der Gehirntätigkeit. Einige sind in besonderer Weise an spezifische Körperpartien gebunden. Einige sind innig mit hormonellen oder ähnlichen Vorgängen der körpereigenen Chemie verbunden. Dennoch, so bedeutsam ihre besonderen Charakteristika in dieser oder jener Hinsicht auch sein mögen, sie sind doch alle Teil des Körpergeschehens. Der Terminus somatopsychisch ist eine Tautologie.

Alles Psychische ist eben auch somatisch. Man braucht darum keine Bedenken zu haben, eine Triebtheorie auf psychoanalytische Befunde zu gründen, ungeachtet Freuds eigenem Widerstreben.

Diese Ansicht erfährt weitere Unterstützung durch die Tatsache, daß diejenigen Aspekte der Triebtheorie, der man sich gegenwärtig in der psychoanalytischen Praxis bedient, aus psychoanalytischen Befunden hervorgehen und sich nicht auf solches Beweismaterial stützen wie den vermeintlichen Todestrieb des Protoplasmas. Zum Beispiel würde es den meisten Psychoanalytikern heutzutage gleichermaßen inadäquat wie unbefriedigend erscheinen, das selbstzerstörerische Verhalten eines Patienten mit einem Intensitätsanstieg seines Todestriebes zu erklären. Eine solche Erklärung ergibt sich aber folgerichtig aus der Vorstellung, Aggression spiegle im psychischen Geschehen den Todestrieb des menschlichen Organismus wider; früher einmal war dies eine Erklärung, die Psychoanalytiker anzuführen pflegten. Das ist heute nicht mehr der Fall. Wenn Analytiker heutzutage das selbstzerstörerische Verhalten eines Patienten erklären oder verstehen wollen, bedienen sie sich jener Bestandteile der psychoanalytischen Aggressionstheorie, die sich aus dem psychoanalytischen Material ableiten. Sie erklären solches Verhalten mit mörderischen Wünschen in der Kindheit, mit Angst vor Strafe, mit Verlustängsten und bußfertigen Selbstbestrafungstendenzen. Keine dieser Erklärungen hat die Annahme zur Voraussetzung, der Todestrieb sei aller lebenden Materie eigen. Sie stützen sich im wesentlichen auf Befunde, die sich aus der Anwendung der psychoanalytischen Methode ergeben. Mehr noch, bei dem Versuch, selbstzerstörerische Wünsche und Verhaltensweisen zu verstehen, ziehen Analytiker auch libidinöse Abkömmlinge in Betracht, die stets mitbeteiligt sind. Es ist schon seit langem bekannt (z. B. Jones, 1911; 1912), daß solche Wünsche und Verhaltensweisen sowohl libidinös als auch aggressiv determiniert sind. In ihrer klinischen Arbeit verfahren Analytiker in Übereinstimmung mit dieser Erkenntnis. Das einzige, von dem Analytiker in ihrer tagtäglichen klinischen Arbeit keinen Gebrauch machen, ist die Theorie vom protoplasmatischen Todestrieb.

All dies konzedierend, stellt sich logischerweise sofort die Frage: Verzichtet man auf den protoplasmatischen Todestrieb als Basis für die Aggression als treibende Kraft des psychischen Geschehens, auf welches Beweismaterial soll man sich dann stützen? Welche psychoanalytischen Befunde soll man heranziehen?

Jedermann weiß aus der bloßen Beobachtung von sich selbst und anderen, daß Wünsche im psychischen Leben eine bedeutende Rolle spielen. Hat man einen Patienten in Analyse, das heißt, kann man die psychoanalytische Methode anwenden, dann kann man die Rolle der Wünsche im psychischen Leben weitaus genauer beobachten –: die wahre Natur dieser Wünsche, ihre Beziehung zu frühen Wünschen der Kindheit und die Geschichte ihrer Entwicklung und Umwandlung in der späteren Kindheit und Adoleszenz. Das will sagen, die beweiskräftige Grundlage der psychoanalytischen Triebtheorie besteht in den bewußten und unbewußten Wünschen der Patienten, wie sie durch die psychoanalytische Beobachtungsmethode aufgedeckt werden.

Man sollte dabei bedenken, daß jede Beobachtung persönlich und einzigartig ist. Darin äußert sich der Wunsch eines bestimmten Patienten nach einer bestimmten Art von Befriedigung von oder durch eine bestimmte Person unter ganz bestimmten Umständen. Der Wunsch eines Patienten ist zum Beispiel niemals »ein oraler Wunsch«. Es ist der Wunsch nach Befriedigung einer spezifischen Art, z. B. durch Streicheln oder Verschlingen des Penis. Es ist ein Wunsch, der eine einzigartige persönliche Geschichte hat, eine einzigartige persönliche Form und einen einzigartigen persönlichen Inhalt. Noch ist ein Wunsch jemals bloß »ein aggressiver Wunsch«. Es ist immer der Wunsch, jemandem etwas anzutun, wiederum mit einer spezifischen Geschichte, einem spezifischen Inhalt und einer spezifischen Form.

Betrachtet man die gesamte Datenfülle aus vielen Analysen, so lassen sich bestimmte allgemeine Schlußfolgerungen ziehen. Eine Schlußfolgerung besagt, daß solche Wünsche in zwei große Gruppen aufgeteilt werden können – in libidinöse und aggressive. Eine andere Schlußfolgerung lautet, daß in jedem Wunsch gleichermaßen libidinöse wie aggressive Elemente enthalten sind. Eine weitere, daß die Geschichte dieser Wünsche in die frühen Jahre der Kindheit zurückreicht, das heißt, sie sind überdauernde oder modifizierte infantile Wünsche. Und noch eine andere Schlußfolgerung heißt, die libidinösen Wünsche hängen oftmals mit lustvoller Stimulation der erogenen Zonen zusammen.

Zusammengenommen machen diese Schlußfolgerungen die psychoanalytische Triebtheorie aus. Damit meine ich, die psychoanalytischen Daten stützen Freuds Formulierung, daß es zwei treibende Kräfte oder Motivationen von fundamentaler Bedeutung für das Seelenleben gibt, libidinöse und aggressive; daß beide von Beginn des psychischen Lebens an aktiv sind; und daß der libidinöse Trieb in spezifischer Beziehung zu den erogenen Zonen steht. Ich habe bereits darauf hingewiesen, daß sich diese Aussage nur in einem Punkt von Freuds Aussagen über die Triebe unterscheidet. Er postulierte nicht-zerebrale, somatische Prozesse als Triebquellen. Mit anderen Worten, er weigerte sich, als Basis für die Triebtheorie ausschließlich psychoanalytische Befunde heranzuziehen, obgleich im Rückblick deutlich wird, daß Freuds Triebtheorie faktisch in jeder Hinsicht auf psychoanalytischen Daten beruht, außer in dem Teilbereich, der sich mit den Quellen der beiden Triebe befaßt.

Als Freud 1905 seine Libidotheorie erstmals formulierte, hatte nur er selbst umfassende Erfahrung mit der psychoanalytischen Methode. Selbst 1915 gab es erst eine Handvoll erfahrener Analytiker. Darüber hinaus war die Methode selbst weniger ausgefeilt als heute, und daher ist es legitim zu vermuten, daß ihre Ergebnisse weniger zuverlässig und präzise waren als heute. Im Gegensatz zur Situation Anfang dieses Jahrhunderts gibt es heutzutage Hunderte von Psychoanalytikern, von denen ein jeder mehr als zwei Jahrzehnte Erfahrung mit der psychoanalytischen Methode bei Tausenden von Patienten hat. Im Jahr 1915 war es geboten, gegenüber der Bedeutung und Zuverlässigkeit rein psychoanalytischen Materials zurückhaltend und sogar skeptisch zu sein, vor allem wenn es als Grundlage dafür benutzt wurde, Schlüsse über die Ursprünge menschlicher Motivationen zu ziehen. Dieser Skeptizismus ist heute nicht mehr angebracht. Psychoanalytiker sollten natürlich Bestätigungen für die psychoanalytische Triebtheorie aus anderen Zweigen der Biologie begrüßen, sei es aus der Humanphysiologie, der vergleichenden Psychologie (Panel, 1956) oder aus jeder anderen Disziplin. Sie sollten sich gleichermaßen davor hüten, Theorien über Triebe – oder was auch immer – aufzustellen oder zu unterstützen, die im Widerspruch zu wohlbegründeten Fakten und Theorien anderer Wissenschaftszweige stehen (vgl. Brenner, 1968). Doch es gibt keinen Grund, die Entwicklung von Theorien, die sich auf psychoanalytische Befunde gründen, gänzlich oder auch nur im wesentlichen so lange aufzuschieben, bis sich deren Evidenz durch die Erkenntnisse anderer, verwandter Disziplinen erweist – wie Freud das für die Triebtheorie behauptet hat.

Tatsache ist, daß die psychoanalytische Methode für die Erforschung desjenigen Aspekts der Gehirntätigkeit, der Geist oder Psyche genannt wird, die Methode *par excellence* darstellt. Die Neurophysiologie untersucht bestimmte Aspekte der Gehirntätigkeit, die Psychoanalyse erforscht andere. Wenn man sich für die Psyche interessiert, wenn man an der menschlichen Psychologie interessiert ist, dann ist die Psychoanalyse die Methode der Wahl. Es mag sein, daß sich andere Forschungsansätze irgendwann einmal als fruchtbarer für die Psychologie erweisen als die psychoanalytische Methode, aber soweit ist es noch nicht. Zur Zeit ist die Psychoanalyse die beste Methode, um diejenigen Aspekte der Gehirntätigkeit zu erforschen, die wir Psyche nennen.

Es stellt sich die Frage, was wir im Lichte all dieser Überlegungen und auf der Grundlage der vorhandenen Daten über die Natur und die Quelle der libidinösen respektive aggressiven Triebe sagen können.

Was ihre Natur betrifft, so ist die Antwort einfach und unverblümt. Die Triebe, wie sie in der psychoanalytischen Theorie zweckmäßig definiert sind, stellen psychologische Phänomene dar. Sie als somatopsychisch zu bezeichnen, hieße sich in bloßer Tautologie zu ergehen.

Was ihre Quellen anbelangt, kann man, gemäß heutigem Wis-

sensstand, sagen, daß kein Trieb eine spezifische Quelle hat. Beide Triebe stellen Konzepte bestimmter Aspekte der menschlichen Psychologie dar, Konzepte, die primär auf psychoanalytischen Befunden beruhen.
Dennoch muß hinsichtlich Libido folgender Sachverhalt besonders hervorgehoben werden. Die Libido wird beeinflußt und ist eng verknüpft sowohl mit den von Freud so genannten erogenen Zonen als auch verschiedenen sexuellen Metaboliten (Stoffwechselsubstanzen). Diese Tatsache ist von erheblicher Bedeutung gleichermaßen für das normale wie für das pathologische psychische Geschehen. Mehr noch, diese Beziehung muß aus einem spezifischen Grund in jeder Abhandlung über die Triebe hervorgehoben werden. Jeder Mensch, Patienten in Analyse eingeschlossen, ist eifrig bemüht, wenn auch meistens unbewußt, die sexuelle Bedeutung von Mund, Anus und Genitalien, vor allem in den Jahren vor der Pubertät, zu verleugnen und zu widerlegen. Mit anderen Worten, die Verbindung dieser Körperpartien mit dem psychosexuellen Leben und der psychosexuellen Entwicklung sollte eben deshalb besonders unterstrichen werden, weil sie so sehr dazu angetan ist, unterdrückt, beiseite geschoben oder auf andere Weise abgewehrt zu werden. Diese nachdrückliche Betonung ist notwendig, um abwehrender Geringschätzung entgegenzuwirken. Nichtsdestoweniger sollte nochmals wiederholt werden, daß wir keine überzeugenden Beweise für die Behauptung besitzen, die erogenen Zonen seien tatsächlich die Quelle des libidinösen Triebes. Sicherlich, die Wünsche nach Befriedigung von der einen oder anderen Art werden durch viele Faktoren stark beeinflußt, unter denen die Stimulierung der erogenen Zonen eine gewichtige Rolle spielt. Durch eine solche Stimulierung erhalten Wünsche eine größere Dringlichkeit, wie auch durch bestimmte Hormone oder, nebenbei, durch Worte und Erinnerungen. Wie auch immer, diese Stimulierungen, Hormone etc. sind keine Libidoquellen. Sie beeinflussen libidinöse Wünsche, sind aber nicht die Ursache der Libido. Libido entspringt wie alle anderen psychischen Phänomene, einschließlich der Aggression, aus der Tätigkeit des Gehirns. Sie ist eine der Eigenschaften jener Gehirnaktivität, die wir Psyche nennen.

Triebökonomie und psychische Energie

Wie bereits erwähnt, besteht das Kernstück der psychoanalytischen Triebtheorie darin, daß Aggression und Libido als Kräfte angesehen werden, die psychische Aktivität auslösen. Freud nannte sie Triebe, weil er ihre motivierende, treibende Eigenschaft für ihr wichtigstes, ja ihr wesentliches Charakteristikum hielt. In diesem Zusammenhang führte er den Begriff psychische Energie ein, ein Terminus, den er aus der Sprache der Physik entlehnte, um das Vermögen der Triebe zu kennzeichnen, psychische Aktivität in Gang zu setzen.

Psychische Energie trägt diesen Namen nur aufgrund der gerade beschriebenen Analogie (vgl. Brenner, 1973b, S. 18f.). Zwischen psychischer und der von Physikern definierten Energie besteht kein anderer Zusammenhang als derjenige der Analogie. Psychische Energie ist nicht eine Form physikalischer Energie, wie zum Beispiel kinetische Energie, potentielle Energie oder elektrische Energie. Sie ist nicht in Gramm-Zentimeter meßbar. Ihr Fluß läßt sich nicht durch die Differentialgleichung beschreiben, mit der die Physiker das Phänomen Entropie definieren. Der Terminus psychische Energie bezieht sich lediglich auf ein Konzept, das besagt, in der Psyche gibt es treibende Kräfte, die aus den oben angeführten Gründen als Libido und Aggression definiert werden. Die Fähigkeit dieser Kräfte, die Psyche zu veranlassen, auf Befriedigung hinzuarbeiten, wird als psychische Energie bezeichnet.

Wenn man nicht bereit ist anzunehmen, daß die Triebe keinen Intensitätsschwankungen unterworfen sind, muß man der psychischen Energie eine Größendimension zuordnen, das heißt, jener Teilbereich der Triebtheorie, den das Konzept der psychischen Energie beschreibt, muß einen quantitativen oder ökonomischen Aspekt enthalten. Doch zur Zeit gibt es kein Verfahren, um die Intensität eines Triebes zu messen. Gegenwärtig kann man der psychischen Energie keinen numerischen Wert zuordnen. Selbst die Einschätzung ihres Ausmaßes im weitesten Sinne, das heißt eine Aussage darüber, ob sie nun größer oder jetzt geringer ist, ist kaum möglich, zumindest nicht mit einem befriedigenden Grad an Sicherheit. Der quantitative Aspekt der Triebtheorie – die Quantifizierung oder die Messung der psychischen Energie –

bedarf noch weiterer Erforschung. Um irreführende Mißverständnisse zu vermeiden, gilt es in der Zwischenzeit, sich zu vergegenwärtigen, daß zwischen psychischer und physikalischer Energie eine Beziehung nur in der oben angeführten Analogie besteht.

Triebziele – Triebabkömmlinge

Triebabkömmling, Triebrepräsentant und Triebrepräsentanz sind synonyme Begriffe. Den ersteren verwende ich nur der Konvention wegen. Die beiden anderen Begriffe sind ebenso angemessen.

Die Unterscheidung von Trieb und Triebabkömmling ist für jede Diskussion über Ziele und Objekte der Triebe von wesentlicher Bedeutung. Der Unterschied liegt in folgendem. Ein Triebabkömmling ist der Wunsch nach Befriedigung. Nämlich das, was man bei einem Patienten wahrnehmen kann, oder, um es genauer auszudrücken, was man mittels der psychoanalytischen Methode über einen Patienten in Erfahrung bringt. Ein Triebabkömmling ist einzigartig, individuell und spezifisch. Das Triebkonzept dagegen ist eine allgemeine Aussage über Triebabkömmlinge auf der Grundlage von vielen individuellen Beobachtungen und Schlußfolgerungen. Sie bezieht sich insofern auf alle Menschen, als sie erkennen läßt, welche Merkmale oder Qualitäten den Wünschen der Menschen im allgemeinen eigen sind, ungeachtet ihrer individuellen Erfahrungen oder persönlichen Geschichte.

Ein Trieb ist demzufolge eine psychologische Generalisierung, ein theoretisches Konstrukt zur Erklärung der Natur fundamentaler menschlicher Motivationen, des wesentlichen Impetus psychischer Aktivität. Ein Triebabkömmling bezieht sich auf ein bestimmtes Muster oder ein bestimmtes Beispiel der Triebaktivität. Von einem Patienten zu behaupten, er habe libidinöse oder aggressive Konflikte, sagt recht wenig aus. Jedermann hat solche Konflikte. Selbst wenn man die Wünsche eines Patienten als oral, anal oder phallisch spezifiziert, bedeutet das nicht viel mehr. Wichtig ist, bei jedem Patienten soviel wie möglich zu erfahren über die libidinösen wie aggressiven Triebabkömmlinge, die zur Zeit von dynamischer Bedeutung sind, einschließlich ihrer Beziehung zu Triebabkömmlingen aus der Kindheit sowie zu späteren Erfahrungen und Entwicklungen. Mit anderen Worten, es ist wesentlich, soviel wie möglich darüber zu erfahren, was der

Patient wünscht, wen seine Wünsche betreffen, wie und warum er gerade diese bestimmten Wünsche diesen bestimmten Personen gegenüber hegt.
Die psychoanalytische Triebtheorie wird von ihren Kritikern häufig als unpersönlich und mechanistisch bezeichnet. Die Tatsachen rechtfertigen diesen Vorwurf keineswegs. Solche Kritiker übersehen oder mißverstehen die Unterscheidung zwischen Trieb und Triebabkömmling. Der erstere ist unbestimmt und allgemein. Der letztere ist persönlich und spezifisch. Beides ist in der Triebtheorie enthalten.
Diese Unterscheidung sollte man nicht aus dem Blick verlieren, wenn man zur Diskussion der Triebziele übergeht. Ich beginne mit der Aggression.
Freud (1920; 1923; 1930 und andernorts) betrachtete als Aggressionsziel die Zerstörung dessen, was immer auch das Triebobjekt darstellt. Dieser Gedanke steht in Einklang mit seinem Konzept, das besagt, Aggression sei das psychologische Pendant eines ubiquitären Todestriebes. In diesem Zusammenhang muß erwähnt werden, daß es sich bei der Gleichsetzung von Tod = Zerstörung um eine psychologische handelt. Diese Gleichsetzung entspringt menschlicher Vorstellung. Sie ist keine physikalische Tatsache. Im Gegenteil, in jenem Bereich der physikalischen Welt, der die unmittelbare Umwelt der Menschen konstituiert, findet sich nicht so etwas wie die Zerstörung materieller Objekte, ob lebender oder unbelebter.
Hartmann et al. (1949, S. 18) waren, was das Aggressionsziel anbelangt, vorsichtiger als Freud. Sie waren der Ansicht, es könne verschiedene Ziele geben, denen jeweils ein unterschiedlicher Grad von Triebabfuhr entspreche. Sie scheinen der Ansicht zuzuneigen, »vollständige« Abfuhr entspreche dem Tod oder der Zerstörung des Objekts, aber sie legen sich nicht explizit auf diese Auffassung fest.
Stone (1971; 1979) stimmt noch weniger mit der Vorstellung überein, das Aggressionsziel sei Zerstörung. Obwohl er die Stärke und Bedeutung aggressiver und destruktiver Wünsche im psychischen Leben anerkennt, scheinen ihm deren Ziele aber derart mannigfaltig, daß ernsthafte Zweifel am Konzept des Aggressionstriebes aufkommen.
Wenn überhaupt, finden wir nur wenige weitere Ausnahmen von

der Regel, daß psychoanalytische Autoren die Ansicht übernehmen, Ziel des Aggressionstriebes sei »die Zerstörung des Objekts«. Das gilt selbst für Autoren, die Freuds ursprünglicher Begründung für diese Schlußfolgerung nicht beipflichten, nämlich Aggression entspräche einem aller lebenden Materie innewohnenden Todestrieb.

Was kann auf der Grundlage psychoanalytischer Befunde über das Ziel des Aggressionstriebes ausgesagt werden? Für den Versuch einer Antwort auf diese Frage sollten folgende Überlegungen bedacht werden.

Die psychoanalytische Methode ist abhängig von Kommunikation und primär von verbaler Kommunikation, das heißt von Sprache. Ihre Anwendung liefert zuverlässige Einsichten in die psychischen Prozesse von Menschen, die ausreichend entwickelt sind, Sprache zu erwerben und sie in den meisten Fällen auch zu benutzen (Arlow und Brenner, 1966; A. Freud, 1969). Als Psychoanalytikern stehen uns gleichermaßen umfassende wie zuverlässige Informationen über die psychischen Prozesse solcher Menschen zur Verfügung. Unsere Informationen über kleine Kinder sind weniger abgesichert und umfassend, da wir in diesen Fällen die psychoanalytische Methode nicht unmittelbar anwenden können. Unsere Vorstellungen über ihre Psychologie sind allein von der Beobachtung des Verhaltens abhängig, wie bei allen nicht-menschlichen Lebewesen auch. Es ist verlockend, Kindern ähnliche psychologische Prozesse zu unterstellen, wie wir sie von älteren Menschen kennen, die der psychoanalytischen Methode zugänglich sind (z. B. Klein et al., 1952). Mehrere Autoren (Waelder, 1937; Glover, 1947; Brenner, 1968) haben auf die Fallstricke und die Untauglichkeit eines solchen Ansatzes hingewiesen, der auf den ersten Blick so reizvoll erscheint. Tatsache ist, daß wir bis heute weit weniger zuverlässige Informationen über die Psychologie der frühen Periode postnatalen Lebens besitzen, als wir uns wünschen würden, und dies trotz der verschiedenen Forschungsprogramme, die in den letzten Jahren von psychoanalytisch geschulten Beobachtern durchgeführt wurden.

Diese Überlegungen betreffen auf folgende Weise das in Rede stehende Problem. Es wird angenommen, die sexuellen und aggressiven Triebe seien von den ersten Lebenstagen an wirksam aktiv. Das ergibt sich aus der Überzeugung, daß die Triebe konstitutionell determiniert sind. Demzufolge werden den Säuglingen orale Spannungen und Befriedigungen von Anbeginn des postnatalen Lebens zugeschrieben, freilich obwohl Freud (1950d, S. 123; 1914c, S. 154; 1915c, S. 219) schon sehr früh auf die Wahrscheinlichkeit hingewiesen hat, daß die infantile Sexualität sowohl in frühen Erfahrungen wurzelt wie in der konstitutionellen Ausstattung, eine Beziehung, die er mit dem Terminus anaklitisch belegte. Trotz dieser gegenteiligen Hinweise haben nahezu alle Analytiker an der Annahme festgehalten, die Triebe seien von den allerersten Tagen des postnatalen Lebens an wirksam und deshalb von Erfahrung grundsätzlich unabhängig, selbst wenn sie im Verlauf der psychischen Entwicklung vielfältigen Modifizierungen unterliegen (Freud, 1915b).

Wie zutreffend ist die Annahme, daß ein Trieb eher als diejenigen Aspekte des psychischen Geschehens, die unter der Überschrift Ich subsumiert werden, von Erfahrung nahezu unabhängig ist?

Es scheint so, als sei dies keine so einfache Angelegenheit, wie man allgemein geglaubt hat. Zumindest was die Aggression angeht, ist es bis heute nicht möglich, sichere Schlüsse zu ziehen über ihre Merkmale während der Lebensperiode vor dem Alter, in der die Psychoanalyse als Beobachtungsmethode angewendet werden kann. Das Wissen über den Aggressionstrieb entstammt Erkenntnissen aus der Analyse von Kindern und Erwachsenen. Es entspringt weder der Physiologie noch der Beobachtung des Verhaltens von Säuglingen. So gern man auch die Grenzen des gegenwärtigen Wissens überschreiten möchte, man muß sich bei diesem Versuch über die Unsicherheit der Schlußfolgerungen im klaren sein.

Auf der Grundlage psychoanalytischer Befunde kommt man notwendigerweise zu dem Schluß, daß die Ziele der Aggression von einer Lebensstufe zur anderen variieren. Die bekanntesten Veränderungen verlaufen parallel zur Veränderung der libidinösen Ziele im Fortschreiten der libidinösen Phasen. Man spricht mit Gewißheit von oralen, analen und phallischen aggressiven Zielen, die wie die entsprechenden libidinösen Ziele nach unseren Beobachtungen alle im psychischen Leben bis weit in die ödipale Phase und darüber hinaus eine aktive Rolle spielen, das

heißt bis weit in jene Lebensphase hinein, die der psychoanalytischen Methode direkt zugänglich ist.
Die intellektuelle Entwicklung bringt weitere Möglichkeiten der Änderung von Aggressionszielen mit sich. Der Wunsch eines Kindes, jemanden das gleiche Leid fühlen zu lassen, das es selbst empfindet, oder jemanden zu töten, richtet sich gegen aggressive Ziele, die ab einem bestimmten Alter so üblich sind, daß man sie als universell ansehen kann, auch wenn sie in der Psyche von sehr kleinen Kindern vermutlich noch nicht vorkommen. Wie Freud (1900a, S. 260f.) vor langer Zeit bereits betont hat, ist vor einem bestimmten Alter der Tod ein Wort ohne Bedeutung. Auch die Erkenntnis, daß andere genauso empfinden wie man selbst, ist bei sehr kleinen Kindern noch nicht vorhanden. Folglich wird ein Kind erst im Laufe seiner Entwicklung fähig zu solch aggressiven Zielen wie den oben genannten universellen. In diesem Zusammenhang sei an die klinisch bedeutsame Regel erinnert, daß man immer dann, wenn bei der Arbeit mit Patienten Phantasien von Tod und Mord auftauchen, die seit langem belegte Tatsache berücksichtigen sollte, daß der Tod als Symbol für Kastration stehen kann. In dem Wunsch eines Kindes zu töten, wie auch in der Angst davor, getötet zu werden, kommen neben dem primären aggressiven Wunsch häufig auch Phantasien von genitaler Verstümmelung und Penetration zum Ausdruck.
Das vorhandene psychoanalytische Beweismaterial berechtigt also zu der Aussage, daß aggressive Ziele mit der psychischen Entwicklung und der Erfahrung variieren, und die Annahme eines Aggressionstriebes läßt sich, wie mehrfach erwähnt, mit psychoanalytischem Material begründen.
Eine solche komplexe Sachlage, wie sie die Aggressionsziele darstellen, scheint in bedauerlichem Gegensatz zu unserem Wissen über den libidinösen Trieb zu stehen, dessen Ziele man sich als für jedes Individuum gleich vorstellt und die eher in physiologisch-anatomischen Begriffen vorstellbar und beschreibbar sind als in psychologischen. Dennoch, gibt es nicht gleichermaßen Ähnlichkeiten wie Unterschiede?
Die Unterschiede sind offensichtlich. Libidinöse Erregung und Lust sind durch die genetisch bestimmte, konstitutionelle Ausstattung an die, um Freuds Terminologie zu verwenden, erogenen Zonen gebunden. Die Ablaufformen des Orgasmus sind

gleichfalls weitgehend durch Erbfaktoren auf der Grundlage von Genen determiniert. Dabei gilt es aber zu bedenken, daß selbst orgastische Ablaufformen häufig einer beträchtlichen Modifikation durch psychologische Faktoren unterliegen. Aufgrund von psychischen Konflikten, die wesentlich mit Ichfunktionen und Erfahrungen zusammenhängen, kann der Orgasmus sich in seinem Ablauf stark verändern. Das gleiche trifft zu für die relative Bedeutung der einen oder anderen erogenen Zone, wie auch für die im einzelnen gerade notwendigen Stimulierungen zur Erlangung von Befriedigung. Psychoanalytiker haben die Bedeutung von Erfahrungen für die Wahl libidinöser Objekte gründlich untersucht. Ihrer Bedeutung hinsichtlich der libidinösen Ziele wurde weit weniger Beachtung zuteil, obwohl auch diese, wie psychoanalytische Befunde zeigen, in nicht geringem Maße von Erfahrungen abhängig sind.

Freud (1905d; 1915c) hat schon sehr früh aufmerksam gemacht auf die Vielfalt libidinöser Ziele in der Kindheit, auf die fortschreitenden Veränderungen in ihrer relativen Bedeutung und auf die Tatsache, daß sich ihre letztliche Organisation nicht vor Erreichen der Pubertät vollzieht. Wenn man in Betracht zieht, welche Rolle Erfahrungen und verwandte psychologische Faktoren in dieser komplizierten Entwicklung spielen, liegt die Schlußfolgerung nahe, daß zwischen den aggressiven und libidinösen Trieben substantielle Übereinstimmungen hinsichtlich ihrer Vielfältigkeit und der entwicklungsmäßigen Veränderung ihrer Ziele bestehen. Die Ähnlichkeiten zu berücksichtigen sollte freilich nicht dazu führen, die Unterschiede zu vernachlässigen. Sowohl Übereinstimmungen als auch Unterschiede verdienen unsere Beachtung.

Auch Loewald (1972) hat auf die Bedeutung der Einflüsse früher Erfahrungen auf die Triebentwicklung hingewiesen. Nach seiner Meinung entwickeln sich die Triebe aus den unumgänglichen Interaktionen zwischen Mutter und Säugling. Wenn man Natur und Ursprung der Triebe auf diese Weise erklärt, läßt man offensichtlich den Unterschied zwischen Trieb und Triebabkömmling außer acht, nämlich den Unterschied zwischen Trieb und Wunsch. Worin der Vorteil einer solchen Abwandlung der Triebtheorie liegt, wird nicht klar. Wie schon früher erwähnt, haben wir über diese sehr frühe Lebensphase keine psychoanaly-

tischen Daten. Jede Hypothese über den Beginn des Seelenlebens ist notwendigerweise spekulativ.
Zusammenfassend läßt sich sagen, daß die nachstehende Schlußfolgerung über die Triebziele mit dem gegenwärtigen Kenntnisstand in Einklang steht. Die Ziele sowohl des libidinösen wie des aggressiven Triebes werden beeinflußt durch Erfahrungsfaktoren, die sich in der Ichentwicklung widerspiegeln. Die Einzelheiten dieses Einflusses und der Unterschiede bezüglich der beiden Triebe bedürfen noch weiterer Erforschung. Es kann sich zum Beispiel herausstellen, daß die enge Verbindung zwischen den Aggressionszielen und den Zielen der libidinösen Partialtriebe teilweise aus der Tatsache herrührt, daß Wünsche im Zusammenhang mit diesen libidinösen Zielen bei Kindern so häufig Angst oder andere intensive Unlust auslösen. Von einem bestimmten Alter an wird ein Kind jemand anderem das gleiche antun oder es ihm antun wollen, was es selbst verletzt oder in Angst versetzt.

Aggression und Lustprinzip – Wiederholungszwang

Freuds (1920g) ursprüngliche Ansicht war, Aggression liege jenseits des Lustprinzips – deshalb der Titel seiner Monographie. Nach dieser Formulierung geht die Aggressionsabfuhr an sich, anders als die Abfuhr von Libido, nicht mit Lust einher. Freud nahm an, daß die Aggressionsabfuhr nur dann Lust erzeugt, wenn sie mit Libido vermischt, das heißt erotisiert und gegen die Repräsentanzen äußerer Objekte gerichtet ist (Freud, 1920g, S. 68; 1923b, S. 273 ff.; 1930, S. 478).
Jüngere Autoren haben hinsichtlich des Zusammenhanges von Aggression und Lustprinzip eine andere Ansicht vertreten, sie ist zuerst von Hartmann et al. (1949) eindeutig formuliert worden. Die Autoren sind der Auffassung, Aggression weise die gleiche Beziehung zu Lust und zu Unlust auf wie die Libido, und sie gehen davon aus, daß – im allgemeinen – die Abfuhr von Aggression Lust hervorruft und daß der Stau und der Mangel an Aggressionsabfuhr Unlust erzeugt. Diese Modifizierung der Theorie hat theoretische wie praktische Konsequenzen. Die wichtigste theoretische Konsequenz bezieht sich auf die Vorstellung, daß ein Zwang zum Wiederholen (Wiederholungszwang)

ein Charakteristikum der Triebe darstellt. Diese Vorstellung steht in Verbindung mit Freuds Konzept, Aggression sei jenseits des Lustprinzips angesiedelt – als Abkömmling eines universellen Todestriebes. Wenn Lust mit der Befriedigung von Aggressionsabkömmlingen einhergeht, ist es unnötig, die zur Wiederholung drängende Neigung der aggressiven wie libidinösen Wünsche einem Wiederholungszwang zuzuschreiben, wie Freud das 1920g[1] vorgeschlagen hat. Die repetitive Neigung der Triebabkömmlinge, libidinöser wie aggressiver, erklärt sich vielmehr aus dem Lustprinzip. Nach dem Lustprinzip drängen unbefriedigte Triebabkömmlinge, das heißt unbefriedigte Wünsche, deren Ursprünge in den Trieben liegen, ständig nach Befriedigung. Vor allem – und das ist von praktischer Bedeutung – bleiben Kindheitswünsche, die nicht befriedigt wurden, weiterhin aktiv, weil sie Unlust und Konflikt hervorrufen, und drängen das Individuum in Richtung Befriedigung, in eine Richtung also, die zu jeder der bekannten Konsequenzen führen kann, die sich aus solchen psychischen Konflikten ergeben, zum Beispiel Symptombildung oder Selbstbestrafung. Das alles wird durch das Lustprinzip adäquat erklärt, ohne die zusätzliche Annahme eines spezifischen Wiederholungszwanges. Liegt Aggression *nicht* jenseits des Lustprinzips, ist es unnötig, einen Wiederholungszwang vorauszusetzen.

Triebe im psychischen Konflikt – Triebe und Ichfunktionen

Nach Freuds Überzeugung (1930a, S. 499) spielen Libido und Aggression bei der neurotischen Symptombildung jeweils unterschiedliche Rollen: Symptome werden durch die Libido hervorgerufen, während Aggression zu den damit verbundenen Selbstbestrafungs- und selbstzerstörerischen Tendenzen führt.

Freuds Formulierung sollte sinnvollerweise die bedeutende Rolle der Aggression bei der Überich-Tätigkeit betonen. Ein großer Teil der im psychischen Leben gegen das Selbst gerichteten Aggression steht in Verbindung mit der Überich-Tätigkeit, das

1 Für ähnliche, wenn auch komplizierter begründete Schlußfolgerungen siehe Kubie (1930) und Schur (1966).

heißt mit Hemmungen der Befriedigung von Triebabkömmlingen, mit Schuldgefühlen, mit dem Bedürfnis nach Strafe und verwandten Phänomenen. Wie auch immer, die meisten Analytiker stimmen darin überein, daß Abkömmlinge der Aggression im allgemeinen, das heißt nicht nur Aggression, die gegen das Selbst gerichtet ist, nicht nur bei der Symptombildung eine große Rolle spielen, sondern bei allen psychischen Konflikten, die mit Triebabkömmlingen in Zusammenhang stehen. Um es kurz und bündig zu formulieren: Bedeutsame klinische Daten rechtfertigen es, Aggression und Libido hinsichtlich Unlust und Konflikt in etwa gleich zu behandeln; darüber hinaus stützen unsere Befunde die Ansicht, daß die Befriedigung von Aggressionsabkömmlingen wie die von Libidoabkömmlingen Lust erzeugt.

In diesem Zusammenhang muß erwähnt werden, daß Melanie Klein der Ansicht war, Aggression sei die primäre, wenn nicht die einzige Quelle von Angst und Konflikt (Klein, 1948). Diese Ansicht ist heutzutage weit verbreitet. Meiner Meinung nach steht sie nicht in Einklang mit den vorliegenden psychoanalytischen Befunden. Libidinöse wie aggressive Wünsche in der frühen Kindheit können intensive Unlust erzeugen und zu Konflikten führen. Tägliche analytische Praxis läßt dies deutlich erkennen. Die Tatsache, daß libidinöse und aggressive Wünsche im psychischen Leben von erwachsenen Patienten – wie prinzipiell bei allen Erwachsenen – so eng verwoben sind, berechtigt nicht dazu, eines von beiden als Quelle von Unlust zu ignorieren. Stets sind beide beteiligt, obwohl manchmal die einen oder anderen von größerer Bedeutung zu sein scheinen.

Darüber hinaus hat Kleins Formulierung nicht wünschenswerte praktische Konsequenzen. Sie führt leicht zu der Anschauung, Liebe sei gut und förderlich im psychischen Leben, Haß hingegen nicht. Man kann sich schwerlich des Eindrucks erwehren, daß die von Kleins Vorstellungen besonders beeinflußten Analytiker tatsächlich dieser Meinung sind. Wie dem auch sei, nichts ist weiter von der Wahrheit entfernt. Beide, libidinöse wie aggressive Abkömmlinge, spielen ihre Rolle im psychischen Konflikt. Folglich haben beide teil an der Bildung von neurotischen Symptomen und neurotischen Charakterzügen, das heißt, sowohl an pathologischen Kompromißbildungen wie auch an Kompromißbildungen, die als normal betrachtet werden, will sagen, normalen

Charakterzügen, normalem Denken und Verhalten und normalem psychischen Leben insgesamt. Auf all dies wird in den folgenden Kapiteln noch ausführlich eingegangen.

Zwei weitere Merkmale der Rolle, die Triebe im psychischen Konflikt spielen, bedürfen noch der Erwähnung. Eine betrifft die Vorstellung eines Konflikts zwischen Triebabkömmlingen, die andere die Vorstellung eines Konflikts infolge eines inhärenten oder basalen Antagonismus zwischen Ich und Trieben.

Triebabkömmlinge liegen niemals in Konflikt miteinander, bloß weil ihre Ziele grundverschieden oder logisch unvereinbar sind. Darauf hat Fenichel (1945a, S. 129) bereits vor langer Zeit unmißverständlich hingewiesen. Dennoch wird dieser Sachverhalt zuweilen nicht beachtet, oftmals mit bedauerlichen praktischen Konsequenzen. Mögen ihre Ziele auch noch so verschieden sein, Wünsche, die aus Trieben entspringen, können dennoch der Reihe nach oder auch gleichzeitig Befriedigung erlangen, ohne daß es zum Konflikt kommt. Gegensätzliche Ziele werden ohne weiteres toleriert. Triebabkömmlinge stehen nur dann im Widerspruch zueinander, wenn der eine benutzt wird, um den anderen abzuwehren. Wenn zum Beispiel mörderische Wünsche Ängste, Schuldgefühle oder depressive Affekte auslösen, können liebevolle Wünsche dazu benutzt werden, diese abzuwehren. Jede Reaktionsbildung beruht auf einer dynamischen Beziehung dieser Art zwischen Triebabkömmlingen, die in Konflikt miteinander liegen. Wichtig ist aber, sich klarzumachen, daß sie sich deshalb in Konflikt befinden, weil der eine zur Abwehr des anderen benutzt wird, um Unlust zu vermeiden oder zu verringern. Trieb als Abwehr gegen Trieb spielt in vielen klinischen Zuständen eine große Rolle. Trieb in Konflikt mit Trieb gibt es nicht, außer im Dienst der Abwehr. Ein klares Verständnis dieser Tatsache ist für die klinische Arbeit von großer praktischer Bedeutung. Ohne dieses Verständnis kann man zum Beispiel einen schweren Ambivalenzkonflikt nicht wirklich verstehen. Das gleiche gilt nach meiner Meinung für Fälle sexueller Perversion oder für viele neurotische Charakterstörungen. Die Befriedigung eines oder mehrerer Triebabkömmlinge übernimmt in solchen Fällen eine wichtige Abwehrfunktion. In Ambivalenzkonflikten beispielsweise sind liebevolle Wünsche nicht nur als solche befriedigend. Sie dienen auch zur Abwehr von grausamen, rachsüchtigen Triebabkömmlingen und *vice versa.* Ebenso ist im Fall sexueller Perversion eines Mannes die Befriedigung von femininen Wünschen nicht nur als solche befriedigend. Sie dient auch zur Abwehr von anderen sexuellen Wünschen, die intensive Angst oder depressive Affekte auslösen. Mit entsprechenden Abwandlungen gilt gleiches auch für viele neurotische Charakterstörungen. Immer wenn sich ein Triebabkömmling mit einem anderen in Konflikt befindet, dann deshalb, weil der eine sowohl einem Abwehrzweck dient als auch der Erlangung von Befriedigung als solcher.

Wenden wir uns nun dem zweiten der oben erwähnten Merkmale zu, der Vorstellung eines inhärenten Antagonismus zwischen Ich und Trieben. Die Hypothese, es bestünde ein fundamentaler Gegensatz zwischen diesen beiden, das heißt zwischen den beiden Instanzen Ich und Es, hat Anna Freud (1936) nachdrücklich vertreten. Später hat sie ihre Ansichten darüber modifiziert und sich auf Hartmann berufen, der sie auf die Einseitigkeit ihrer früheren Formulierungen aufmerksam gemacht habe. Sie schrieb: »Die Rolle des Ichs als Bündnispartner des Es geht seiner Bestimmung, die Befriedigung zu hemmen und zu verhindern, voraus.« (A. Freud, 1952, S. 1234)

Ich bin der Meinung, daß selbst die soeben zitierte Ansicht den Tatsachen nicht ganz gerecht wird. Was von der psychoanalytischen Theorie unter der Rubrik Ichfunktionen subsumiert wird, kann von Trieben und Triebabkömmlingen nur in Konfliktsituationen abgetrennt oder unterschieden werden. Die Ichfunktionen sind die Vollstrecker der Triebe und ihrer Abkömmlinge (Brenner, 1979, S. 45). Sie sind von ihnen nicht trennbar und unterscheidbar, außer wenn ein Triebabkömmling Unlust und aus diesem Grund Abwehr hervorruft.

Nach meinem Eindruck handelt es sich bei den klinischen Befunden, die zu der irrigen Vorstellung geführt haben, das Ich und die Triebe stünden einander antagonistisch gegenüber, um Daten der folgenden Art. Sowohl Kinder als auch manche Erwachsene, die in dieser Hinsicht Kindern ähneln, können durch das Auftreten von intensiver Angst oder anderer Unlust, die mit einem erregenden Triebabkömmling einhergeht, in Aufruhr versetzt werden, der gekennzeichnet ist durch eine beträchtliche Desorganisation ihrer Beziehungen zur Umgebung. Nach ihrer subjektiven Erfahrung wird ihre Verwirrung und die Unfähigkeit, vernünftig zu denken oder rational zu handeln, von ihrer Erregung ausgelöst; in solchen Fällen ist es völlig richtig, ihnen die Beziehung zwischen Wunsch (Triebabkömmling) und Funktionsunfähigkeit zu erklären. Es ist freilich eine ganz andere Sache, aus solchen klinischen Befunden zu schließen, daß die besagten Patienten nur aufgrund der Intensität ihrer Triebabkömmlinge desorganisieren und nicht aufgrund von Angst oder depressiven Affekten, die sich aus ihren Wünschen und der nachfolgenden Abwehrreaktion herleiten, einer Reaktion, zu der in solchen Fällen die defensive Regression der Ichfunktionen gehört (vgl. Arlow und Brenner 1964, Kap. 6). *Die Desorganisation der Ichfunktionen, die aus Wünschen resultiert, die intensive Unlust erzeugen, ist weder bei Kindern noch bei Erwachsenen lediglich eine Folge der Überwältigung des Ichs durch Triebabkömmlinge. Die von diesen Patienten beschriebenen Erfahrungen und das Verhalten, das sie an den Tag legen – gewöhnlich als Fragmentierung des Ichs, als Desintegration des Ichs, als Verlust der Ichgrenzen etc. benannt –, sind Konfliktsymptome wie andere auch. Sie sind keine endopsychischen Wahrnehmungen oder deren empathisch wahrgenommenen Äquivalente. Was ihre dynamische Struktur betrifft, so stellen sie Kompromißbildungen der üblichen Art dar, wie ungewöhnlich sie hinsichtlich der Härte ihrer Konsequenzen auch sein mögen.*

Triebmischung

Als letztes muß in diesem Kapitel noch die Theorie der Mischung und Entmischung von Trieben betrachtet werden.
Wenn man, wie Freud, davon ausgeht, daß Aggression einen universellen Todestrieb im Seelenleben widerspiegelt, dann stellt das Konzept der Mischung eine attraktive Denkmöglichkeit dar. Auf der physikalischen Ebene kann man unterstellen, daß die Mischung der beiden Triebe für die Unsterblichkeit des Mikroplasmas verantwortlich ist und die Erhaltung der Arten ermöglicht. Freud war außerdem der Meinung, daß klinische Beobachtungen im Zusammenhang mit Identifizierung und Regression im allgemeinen die Theorie der Triebmischung und Triebentmischung von der psychologischen Seite her unterstützen.

Bereits Freud hat gezeigt, daß Identifizierung sowohl bei der Melancholie wie auch bei der Überich-Bildung eine große Rolle spielt (Freud 1917e; 1923b). Freud bezeichnete die Identifizierung als primitive Form der Objektbeziehung. Das Auftreten der Identifizierung in der Melancholie und bei der Überich-Bildung ist demzufolge der Regression zuzuschreiben. Man hat für das Anwachsen von selbstzerstörerischer Aggression in Fällen von Melancholie folglich eine Erklärung, wenn man davon ausgeht, daß Regression zu einer Triebentmischung führt und die ungemischte Aggression sich wieder gegen das Selbst richtet, was sie nach Freuds Meinung ursprünglich tat, das heißt, ehe sie mit Libido gemischt wurde und sich im normalen Verlauf der nachgeburtlichen Entwicklung nach außen kehrte.
Ist man mit Freud in diesem Punkt nicht einer Meinung, das heißt, bringt man Aggression als Trieb im psychischen Leben *nicht* mit einem universellen Todestrieb in Zusammenhang, erweist es sich als schwierig oder sogar unmöglich, darüber zu entscheiden, ob Aggression und Libido, wie Freud behauptete, bei der Geburt getrennt sind und erst im Verlauf der Entwicklung vermischt werden oder ob sie bei der Geburt nicht unterscheidbar sind und erst im Entwicklungsverlauf getrennte und unterscheidbare Faktoren im psychischen Leben werden, entsprechend dem alternativen Vorschlag von Fenichel (1935, S. 367 ff.), Jacobson (1964, S. 13) und anderen. Die psychoanalytischen Befunde lassen eine Entscheidung darüber nicht zu. Mehr als einmal habe ich darauf aufmerksam gemacht, daß man mit der psychoanalytischen Methode zu zuverlässigen, zweckdienlichen Ergebnissen erst gelangen kann, wenn die psychische Entwicklung erheblich fortgeschritten ist, und daß die Rekonstruktionen sehr früher psychischer Ereignisse nicht ganz überzeugen können.
Überdies hat sich gezeigt, daß Identifizierung im psychischen Leben und in der psychischen Entwicklung von allgemeinerer Bedeutung ist, als es zur Zeit der Niederschrift von *Trauer und Melancholie* (Freud, 1917e) den Anschein hatte. Es handelt sich dabei nicht um einen primitiven Mechanismus, der nur in Verbindung mit Objektverlust regressiv wiederauftritt. Im Gegenteil, selbst bei der Überich-Bildung ist die Identifizierung mit einem gefürchteten und beneideten Rivalen grundsätzlich von anderen Faktoren als dem Objektverlust abhängig (vgl. Kapitel 8). In den

frühen Objektbeziehungen wie auch in denen des späteren Lebens spielt Identifizierung eine bedeutende Rolle, sowohl in normalen wie auch in pathologischen Fällen, und sie geht nicht immer mit einem Anstieg der gegen das eigene Selbst gerichteten Aggression einher. In einigen Fällen, wie zum Beispiel bei der Gruppenbildung, führt sie zur Verminderung der gegen das Selbst gerichteten Aggression und zur Wendung der Aggression nach außen. In anderen Fällen lassen Ziel und Objekt der Aggression keine auffällige Änderung erkennen. Es hat also den Anschein, als ob die klinischen Befunde im Zusammenhang mit dem Phänomen der Identifizierung nicht zwingend zur Unterstützung von Freuds Theorie der Triebmischung beitragen.
Eine andere Gruppe von Phänomenen, welche die Theorie der Triebmischung stützen sollen, steht mit dem Problem der Ambivalenz in Zusammenhang. Psychoanalytische Beobachtungen, so heißt es, zeigten, daß die Ambivalenz in der frühesten, der oralen Lebensphase maximal sei und minimal in der postödipalen, genitalen Phase – jedenfalls wenn die psychosexuelle Entwicklung normal verläuft. In der älteren psychoanalytischen Literatur begegnet man häufig der Meinung, eines der wichtigsten Ziele psychoanalytischer Therapie sei darin zu sehen, dem Patienten dabei zu helfen, das Stadium postambivalenter Objektbeziehungen zu erreichen, ein Stadium, das der Patient entweder als Folge der Regression zu Beginn seiner Neurose aufgegeben oder das er nie in ausreichendem Maße erreicht habe.
Die klinische Bedeutung der Ambivalenz kann niemand bezweifeln, noch deren Bedeutung bei vielen Aspekten pathologischer psychischer Konflikte übersehen. Indes ist bis heute unbewiesen, ob es in den ersten Lebensjahren eine normale Weiterentwicklung von der Ambivalenz zur Nichtambivalenz gibt; könnte eine solche Weiterentwicklung bewiesen werden, erhielte Freuds Theorie der Triebmischung eine beachtliche Stützung, sie paßte gut zu einem solchen Prozeß und könnte ihn ohne weiteres erklären. Die psychoanalytischen Anhaltspunkte deuten freilich eher in eine andere Richtung. Sie sprechen für die Schlußfolgerung, daß psychische Konflikte, die mit intensiven Gefühlen von Liebe und Haß gegenüber ein und derselben Person verbunden sind, bei den meisten Menschen während oder nach dem dritten Lebensjahr auftauchen, das heißt in der ödipalen Entwicklungs-

phase. Man kann die Möglichkeit nicht ausschließen, daß Ambivalenz als starke Kraft im Seelenleben in der Regel vor der ödipalen Phase auftritt. Man kann lediglich sagen, das vorliegende psychoanalytische Beweismaterial spricht eher für die Ansicht, daß Ambivalenz sich während der ödipalen Periode gewöhnlich auf ihrem Höhepunkt befindet, als für die Ansicht, daß sie sich zu diesem Zeitpunkt im Abstieg von einer zuvor höheren Intensitätsstufe befindet.
Kurzum, das gegenwärtig verfügbare Material reicht nicht aus, um eine Entscheidung zugunsten einer der beiden angebotenen Möglichkeiten zu fällen. Man vermag nicht zu sagen, ob Aggression und Libido zu Beginn der psychischen Entwicklung voneinander getrennt sind und sich im Entwicklungsverlauf vermischen oder vermengen oder ob sich beide nach und nach aus einer gemeinsamen Matrix differenzieren.

Zusammenfassung

Die Neurophysiologie der Triebe ist heute noch so wenig geklärt wie 1933, als Freud die Triebe mit mythischen Geschöpfen verglich, aber in dieser Hinsicht unterscheiden sich die Triebe nicht von allen anderen psychischen Phänomenen. Bisher sind neurophysiologische und neurochemische Forschungsmethoden keine sonderlich informativen Methoden zur Erforschung der psychologischen Phänomene, an denen Psychoanalytiker interessiert sind. Die Psychoanalyse ist bei weitem die zweckmäßigste Methode für die Untersuchung dieser Phänomene, will sagen, psychoanalytische Daten bilden die beste Grundlage für Theorien über diese Phänomene, einschließlich der Triebe. Das Konzept der Triebe im psychischen Leben wird durch psychoanalytische Befunde sowie durch andere leicht zugängliche subjektive und Verhaltensdaten wohlbegründet.
Auf der Basis von psychoanalytischen Befunden läßt sich folgendes über die Triebe sagen:
Sie sind Verallgemeinerungen, die sich aus der psychoanalytischen Erforschung der Wünsche ergeben.
Sie drängen die Psyche zur Aktivität. Sie sind die eigentliche Quelle menschlicher Motivation.

Sie umfassen zwei Kategorien, libidinöse und aggressive.
Sie sind wirksam von der frühesten Zeit des Seelenlebens an, über die wir zuverlässige Kenntnis haben.
Soweit bekannt, enthalten Triebabkömmlinge sowohl libidinöse als auch aggressive Komponenten.
Es ist unklar, ob Libido und Aggression zu Beginn des psychischen Lebens getrennt sind oder vermischt.
Die Triebe haben keine spezifische, extrazerebrale Quelle. Wie alle anderen psychischen Phänomene sind sie Aspekte der zerebralen Funktionen. Freilich steht die Libido in enger und spezifischer Beziehung zu den Genitalien, zu Mund, Anus und, in geringerem Maße, zu Berührung, Sehen, Geruch und Klang.
Psychische Energie ist keine Form physikalischer Energie. Es handelt sich dabei um eine Analogie. Psychische Energie kann weder quantifiziert noch exakt gemessen werden.
Triebabkömmlinge werden wesentlich durch Erfahrung beeinflußt, vor allem im Hinblick auf Ziele und Objekte. Mit anderen Worten, es besteht eine bedeutsamere Beziehung zwischen Trieben und Ichentwicklung, als man sich gewöhnlich klarmacht.
Sowohl Aggression als auch Libido liegen innerhalb des Lustprinzips, nicht jenseits davon.
Bei Gelegenheit erzeugen beider Abkömmlinge Unlust und Konflikt.
Es besteht kein inhärenter Antagonismus zwischen Ich und Trieben. Wenn er doch auftritt, ist Störung der Ichtätigkeit ein Symptom, das wie jedes andere analysiert werden muß.
Triebabkömmlinge liegen nur dann im Konflikt, wenn einer dazu benutzt wird, Angst oder depressive Affekte, die durch einen anderen hervorgerufen wurden, zu lindern.

3. Affekte

Die Phänomene, die unter den Rubriken Triebe und Triebabkömmlinge subsumiert werden, beziehen sich auf das Streben nach Lust. Das Lustprinzip ist ein fundamentaler Bestandteil der psychoanalytischen Theorie über das psychische Gesehehen. Diesem Prinzip zufolge sucht die Psyche Lust zu erlangen und Unlust zu vermeiden. Da Triebbefriedigung lustvoll ist und Frustration oder Mangel an Befriedigung Unlust bereitet, folgt daraus gemäß der psychoanalytischen Theorie, daß die Psyche bestrebt ist, die Befriedigung von Triebabkömmlingen so unmittelbar und vollständig wie möglich zu erreichen. In psychischen Konfliktsituationen scheint jedoch das Gegenteil der Fall zu sein. Die Psyche sucht die Befriedigung von einem oder mehreren Triebabkömmlingen aufzuschieben, einzuschränken oder zu verhindern. Um es präziser auszudrücken, in psychischen Konfliktsituationen ist ein Teil des psychischen Geschehens auf die Befriedigung von Triebabkömmlingen ausgerichtet, während der andere bestrebt ist, diese zu verhindern.

Wie kann es dazu kommen? Wie kann es geschehen, daß das Ich, das sich als Vollstrecker der Triebe entwickelt, als Agentur für die Befriedigung von Triebabkömmlingen, sich zuweilen gegen sie richtet und ihre Befriedigung verhindert?

Diese Frage kann man nicht beantworten, ohne die Theorie der Affekte einzubeziehen, da es sich um eine Frage handelt, deren Beantwortung nur dann möglich ist, wenn man ein korrektes Verständnis von der Natur der Affekte im allgemeinen und von unlustvollen Affekten im besonderen hat. In diesem Kapitel werde ich deshalb die Theorie der Affekte so weit darstellen, wie es für das Verständnis ihrer Rolle im psychischen Konflikt notwendig ist. Meine Darstellung beruht auf einer früheren Erläuterung dieses Themas (Brenner, 1974c). Vor diesem Zeitpunkt wußte man bereits viel über die Rolle der Angst in Konflikten und hatte darüber viel geschrieben, aber nur sehr wenig über andere Affekte. Vor 1974 war in der psychoanalytischen Literatur keine Theorie der Affekte zu finden, die adäquat deren Rolle im psychischen Konflikt hätte erklären können. Die von mir vorgeschlagene Theorie war die erste dieser Art.

Es handelt sich dabei um eine Theorie, die auf psychoanalytischen Daten basiert. Sie geht davon aus, daß Affekte komplexe psychische Phänomene darstellen, die sich am besten in Begriffen der Entwicklung beschreiben lassen. Die Vorläufer von Affekten sind Lust- und Unlustempfindungen, deren wichtigste diejenigen Empfindungen sind, die mit einem Mangel an Befriedigung von Triebabkömmlingen verbunden sind, mit sogenannter Triebspannung, und jene, die mit der Befriedigung von Triebabkömmlingen einhergehen, das heißt mit Triebabfuhr. Solche Lust- und Unlustempfindungen bilden die undifferenzierte Matrix, aus der sich die gesamte Skala der Affekte des späteren Lebens entwikkelt.

Auf einer frühen Stufe der psychischen Entwicklung werden Erinnerungen und andere Vorstellungen mit Lust- und Unlustempfindungen in Verbindung mit Triebabkömmlingen assoziiert. Der sich daraus ergebende Komplex von Empfindung und Vorstellung ist ein Affekt. Die weitergehende Entwicklung von Affekten und ihre Ausdifferenzierung sind abhängig von der Ich- und später von der Überich-Entwicklung. Tatsächlich stellt die Entwicklung und Differenzierung der Affekte ein wichtiges Kapitel in der Ichentwicklung dar.

Somit umfassen Affekte a) Empfindungen von Lust, von Unlust oder einer Mischung aus diesen beiden und b) Gedanken, Erinnerungen, Wünsche, Ängste – mit einem Wort, Vorstellungen. *Vorstellungen und Empfindungen konstituieren gemeinsam einen Affekt* als psychologisches Phänomen.

Um Mißverständnisse zu vermeiden, muß folgendes besonders beachtet werden. Erstens, Angst sollte in keiner Hinsicht von anderen Affekten unterschieden werden. Zweitens, um welchen Affekt es sich auch immer handeln mag, sowohl Lust/Unlust als auch die Vorstellungen oder beides können ganz oder teilweise unbewußt sein oder auf andere Art abgewehrt werden.

Dieser knappe Umriß soll im folgenden näher erläutert werden.

Entwicklungsverlauf

a) Lust- und Unlustempfindungen

Die vorhandenen Befunde, subjektiver wie objektiver Natur, lassen den Schluß zu, daß die mit Triebabkömmlingen verknüpften Lust- und Unlustempfindungen im Erwachsenenleben sich nicht wesentlich von Empfindungen dieser Art unterscheiden, wie sie in den frühen Stadien der psychischen Entwicklung auftreten. Allerdings verdient eine mögliche Ausnahme besondere Beachtung, nämlich jene, die mit sexueller Befriedigung zu tun hat. Die meisten Menschen erleben einen Orgasmus erst in der Pubertät. Unterscheidet sich Orgasmus-Lust in ihrer Natur von der Lust sexueller Befriedigung, bevor ein Orgasmus möglich ist?

Diese Frage ist von großer Bedeutung. Sollte sich herausstellen, daß es tatsächlich einen Unterschied gibt, hätte das für die psychoanalytische Affekttheorie bedeutsame Konsequenzen. Unglücklicherweise haben wir zur Zeit noch keine zuverlässigen Befunde, die eine fundierte Antwort zuließen. Das vorhandene Material besteht aus vereinzelten Erinnerungen an weit zurückliegende Erfahrungen und ist gleichermaßen spärlich wie unzuverlässig.

Bestenfalls kann man zu diesem Thema sagen: Es besteht kein Zweifel daran, daß die körperlichen Empfindungen, die Teil des Orgasmuserlebnisses sind, für dieses Erlebnis spezifisch sind. Indes kann man gegenwärtig nicht mit Sicherheit sagen, ob die *Lust* beim Orgasmus sich von anderen, früheren Lustempfindungen außer durch ihre außergewöhnliche Intensität unterscheidet. Man kann nicht sicher sagen, daß ihre Qualität eine andere ist. Vielleicht gibt es im Verlauf der körperlichen und psychischen Reifung entwicklungsbedingte Veränderungen der Lust- und Unlustempfindungen, aber zur Zeit liegen darüber noch keine gesicherten Erkenntnisse vor. Mit gebührender Zurückhaltung kann man nur die vorläufige Aussage wagen, daß die mit Triebabkömmlingen verbundenen Lust- und Unlustempfindungen des Erwachsenenlebens sich nicht wesentlich von denen der sehr frühen Lebenszeit unterscheiden. Soweit uns bis heute bekannt ist, haben Lust und Unlust keine Entwicklungsgeschichte. Sie

sind konstitutionell determiniert, sind Teil der Ausstattung jedes einzelnen Menschen.
Das soll aber nicht heißen, daß Lust und Unlust in der psychischen Entwicklung keine Rolle spielen. Zweifellos spielen sie eine große Rolle, und sind von entscheidender Bedeutung. Es ist lediglich zu sagen, daß Lust und Unlust selbst sich im Verlauf der Entwicklung nicht wesentlich verändern, jedenfalls soweit uns heute bekannt ist. Lust und Unlust sind zu Anfang des psychischen Lebens vorhanden, zu welchem Zeitpunkt auch immer dieser Beginn in der physischen Entwicklung festzumachen ist. Zu jener Zeit sind sie von ausschlaggebender Bedeutung, und soviel wir wissen, bleiben sie das auch für den Rest des Lebens, ohne sich qualitativ zu verändern.

b) Vorstellungen

Die Entwicklungsgeschichte der Vorstellungen, die Teil jedes Affekts sind, unterscheidet sich augenscheinlich sehr von der Entwicklungsgeschichte der Lust- und Unlustempfindungen. *Per definitionem* sind Vorstellungen von der Ichentwicklung abhängig und später auch von der Entwicklung des Überichs.
Der Vorstellungsinhalt eines jeden Affekts umfaßt Erinnerungen, psychische Repräsentanzen von Objekten, psychische Repräsentanzen der eigenen körperlichen Empfindungen etc., gleich ob es sich bei dem Affekt um Freude oder Leid, Sehnsucht oder Furcht handelt. All diese Vorstellungselemente sind Teil der Ichtätigkeit. Alle machen eine progressive Entwicklung durch, angefangen von den ersten Lebensmonaten, wenn das psychische Leben einsetzt und die Ichtätigkeit sich allenfalls auf einer primitiven Stufe befindet, über alle Stadien der Reifung hinweg bis zu dem, was als erwachsen bezeichnet wird.
Nach dem gegenwärtigen Stand unseres Wissens entspricht die Entwicklung der Affekte von der Kindheit bis ins Erwachsenenleben der Entwicklung von Vorstellungen, die Teil der Affekte sind. Der Vorstellungsinhalt macht einen fortschreitenden Wandel durch, und das erklärt die Unterschiede zwischen primitiven Affekten und jenen, die reifer sind – zwischen denen, die oft als global und jenen, die als spezifisch bezeichnet werden.

Klassifikation der Affekte

Ein entscheidender Fortschritt der neuen Affekttheorie besteht in der Klassifizierung und Unterscheidung von Affekten. Dies geschieht am zweckmäßigsten auf der Basis der zwei Komponenten eines jeden Affekts, das heißt der Lust-Unlustempfindungen und der Vorstellungen.

Eine erste grobe Klassifizierung der Affekte unterscheidet zwei Gruppen, nämlich jene, die durch Empfindungen von Lust gekennzeichnet werden, und die anderen, für die Unlustempfindungen charakteristisch sind (Glover, 1947). Man muß freilich bedenken, daß in jedem einzelnen Fall solche Empfindungen entweder verdrängt oder auf andere Art abgewehrt sein können. Nur psychoanalytische Befunde ermöglichen zuverlässige und umfassende Erkenntnisse über Lust-Unlustempfindungen und Vorstellungen. Bei einem Affekt, der bewußt als lustvoll wahrgenommen wird, kann sich herausstellen, daß er auch verborgene oder verschleierte Unlust enthält, oder umgekehrt. Aus diesem Grund sollte jede Klassifikation eine dritte Kategorie enthalten, nämlich Affekte, die durch eine Mischung von Lust-Unlustempfindungen gekennzeichnet sind.

Unter den Affekten, seien sie durch Lustempfindungen, Unlustempfindungen oder durch eine Mischung dieser beiden charakterisiert, kann man jene unterscheiden, deren Vorstellungsinhalte sich in wichtigen Punkten ähneln. Zum Beispiel wird man sich darauf einigen können, jeden Affekt als Glück (oder Freude) zu bezeichnen, der ein Empfinden von Lust und Vorstellungen von Befriedigung eines Triebabkömmlings enthält. Dabei können Vorstellung oder Lustempfindung unbewußt sein oder auf andere Art verzerrt oder verschleiert. Die Lustempfindung kann schwach oder intensiv sein. Der genaue Inhalt der Vorstellungen wird notwendigerweise von Mensch zu Mensch variieren, wie auch von Fall zu Fall innerhalb des seelischen Geschehens beim einzelnen Menschen. Dennoch, wenn der Affekt die eben dargelegten Bedingungen erfüllt, das heißt, wenn entsprechende Daten, gewöhnlich psychoanalytische, auf Lustempfindungen plus Vorstellungen von Befriedigung eines Triebabkömmlings hinweisen, wird der Affekt als Glück bezeichnet. Um einen Affekt als Glück einstufen zu können, gilt umgekehrt, daß er dieser Defini-

tion entsprechen muß, das heißt er muß als Bestandteile eine Lustempfindung und Vorstellungen von Befriedigung eines Triebabkömmlings enthalten.
Wie erwähnt, kann es im Rahmen der Definition beträchtliche Variationen von einem Fall zum anderen geben. Das Gefühl der Lust kann schwach oder intensiv sein. Die Befriedigung kann libidinös oder aggressiv, oral, anal oder phallisch sein. Die Lust oder die Vorstellungen von Befriedigung können weitgehend bewußt oder unbewußt sein oder sonstwie abgewehrt. Überdies werden die Vorstellungen von Befriedigung in jedem Fall individuell sein, das heißt, spezifisch für den jeweiligen Mensch. Nichtsdestoweniger, ungeachtet der individuellen Variationen wird ein Affekt immer dann, und nur dann, als Glück bezeichnet, wenn er eine Lustempfindung und Vorstellungen von Befriedigung eines Triebabkömmlings einschließt.
Diese Art der Klassifizierung erlaubt es auch, Unterarten einer so breiten Kategorie wie Glück zu unterscheiden. Wenn die Lustempfindung intensiv ist, kann der Affekt als Ekstase oder Wonne bezeichnet werden. Wird in der Vorstellung ein Sieg über einen oder mehrere Rivalen errungen, kann diese Spielart des Glücks als Triumph definiert werden. Abhängig von der Intensität der Lust und der Art der damit verbundenen Vorstellungen kann man die Varianten des Triumphs als Omnipotenz, als Selbstzufriedenheit, als leichte Überlegenheit oder als Selbstgefälligkeit einordnen. Generell ermöglicht die hier dargestellte Theorie der Affekte also die Bestimmung von lustvollen Affekten sowie deren Unterscheidung auf der Grundlage von a) der Intensität der lustvollen Empfindung und b) Inhalt und Ursprung der damit verbundenen Vorstellungen. Das gleiche gilt auch für die unlustvollen Affekte. Unter diesen stellt Angst den Affekt dar, der von den Psychoanalytikern am häufigsten und ausführlichsten diskutiert worden ist. Wie kann Angst innerhalb der neuen Affekttheorie konzeptualisiert oder definiert werden?
Wie es sich ergab, ist die von mir 1974 vorgestellte Affekttheorie aus einer Studie über Angst (Brenner, 1953) erwachsen. Zu jener Zeit schlug ich folgende Definition der Angst vor.
»Angst ist eine Gefühlsregung (Affekt), die durch Antizipation von Gefahr im Ich hervorgerufen wird. Sie ist als solche nicht von Geburt oder sehr früher Kindheit an vorhanden. In jenen sehr

frühen Perioden ist sich der Säugling, was Gefühle betrifft, nur der Lust oder Unlust bewußt. Mit vermehrter Erfahrung und Entwicklung anderer Ichfunktionen (zum Beispiel Gedächtnis und sensorische Wahrnehmung) wird das Kind fähig, vorherzusagen oder zu antizipieren, daß es zu einem Zustand der Unlust (einer ›traumatischen Situation‹) kommen wird. Diese erwachende Fähigkeit des Kindes, auf eine Gefahr im vorhinein zu reagieren, ist der Anfang der spezifischen Gefühlsregung der Angst, von der wir annehmen, daß sie sich im Verlauf der weiteren Entwicklung immer deutlicher von anderen Unlustgefühlen differenziert (zum Beispiel Depression)« (S. 22).

Entsprechend der soeben zitierten Definition ist Angst also Unlust plus einem besonderen Ensemble von Vorstellungen: Etwas Unlustvolles wird geschehen. Mit anderen Worten, Angst ist Unlust, die von Vorstellungen begleitet wird, die auf die eine oder andere Art mit Gefahr verbunden sind. Jeder Affekt, der als Angst bezeichnet werden soll, muß dieser Definition entsprechen. Freilich können auch bei der Angst, wie im Beispiel des Glücks, unterschiedliche Etikette verwandt werden, um auf Varianten sowohl in der Intensität der erlebten Unlust als auch in der Art der damit einhergehenden bewußten oder unbewußten Vorstellungen zu verweisen. Wenn die Gefahr als akut oder unmittelbar bevorstehend wahrgenommen wird, mag man von Furcht, ist die Unlust intensiv, von Panik sprechen. Ist die Unlust nur schwach und wird die Gefahr als gering wahrgenommen, als ungewiß oder noch fern, kann man wohl von Sorge oder Unbehagen sprechen. Auf der Basis von psychoanalytischen Daten, die sich aus der klinischen Arbeit ergeben, ermöglicht die von mir eingeführte Affekttheorie also eine Definition und die Unterscheidung der Varianten von Affekten, für den Fall der Angst ebenso wie für jeden anderen Affekt. Ist die psychoanalytische Methode anzuwenden, kann man auch die Affekte identifizieren. Wenn Daten aus vielen Fällen zur Verfügung stehen, hat man also auch eine zuverlässige Grundlage für eine befriedigende Klassifizierung der Affekte.

Angst als Paradigma zu benutzen, hat den großen Vorteil, daß Angst aus einer Vielzahl von klinischen Situationen her wohlvertraut ist. Die Gültigkeit der neuen Theorie kann anhand analytischer Erfahrungen mit Angst überprüft werden und die Beziehung zwischen Theorie und den Befunden läßt sich unschwer erkennen. Jedem Analytiker ist die Tatsache vertraut, daß im Fall von Angst die Unlust unbewußt sein kann, selbst wenn der Vorstellungsinhalt bewußt ist, zumindest zum größten Teil. Gleichermaßen vertraut sind Situationen, in denen die Unlust in großem Maße bewußt ist, der Vorstellungsinhalt des Affekts aber unbewußt oder sonstwie abgewehrt. Wenn sich ein Patient bei Gedanken an Gefahr keiner Unlust bewußt ist, suchen wir nach Gründen, warum dem so ist. Wann immer ein Patient sich nicht bewußt ist, was er fürchtet, gelten unsere analytischen Anstrengungen regelmäßig der Antwort auf die Fragen: »Wovor hat dieser Patient unbewußt Angst?« und »Worin liegen die Ursprünge der Angst dieses Patienten?«

Die von mir formulierte Affekttheorie geht noch einen Schritt weiter. Sie geht davon aus, daß Angst nur ein Beispiel ist, eher ein Paradigma denn eine Ausnahme. Sie besagt, daß alle Affekte in der soeben erwähnten Hinsicht gleich sind; irgendeinen Affekt zu analysieren bedeutet, seine unbewußten Elemente und Ursprünge zu explorieren, so wie es gewöhnlich mit Angst geschieht.

Es bedarf der Erwähnung, daß nicht alle mit Triebabkömmlingen verknüpfte Unlust einen Vorstellungsinhalt hat, der sich auf Gefahr bezieht, das heißt auf ein drohendes Unheil. Unlust kann zum Beispiel mit Vorstellungen von Unheil verbunden sein, das bereits geschehen ist. Ich habe solch einen Affekt depressiven Affekt genannt, um ihn von Angst zu unterscheiden. Je nach Intensität der Unlust kann man von Trübsal, Traurigkeit oder Mißvergnügen sprechen. Wenn Vorstellungen von Sehnsucht nach einem verlorenen Objekt im Vordergrund stehen, kann man von Einsamkeit sprechen. Wenn wir, wie Darwin (1872) es ausdrückt, »keine Hoffnung auf Trost haben«, sprechen wir von Verzweiflung. Und von Scham oder Demütigung, wenn die Betonung darauf liegt, gescholten oder lächerlich gemacht zu werden, und so weiter.

Wie schon erwähnt, werden Affekte, zumindest im Erwachsenenleben, oftmals eher durch eine Mischung von Lust- und Unlustempfindungen gekennzeichnet als durch eine von beiden allein. Bei einigen Angsterlebnissen zum Beispiel ist sowohl die Unlust als auch die lustvolle Erregung bewußt. Diese Erlebnisse hat man erklärt als Ergebnis der libidinösen Besetzung von Angst, aber diese Erklärung wird den Tatsachen des Sachverhalts nicht gerecht. Mit dem Terminus libidinöse Besetzung ist die Vorstellung gemeint, daß ins Bewußtsein aufgestiegene Angst in bestimmten Fällen selbst zu einer Quelle libidinöser Erregung werden kann. Die Tatsachen sind jedoch anders gelagert. Analysen haben gezeigt: Wenn jemand bewußt Unlust als auch Lust empfindet und bewußte Vorstellungen von drohendem Unheil hat, sind stets auch unbewußte Vorstellungen der Befriedigung eines Triebabkömmlings vorhanden. Ein Beispiel zur Veranschaulichung: Ehe er die Bühne betrat, empfand ein Schauspieler bewußte Lust und Unlust und stand unter dem Eindruck der Erwartung, seine Vorstellung werde ein schmählicher Reinfall. Das soll heißen, er hatte Lampenfieber, gepaart mit einem bewußten Gefühl lustvoller Erregung. Seine Assoziationen offenbarten, daß nicht Angst eine Quelle seiner bewußten lustvollen Erregung war. Sie enthüllten vielmehr die vermuteten Erinnerungen an Kindheitserlebnisse und Phantasien von Demütigung, Liebesverlust und von Kastration sowie unbewußte Phantasien von exhibitionistischer Befriedigung in der Gegenwart – daß er großen Erfolg haben würde, sehr bewundert würde etc. –, Phantasien, die ebenfalls mit Triebabkömmlingen der Kindheit in Zusammenhang standen. Nicht die Angst des Patienten war für seine bewußte, lustvolle Erregung verantwortlich. Seine Angst war nicht libidinös besetzt. Der Grund für seine bewußte, lustvolle Aufregung lag in seinen unbewußten Phantasien von exhibitionistischer, libidinöser Befriedigung.

Wenn Lust und Unlust vermischt werden, müssen nicht beide bewußt sein. Eine oder beide können unbewußt sein oder auf andere Art abgewehrt werden. Das gleiche gilt für jeden Teilbereich im Vorstellungsinhalt eines Affekts. Um Angst nochmals als Paradigma zu benutzen, die meisten Angsterlebnisse, auf die Psychoanalytiker in ihrer klinischen Arbeit stoßen, enthalten unbewußte Lust und/oder Befriedigung zumindest als Anteil des gesamten affektiven Erlebens.

Wie man sich vorstellen kann, sind klinische Sachverhalte in dieser Hinsicht gewöhnlich sehr kompliziert. Lust und Unlust, Befriedigung und Leid sind eng verflochten. Zum Beispiel enthalten Vorstellungen vom Sieg über einen Rivalen oftmals Bedauern oder Mitleid für den Kontrahenten und die Erwartung, für den Sieg über ihn bestraft zu werden. In solchen Fällen erlebt der Sieger eine Mischung von Lust und Unlust samt den damit verknüpften Vorstellungen, siegen zu wollen und den Sieg zu fürchten, der Rivale des Verlierers zu sein und sein Verbündeter, zu dominieren und beherrscht zu werden oder zu kastrieren und kastriert zu werden.

Bei einer solch komplexen Sachlage, die kennzeichnend ist für so viele Affekte von Erwachsenen, mit denen Analytiker in ihrer Arbeit konfrontiert werden, ist es von geringer Bedeutung, ob man, wie ich, von gemischten Affekten oder von einer Mischung der Affekte spricht. Es handelt sich dabei eher um eine Differenz in der Terminologie als um eine in der Substanz. Welche Terminologie man auch bevorzugt, betrachtet man die individuellen Beispiele von Affekten, die man unter klinischen Umständen antrifft und analysiert, so wird deutlich, daß keine zwei Menschen jemals genau die gleichen Affekte haben. Sie variieren hinsichtlich der Intensität von Lust und Unlust, der Mischung von beiden und hinsichtlich der Vorstellungen, die Teil eines jeden Affekts sind. Keine zwei Menschen können jemals die gleichen Dinge wünschen, fürchten oder erinnern. Ein Affekt ist für den einen Menschen niemals das gleiche wie für den anderen. Affekte enthalten gemeinsame Elemente, die als Grundlage der Klassifizierung dienen können. Mehr jedoch kann nicht gemeint sein, wenn man Affekte benennt und klassifiziert.

Es ist gleichermaßen von Bedeutung, nicht aus den Augen zu verlieren, daß nur psychoanalytische Daten eine zufriedenstellende Grundlage für eine Klassifizierung bieten. In anderen Zusammenhängen als bei der Erforschung der Affekte ist es eine bekannte klinische Erkenntnis, daß bewußte psychische Phänomene nur einen Teil des Ganzen ausmachen. Bei zwei verschiedenen Patienten können ähnliche bewußte psychische Phänomene sehr unterschiedliche unbewußte Determinanten haben, während überaus ähnliche unbewußte Determinanten mit sehr unterschiedlichen bewußten Konsequenzen für Denken und Verhalten verbunden sein können. Das gleiche gilt für die Affekte. Wenn Affekte allein auf der Grundlage ihrer bewußten Aspekte klassifiziert oder benannt werden, hat das Mehrdeutigkeit, Verwirrung oder Schlimmeres zur Folge. Oftmals wird dieselbe

Bezeichnung für sehr unterschiedliche Konstellationen von Lust, Unlust und Vorstellungen benutzt. Auch das Umgekehrte trifft zu. Unterschiedliche Bezeichnungen erweisen sich als Beschreibungen sehr ähnlicher affektiver Zustände. Ein Beispiel: Wir bezeichnen einige affektive Zustände gewöhnlich als Euphorie und nicht als bloße Freude, gerade um ihre enge Verwandtschaft mit Traurigkeit oder Depression zu betonen, genau wie wir manchmal Mut als kontraphobische Reaktion bezeichnen, um dessen Verwandtschaft mit der Angst hervorzuheben. In Kapitel 4 werden diese Überlegungen ausführlicher diskutiert werden.

Die Affektäußerung

Die hier dargestellte Theorie der Affekte ermöglicht zumindest eine teilweise Beantwortung der Frage nach den unterschiedlichen Manifestations- und Äußerungsformen von Affekten bei verschiedenen Menschen. Wie kommt es, daß der eine schreit, wenn er Angst hat, der andere in Ohnmacht fällt, und der dritte sich übergibt? Der Grund liegt in der langwährenden und engen Verbindung zwischen Affekten und Erlebnissen im Verlauf der psychischen Entwicklung. Entwicklungseinflüsse in der Kindheit haben eine sehr große Variationsbreite, und infolgedessen zeigen auch die Ichentwicklung und die späteren Funktionen eine große Variationsbreite. Identifikationsprozesse, Prozesse der Hemmung oder Überbetonung von Funktionen, der Verschleierung und Verzerrung berühren jeden Aspekt der Ichentwicklung und Ichtätigkeit. Sie berühren, wie wir gesehen haben, Gefühlsregungen (Affekte) sowohl hinsichtlich ihres Vorstellungsinhaltes wie auch ihrer Äußerungsformen. In diesem Sinne muß man Freuds (1916–1917) Vergleich zwischen affektiver Äußerung und hysterischem Anfall zustimmen. Beide werden durch Ereignisse der Vergangenheit determiniert, die unbewußt das Verhalten in der Gegenwart formen.

Die gleichen Überlegungen können auch die Unterschiede bei den Affektmanifestationen von einer Kultur zu anderen erklären helfen. Auf der Grundlage unserer Kenntnisse über die individuelle Entwicklung von Affekten kann man davon ausgehen, daß auch dabei die Identifizierung eine wichtige Rolle spielt. Bei

Kindern kann man davon ausgehen, daß sie zunächst die signifikanten Erwachsenen ihrer Umwelt imitieren, sich dann mit ihnen identifizieren und schließlich so werden wie sie, hinsichtlich der Affektmanifestation nicht weniger als hinsichtlich verschiedener anderer Verhaltensaspekte wie Gangart, Sprache, Körperhaltung sowie Freizeit- und Berufsinteressen (Brenner, 1976, S. 215). Die Affektmanifestationen müssen in ihrer Entwicklung auf diese oder ähnliche Weise unbewußt gelenkt und beeinflußt werden, in einer Art und Weise, die unterschiedlich ist in verschiedenen Gesellschaften und Kulturen und die zu auffälligen Unterschieden bei den Endergebnissen führt. Es kann kaum Zweifel daran geben, daß sich noch viele andere Faktoren in diesen Prozeß einschalten. Dennoch, das Verständnis des Zusammenhangs zwischen dem Affektleben und der gesamten komplexen psychischen Entwicklungsabfolge ermöglicht zumindest eine partielle Beantwortung der Frage nach den gesellschaftlichen Unterschieden in der Affektmanifestation und -äußerung, wie auch der Frage nach den individuellen Variationen.

Diskussion

Die Daten, auf die eine Theorie der Affekte gründen kann, verteilen sich auf drei Kategorien. Die erste ist die Kategorie subjektiver Daten. Sie umfaßt jene Erfahrungen, die von allen Menschen geteilt werden. Die zweite ist die Verhaltenskategorie. Sie schließt sowohl Handlungen ein, die unter willentlicher Kontrolle der Skelettmuskulatur zustande kommen, als auch Phänomene wie die Veränderungen des Pulses, des Blutdrucks, der Atmung, der Blasen- und Darmfunktionen, der Tränensekretion und der Hormonausschüttung und -produktion. Die dritte Kategorie beinhaltet Beobachtungen des Verhaltens anderer Lebewesen, nicht des Menschen-Verhaltens, von dem wir aber annehmen, daß es relevant ist für das, was wir bei Menschen als Affekt oder Emotion bezeichnen. Kurz gesagt, die Daten sind psychologischer, neurophysiologischer und ethologischer Art.
Es ist offensichtlich, daß es sich bei den Affekten um psychologische Phänomene handelt. Sie sind Teil des bewußten psychischen Lebens. Historisch beruhen die ersten Klassifikationen der Af-

fekte und die ersten Ansätze systematischer Erforschung auf der Introspektion, da sie für lange Zeit die einzige verfügbare Methode war.
Die Inadäquatheit der Introspektion als Methode psychologischer Forschung wie auch die Begründung ihrer Unangemessenheit – eine Begründung, die erst zu erbringen war, nachdem psychoanalytische Daten verfügbar waren – habe ich bereits diskutiert (Kapitel 1). Nur die Schlußfolgerung sei hier wiederholt: Psychologische Einzelheiten, die der Introspektion zugänglich sind, erweisen sich erstens als unvollständig und sind darüber hinaus systematisch und vorsätzlich falsifiziert worden.
Die psychoanalytische Methode hat indes nicht bloß die Begründung für die Unzulänglichkeit der introspektiven Daten geliefert. Sie hat auch den Zugang zu psychologischen Daten ermöglicht, die vollständig und zuverlässig genug sind, um als ausreichende Grundlage für eine Theorie der Affekte zu dienen. Nichtsdestotrotz, bevor ich 1974 meine Affekttheorie vorgestellt habe, beruhte keine dieser Theorien ausschließlich auf psychoanalytischen Befunden, wie auch keine psychoanalytische Triebtheorie vor der in Kapitel 2 umrissenen Theorie sich primär auf psychoanalytische Daten stützte. Den Entwicklungsaspekten der Affekte wurde einige Aufmerksamkeit gewidmet (Glover, 1947; Katan, 1972), ebenso der engen Verbindung von Affekten und Vorstellungen (Novey, 1959; Lewin, 1961, 1965; Schur, 1969). Nebenbei bemerkt, obwohl Novey, Lewin und Schur betonten, daß Vorstellungen und Affekte eng miteinander verknüpft sind, gelangte keiner von ihnen zu dem Schluß, daß Vorstellungen Teil der Affekte sind. Wie auch immer, alles in allem folgten Psychoanalytiker, die über die Affekttheorie schrieben, Freud (1915a, 1916–1917, 1919a) erstens in der Betonung der Beziehung zwischen Affekten und der Befriedigung und/oder Frustration von Triebabkömmlingen und zweitens in der Behauptung, bei den Affekten handele es sich um präformierte, konstitutionell determinierte psychische Phänomene. Freud selbst, der von der Erblichkeit der Auswirkungen sehr intensiver Umwelteinflüsse überzeugt war, war der Auffassung, daß der von ihm so bezeichnete »Kern« jedes Affekts »die Wiederholung eines bestimmten bedeutungsvollen Ereignisses« in der »Vorgeschichte nicht des Individuums, sondern der Art« ist (1916–1917, S. 410).

Was die Beziehung der Affekte zum Wechsel von Triebfrustration und Befriedigung anbelangt, so sind Freuds Vorstellungen zwar richtig, aber unvollständig. Affekte sind nicht nur mit der Befriedigung oder der Frustration von Triebabkömmlingen verbunden; sie stehen auch mit der Reifung und Entwicklung des Ichs und Überichs in Zusammenhang. Es sollte erwähnt werden, daß Jacobson (1953) als erste auf diesen Aspekt der Affekttheorie aufmerksam gemacht hat.

Die zweite von Freuds Annahmen, nämlich die Ansicht, Affekte seien präformierte, konstitutionell determinierte psychische Phänomene, wird durch die vorhandenen Befunde nicht gestützt. Betrachten wir zunächst das verfügbare Material aus der Ethologie. Inwieweit rechtfertigt es die Ansicht, jeder Affekt sei eine konstitutionell gegebene Tatsache des menschlichen Seelenlebens? Die Antwort lautet, daß das ethologische Material sehr wenig zur Rechtfertigung einer solchen Annahme beiträgt. Wie Cannon (1929) und seine Mitarbeiter gezeigt haben, gibt es kein objektives Beweismaterial, das es gestattete, Angst von Wut oder Hunger zu unterscheiden, selbst nicht bei Tieren, deren Zentralnervensystem so weit oben auf der Evolutionsskala angesiedelt ist wie das der Katze. Die einzige Grundlage, auf der man das eine vom anderen unterscheiden kann, ist subjektiver Natur: »Wenn ich eine Katze wäre, jenen Reizen ausgesetzt, dann wäre ich ängstlich, wütend oder hungrig.« Mit einem hinreichenden Grad an Sicherheit kann man sagen, ob ein Tier, dessen Zentralnervensystem einen gewundenen zerebralen Cortex aufweist, Lust oder Unlust erlebt. Es ist nicht möglich, mit Sicherheit spezifische Affekte zu identifizieren, Affekte analog jenen, von denen wir annehmen, sie seien im menschlichen psychischen Leben konstitutionell gegeben.

Neurophysiologische und Verhaltensbefunde bei Menschen, ob bei Kindern oder Erwachsenen, sind weitaus informativer als die Befunde der Ethologie, doch auch sie sind immer noch problematisch. Tränensekretion kann mit bewußter Lust einhergehen, etwa wenn wir lachen, bis die Tränen kommen, oder mit Unlust wie beim Kummer. Schreien kann mit Wut, physischem Schmerz oder mit Entsetzen verbunden sein. Tachykardie tritt bei einer Anzahl von Affekten auf, lustvoller wie unlustvoller Art, ebenso wie erhöhter Blutdruck, vermehrte Speichelabsonderung und verstärkte Peristaltik. Selbst genitale Schwellung und Lubrikation sind keine unveränderlich zuverlässigen Zeichen für lustvolle sexuelle Erregung.

Ich habe bereits auf die Unzuverlässigkeit von Introspektion und auch auf die Gründe dafür hingewiesen. Sich auf Introspektion und Intuition zu verlassen, um zu beweisen, daß jeder Affekt eine konstitutionelle Gegebenheit ist und als solche unterscheidbar von seinen näheren oder ferneren Verwandten, heißt, sich auf dünnem Eis zu bewegen. Wer so argumentiert, gründet seine Klassifikation der Affekte eigentlich auf verbale Gepflogenheiten, wofür sich de Rivera (1977) und Dahl (1979) entschieden haben, oder auf lexikalische Autorität. Weder die populäre noch die literaturlinguistische Konvention stellt eine geeignete Grundlage für eine psychologische Theorie dar. Mit Sicherheit ist sie keine Grundlage für eine annehmbare Theorie der Affekte. Sie dazu zu machen, muß zu Verwirrungen in der Theorie und zu Irrtümern in der Praxis führen.

Kurz gesagt, zur Zeit sind psychoanalytische Daten die einzig adäquate Grundlage für eine Theorie der psychischen Phänomene, die wir Affekte nennen – erweitert um die Erkenntnisse der Neurophysiologie und Ethologie. Die von mir vorgeschlagene Theorie basiert auf solchen Daten, in erster Linie natürlich psychoanalytischen Daten. Es handelt sich um eine Theorie, die aus den Einsichten hervorgegangen ist, welche die psychoanalytische Methode über die psychische Entwicklung und die Funktionsweisen des Menschen gewonnen hat, und die hauptsächlich aus diesen Einsichten ihre Stützung bezieht. Sie ist zur Zeit die geeignetste Affekttheorie, einfach weil sie sich herleitet aus der Anwendung der besten Methode zur Erforschung der Psyche und ihrer Tätigkeit, die wir gegenwärtig besitzen, der psychoanalytischen Methode. Eine Affekttheorie, die sich hauptsächlich auf psychoanalytische Daten stützt, muß einer anderen überlegen sein, die diesen Daten nicht den höchsten Rang einräumt.

Zusammenfassung

1. Affekte sind komplexe psychische Phänomene, die a) Empfindungen von Lust, Unlust oder beides und b) Vorstellungen umfassen. *Lust-/Unlustempfindungen und Vorstellungen konstituieren gemeinsam einen Affekt.*
2. Die Entwicklung der Affekte und ihre Ausdifferenzierung sind von der Ichentwicklung abhängig. Tatsächlich ist die Ausdifferenzierung der Affekte vom unentwickelten und globalen zum reifen und spezifischen Zustand ein bedeutsamer Aspekt der Ichreifung.
3. Diese Definition ermöglicht die Klassifikation der Affekte und ihre Unterscheidung auf der Grundlage a) der Intensität der Empfindung von Lust und/oder Unlust und b) des Inhalts und des Ursprungs der Vorstellungen, die jeden Affekt konstituieren.
4. Das hier dargelegte Konzept der Affekte bietet zumindest eine partielle Antwort auf die Frage nach der Variabilität des affektiven Ausdrucks einzelner Menschen und Kulturen. Der Leser wird sich erinnern, daß die Darstellung der oben zusammengefaßten Affekttheorie der Erörterung über die Rolle der Affekte im psychischen Leben vorangestellt wurde. In diesem Kapitel wurden alle Affekte betrachtet, lustvolle wie unlustvolle. Die mit Triebabkömmlingen verknüpften unlustvollen Affekte werden den Schwerpunkt des nächsten Kapitels bilden.

   Unter bestimmten Umständen erzeugen die nach Befriedigung drängenden Triebabkömmlinge Angst und depressive Affekte. Beide sind unlustvoll, manchmal von äußerster Intensität. Damit erklärt sich die Tatsache, daß das Ich, das sich als Vollstrecker der Triebe, als Agentur für die Befriedigung der Triebabkömmlinge entwickelt, sich ihnen zuweilen entgegenstellt. Ein solcher Widerspruch zwischen Ich und Triebabkömmlingen bildet den Kern des psychischen Konflikts.

4. Affekte und psychischer Konflikt

Die Hauptaussage dieses Kapitels besagt, daß die unlustvollen Affekte, die den psychischen Konflikt auslösen, von zweierlei Art sind, nämlich Angst und depressiver Affekt. Wie ich gegen Ende des dritten Kapitels erwähnt habe, tauchen Konflikte immer dann auf, wenn die Befriedigung eines Triebabkömmlings mit einem hinlänglich intensiven unlustvollen Affekt verbunden ist. Es muß noch hinzugefügt werden, daß auch die Forderungen und Verbote des Überichs, die Angst oder depressive Affekte erzeugen, ebenfalls Konflikte verursachen (Freud, 1923). Die Konfliktquelle wird später noch ausführlich diskutiert (hauptsächlich in Kapitel 8). Ich erwähne sie hier, um den Eindruck zu vermeiden, sie würde im folgenden außer acht gelassen.
Da im psychischen Konflikt sowohl Angst als auch depressiver Affekt auftreten können, ist ihre Unterscheidung von vordringlicher Bedeutung. Der Vorstellungsinhalt bildet die Grundlage für die Unterscheidung. Beide Affekte sind von Unlust geprägt. In dieser Hinsicht gleichen sie einander. Sie unterscheiden sich nur in ihren jeweiligen Vorstellungsinhalten.
Psychoanalytische Befunde machen deutlich, daß der Vorstellungsinhalt beider Affekte mit Ereignissen und mit Zeit zu tun hat, soll heißen, mit dem, was so unlustvoll ist, und damit, ob etwas geschieht, geschehen ist oder geschehen wird.
Was die Unlust erzeugenden Ereignisse betrifft, so erweisen sie sich als die bekannten Katastrophen der Kindheit: Objektverlust, Liebesverlust und Kastration – die Freud als typische Gefahrsituationen des Seelenlebens in der Kindheit bezeichnet hat. Sie gelten gleichermaßen für den depressiven Affekt und die Angst. Allerdings verhält es sich mit dem zeitlichen Aspekt anders. Eine Unlustempfindung verbunden mit Vorstellungen, eine oder mehrere Katastrophen würden sich ereignen, ist definitionsgemäß Angst. Eine Empfindung von Unlust verbunden mit Vorstellungen, daß eine oder mehrere Katastrophen sich bereits ereignet

haben, ist entsprechend der Definition ein depressiver Affekt (Brenner, 1974c).

Wenn eine Unlustempfindung von Vorstellungen begleitet wird, daß sich eine oder mehrere Katastrophen gerade ereignen, ist schwer zu entscheiden, ob der Affekt angemessener als Angst oder als depressiver Affekt einzuordnen ist. Manchmal ist das eine vorzuziehen, manchmal das andere. Ein Kind empfindet zum Beispiel »Mutter liebt mich nicht mehr«. Es würde sich dabei um einen Affekt handeln, der durch Unlust und die Vorstellung eines Unglücks in der Gegenwart gekennzeichnet wird. Die Katastrophe in der Gegenwart kann freilich für das eine Kind den Vorstellungsinhalt haben »Sie liebt mich nicht. Sie hat schon vor langer Zeit aufgehört, mich zu lieben, als ihr Baby kam«, oder »Sie hat gestern aufgehört, mich zu lieben, als ich ihr den Tod wünschte«. Für ein anderes Kind könnte die gegenwärtige Katastrophe den Vorstellungsinhalt haben »Sie haßt mich. Sie liebt mich nicht mehr. Sie wird mich niemals wieder lieben«.

In den Augen der meisten Beobachter wäre das erste Beispiel ein depressiver Affekt. Das zweite würde von den meisten als Angst eingeordnet. Ich bin jedoch davon überzeugt, daß alle darin übereinstimmten, daß es nur einen geringen Unterschied bedeutet, mit welchen Etiketten man die Beispiele versieht – was heißen soll, daß Angst und depressiver Affekt zuweilen nicht unterscheidbare Varianten von Unlust sind, verbunden mit Vorstellungen über das Eintreten von einer oder mehrerer Kindheitskatastrophen in der Gegenwart.

Wenn das der Fall ist, wenn die Unterscheidung bloß akademischer Natur ist, wird man bei dem Versuch zu entscheiden, ob der in Rede stehende Affekt angemessener als Angst oder als depressiver Affekt einzuordnen ist, nichts gewinnen. In der überwiegenden Mehrzahl der Fälle ist der Unterschied zwischen beiden allerdings eindeutig, und in diesen Fällen ist es von großer praktischer Bedeutung, entscheiden zu können, um welchen Affekt es sich handelt. Für das Verständnis der Konflikte eines Patienten ist es von großer Bedeutung, ob die Unlust des Patienten mit bevorstehenden Katastrophen, das heißt mit Gefahr, zu tun hat oder mit solchen, die sich bereits ereignet haben, das heißt mit gegenwärtigem Leid, oder, was oft vorkommt, mit beidem gleichzeitig. Wenn man einen unlustvollen Affekt als

Angst einordnet, meint man damit, daß die Vorstellungen von Katastrophe sich auf die Zukunft beziehen und die gegenwärtige Situation Gefahr bedeutet. Ordnet man einen unlustvollen Affekt als depressiven Affekt ein, ist damit gemeint, daß das Unglück sich in der Vergangenheit ereignet hat und daß deshalb die gegenwärtige Situation Schmerz und Leid bedeutet.

Wie in Kapitel 1 erwähnt, hat man vor der Veröffentlichung meines Artikels zu diesem Thema (1975a) Angst als einzigen Affekt betrachtet, der psychischen Konflikt auslöst (Freud, 1926). Durch welche Art von Befunden wird meine Neuformulierung gestützt?

Das folgende Fallmaterial, das ich als Illustration anbieten möchte, ist von der Art, die jedem Analytiker aus klinischer Erfahrung bekannt ist. Dennoch veranschaulicht es nicht nur die Rolle des depressiven Affekts im psychischen Konflikt, sondern auch die Reichhaltigkeit der psychoanalytischen Befunde, die diese Rolle deutlich machen.

Ein Patient Mitte Zwanzig kratzte, während er auf der Couch lag, oft an einer Wunde an seiner Hand oder in seinem Gesicht, betastete eine alte Narbe, rieb eine Schulter, die einige Jahre früher verletzt worden war, oder gab auf andere Art und Weise zu erkennen, daß er Schmerzen hatte oder an einer Verletzung litt. Wiederholt wurde seine Aufmerksamkeit auf dieses Verhalten gelenkt, wobei nach und nach deutlich wurde, daß all diese Gesten unbewußt darauf abzielten, meine Sympathie zu gewinnen. Jedesmal hatte er oder wollte er mir gerade von Handlungen oder Wünschen berichten, bei denen er Schuldgefühle verspürte und von denen er glaubte, daß auch ich sie mißbilligte. Seine Wunden und Verletzungen waren unbewußte Zeichen dafür, daß er sich selbst schon genug für seine Missetaten bestraft hatte und daß er bemitleidet und verhätschelt werden wollte und nicht getadelt und gehaßt, so wie er es erwartete.

Als die unbewußten Motivationen seines Verhaltens auf der Couch zum Vorschein kamen, wurde offensichtlich, daß es sich dabei um eine Übertragung von Verhaltensmustern, die sich vor seiner Adoleszenz verfestigt hatten, auf die Analyse handelte. Immer wenn er mit aggressivem oder Konkurrenzverhalten beschäftigt war, neigte er dazu, sich selbst zu verletzen und dafür zu sorgen, daß er versagte oder verlor, oder beides. Wenn er, auf der anderen Seite, einen ernsthaften Rückschlag in seinem Leben erlitt, konnte er sich manchmal mit weniger Hemmungen in einer Konkurrenzsituation behaupten. Im Verlauf der Analyse war es ihm schließlich möglich, sich der Tagträume bewußt zu werden, die zuvor allesamt unbewußt oder kurz bewußt gewesen und bald wieder verdrängt worden waren. Diese Tagträume begleiteten jede seiner ehrgeizigen Konkurrenzhandlungen. In den Tagträumen sah er sich mit einem älteren Mann konfrontiert, der stets mächtiger war als er selbst, ob physisch oder vermöge seiner Position im Alltag. Hauptgegenstand des Tagtraumes war ein gewalttätiger Konflikt zwischen dem Patienten und seinem Widersacher, ein Konflikt, der stets mit der Niederlage des Patienten endete. Manchmal wurde er körperlich besiegt, manchmal auch nicht, aber stets war seine Niederlage vollkommen. Es gab nie Zweifel darüber, wer gewonnen hatte.

Zur gleichen Zeit wurde die unbewußte Bedeutung eines immer wiederkehrenden Elements seiner nächtlichen Träume verständlich. Er erinnerte lediglich einen kleinen Bruchteil seiner Träume, aber von denen, an die er sich erinnerte, hatten viele mit Kämpfen zwischen ihm und anderen Männern zu tun. Diese Träume begannen wahrscheinlich in der Latenzperiode oder spätestens in der frühen Adoleszenz. In diesen Träumen war der Patient stets gehemmt beim Angriff seiner Widersacher und oftmals unfähig, sich wirksam zu wehren. Er konnte einen Gegner niemals kraftvoll schlagen, sei es mit seinen Fäusten oder mit einer Waffe. Wenn er eine Pistole hatte, ging sie nicht los, und oft konnte er noch nicht einmal weglaufen.

Es gab also Hinweise aus vielen Quellen – aus seinem Verhalten während der analytischen Sitzungen, aus seinen zurückliegenden und gegenwärtigen Schwierigkeiten in jeder Wettbewerbssituation, aus seinen Tagträumen und aus seinen nächtlichen Träumen –, Hinweise dafür, daß dieser Patient sich in seinen Konkurrenzbestrebungen hinderte und auch selbst dafür bestrafte. Diese Bestrebungen waren unbewußt gegen seinen mächtigen Vater gerichtet und, wie sich herausstellte, auch gegen einen älteren Bruder, der in der Kindheit der bewußte Hauptfeind des Patienten gewesen war.

Welche Rolle spielten dabei Angst und depressiver Affekt?

In den realen Lebenssituationen, in denen das Konkurrenzstreben des Patienten gehemmt war, wie auch in den Träumen, in denen er nicht effektiv kämpfen konnte, spielte die Angst eindeutig jene Rolle, die ihr von der Psychoanalyse gewöhnlich zugeschrieben wird. In jedem dieser Beispiele wurde ein Konkurrenzwunsch unbewußt gleichgesetzt mit einem mörderischen Kindheitswunsch, den Vater oder den älteren Bruder zu übertreffen und auszustechen. Das erzeugte Angst vor Vergeltung, vor Liebes- und Objektverlust – in seinem Fall die Befürchtung, für immer weggeschickt zu werden –, und er schützte sich gegen seine furchteinflößenden Wünsche durch eine besondere Art von Reaktionsbildung. Er demonstrierte, wie schwach, dumm und kraftlos er war, daß er als Gegner nicht ernst zu nehmen war. Man kann vermuten, daß er sich unbewußt selbst kastrierte; und in der Tat, Phantasien von tatsächlicher Kastration stießen in Zeiten intensiven Konflikts wegen seiner mörderischen Konkurrenzwünsche gelegentlich bis in die bewußte Wahrnehmung vor.

Dennoch, Angst und Abwehr von erschreckenden Konkurrenzwünschen reichen als Erklärung für das Verhalten des Patienten allein nicht aus. Wenn er Schmerzen litt, wenn er, unbewußt zunächst, darum bat, gehätschelt zu werden, wenn er, nachdem die Analyse weiter fortgeschritten war, aus Kummer bittere Tränen vergoß, dann *befürchtete* er nicht mehr, er werde nicht geliebt; dann war er vielmehr sicher, nicht geliebt *zu sein.* Seine Sehnsucht nach Verhätschelung, die unbewußt Vergebung bedeutete, rührte nicht von Angst her, sondern von einer Vielfalt depressiver Affekte, die man am besten als Reue bezeichnen kann.

Dieser Aspekt seines Konflikts wurde noch deutlicher, als er, beispielsweise, durch eine wichtige Prüfung fiel, als er in seinem beruflichen Weiterkommen gehindert wurde oder als ich ihn, um Urlaub zu machen, oder aus anderen Gründen verließ. Bei solchen Gelegenheiten zeigten sein Verhalten und seine Assoziationen während der analytischen Sitzungen, daß er große Anstrengungen unternahm, sich seines Leids nicht bewußt zu werden oder ihm auf andere Art entgegenzuwirken. Es war ihm unerträglich, sich bewußt zu werden, wie jämmerlich er war, zu erkennen, wie er sich wirklich fühlte. Als zum Beispiel seine berufliche Karriere ins Stocken kam, redete er sich ein, daß es falsch gewesen sei, sich in erster Linie für die Karriere entschieden zu haben, daß seine wahren Interessen woanders lagen, daß es jetzt an ihm sei, seinen grundlegenden Fehler einzusehen und zu korrigieren, indem er eine andere Laufbahn einschlug oder überhaupt einen anderen Lebensstil wählte. Vielleicht war es dumm, irgendeinen Beruf anzustreben. Vielleicht war der Lebensstil, dem viele seiner Freunde anhingen, der einzig vernünftige, nämlich die konventionellen Bestrebungen bürgerlicher Moral zurückzuweisen, sich in der Welt umzuschauen und das Leben zu genießen, wie es gerade kam. Die Abwehrfunktion der durch diesen Gedankengang ausgedrückten Haltung liegt auf der Hand. Diese Haltung, wenn sie bei verschiedenen Gelegenheiten auftrat, führte, dies sei angemerkt, nie dazu, den Kummer des Patienten zu zerstreuen; er wurde lediglich gelindert. Als ihm diese Abwehrfunktion gedeutet wurde, gab der Patient zur Antwort »Was soll ich machen? In Tränen ausbrechen?«

Seine charakteristische Reaktion, wenn er von mir verlassen wurde, bestand darin, jedes Bewußtsein seines Leids erfolgreich zu vermeiden. Mit großem Eifer machte er Urlaubspläne, Pläne, die den Gedanken zum Ausdruck brachten, daß er weit davon entfernt sei, sich während meiner Abwesenheit einsam und unglücklich zu fühlen, sondern daß er ungeduldig darauf wartete wegzukommen und froh war über die Gelegenheit, entweder einen Freund zu besuchen oder mit einem Freund eine kurze Reise zu unternehmen. Mit anderen Worten, die Reaktion auf meine Abwesenheit war seine Art, sich selbst zu versichern, daß er glücklich war und nicht unglücklich; daß er sich nicht wünschte, mich zu begleiten; daß er ein eigenes Ziel hatte, selbst eine Reise unternehmen konnte. Wie zu erwarten, war dies für ihn auch eine unbewußte Möglichkeit, sich an mir zu rächen, indem er von uns beiden der Aktive und nicht der Passive war.

Was läßt sich aus alldem schließen? In erster Linie sind, wie schon erwähnt, manche Reaktionen des Patienten auf seine unbewußten Mord- und bewußten Konkurrenzwünsche ohne weiteres als durch Angst ausgelöste Abwehr zu verstehen. Bei anderen Gelegenheiten indes folgen die psychologischen Determinanten und Motive seiner Abwehr einem anderen Erklärungsmuster. In diesen Fällen hatte der Patient unbewußt keine Angst vor dem, was als Folge seines Wunsches, Vater und Bruder zu übertreffen, eintreten würde. Er war davon überzeugt, daß er für den Wunsch, sie zu übertrumpfen, oder für andere böse Wünsche tatsächlich bereits bestraft worden war. Seiner Abwehr lag nicht das Bedürfnis zugrunde, Angst zu vermeiden oder zu minimieren, sondern das Bedürfnis, seinem Leid und Unglück ein Ende zu setzen. Während also bei einigen Konflikten des Patienten Angst die ihr gewöhnlich zugeschriebene Rolle spielte, war es in anderen Konflikten, oder in anderen Aspekten des nämlichen Konflikts, eine Variante des depressiven Affekts – Kummer, Unglücklichsein oder Reue –, die zu Abwehr und Konflikt führte.

Es wäre ein leichtes, durch viele weitere Beispiele zu veranschaulichen, worauf ich hinaus will, nämlich daß entweder Angst oder depressive Affekte im psychischen Konflikt jene Rolle spielen, die Freud ausschließlich der Angst zugeschrieben hat. Solche Beispiele kommen in jeder analytischen Praxis häufig vor, eine Tatsache, die meine Behauptung mit einem soliden Beobachtungsfundament versieht. Warum aber gelangte Freud dann zu anderen Schlußfolgerungen? Der Grund liegt in der Bedeutung, die er auch 1926 noch bestimmten Beobachtungen zumaß, die er früher gemacht hatte, Beobachtungen, die sich seitdem als falsch erwiesen haben.

Er ließ sich in die Irre leiten durch die Verbindung, die er aufgrund seiner Beobachtungen zwischen Angst und Sexualität hergestellt hatte. Diese Beobachtungen hatten ihn 1895 zu der Überzeugung geführt, daß sexuelle Spannungen ohne adäquate Befriedigung bei dafür anfälligen Menschen an sich schon Neurosen auslösen können, die durch konstante oder episodische Angst gekennzeichnet sind. Freud (1895b, 1926d, S. 139) bezeichnete diesen Zustand als Aktualneurose. Überzeugt von der Existenz solcher Neurosen, stellte er seine erste Theorie über den Ursprung und die Natur der neurotischen Angst auf, nämlich die Theorie, daß nicht abgeführte Libido unter bestimmten Umständen in Angst umgewandelt wird. 1926 wurde diese Vorstellung von ihm explizit verworfen, aber durch den Gedanken ersetzt, Angst entstehe automatisch auf einer rein ökonomischen, das heißt quantitativen Grundlage, wenn der psychische Apparat mit Reizen überflutet werde, die nicht adäquat gebunden oder abgeführt werden könnten. Diese Überlegung erschien Freud notwendig, um erklären zu können, warum bei den Aktualneurosen Angst ohne Vorstellungsinhalt, oft als inhaltlose Angst bezeichnet, auftaucht. Eine psychologische Theorie der Angst, das heißt eine Theorie, die Angst als Reaktion auf Gefahr definiert, vermochte nach Meinung Freuds die Befunde der Psychoneurosen hinreichend zu erklären. Sie konnte indes nicht die Genese von Angst ohne Vorstellungsinhalt erklären. Für die Entstehung von Angst, die, wie Freud für den Fall der Aktualneurosen konstatierte, schlicht das Ergebnis einer übermäßigen Libidostauung ist, konnte diese Theorie ebenfalls keine Erklärung bieten. Solange Freud von der Richtigkeit seiner Folgerungen überzeugt war, zu denen er aufgrund der 1895 berichteten Befunde gelangt war, solange er an der Ansicht festhielt, daß es Erwachsene gäbe – diejenigen mit Aktualneurosen –, deren Angst nicht analysierbar sei, da sie eine rein automatische Reaktion auf übermäßige Stimulation darstelle, war Freud genötigt zu behaupten, daß mit den Triebabkömmlingen der Kindheit verbundene Unlust, obgleich ohne Vorstellungsinhalt, nicht einfach Unlust sei, sondern spezifische Angst. Um an der Überzeugung festhalten zu können, im Erwachsenenleben jener Patienten, die er als Aktualneurotiker bezeichnete, gäbe es ungerichtete Angst, mußte er auch 1926 noch die Annahme einer Angst ohne Vorstellungsinhalt aufrechterhalten.[1]

Man kann nur darüber spekulieren, warum Freud bis zuletzt daran festhielt, bei der Aktualneurose handele es sich um eine stichhaltige Diagnosekategorie, und glaubte, daß bei anfälligen Erwachsenen mit ungesunden Sexualpraktiken Angst auf einer rein quantitativen Grundlage und ohne Vorstellungsinhalt automatisch auftreten könne und auch tatsächlich auftritt. Seit jener ersten Annahme Freuds ist diese Diagnose von anderen Analytikern kaum jemals gestellt worden. Fenichel (1945) erklärte, er habe einen solchen Patienten gehabt, aber er gab nur einen kursorischen Bericht, eine bloße Behauptung ohne Details, die eine Überprüfung ermöglicht hätten. Überdies handelt es sich bei den Befunden, auf die sich Freud ursprünglich bezog, nicht um psychoanalytische Befunde nach heutigen Kriterien, denn sie datieren aus der Zeit vor 1895, das heißt einer Zeit, als die

1 Für eine ausführliche Diskussion dieser Frage vgl. Brenner, 1957b.

Psychoanalyse lediglich als Forschungs- und Therapiemethode existierte. Diese Tatsache scheint mir am bedeutsamsten zu sein. Freud behauptete (1895b), daß die Angst der Patienten, die unter Aktualneurosen litten, nicht analysiert werden könne, eine Aussage, die heutzutage so nicht mehr akzeptiert werden kann. Sicher kann man von einem unter Angst leidenden Patienten sagen, es sei unmöglich, ihn zu analysieren, und ohne Zweifel ist das häufig der Fall. Es ist aber etwas ganz anderes, wie Freud (1895b) zu behaupten, ein Patient sei analysierbar, aber die Analyse lasse erkennen, daß seine Angst nicht durch Befürchtungen oder Erinnerungen aus seinem vergangenen Leben ausgelöst werde oder damit zusammenhänge. Ohne substantielle Erhärtung durch adäquate psychoanalytische Befunde kann eine solche Aussage keine Glaubwürdigkeit beanspruchen.

Bis heute aber sind solche Daten noch nicht vorgelegt worden.

Um es zu wiederholen, immer wenn die Befriedigung eines aus der Kindheit stammenden Triebabkömmlings Unlust erzeugt, ist diese Unlust entweder Angst, ein depressiver Affekt oder eine Mischung oder Kombination dieser beiden. Mit Angst ist Unlust plus Vorstellung von Gefahr gemeint, das heißt von einer bevorstehenden Katastrophe. Depressiver Affekt meint Unlust plus Vorstellung von Katastrophen in der Vergangenheit, nicht in der Zukunft. In einigen Fällen sind die beiden Affekte, aus praktischen Erwägungen heraus, nicht zu unterscheiden. Können sie allerdings unterschieden werden, und gewöhnlich ist das möglich, dann ist es wichtig, diese Unterscheidung auch vorzunehmen.

Bevor wir mit der Diskussion einiger Implikationen fortfahren, die sich aus dieser Revision der Freudschen Angst- und Konflikttheorie ergeben, ist es angebracht, auf einige der abweichenden Meinungen einzugehen, die sich in der jüngsten Literatur niedergeschlagen haben.

Rangell (1978) hat wiederholt vorgebracht (Rangell 1955), daß die von Freud (1926) als automatisch bezeichnete Angst tatsächlich mit der identisch sei, die er Signalangst genannt habe. Nach Rangell löst intensive Unlust aufgrund eines überwältigenden Ansturms von Triebreizen nicht automatisch Angst aus, wie Freud annahm. Rangell ist davon überzeugt, daß unter solchen Umständen folgendes geschieht: Die Unlust stellt selbst eine Gefahr dar, die Gefahr nämlich, daß die Unlust noch größer wird oder niemals aufhört oder wiederkehrt. Da nach Rangell Gefahr immer Angst erzeugt und da Unlust eine Gefahr darstellt, ruft Unlust nach dieser Ansicht folglich Angst hervor. Daher ist, so schließt er (1978), die Aussage falsch, andere unlustvolle Affekte außer Angst könnten Abwehr in Gang setzen. Die angemessene Erklärung lautet nach Rangell: Unlust entspricht Gefahr, Gefahr erzeugt Angst, und durch ebendiese Angst wird in allen Fällen die Abwehr in Gang gesetzt.

Was Rangell als sorgfältige Analyse psychischer Ereignisse anbietet – seine eigene Bezeichnung ist Mikroanalyse –, scheint in der Tat eine Annahme zu enthalten, die keineswegs trivial ist. Tatsächlich geht er bei dieser strittigen Frage von falschen Voraussetzungen aus. Rangell nimmt an, daß der Vorstellungsinhalt von intensiver Unlust – zumindest von Unlust, die im Zusammenhang mit Triebabkömmlingen auftaucht – notwendigerweise etwas Zukünftiges einschließt. Seiner Meinung nach muß Unlust als Teil ihres Vorstellungsinhaltes die Erwartung beinhalten, daß sie noch schlimmer wird, daß sie niemals aufhört, daß sie wiederkehrt. Er ist der Ansicht, Unlust könne nicht zum Vorstellungsinhalt haben, daß eine Katastrophe sich bereits ereignet hat, sondern nur, daß eine Katastrophe bevorstehe, was der Definition von Gefahr entspricht. Ein intensiver unlustvoller Affekt kann, laut Rangell, niemals die Vorstellung zum Inhalt haben, daß man verlassen wird oder ungeliebt ist oder auch gestraft oder kastriert wird. Nach Rangell zählt beim psychischen Konflikt nur die Vorausschau in die Zukunft, niemals die Vergangenheit. Pollock würde dieser Ansicht vermutlich zustimmen, wenn man aus seiner Aussage, Angst sei nicht wie andere Affekte, schließen kann, daß es sich dabei tatsächlich um »eine spezielle Reaktionskategorie« (Pollock 1978, S. 261) handelt. Meiner Meinung nach ist diese Ansicht unvereinbar mit den überreichen klinischen Befunden, wie sie in dem oben dargestellten Fallmaterial enthalten sind. Yorke und Wiseberg (1976) stimmen zwar mit der Schlußfolgerung überein, »daß *jeder* unlustvolle Affekt Abwehrmaßnahmen mobilisieren kann« (S. 127), tun sie aber als altbekannte Tatsache ab. »Seit den frühesten Formulierungen über das Lust-Unlust-Prinzip war diese Ansicht implizit oder explizit in der psychoanalytischen Theorie enthalten« (S. 127), womit vermutlich gemeint sein soll, seit Freud das Lust-Unlust-Prinzip in Kapitel 7 der *Traumdeutung* (Freud, 1900a) skizziert hat. Leider wird diese Behauptung von den Autoren nicht belegt; soweit mir bekannt, wird sie durch die seit 1900 veröffentlichten Arbeiten Freuds nicht gestützt. Außerdem schreiben die Autoren mir fälschlicherweise die Ansicht zu, »daß Angst nur *einen* Affekt darstellt, der eine Signalfunktion annehmen kann« (S. 127). Wie ich deutlich zu machen versuchte, bin ich davon überzeugt, daß *per definitionem* jeder Affekt, der Unlust mit der Erwartung einer Katastrophe verbindet, eine Form oder eine Variante der Angst darstellt. Immer wenn ein unlustvoller Affekt als Teil seines Vorstellungsinhaltes die Vorstellung von Gefahr enthält, immer wenn er drohende Katastrophen signalisiert, handelt es sich laut Definition um Angst.

Trotz ihrer Zustimmung, daß Angst nicht der alleinige Abwehrauslöser ist, konzentrieren Yorke und Wiseberg ihre Aufmerksamkeit auf »eine entwicklungsmäßige Auffassung« von Angst und vernachlässigen damit die Rolle anderer Unlustaffekte in Konfliktzuständen. Möglicherweise ließen sie sich bei ihrer Darstellung von Anna Freud beeinflussen, die ihrer Behauptung, jeder Unlustaffekt könne Abwehren auslösen, die Ansicht folgen ließ, daß die Signalangst[2] »jede Art von Abwehrmechanismen, ob pathogen oder adaptiv, ins Leben rufen kann« (A. Freud, 1977, S. 90). Auf jeden Fall postulieren sie für die Angst einen »Entwicklungsfortschritt von diffuser Panik zur Signalangst« (A. Freud, 1977, S. 89 f.).

Das Zitat läßt darauf schließen, daß die Entwicklungstheorie von Yorke und Wiseberg der von Freud (1926) im wesentlichen folgt. Es gibt allerdings eine bedeutsame Ausnahme. Wie wir gesehen haben, hat Freud zur Erhärtung seines Gedankens, Angst könne automatisch auftreten, vor allem seine Beobachtungen an Patienten herangezogen, die unter den von ihm so genannten Aktualneurosen litten. Yorke und Wiseberg ziehen zur Bestätigung ihres Konzepts automatischer Angst – oder, wie sie zu sagen vorziehen, diffuser Panikzustände bei Erwachsenen – vor allem ihre Beobachtungen an traumatischen Neurosen, einschließlich der Kriegsneurosen heran. In ihrer Darstellung beziehen sie sich auf Freuds (1920g) Vorstellung, bei traumatischen Neurosen

2 Im Original »token anxiety«: Synonym für »Signalangst«.

komme ein ökonomischer oder quantitativer Faktor ins Spiel, nämlich Überflutung des psychischen Apparats mit überwältigenden Reizen nach Zusammenbruch des Reizschutzes. Laut Yorke und Wiseberg werden traumatische Neurosen gerade durch solch eine überwältigende Reizüberflutung hervorgerufen. Dadurch unterscheiden sie sich in ihrer Ätiologie von den gewöhnlichen Neurosen, wie Yorke und Wiseberg sie nennen, und können aufgrund ihrer bloßen Symptomatologie diagnostiziert werden, das heißt auf rein deskriptiver Grundlage. »Die verwirrte Erscheinung des Patienten und die Unfähigkeit, sich verständlich zu artikulieren, dazu das Fehlen von Erinnerungen an diese Phase, lassen die klinische Qualität der beteiligten Prozesse erkennen.« (Yorke und Wiseberg, 1976, S. 131) Wenn Yorke und Wiseberg anstelle von Freuds Theorie der Pathogenese von Aktualneurosen, der Hauptstütze des Konzepts, Angst trete bei der Reizüberflutung der Psyche automatisch auf, die vermeintliche Pathogenese traumatischer Neurosen setzen, übersehen sie, und das sollte hervorgehoben werden, Freuds spätere Vorbehalte (1926d) gegenüber der Pathogenese traumatischer Neurosen. Es ist richtig, daß Freud 1920 die traumatischen Neurosen allein der Reizüberflutung des psychischen Apparats zuschrieb, das heißt dem Zusammenbruch dessen, was er als Reizschutz bezeichnete. 1926 äußerte er jedoch Zweifel daran, daß allein durch diesen Faktor Neurosen im Erwachsenenleben ausgelöst werden können, das heißt ohne »die Beteiligung der tieferen unbewußten Schichten« (Freud, 1926d, S. 160). Wie Fenichel (1945b, S. 117 ff.) ausführlich dargelegt hat, wirken Reize nicht aus schier quantitativen Gründen traumatisch. Die unbewußte *Bedeutung* eines Erlebnisses ist immer von entscheidender Wichtigkeit, ob das Trauma nun von geringfügiger oder überwältigender Art ist. Eine Reizkonfiguration, das heißt eine Erfahrung, die von einem Menschen als katastrophal erlebt wird, kann für einen anderen nur von geringer psychologischer Relevanz sein. Zumindest was das Erwachsenenleben betrifft, spricht psychoanalytisches Material stark für die Ansicht, daß Angst nicht automatisch als Folge übermäßiger Reizüberflutung auftritt und daß sie, folglich, niemals ohne Vorstellungsinhalt ist. Wenn man sich, wie Yorke und Wiseberg, auf deskriptive Anhaltspunkte verläßt und nicht auf psychoanalytische Befunde, mag es jedoch so *erscheinen*. Diese

Einschätzung dürfte schwer aufrechtzuerhalten sein. Gegenwärtig sind psychoanalytische Befunde die bei weitem zuverlässigsten, relevantesten Daten. Ihnen auf der Grundlage von Beweismaterial zu widersprechen, das notwendigerweise weniger zuverlässig ist, heißt sicheren Boden zu verlassen.

Soviel zu den Einwänden gegenüber der Behauptung (Brenner, 1975a), daß depressive Affekte oder Angst Konflikte auslösen können und daß man beide klinisch wie theoretisch auseinanderhalten muß. Was nun noch fehlt, sind die Ähnlichkeiten zwischen den Vorstellungsinhalten der beiden Affekte, Ähnlichkeiten, die ebenso bedeutsam sind wie die Unterschiede, auf die ich mich bis jetzt konzentriert habe.

Als Freud seine Angst- und Konflikttheorie revidierte, entfaltete er (1926d) seine Ansichten über den Vorstellungsinhalt der Angst, die mit Triebabkömmlingen der frühen Kindheit einhergeht. Er betonte, daß Objekt- und Liebesverlust, Kastration und Selbstbestrafung die drohenden Katastrophen darstellen, das heißt die befürchteten Gefahren. Sie treten in der genannten Reihenfolge auf, meinte er, und üben danach einen großen Einfluß auf das psychische Leben aus. In den Jahren nach 1926 hat sich die Gültigkeit von Freuds Aussagen immer deutlicher erwiesen; das gleiche gilt für ihr großes Gewicht und ihre Bedeutung sowohl in klinischer wie theoretischer Hinsicht. Ich füge dem noch folgendes hinzu: der Vorstellungsinhalt des mit Triebabkömmlingen der Kindheit verbundenen depressiven Affekts bezieht sich auf genau die gleichen Katastrophen, das heißt Objektverlust, Liebesverlust, Kastration und Selbstbestrafung. Lediglich der zeitliche Aspekt von Vorstellungsinhalten der mit Triebabkömmlingen verknüpften Unlustaffekte variiert. Das Unglück bleibt das gleiche, ob es nun als zukünftiges Ereignis befürchtet oder als bereits geschehenes wahrgenommen wird.

In diesem Zusammenhang darf man die Tatsache nicht aus den Augen verlieren, daß für ein Kind zwischen »jetzt« und »bald«, zwischen »ist« und »kann sein« oftmals weniger Unterschied besteht als für einen Erwachsenen. Dies ist ein Aspekt des psychischen Phänomens, das wir als Allmacht der Gedanken bezeichnen. Für die Psyche eines Kindes, und oft genug auch, vor allem unbewußt, für die Psyche eines Erwachsenen, scheint das, was dringend gewünscht oder sehr gefürchtet wird, bereits geschehen zu sein, so daß Angst und depressive Affekte nebeneinander bestehen können, aus praktischen Gründen nicht unterscheidbar. Dies ist zum Beispiel bei Schuldgefühlen von besonderer Bedeutung. Wenn ein Mensch bewußt oder unbewußt Bestrafung für Wünsche befürchtet, die er als schlecht oder falsch empfindet, sagen wir, daß er sich schuldig fühlt. Wenn jemand statt der Furcht vor Strafe das Gefühl hat, er sei tatsächlich bestraft worden und/oder müsse Buße tun oder sich bessern, um Vergebung für böse Taten und schlechte Wünsche zu erlangen, sagen wir von ihm gleichfalls, er fühle sich schuldig. Trotz der Tatsache, daß beide Affekte mit demselben Namen belegt werden, nämlich Schuldgefühl, sind sie doch eindeutig unterscheidbar. Der erste ist eine Variante der Angst, der zweite eine Variante des depressiven Affekts. Aus den oben erwähnten Gründen können wir sie allerdings in vielen Fällen nicht voneinander unterscheiden, da wir böse Wünsche und böse Taten als gleich erleben und eine zukünftige Gefahr, in diesem Fall Bestrafung, psychisch als gegenwärtiges Leid erfahren können. Die Unterscheidung der beiden Affekte ist klinisch oft bedeutsam, doch muß es eine wirkliche Unterscheidung sein, nicht lediglich eine künstliche und bloß schematische.

Ich habe bereits auf die falsche Annahme eines fundamentalen Antagonismus zwischen Triebabkömmlingen (Es) und Ich hingewiesen (Kapitel 2). Aus folgendem Grund ist es angezeigt, an dieser Stelle nochmals darauf zurückzukommen. Angst vor den Trieben oder vor der Intensität der Triebe, mit denen natürlich Triebabkömmlinge gemeint sind, wird oftmals als Antagonismus zwischen Es und Ich verstanden. Analytikern, die diese Auffassung vertreten, scheint nicht klar zu sein, daß sie damit jenen Teil der psychoanalytischen Konflikttheorie revidieren, der von den typischen Gefahrsituationen oder Katastrophen der Kindheit handelt. Das gleiche gilt für Analytiker, die von Tod, Ichauflösung, Verlust der Ichgrenzen, Leere etc. als konfliktauslösenden Vorstellungsinhalten der Angst bei Patienten sprechen, die sie behandeln.

Die von Freud genannten vier typischen Katastrophen und ihre praktische Bedeutung für die klinische Arbeit haben sich nach gemeinsamen Erfahrungen vieler Analytikergenerationen als faktisch richtig erwiesen. Man sollte dem nicht leichtfertig etwas hinzufügen. Jede ernstzunehmende Ergänzung muß durch einschlägiges, das heißt psychoanalytisches Beweismaterial belegt werden. Es ist besonders wichtig, daß wir das bewußte Leid eines Patienten nicht als Beweis für den Vorstellungsinhalt der Angst und/oder des depressiven Affekts ansehen, die an seinem pathogenen Konflikt beteiligt sind. Die Beschwerden eines Patienten oder die Klage darüber, daß er sich leer fühle, mit jemand anderem verschmelze oder sich in Nichts auflöse, können wir nicht als verläßliche Aussage über seine Psychopathologie ansehen. Man darf sie nicht für bare Münze nehmen, so als handele es sich um eine echte innerpsychische Wahrnehmung eines Aspekts im Seelenleben des Patienten. Eine solche Aussage, eine solche Klage sind ein Symptom. Sie stellen eine Kompromißbildung zwischen Triebabkömmlingen, Angst und/oder depressivem Affekt, Abwehrleistung und Verboten und Forderungen des Überichs dar, die den psychischen Konflikt (Konflikte) des Patienten konstituieren. Es ist keine Beschreibung eines Teils oder der gesamten Psychopathologie des Patienten. Korrekte Analyse wird sie als Folge der Psychopathologie des Patienten und nicht als deren Beschreibung aufdecken, als Folge, die wir erst nach deren Analyse richtig verstehen und beurteilen können. In meiner eigenen Praxis habe ich keine Anhaltspunkte gefunden, die es geboten erscheinen lassen, Freuds Liste der typischen Katastrophensituationen zu ergänzen. Die vier von ihm genannten Situationen erklären die Entstehung von Konflikten in jedem Fall, der bekannt ist oder den ich selbst behandelt habe, völlig ausreichend. Die Katastrophensituationen, die eine wesentliche Rolle bei psychischen Konflikten spielen, deren Ursache in den Triebabkömmlingen der Kindheit liegt, sollten so lange auf Objekt- und Liebesverlust, Kastration und, nach der Überich-Bildung, auf verschiedene Aspekte der Überich-Tätigkeit wie Angst vor Strafe, Reue, Selbstbestrafung etc. beschränkt bleiben, wie wir keine Beweise für das Gegenteil haben.

Wie Freud (1926d) betont hat, spielen diese Katastrophensituationen der Reihe nach eine wichtige Rolle und nicht alle zur gleichen Zeit. Objektverlust spielt früher eine Rolle als Liebesverlust, Kastration hingegen später als die beiden anderen. Aus diesem Grund wird zuweilen jede dieser Katastrophensituationen als phasenspezifisch angesehen. Objektverlust wird als spezifisch für die orale Phase betrachtet, Liebesverlust für die anale Phase und Kastration für die phallische Phase. Dieses Schema hat nur dann einen Wert, wenn wir es jeweils auf die ungefähre Entwicklungsstufe beziehen, in der jede Katastrophe zuerst Bedeutung erlangt. Man muß sich jedoch ganz klarmachen, daß jede Katastrophensituation, ist sie einmal wichtig geworden, diese Eigenschaft während der ganzen weiteren Kindheit und auch im Erwachsenenleben beibehält. Außerdem führen die Katastrophen kein Eigenleben. Im Gegenteil, alle drei stehen fortwährend in enger Wechselbeziehung.

Es ist ein schwerwiegender Irrtum anzunehmen, die Bedeutung von Objekt- oder Liebesverlust als Quelle von Unlust in Verbindung mit Triebabkömmlingen sei auf die ersten zweieinhalb Lebensjahre beschränkt, das heißt auf die präphallische oder präödipale Entwicklungsstufe. Nichts ist weiter von der Wahrheit entfernt. Beide spielen während der phallisch-ödipalen Phase und auch im ganzen weiteren Leben eine wesentliche Rolle. Ich werde in einem späteren Kapitel noch einmal darauf zurückkommen. Hier möchte ich nur erwähnen, daß jeder Analytiker weiß, wie katastrophal es für ein Kind in der phallisch-ödipalen Phase ist, einen Elternteil oder die Liebe eines Elternteils zu verlieren, was immer die Gründe dafür sein mögen.

Auf die Wechselbeziehung der Kindheitskatastrophen habe ich zwar bereits früher aufmerksam gemacht (Brenner, 1959, S. 214), doch die gebührende Beachtung hat sie nur selten gefunden, vor allem nicht in theoretischen Diskussionen, für die sie eigentlich relevant wäre. Angesichts der Tatsache, daß sich diese Wechselbeziehung in der alltäglichen klinischen Erfahrung ohne weiteres belegen läßt, ist dies um so erstaunlicher.

Es ist zum Beispiel keine neue Entdeckung, daß ein Junge in der phallisch-ödipalen Phase davor Angst hat, die Liebe seines Vaters zu verlieren, denn dies hieße für ihn, daß die Gefahr der Kastration wächst und bedrohlicher wird. Ich werde auf dieses Thema in einem späteren Kapitel zurückkommen; seine Bedeutung rechtfertigt jedoch die Wiederholung. Genau wie die Angst vor Liebesverlust und Kastrationsangst in der kindlichen Psyche untrennbare Katastrophen sein können, genauso kann der depressive Affekt, dessen Vorstellungsinhalt in Liebesverlust besteht, untrennbar mit dem depressiven Affekt verbunden sein, dessen Vorstellungsinhalt phallische Inferiorität ausmacht. Ein Beispiel: Der depressive Affekt eines Jungen wegen der im Vergleich zu seinem Vater geringen Größe seines Penis kann durch die Überzeugung noch verstärkt werden, aus ebendiesem Grunde könne er jede Hoffnung aufgeben, daß seine Mutter ihn jemals am meisten lieben werde. Am bekanntesten ist vielleicht die Überzeugung von Mädchen in der phallisch-ödipalen Phase, ihr Penismangel sei Beweis dafür, daß ihre Mütter sie nicht lieben oder geliebt haben. Kurz, die analytische Praxis zeigt ganz deutlich, daß bei der großen Mehrheit der Menschen, wenn nicht gar in jedem Fall, die Katastrophen der Kindheit eng miteinander verflochten sind, so eng, daß selbst die für eine solche Darstellung notwendig getrennte Erörterung den wahren Tatsachen ein wenig Gewalt antut, da sie ein etwas künstliches Schema über die Rolle jeder einzelnen Katastrophe im Seelenleben anbietet.

Um nochmals vorzugreifen, zu Beginn jeder Diskussion über die Implikationen, die sich aus der von mir vorgeschlagenen Revision der Freudschen (1926) Angst- und Konflikttheorie für die psychoanalytische Theorie und Praxis ergeben, tritt ein Umstand deutlich hervor. Der depressive Affekt ist nicht ausschließlich mit Objektverlust verbunden. Wie auch die Angst, kann er jede der Katastrophensituationen der Kindheit zum Vorstellungsinhalt haben. Der Unterschied zwischen beiden Affekten wird nicht durch die Art der beteiligten Katastrophe definiert. Der Unterschied liegt in einem Zeitfaktor. Wenn eine Katastrophe antizipiert wird, wenn sie in der Zukunft liegt, dann besteht der Affekt in Angst. Hat sich die Katastrophe bereits ereignet, liegt sie in der Vergangenheit, dann handelt es sich um einen depressiven Affekt.

Diese augenfällige Konsequenz aus der Revision von Freuds Konflikttheorie verdient besondere Erwähnung, weil seit der Veröffentlichung von *Trauer und Melancholie* (Freud, 1917e) die gegenteilige Auffassung von der Beziehung zwischen depressivem Affekt und den Gefahren der Kindheit das psychoanalytische Denken beherrscht hat. Unter Psychoanalytikern ist diese Auffassung so allgemein geläufig, daß kein Nachweis dafür vonnöten scheint, daß ein depressiver Affekt, wenn er als Symptom einer neurotischen Erkrankung im Erwachsenenleben auftaucht, seinen Ursprung in einer ähnlichen Reaktion auf Objektverlust in der frühen Kindheit hat. In der psychoanalytischen Theorie und im psychoanalytischen Denken wird der depressive Affekt ausschießlich und unauflöslich mit Objektverlust verknüpft. Der unter Psychoanalytikern weit verbreitete Glaube an die Richtigkeit dieser Verknüpfung steht in Widerspruch zu den Tatsachen. Durch diese Auffassung wird überdies das psychoanalytische Verständnis depressiver Erkrankungen ernstlich behindert (Brenner, 1974a; 1974b; 1975a; vgl. auch Kapitel 10).

Zusammenfassung

1. Ein psychischer Konflikt entsteht immer dann, wenn die Befriedigung eines Triebabkömmlings mit einem hinreichend intensiven unlustvollen Affekt einhergeht. Der Affekt kann von zweierlei Art sein, entweder Angst oder depressiver Affekt.
2. Angst ist Unlust plus Vorstellungen von Gefahr, das heißt Vorstellungen von einer bevorstehenden Katastrophe.
3. Ein depressiver Affekt ist Unlust plus Vorstellungen von einer Katastrophe, die sich bereits ereignet hat, einer Katastrophe, die eine Tatsache der Lebensgeschichte darstellt.
4. Die befürchteten oder als tatsächlich erlebten Katastrophen sind beim depressiven Affekt wie bei der Angst gleich. Es handelt sich dabei um Objektverlust, Liebesverlust, Kastration sowie Forderungen und Verbote des Überichs (die letzteren werden in Kapitel 8 gesondert diskutiert).
5. Obwohl Objektverlust, Liebesverlust und Kastration im psychischen Leben der Reihe nach auftreten, wirken sie doch fort, sind sie erst einmal in Erscheinung getreten. Überdies sind alle eng miteinander verflochten.
6. Aus diesen allgemeinen Feststellungen über die Rolle der Angst und des depressiven Affekts im psychischen Konflikt ergeben sich bedeutsame Weiterungen für die psychoanalytische Theorie und Praxis. Bevor ich ausführlicher auf diese Konsequenzen eingehe, werde ich mich der Reaktion auf die durch Triebabkömmlinge ausgelösten Angst und depressiven Affekte zuwenden – dem Thema Abwehr.

5. Abwehr

Im Laufe der Entwicklung eines jeden Kindes verknüpfen sich Angst und/oder depressive Affekte mit bestimmten Triebabkömmlingen und späterhin mit Aspekten der Überich-Tätigkeit. Wenn dies geschieht, werden Abwehrmaßnahmen eingesetzt, um die unlustvollen Affekte zu minimieren oder, falls möglich, auszuschalten. Entsprechend der psychoanalytischen Theorie handelt es sich bei solchen Abwehrmaßnahmen um spezifische Mechanismen des Ich. Jedem Studenten der Psychoanalyse ist die Liste der Abwehrmechanismen vertraut: Regression, Verdrängung, Reaktionsbildung, Verkehrung ins Gegenteil, Wendung gegen das Selbst, Verdichtung, Verschiebung, Projektion, Identifizierung, Identifizierung mit dem Aggressor, Verleugnung und Verneinung. Das Konzept der spezifischen Abwehrmechanismen und deren soeben aufgeführte Liste, mit ein oder zwei Ergänzungen möglicherweise, zählen zweifellos zu den bekanntesten und weitgehend anerkannten Teilen der psychoanalytischen Konflikttheorie.

Trotz der Bekanntheit und weitreichenden Anerkennung dieses Teilbereichs der Konflikttheorie ist die Zeit gekommen für eine bedeutsame, wenn nicht grundlegende Revision; eine Revision, gründend auf der Neubewertung psychoanalytischer Befunde, die mit Konflikten in Zusammenhang stehen. Wie ich zeigen werde, lassen diese Befunde die Schlußfolgerung zu, daß es keine spezifischen Abwehrmechanismen gibt. Was immer im psychischen Leben dazu führt, daß Angst oder depressive Affekte gemildert werden – idealerweise verschwinden –, gehört unter die Überschrift Abwehr. Abwehrmaßnahmen stellen keine spezifischen Mechanismen des Ichs dar, als welche sie gewöhnlich angesehen werden (A. Freud, 1936). Noch weniger sind sie Kompromißbildungen (Schafer, 1968) oder Symptome, was Formulierungen wie »Durch die Homosexualität des Patienten wird eine paranoide Psychose abgewehrt« nahelegen. Abwehr ist ein

Aspekt des psychischen Geschehens, der nur in bezug auf seine Folgen definiert werden kann: Reduzierung von Angst und/oder depressiver Affekte, die mit einem Triebabkömmling oder mit der Überich-Tätigkeit einhergehen.

Um die Abwehr richtig verstehen zu können, muß man sich über die Beziehung zwischen Ich und Es im allgemeinen im klaren sein.

In Konfliktsituationen liegen beide im Widerstreit. Die Funktion der Abwehr und Kontrolle von Triebabkömmlingen zur Vermeidung oder Reduzierung von Angst und depressiver Affekte wird dem Ich zugeschrieben. Man kann noch weiter gehen und sagen, daß der entscheidende Grund für die Unterscheidung von Ich und Es in der Tatsache des psychischen Konflikts liegt (Arlow und Brenner, 1964). Wie A. Freud (1936) betont, kann zwischen beiden, außer bei Konflikten zwischen Ich und Es, nicht unterschieden werden. Es ist richtig, daß Freud das Ich als denjenigen Teil des psychischen Apparates *definiert,* der sich mit der Beziehung des einzelnen zur Umwelt befaßt, aber der *Grund* dafür, diesem Teil der Psyche einen gesonderten Namen zu verleihen, liegt im Widerstreit von Ich und Es in Konfliktsituationen. Wenn man allgemein von der Beziehung zwischen Ich und Es spricht, ist es genauso angemessen zu sagen, die Ichfunktionen dienten der Befriedigung von Triebabkömmlingen, wie zu sagen, die Ichfunktionen kontrollierten, begrenzten und/oder wehrten Befriedigung von Triebabkömmlingen ab. Beide Aussagen sind zutreffend. Das Lust-Unlust-Prinzip entscheidet darüber, was in einem bestimmten Fall die Oberhand gewinnt. Ein Übermaß an Unlust führt zu Abwehr, ob nun Angst, depressive Affekte oder beides die Unlust ausmachen. Geht nur wenig oder gar keine Unlust mit der Befriedigung eines Triebabkömmlings einher, dienen die Ichfunktionen der Förderung und Erlangung von Befriedigung.

Diese Überlegungen lassen sich folgendermaßen erweitern. Die üblichen Beziehungen eines Erwachsenen zu seiner Umgebung – Freuds Definition der globalen Funktion des Ichs – umfassen einen sehr breiten Bereich von Phänomenen. Darunter sind Wünsche nach Befriedigung von Triebabkömmlingen, Gewohnheiten, sozialer Druck, intellektuelle Neugier, ästhetische oder künstlerische Interessen und vieles andere mehr. Es erscheint jedoch wahrscheinlich, daß es in der Kindheit noch keine solche

Fülle an Gründen für das Interesse an der Umwelt gibt. Soweit uns bekannt ist, wünscht sich ein kleines Kind von den Menschen und Dingen seiner Umwelt lediglich, daß seine Bedürfnisse gänzlich und ohne Verzögerung befriedigt werden. Wie Freud (1911b) formuliert, wird die frühe Kindheit beherrscht vom Verlangen nach Befriedigung. Psychologisch gesehen, gilt das Interesse des Kindes der Umwelt als möglicher Quelle der Befriedigung von Triebabkömmlingen. Die Teile oder Funktionen der Psyche, die mit einer solchen Ausnützung der Umwelt zu tun haben, entwikkeln sich allmählich zum Ich, wie Freud es definiert. Freuds Definition des Ichs möchte ich also hinzufügen: Das Ich ist jener Teil der Psyche, der sich mit der Umwelt befaßt mit dem Ziel, ein Maximum an Befriedigung von Triebabkömmlingen zu erlangen. Kurz, das Ich ist der Vollstrecker des Es. Zu diesem Zweck wird die Umwelt vom Ich ausgenutzt (Brenner, 1973b).

Die Kontrolle der Triebabkömmlinge und der Widerstand gegen sie setzen früh ein. Sie stellen Aspekte der Entwicklung dar, deren Ursache, wie Freud betont, sich auf zwei Faktoren zurückführen läßt. Ein Faktor ist die langwährende Periode der kindlichen Abhängigkeit, zurückzuführen auf die physische Unreife des Menschen bei der Geburt, vor allem auf die Unreife des neuromuskulären Systems. Der andere Faktor ist das Aufblühen von genitalen sexuellen Wünschen lange vor der Pubertät. Soweit uns heute bekannt, sind es letzten Endes diese Faktoren, die für die Tatsache verantwortlich sind, daß in der Kindheit der eine oder andere Triebabkömmling unvermeidlich mit Affekten verknüpft wird, die unlustvoll genug sind, um Abwehr auszulösen. Angst, depressive Affekte und Konflikte in Zusammenhang mit Triebabkömmlingen sind nicht bloße unglückliche Ereignisse, die sich vermeiden ließen, wären die Eltern nur liebevoll, bewußt und wissend genug. Sicherlich, die Intensität und die Folgen von Kindheitskonflikten können durch die Umwelteinflüsse im Leben eines Kindes entweder verhängnisvoll verschlimmert oder wesentlich gemildert werden. Konflikte wird es aber in allen uns bekannten Kindheitsmilieus immer geben. Die Katastrophen der Kindheit sind Teil des menschlichen Schicksals. Sie sind Teil der *conditio humana*[1], vielleicht deren wichtigste Ursache.

1 »Die conditio humana, Wankelmut, Langeweile, Unbehagen« tauchen in Pascals *Pensees*, auf.

Um zum Thema Abwehr zurückzukehren, so liegt die Bedeutung dieser Überlegungen in folgendem: Das Ich entwickelt sich nicht isoliert von den Trieben oder in Opposition zu ihnen. Es entwikkelt sich als Teil der Mittel zur Triebbefriedigung. Die gleichen Aspekte der psychischen Tätigkeit, die man klinisch in der psychoanalytischen Situation als Abwehr gegen Triebabkömmlinge beobachten kann, sind bei anderen Gelegenheiten der Befriedigung von anderen Triebabkömmlingen förderlich. Es gibt keine spezifischen Ichfunktionen, die zur Abwehr und nur zur Abwehr benutzt werden. Es gibt keine spezifischen Abwehrmechanismen.

Daher ist es falsch, Abwehr im Sinne von Abwehr*mechanismen* zu diskutieren, wie es Freud und seither jeder Analytiker, ich selbst eingeschlossen, getan hat. So zu verfahren impliziert, es gäbe spezifische Abwehrmechanismen des Ichs, Mechanismen, die zur Abwehr benutzt werden und für nichts anderes. Das ist nicht der Fall. Darüber hinaus wird damit impliziert, nur einige Ichfunktionen – die Abwehrmechanismen – würden zur Abwehr benutzt, jedoch nicht der übrige Bereich der Ichtätigkeit. Das ist ebenfalls nicht richtig.

Was den ersten Punkt betrifft, so sind die Ichfunktionen für alle Zwecke einsetzbar. Tatsächlich gibt es keine Aspekte der Ichtätigkeit, die allein zur Abwehr benutzt werden. Die Ichfunktionen vermitteln Befriedigung, sie werden eingesetzt, um Triebabkömmlingen entgegenzuwirken und deren Befriedigung zu verhindern; sie dienen als Mittel zur Durchsetzung oder der Abwehr von Überich-Forderungen und Verboten, und sie ermöglichen die Anpassung, im psychologischen Sinne des Wortes, an die Umwelt (Brenner, 1976).

Was den zweiten Punkt betrifft, so kann das Ich alles, was gerade verfügbar und für den Zweck geeignet ist, zur Abwehr benutzen. Es vermag jede Ichhaltung, jede Wahrnehmung oder jede Änderung der Aufmerksamkeit oder des Bewußtseins zu benutzen. Es kann sich der Förderung eines anderen Triebabkömmlings, der weniger Unlust als der abzuwehrende Abkömmling erzeugt, bedienen; in diesem Fall verschleiert und ersetzt ein Triebabkömmling den anderen. Es kann Phantasiebildung oder Identifizierung benutzen. Ebenso die Weigerung, ernsthaft zu sein, Mangel an Überzeugungen oder eine Haltung des So-tun-als-ob. Kurz gesagt, das Ich kann zur Abwehr alles benutzen, was sich unter die Überschrift normale Ichtätigkeit oder Ichentwicklung stellen läßt. Die Erscheinungsformen der Abwehr sind so vielfältig wie das psychische Leben selbst.

Trotz ihrer mannigfaltigen Natur haben freilich alle Abwehrformen etwas gemeinsam. Das ist der Widerstand entweder gegen einen oder mehrere Triebabkömmlinge oder gegen Überich-Tendenzen, die Angst und/oder depressive Affekte auslösen, oder der Widerstand gegen Angst und depressive Affekte selbst. Es so zu sagen, bedeutet indes lediglich, die Definition von Abwehr neu zu formulieren. Aber die Wiederholung in dieser Form lenkt die Aufmerksamkeit auf etwas, das oft übersehen wird, nämlich daß in Abwehr *per definitionem* ein Element von Verleugnung und Verneinung, im umgangssprachlichen Sinne dieser Worte, enthalten ist. Jede Abwehr gegen einen Angst und/oder depressive Affekte auslösenden Triebabkömmling heißt, gegenüber einem darin enthaltenen Aspekt »nein« zu sagen. Das gleiche gilt für die Abwehr von Forderungen oder Verboten des Überichs, die Angst und/oder depressive Affekte auslösen.

Nehmen wir die Verdrängung zum Beispiel. Was bedeutet es zu sagen, daß eine typische ödipale Phantasie, beispielsweise der Wunsch eines kleinen Jungen, den Vater in Mutters Bett zu ersetzen und ihr Ehemann zu sein, durch vollständige oder teilweise Verdrängung abgewehrt wird? Der Wunsch, der sich teilweise durch die Worte »Ich möchte Mammi heiraten« ausdrücken läßt, verschwindet nicht. Er wird jedoch vom Bewußtsein ausgeschlossen. Was den Jungen selbst betrifft, so will er Mammi nicht heiraten. Und was noch wichtiger ist, er erinnert sich auch nicht mehr daran, daß er sie jemals heiraten wollte. Wenn er im späteren Leben gefragt würde: »Willst du deine Mutter heiraten?«, würde er ganz aufrichtig antworten »Nein, das will ich nicht«. Gefragt: »Wolltest du deine Mutter jemals heiraten?«, würde er ebenso aufrichtig antworten: »Niemals«; und das trotz der Tatsache, daß, wie wir wissen, der Wunsch, die Mutter zu heiraten, weiterbesteht und in einer dynamisch aktiven Form noch vorhanden ist. Mit anderen Worten, Verdrängung ist eine bestimmte Art des »Nein«-Sagens zu einem Wunsch und den damit verknüpften Erinnerungen.

Mit der Verschiebung verhält es sich ebenso, wenn sie als Abwehr eingesetzt wird. Wenn derselbe Junge seine inzestuösen Wünsche gegenüber seiner Mutter nicht nur verdrängt, sondern ganz oder teilweise auf eine Tante oder Lehrerin verschiebt, ist er bewußt der Überzeugung: »Ich möchte Tante Johanna (oder Frau Schmidt), nicht Mammi heiraten.«

Das gleiche gilt für die Reaktionsbildung. Wenn ein Junge mit seiner Mutter streitet, um seine inzestuösen Wünsche ihr gegenüber – zumindest teilweise – abzuwehren, kann die Abwehrfunktion seines Streits mit den Worten ausgedrückt werden: »Ich liebe sie nicht; ich *hasse* sie.«

Ähnlich verhält es sich, wenn ein Junge, der sich vorstellt, sein Geschwister zu sein, Identifizierung einsetzt, um seine inzestuösen Wünsche gegenüber der Mutter abzuwehren. Der Abwehraspekt seiner Identifizierung hat dann die Bedeutung: »Ich will Mammi nicht heiraten und keine Kinder mit ihr machen wie Vati. Ich will ihr Baby sein, ich möchte von ihr im Arm gehalten und gehätschelt werden.« In diesem Beispiel dienen die Triebabkömmlinge, das heißt der Wunsch, im Arm gehalten und gehätschelt zu werden, ebenso einer abwehrenden Funktion gegen phallische, inzestuöse Triebabkömmlinge, wie wenn sich die abwehrende Identifizierung auf die Mutter selbst bezöge und nicht auf ihr Baby.

Verdrängung, Verschiebung, Reaktionsbildung und Identifizierung sind bekannte Abwehrmethoden. Sie sind allesamt in der oben aufgeführten Liste der Abwehrmechanismen enthalten. Als Beispiel für eine weniger bekannte Abwehrmethode hat Arlow (1959) auf die Tatsache hingewiesen, daß in einem Déjà-vu-Erlebnis die faktisch falsche Überzeugung einer Abwehrfunktion dient. Das heißt, er hat darauf hingewiesen, daß ein Mensch, der davon überzeugt ist, er habe etwas schon einmal erlebt, was ihm in Wirklichkeit zum erstenmal widerfährt, Angst vermeidet, indem er sich selbst sagt: »Keine Angst. Das Unglück, vor dem du dich immer gefürchtet hast, wird auch diesmal nicht geschehen.«

In solchen Fällen dient die gestörte Realitätsprüfung einer Abwehrfunktion. In manchen Träumen ist jedoch das Gegenteil der Fall. Es handelt sich dabei um eine Verschärfung der Realitätsprüfung, die für Abwehrzwecke benutzt wird. Wenn ein Träumender sich selbst mit der Vorstellung beruhigt, er sei nicht

wach, sondern träume nur, dann vermeidet er Angst und/oder einen depressiven Affekt, indem er sich sagt, daß die von ihm im Traum als real erlebten Katastrophen-Phantasien tatsächlich überhaupt keine Realität sind (Arlow und Brenner, 1964).
Die soeben geschilderten Beispiele sind schematisiert und stark vereinfacht. Nichtsdestoweniger entsprechen sie den Tatsachen des psychischen Lebens. Welches Beispiel von Abwehr man auch immer auswählt, es wird die Richtigkeit der allgemeinen Feststellung verdeutlichen und bestätigen, daß die Abwehr eines Triebabkömmlings oder einer Überich-Manifestation in mancher Hinsicht deren Leugnung oder Verneinung bedeutet. Das Ich eines Menschen sagt in Abwehr »nein« zu dem, worauf sich die Abwehr bezieht, das heißt was abgewehrt werden soll. Verleugnung, im umgangssprachlichen Sinn des Wortes, ist aller Abwehr eigen.
Die umgangssprachliche Bedeutung des Wortes muß unterstrichen werden, weil Verleugnung auch eine technische, eine strikt psychoanalytische Bedeutung hat. In diesem Sinn bezieht sich das Wort Verleugnung auf die als Abwehr benutzte Entstellung in der Wahrnehmung einiger Aspekte der Umwelt, dessen, was gewöhnlich als äußere Realität (A. Freud, 1936) bezeichnet wird. Es ist irreführend, den Begriff derart auszuweiten, daß abwehrende Entstellungen oder Verleugnungen der eigenen Wünsche, Affekte, Erinnerungen etc. miteingeschlossen werden, wie es Lewin (1950), Jacobson (1964) und andere getan haben: Wie wir gerade gesehen haben, verleugnet jede Abwehr etwas. Wird der Begriff Verleugnung nicht auf den von A. Freud vorgeschlagenen Gebrauch begrenzt, enthält er keinerlei spezifische oder technische Bedeutung. Er ist dann lediglich ein Synonym für Abwehr (Brenner, 1973b).
Um zu dem weiter oben angeführten Punkt zurückzukommen, die Feststellung, kein Aspekt der Ichfunktionen habe spezifisch oder ausschließlich Abwehrcharakter, läßt sich folgendermaßen veranschaulichen. Wenn ein Kind »vergißt«, daß ihm verboten wurde zu masturbieren, dann verdrängt es das elterliche Verbot im Dienste der Triebbefriedigung, nicht als Mittel der Abwehr. Das gleiche gilt für den Erwachsenen, der »vergaß«, daß er sein Gewehr geladen hat, und dann zufällig jemanden damit verletzt.
Seine Handlung war eine Fehlleistung der Psyche. Sie gehört zu

der Gruppe von Phänomenen, die Freud (1901) unter der Überschrift Psychopathologie des Alltagslebens subsumiert (das Thema wird in Kapitel 12 ausführlich behandelt). Jede dieser Fehlleistungen stellt eine Kompromißbildung dar. Jedes dieser Phänomene hat viele ins Spiel kommende Determinanten, und die besagte Fehlleistung war keine Ausnahme. Bei dieser Fehlleistung spielte Verdrängung als eine der Determinanten eine bedeutende Rolle; darüber hinaus aber spielte Verdrängung auch eine große Rolle im Dienste der Befriedigung bestimmter Triebabkömmlinge. Der Patient hatte die aus seiner Kindheit stammenden Determinanten seiner mörderischen Wut aus Gründen der Abwehr verdrängt, das heißt um die Schuldgefühle und die Angst zu vermeiden, die andernfalls ausgelöst worden wären. Als Folge davon war er sich seines Wunsches, den Menschen, auf den er sein Gewehr richtete, zu töten, nicht bewußt. Als er den Abzug betätigte, war er der bewußten Überzeugung, daß er nur vorgäbe, sein Opfer zu erschießen. Darüber hinaus diente die Verdrängung (= Vergessen) der Erinnerung, daß er das Gewehr in der Woche zuvor geladen hatte, dem Zweck, seine aus der Kindheit stammenden mörderischen Wünsche zu befriedigen. Dies war ein Beispiel dafür, wie das Ich in seiner Rolle als Vollstrecker der Triebe die Verdrängung einsetzt. In dieser Hinsicht entspricht es dem früheren Beispiel des Kindes, welches das elterliche Masturbationsverbot im Dienste seines Wunsches zu onanieren verdrängt hat. Es gibt keinen Zweifel daran, daß Verdrängung sehr oft Abwehrzwecken dient. Ich möchte an dieser Stelle hinzufügen, daß sie häufig auch dazu dient, Befriedigung eines Triebabkömmlings zu erleichtern.

Das gleiche gilt sowohl für alle anderen bekannten wie auch für die weniger bekannten Abwehrformen. Aus den oben genannten Gründen bereitet es keine Mühe, Beispiele dafür zu finden. Wenn Unlust hervorgerufen wurde oder zu erwarten steht, tut man alles Erdenkliche, sie zu vermeiden oder zu verringern. Wenn man sich Befriedigung und Lust wünscht, tut man alles, was in der eigenen Macht liegt, um sie zu erlangen. Die vorstellbaren Handlungen – der Bereich der Ichtätigkeit – unterscheiden sich in beiden Fällen nicht. *Ob sie angemessen als Abwehr bezeichnet werden können, hängt davon ab, welcher Funktion die Handlungen dienen.* Um es nochmals zu wiederholen, Abwehrtätigkeiten sind keine spezialisierten Ichfunktionen. Die gleichen Ichfunktionen dienen entweder abwechselnd oder gleichzeitig der Triebbefriedigung, der Abwehr, den Überich-Forderungen und der Anpassung. Strenggenommen kann Abwehr als solche nur aufgrund des Zwecks oder der Funktion erkannt werden, denen sie in der psychischen Ökonomie dient, das heißt der Funktion des Widerstands gegen oder der Abwendung von psychischen Impulsen oder Tendenzen, die Angst und/oder depressive Affekte erzeugt haben oder erzeugen werden. Es ist ein Fehler, Abwehr primär anhand der Methode zu identifizieren, die eingesetzt wird, um den Zweck der Abwehr zu erreichen, obwohl zur Zeit konventionell und traditionell so verfahren wird. Dieses Verfahren hat den Vorzug des Umgangs mit Vertrautem, allerdings auch den doppelten Nachteil, unklar und irreführend zu sein (Brenner, 1976, S. 78). Verdrängung, Reaktionsbildung, Regression, Verschiebung etc. sind nur dann Abwehrtätigkeiten, wenn sie dazu verwendet werden, etwas, das Angst und/oder depressive Affekte auslöst, abzuwehren.

Hier ein Beispiel für die Art der Mehrdeutigkeit, die mit der traditionellen Praxis einhergeht, Abwehr zu identifizieren. Man hat vorgeschlagen, daß jede Abwehr »dem Wesen nach gleichzeitig für libidinöse und aggressive Befriedigung sorgt, wie sie auch kontradynamischen Zwecken dient« (Schafer, 1968, S. 61). Ein solcher Vorschlag verwischt das Konzept von Abwehr als Konfliktkomponente, indem es die Abwehr nicht von der Kompromißbildung unterscheidet.

Wenn ein paranoider Mann davon überzeugt ist, daß ein anderer Mann ihn angreifen will, dann ist seine Überzeugung ein Symptom und nicht eine Abwehr. Es ist nicht korrekt zu sagen, daß das, »was wir den Abwehrmechanismus der Projektion nennen, auch als Ausdruck des Wunsches nach sexueller Penetration angesehen werden muß« (Schafer, 1968, S. 55). Das Symptom drückt sowohl den Wunsch nach sexueller Penetration aus *als auch* den Versuch, die Unlust auszuschalten, das heißt die mit diesem Wunsch einhergehende Kastrationsangst, indem dieser Wunsch jemand anderem zugeschrieben wird (Projektion) sowie durch die Verkehrung vom Passiven ins Aktive. Wenn wir unsere Auffassung von Abwehr bei solch einem paranoiden Patienten gemäß Freuds wohlbekanntem Prototyp (1911c, S. 306 ff.) formulieren wollten, müßte es heißen: »Ich will nicht sexuell penetriert werden. Er will mich penetrieren und versucht, mich soweit zu bringen, daß ich mich gegen meinen Willen unterwerfe.« Es liegt auf der Hand, daß die bei der Bildung eines solchen wahnhaften Symptoms wirkenden Abwehrmaßnahmen auch die Projektion einschließen; die notwendige Unterscheidung zwischen Symptom und Abwehr wird aber verwischt, wenn man sagt, daß Projektion als Abwehr die Phantasie in Gang setzt, sexuell penetriert zu werden. In diesem Beispiel ist Projektion Teil einer Abwehrmaßnahme, deren Ergebnis – eine Wahnvorstellung – eine Mischung von Abwehr und Befriedigung eines Triebabkömmlings darstellt. Eine Wahnvorstellung ist keine Abwehr. Sie ist eine Kompromißbildung, bei der Abwehr *per definitionem* nur einen Teil ausmacht.

Ein anderes Beispiel mag zur weiteren Klärung der strittigen Punkte beitragen. Liebesgeschichten beginnen nicht selten auf folgende Art und Weise. Jemand trifft auf eine andere sexuell attraktive Person, allerdings unter Umständen, die eine sofortige direkte Annäherung ausschließen. Vor der tatsächlichen Annäherung an den zukünftigen Partner hat er oder sie statt dessen einen lustvollen Tagtraum, in dem beide bereits sexuell vereint sind. Solch eine Phantasie enthält eine Projektion – in diesem Fall die Verlagerung der eigenen sexuellen Wünsche und Erregungen in eine andere Person. Diese Zuschreibung steigert und erleichtert die Befriedigung von Triebabkömmlingen durch die Phantasie, von der Zuschreibung nur ein Teil ist. Bei diesem Beispiel wirkt die Projektion also nicht abwehrend, sondern eher in Richtung weiterer Triebbefriedigung. Gleichzeitig gilt es zu erkennen, daß die Phantasie selbst eine Kompromißbildung darstellt, so lustvoll sie auch sein mag. Sie setzt sich zusammen aus Triebabkömmlingen der Kindheit, Abwehrmaßnahmen, um die damit verbundene Unlust auszuschalten, sowie Forderungen und Verboten des Überichs. Wie ein Symptom ist auch die Phantasie eine Kompromißbildung. Bei manchen Phantasien dient die Projektion der Abwehrfunktion. Bei anderen, wie der soeben dargestellten, fördert sie die Befriedigung von Triebabkömmlingen.

Um es zu wiederholen, kein Aspekt der Ichtätigkeit, keine Ichfunktion ist ein »Abwehrmechanismus«. Alle Aspekte der

Ichtätigkeit können für alle Zwecke eingesetzt werden. Sie können sowohl zur Förderung der Befriedigung eines Triebabkömmlings benutzt werden als auch zur Durchsetzung eines Aspekts der Überich-Tätigkeit, um die mit beiden einhergehende Unlust zu verhindern oder zu minimieren. Alles, was unter der Überschrift Ichfunktionen gefaßt wird, kann in einer von vielen oder in zwei oder mehreren Weisen gleichzeitig verwandt werden.

Die Erkenntnis der vollen Bedeutung dieser Tatsache macht eine Neubewertung von zwei geläufigen Konzepten der psychoanalytischen Theorie erforderlich, von Konzepten, die bis heute als korrekte Verallgemeinerungen akzeptiert werden und die in der klinischen Arbeit von Nutzen sind. Bei dem einen handelt es sich um das Konzept, jeder Patient habe ein charakteristisches Repertoire von Abwehrmaßnahmen, ein Repertoire, das weitgehend durch die Diagnose des Patienten determiniert wird. Das andere Konzept besagt, daß Abwehrmaßnahmen als Folge der psychoanalytischen Arbeit verschwinden.

Was das erste Konzept betrifft, so handelt es sich um eine Vorstellung, die nur auf bestimmte Symptome und nicht auf die gesamte psychische Tätigkeit eines Menschen angewandt werden kann. Wie wir gesehen haben, schließt das Abwehrrepertoire eines jeden Menschen alle Aspekte seiner Ichtätigkeit ein. Der Umfang des Repertoires eines jeden Menschen ist so breit wie der Umfang seiner Ichfunktionen. Bestimmte Symptome enthalten jedoch charakteristische Abwehrmuster, manchmal *per definitionem.* Nur wenn man die Aufmerksamkeit auf eines oder mehrere hervorstechende Symptome oder auf einen auffälligen Aspekt der Übertragungsreaktion des Patienten konzentriert und die übrige psychische Tätigkeit des Patienten außer acht läßt, kann man einen Fall so darstellen, als habe er ein spezifisches Abwehrrepertoire.

Zum Beispiel spielt bei jeder Phobie Verschiebung eine Rolle. *Per definitionem* auch Vermeidung. Das Abwehr»repertoire« der *Symptome* eines jeden phobischen Patienten schließt demzufolge Vermeidung und Verschiebung ein. Wenn sich, wie es oft geschieht, die Aufmerksamkeit in der analytischen Situation auf die phobischen Symptome des Patienten konzentriert, kann es so erscheinen, als beschränkten sich seine Abwehrmaßnahmen auf diese und andere verwandte Abwehrmaßnahmen, da ebendiese wiederholt auftreten und immer wieder bearbeitet werden müssen. Desgleichen, hat ein Patient viele hervorstechende somatische Symptome psychischen Ursprungs, spielt die Konversion psychischer Konflikte in somatische Manifestationen eine Rolle in der Dynamik jener Symptome. Nochmals, es gibt Patienten mit wahnhafter Symptomatologie. Es ist nicht schwer, bei vielen solchen Patienten eine abwehrend operierende Projektion auszumachen, da Wahnvorstellungen so häufig zur Verlagerung eigener Wünsche, Ängste etc. auf andere Menschen führen, um die mit den eigenen Wünschen etc. einhergehende Angst und/oder depressive Affekte zu verringern.

Wenn man also von einem charakteristischen Repertoire von Abwehren spricht, bedeutet das eigentlich nur, daß hervorstechende neurotische Symptome und/oder Charakterzüge gewöhnlich bei jedem Patienten hartnäckig weiterbestehen, im analytischen Material dieses Patienten gewöhnlich im Vordergrund stehen und im Verlauf der Analyse üblicherweise wiederholte Bearbeitung und Deutung verlangen. Es ist eine Sache praktischer Notwendigkeit, die analytische Aufmerksamkeit hauptsächlich auf solch störende Eigenarten im psychischen Leben des Patienten zu richten und davon ausgehend, die an ihrer Genese und Dynamik beteiligten Abwehrmaßnahmen zu untersuchen. Wenn man jedoch zur Einschätzung der Abwehrformen eines Patienten nicht nur jene heranzieht, die zu seiner hauptsächlichen Symptomatologie gehören, sondern auch jene Formen, die an den Träumen, Phantasien, Ambitionen und Plänen des Patienten beteiligt sind – mit einem Wort, an der ganzen Skala der psychischen Tätigkeiten des Patienten, der normalen wie der pathologischen –, dann stellt man alsbald fest, wie ungeeignet das Konzept eines begrenzten Abwehrrepertoires ist. Nicht die Patienten zeigen ein begrenztes Repertoire von Abwehrmethoden, sondern das eine oder andere Symptom oder die eine oder andere Kompromißbildung – der eine oder andere Charakterzug oder die eine oder andere Übertragungsmanifestation – sind durch eine spezifische Abwehrmethode gekennzeichnet.

Zur Vorstellung, Abwehrmaßnahmen verschwänden im Verlauf der Analyse, sind folgende Anmerkungen zu machen. Im Verlauf einer erfolgreichen Analyse verändern sich die Abwehrmuster, daran gibt es keinen Zweifel. Doch weder verschwinden bestimmte Abwehrformen als Folge der Analyse noch verändern sie sich in regelmäßiger, gleichförmiger und vorhersagbarer Art und Weise. Im Fortgang der Analyse kommt es nicht zur schrittweisen Veränderung der Abwehr, sondern zur schrittweisen Veränderung der Kompromißbildungen des Patienten. Damit will ich sagen, daß die Kompromißbildungen des Patienten sich im Fortschreiten der Analyse in einer Weise verändern, daß die Triebabkömmlinge weniger verschleiert, weniger verzerrt werden und in wachsendem Maße mit Lust befriedigt werden können. Auf diese fortschreitend sich ändernden Kompromißbildungen des Patienten bezieht man sich, wenn man von einer Verbesserung der allgemeinen Ichtätigkeit oder der integrativen Fähigkeit des Patienten spricht.

Wie noch zu zeigen sein wird (Kapitel 10), ist es gleich, ob man vom progressiven Wandel der Kompromißbildungen spricht, wie ich ihn soeben beschrieben habe, oder ob man sagt, bei erfolgreicher Analyse machen die Kompromißbildungen, die wir pathologisch nennen, anderen Platz, die wir als normal bezeichnen (Brenner, 1975b; 1976). Ein Fallbeispiel kann diese Überlegung verdeutlichen.

Die Patientin war eine 29 Jahre alte Frau, die sich zum Zeitpunkt der Episode, über die ich berichten möchte, seit sechs Jahren in Analyse befand. Die relevanten Daten ihrer voranalytischen und analytischen Geschichte sind die folgenden: Vor ihrer Analyse hatte sie nur sexuelle Beziehungen zu Frauen. Ihr Verhalten während dieser Affären wurde beherrscht durch ihr unbewußtes Bedürfnis, 1. die sexuellen Empfindungen für ihren Vater, 2. eifersüchtige und feindselige Wünsche gegenüber ihrer Mutter und ihrer älteren, verheirateten Schwester, und 3. ihre Wut und Demütigung darüber zu verleugnen, daß sie keinen Penis besitzt. Wenn sie mit einer Frau schlief, hatte sie zum Beispiel die vor der Analyse unbewußt gebliebene Phantasie, sie habe einen Penis und sie sei ein Mann, der mit einer Frau sexuell verkehre.

Im Verlauf der Analyse nahm die Patientin zum erstenmal sexuellen Verkehr mit Männern auf. Während des Geschlechtsverkehrs hatte sie manchmal bewußte Phantasien, den Penis ihres Partners beherrschen zu können. Ein andermal stellte sie sich vor, sein Penis sei ein Teil ihres und nicht seines Körpers. Die heterosexuellen Affären wechselten mit homosexuellen ab, die von ihrem unbewußten Bedürfnis ausgelöst wurden, die sexuellen Wünsche gegenüber ihrem Analytiker abzuwehren. Dies tat sie, indem sie in einer homosexuellen Beziehung die männliche Rolle einnahm; genauso hatte sie vor ihrer Analyse die unbewußten sexuellen Wünsche gegenüber ihrem Vater abgewehrt.

Zu jener Zeit, mit der wir uns hier beschäftigen, war die Patientin wieder in eine homosexuelle Beziehung verwickelt. Diese hatte einige Monate zuvor begonnen, kurz nachdem ihr Analytiker in die Ferien verreist war. Obwohl sie bewußt darum rang, ihre gegenwärtige Freundin aufzugeben, war sie offensichtlich verärgert über ihren Analytiker und versuchte ihn zu provozieren. Rechtschaffen zornig beschwerte sie sich darüber, daß er sich ihr gegenüber unfair verhalte und ihr nie das gäbe, was ihr zustände. Während einer Sitzung, in der sie sich mit dem Gedanken auseinandersetzte, ihre Freundin aufzugeben, legte sie wiederholt Pausen ein, offensichtlich in der Erwartung, ihr Analytiker möge sprechen. Er intervenierte schließlich und sagte, sie versuche ihn dazu zu bewegen, ihr zu befehlen, die Freundin aufzugeben, so daß sie sich dagegen auflehnen könne, genauso wie sie oft versucht habe, ihre Eltern dazu zu veranlassen, eine Position einzunehmen, die sie dann als Rechtfertigung für ihre Auflehnung benutzen konnte. Er hielt diese Deutung von allem frei, was die Patientin bereits wußte, also allem, was ihr in der Vergangenheit bei geeigneter Gelegenheit viele Male gedeutet worden war, etwa daß der Zeit ihres Lebens empfundene Zorn auf ihre Eltern und der auf ihren Analytiker darin begründet lag, daß sie keinen Penis bekommen hatte und weil weder ihr Vater noch ihr Analytiker sie so liebten, wie sie sicherlich von ihnen geliebt würde, wenn sie ein Junge wäre, wie ihr Vater ihn sich erhofft hatte. Die Deutung hatte also, wie die Patientin wußte, mit ihrem Wunsch nach Liebe und dem Besitz eines Penis in der Übertragungssituation und mit der Tatsache zu tun, daß die Frustration dieser Wünsche sie in Wut auf ihren Analytiker versetzte, in Wut, die sie mittels Projektion ihm unterstellte, um sich nicht schuldig zu fühlen, das heißt um die Mißbilligung durch das Überich zu vermeiden. Es stellte sich heraus, daß diese Deutung eine beachtliche Wirkung auf die Patientin hatte. Während der nächsten Woche zeigte sie folgende Veränderungen:

1. Sie beendete ihre homosexuelle Beziehung.
2. In Kleidung und Verhalten wurde sie femininer.
3. Sie ging Verabredungen mit einem Mann ein.
4. Sie bat einen älteren, männlichen Kollegen, eine eindeutige Vaterfigur, sie als Schülerin anzunehmen, obwohl sie vorher davon überzeugt war, er würde sie ablehnen.
5. Sie war weniger wütend auf ihren Analytiker und sich dessen bewußt, daß sie ihm nahe sein wollte.
6. Sie hatte einen erschreckenden Traum. Ihre Assoziationen dazu führten zu dem Gedanken, sexuell erregt zu werden, während sie auf der Couch des Analytikers lag. Es sollte erwähnt werden, daß sie sich tatsächlich weder in Verbindung mit jenen Gedanken noch zu anderen Zeiten, wenn sie auf der Couch lag, sexuell erregt fühlte.
7. Ihr wurde bewußt, daß sie wütend auf ihre Mutter war, auf ihre ältere Schwester, die von Kindheit an ihre Rivalin war, und auf eine verheiratete Freundin.
8. Sie erinnerte sich der Sehnsucht nach Nähe zu ihrem Vater, die sie empfunden hatte, als sie fünf Jahre alt gewesen war.

Hier haben wir ein Beispiel für analytischen Fortschritt. Der Zustand der Patientin besserte sich als Ergebnis einer korrekten Deutung zur rechten Zeit, der viel Deutungsarbeit in gleicher Richtung vorangegangen war. Worin bestanden nun in diesem Fall die Veränderungen der Abwehrmaßnahmen?

Der Leser erinnert sich, daß die Patientin sich vor dieser Deutung der Liebe und der sexuellen Wünsche gegenüber ihrem Analytiker nicht bewußt war. Statt dessen war sie wütend auf ihn. Mit anderen Worten, ihre Liebe und sexuellen Wünsche wurden – zumindest teilweise – durch Wut abgewehrt. Auf die gleiche Weise wehrte sie Wut und Eifersucht auf Frauen ab, die sie als Rivalinnen ansah. Sie war sich ihrer negativen Gefühle gegenüber solchen Frauen nicht bewußt. Statt dessen setzte sie eine Liebesbeziehung mit einer jungen Frau fort, nach der sie sich sehnte und die sie sexuell erregte.

Mit ihren Kastrations- und Rachewünschen Männern gegenüber ging sie anders um. Von ihrem Analytiker fühlte sie sich schlecht behandelt. Sie fühlte sich von ihm hintergangen. Mit anderen Worten, sie projizierte ihre Wut auf ihn. In ihre unbewußten Bemühungen, mit ihren Kastrations- und Rachewünschen gegenüber Männern fertig zu werden, spielte als weitere Abwehrform die Identifizierung hinein. So übernahm sie bei sexuellen Beziehungen die Rolle des Mannes.

Die Erinnerung schließlich, daß sie sich im Alter von fünf Jahren nach Nähe zu ihrem Vater sehnte, hatte seitdem lange der Verdrängung unterlegen, die erst nach der gegebenen Deutung aufgehoben wurde.

Diese Liste der Abwehrmaßnahmen der Patientin ist keineswegs vollständig, doch für meine augenblicklichen Zwecke reicht sie aus. Wenn man die Ersetzung von Liebe durch Wut, und vice versa, um der leichteren Beschreibung willen als Reaktionsbildung bezeichnet, kann man sagen, daß die Patientin vor der besagten Deutung Verdrängung, Reaktionsbildung, Projektion und Identifizierung als Abwehrmaßnahmen gegen bestimmte Triebabkömmlinge und Forderungen des Überichs eingesetzt hat. Wie veränderten sich diese Abwehren nach der Deutung?

Zuerst und vor allem änderte sich das Reaktionsbildungsmuster der Patientin. Das heißt, sie gab ihre homosexuellen Beziehungen auf und wandte sich Männern zu. Bei verschiedenen Gelegenheiten äußerte sie Wut auf weibliche Rivalen – ihre Mutter, ihre ältere Schwester und ihre verheiratete Freundin –, während sie weniger wütend als vorher auf ihren Analytiker war und ihr bewußt wurde, daß sie seine Nähe wünschte. Mit anderen Worten, die Reaktionsbildung Liebe zu Frauen, zur Abwehr von Wut auf sie und die Reaktionsbildung Wut auf Männer, zur Abwehr von Liebe zu ihnen, beide verringerten sich stark.

Zweitens, die Verdrängung von Erinnerungen an ihre ödipalen Wünsche gegenüber ihrem Vater wurde aufgehoben. Gleichzeitig kann man jedoch vermuten, daß viele andere verwandte Erinnerungen verdrängt blieben. Das heißt, die Verdrängung wurde nicht gänzlich aufgehoben, sondern es verringerte sich nur ihr Ausmaß.

Drittens, die Identifizierung mit dem älteren, von ihr verehrten Kollegen, der ihr neuer Lehrer wurde, spielte eindeutig eine Rolle bei dem Entschluß seine Schülerin zu werden.

Viertens, die sexuellen Wünsche gegenüber ihrem Analytiker, die der Angst in ihrem Traum zugrunde lagen, wehrte die Patientin ab, indem sie sie als Vorstellungen, als bloße Folge ihrer

Assoziationen zu ihrem Traum erlebte. Diese Form der Abwehr wird gewöhnlich als Affektisolierung bezeichnet.
Schließlich verschob sie ihre Wut auf Mutter und Schwester teilweise auf ihre verheiratete Freundin.
Der Leser wird sich erinnern, daß die Patientin vor der Besserung ihres Zustandes Verdrängung, Reaktionsbildung, Projektion und Identifizierung als Abwehrmaßnahmen gegen bestimmte Triebabkömmlinge und Forderungen des Überichs eingesetzt hat. Als Folge der Deutung machte sie Fortschritte in ihrer Analyse. Welcher Art waren die Veränderungen ihrer Abwehrmuster? Welche Schlüsse lassen sich daraus ziehen? Kann man sagen, daß die pathogenen Abwehrmaßnahmen verschwanden oder durch normale ersetzt wurden oder daß infantilere Abwehrmaßnahmen weniger infantilen wichen?
Keine dieser Fragen läßt sich eindeutig beantworten. Weder verschwanden die Abwehrmaßnahmen der Patientin noch wurden sie normal oder reifer.
Abwehrende Identifizierung mit Männern beispielsweise war sowohl vor wie nach der Deutung vorhanden. Vor der Deutung beeinflußte diese Identifizierung ihr sexuelles Verhalten ganz entschieden. Sie warb um eine Frau und ging eine sexuelle Beziehung mit ihr ein, eine Beziehung, in der sie die Rolle des Mannes einnahm. Nach der Deutung kam die gleiche Identifizierung in ihrem beruflichen Verhalten zum Ausdruck. Sie bemühte sich, die Schülerin eines von ihr verehrten Mannes zu werden, um seine Fertigkeiten und den Gebrauch von Instrumenten seines Berufs zu erlernen – Instrumente, die, das sei hinzugefügt, für sie phallische Bedeutung hatten. Das soll heißen, bestimmte Aspekte ihres Verhaltens ergaben sich sowohl vor wie nach der Deutung aus der Identifizierung mit Männern, einer Identifizierung, die sowohl der Abwehr ihrer weiblichen ödipalen Wünsche diente als auch der Befriedigung der männlichen. Ohne Frage hat sich in ihrem Verhalten ein bedeutsamer Wandel vollzogen. Sie wurde reifer. Man kann mit Recht sagen, daß sie normaler wurde, insofern sich ihre männliche Identifizierung vor der Deutung in homosexuellen Beziehungen äußerte, nach der Deutung hingegen in ihrer Beziehung zu einem älteren Mann, ihrem Lehrer, dem sie auf sinnvolle und sozial wünschenswerte Weise nacheifern wollte. Aber was läßt sich über die Identifizierung als

Abwehr selbst sagen? Die Patientin identifizierte sich immer noch mit einem Mann. Die Werkzeuge ihres Lehrers waren offenkundige phallische Symbole, und in dem Wunsch, ihren Gebrauch zu erlernen, kam ihre unbewußte Phantasie, einen Penis zu besitzen, zum Ausdruck. Kann man sagen, daß der Einsatz von Identifizierung als Abwehr nach der Deutung weniger infantil oder normaler geworden war als vorher, auch wenn die Kompromißbildung, von der die Identifizierung ein Teil ist, sicherlich reifer und normaler geworden ist?

Ähnlich wurde nach der Deutung auch die Verdrängung in einer Hinsicht aufgegeben. Gewisse ödipale Erinnerungen aus der Zeit, als sie fünf Jahre alt war, tauchten in ihrem Erwachsenenleben zum erstenmal auf. In anderer Hinsicht verstärkte sich die Verdrängung jedoch, da die Kastrationswünsche der Patientin gegenüber ihrem Analytiker nach der Deutung verdrängt wurden; zuvor waren sie durch Projektion abgewehrt worden. In diesem Fall verschwand also die Projektion nach der Deutung, doch Verdrängung, eine nach allen Maßstäben potentiell pathogene Abwehrmaßnahme, nahm ihren Platz ein.

Betrachtet man, was ich die Reaktionsbildungen der Patientin genannt habe, wird man mit ähnlichen Befunden konfrontiert. Nach der Deutung machte die Patientin weitaus weniger als vorher Gebrauch davon, eifersüchtige Wut durch Liebe abzuwehren, doch an diese Stelle trat Verschiebung, zumindest teilweise. Das Umgekehrte – der Einsatz von Haß, um Liebe abzuwehren – wurde zum Teil durch Affektisolierung ersetzt, eine Abwehrmaßnahme, die man bei Patienten mit Zwangssymptomen recht häufig findet.

Dieses Beispiel analytischen Fortschritts zeigt also, daß die Abwehrmaßnahmen der Patientin weder verschwanden noch an sich weniger pathogen oder reifer geworden sind. Tatsächlich ist folgendes geschehen: Gewisse Triebabkömmlinge mußten von der Patientin abgewehrt werden, um Angst und/oder depressive Affekte zu vermeiden oder zu minimieren. Diese Triebabkömmlinge waren: Zuneigung zu ihrem Analytiker; Sehnsucht nach seiner Liebe; Erinnerungen an Zuneigung und Sehnsucht nach der Liebe ihres Vaters in der Kindheit; Wunsch nach enger Verbindung mit einem älteren, verehrten Mann und der Wunsch seine Schülerin zu sein; der Wunsch, auf Männer anziehend zu wirken und mit ihnen sexuellen Verkehr zu haben; Wut auf weibliche Konkurrenten. Bei allen handelt es sich um ödipale Abkömmlinge. Sie konnten vor der Deutung weder toleriert noch befriedigt werden, denn sie erzeugten Unlust. Nach der Deutung war die Reaktion der Patientin auf ödipale Wünsche und ödipale Eifersucht weniger abwehrend, insofern der hergestellte Kompromiß zwischen Triebabkömmling und Abwehr der Befriedigung größeren Spielraum gewährt. Die Zustandsänderung war aber nicht so weitgehend, daß Abwehrmaßnahmen nicht mehr notwendig wären – ganz im Gegenteil. Die Reaktionen der Patientin auf ihre ödipalen Wünsche waren nach der Deutung nicht weniger ein Kompromiß zwischen Triebabkömmling und Abwehr als vorher. Nach der Deutung waren die Abwehrmaßnahmen gegen ihre ödipalen Triebabkömmlinge ebenso leicht zu erkennen wie vorher. Die neue Kompromißbildung stellte zwar einen analytischen Fortschritt dar, war aber nichtsdestotrotz immer noch Kompromißbildung.

Ich hoffe, daß dieses recht ausführlich dargestellte Beispiel dazu angetan ist, den Leser von der Tatsache zu überzeugen, daß im Verlauf der Analyse Abwehrmaßnahmen weder verschwinden noch allmählich normaler (weniger pathologisch) oder reifer werden. Es dürfte sich jede weitere Diskussion erübrigen, um deutlicher zu machen, wie falsch und unangebracht die Vorstellung ist, Verdrängung, Reaktionsbildung oder eine andere Funktionstätigkeit des Ichs, die zeitweilig zur Abwehr eingesetzt wird, könnten jemals verschwinden. Eine spezifische Form des abwehrenden Einsatzes einer Ichfunktion mag aufhören, der Gedanke aber, die Funktion als solche könne im Gefolge der Analyse verschwinden, ist abwegig.

Bisher habe ich mich mit Abwehr als Aspekt der Ichtätigkeit befaßt, der sich durch seine Konsequenzen definieren läßt. Sie bestehen in Verdrängung, Verschwinden oder Abschwächung von Angst und/oder depressiven Affekten, die sich entwickeln in Verbindung mit Triebabkömmlingen, deren Ursprung in der Kindheit liegt. Ich wende mich nun einem anderen Thema zu, nämlich den Abwehrzielen, soll heißen der Frage: »Was wird abgewendet oder abgewehrt, um unlustvolle Affekte zu vermeiden oder zu minimieren?«

Freuds Antwort lautet: Wenn ein Triebabkömmling (oder ein

Strafbedürfnis) Angst auslöst, liegt die Triebfeder der Abwehr im Widerstand gegen diese Angst. Durch Inzestwünsche hervorgerufene Angst wird auf die eine oder andere Art abgewendet oder abgewehrt. Ist die Abwehr erfolgreich, wird Angst vermieden oder sie verschwindet. Die Richtigkeit der Freudschen Formulierung steht außer Frage. In jeder Analyse wird sie täglich bestätigt. Doch die folgenden Ausführungen werden zeigen, daß dies nur einen Teil der Antwort darstellt.

Abwehr geht nach dem Lust-Unlust-Prinzip vor. Unlust von Angst und depressiven Affekten löst Abwehr aus, und diese Unlust ist an einen bestimmten Vorstellungsinhalt gebunden, das heißt an eine oder mehrere der bekannten Katastrophen der Kindheit. Erst die Verbindung zwischen einem Triebabkömmling und einer Katastrophe oder Katastrophen löst in Übereinstimmung mit dem Lust-Unlust-Prinzip Abwehr aus. So wird folglich Unlust nicht unmittelbar von einem Triebabkömmling der Kindheit hervorgerufen, sondern dazu kommt es, weil er in der Psyche des Kindes mit Katastrophenvorstellungen verbunden ist. Da Abwehr die Funktion hat, Unlust auszuschalten oder sie zumindest auf ein Minimum zu reduzieren, ist zu erwarten, daß dieses Ziel auf mehreren Wegen erreicht werden kann. Ein Weg ist der von Freud beschriebene, nämlich Widerstand gegen den Triebabkömmling – ihm gegenüber »nein« zu sagen. Eine andere Möglichkeit besteht darin, nicht dem Triebabkömmling als solchem zu widerstehen oder ihn abzuwehren, sondern die durch den Triebabkömmling ausgelöste Angst und/oder depressiven Affekte. Es läßt sich vorstellen, daß dies durch drei Arten erreicht werden kann. Abwehr kann Widerstand sein, das heißt »nein« sagen, zur Unlust des Affekts, zu seinem Vorstellungsinhalt oder zu beiden gleichzeitig. Psychoanalytische Daten aus der Klinik zeigen, daß alle drei Möglichkeiten auch tatsächlich genutzt werden.

Das bekannteste Abwehrziel, das von Freud beschrieben wurde, ist der Triebabkömmling selbst. Beispiele für diese Form der Abwehr sind weiter oben erwähnt worden. Die anderen Möglichkeiten sind weniger geläufig, wenngleich ich in der Vergangenheit darauf aufmerksam gemacht habe (Brenner, 1975b; 1979a). Ich glaube, Fenichels (1939) Beschreibung der kontraphobischen Haltung ist die erste ausführliche Darstellung des Phänomens, daß Abwehr Angst dadurch reduzieren oder ausschalten kann, indem sie die mit einem Triebabkömmling einhergehende Angst zum Ziel wählt, und nicht den Triebabkömmling selbst.

Nochmals, man muß sich vor Augen halten, daß ein Symptom eine Kompromißbildung darstellt. Es ist niemals bloße Abwehr. Wer sich zum Beispiel kontraphobisch verhält, indem er zum Draufgänger wird und gern Dinge tut, die gefährlich sind, zeigt damit ein Symptom. Es ist eine Kompromißbildung und als solche dient sie sowohl der Befriedigung eines Triebabkömmlings als auch der Ausschaltung oder Reduzierung von Angst. Ein Draufgänger zu sein, kann zum Beispiel einen unbewußten masochistischen Wunsch befriedigen. Angst in Lust zu verkehren, und das ist das Wesen der kontraphobischen Haltung, ist jedoch eine ganz andere Möglichkeit, Unlust zu eliminieren als Widerstand, das heißt Abwehr eines gefährlichen Triebabkömmlings. Nicht der Triebabkömmling ist dann das Ziel der Abwehr, sondern der Affekt selbst, in diesem Fall durch Leugnen der Unlust überhaupt. Oftmals wird die Affektumkehr (Lust anstelle von Unlust) gefördert durch narzißtische, exhibitionistische Befriedigung, wenn zum Beispiel ein Draufgänger öffentlich auftritt, um Beifall und Anerkennung zu bekommen. Häufig wird sie durch Identifizierung gefördert, durch eine bewußte oder unbewußte Phantasie, der bewunderte und beneidete Rivale zu sein. Zweifellos gibt es noch andere, subtilere und spezifischer individuelle Wege, auf die eine solche Affektumkehr gefördert und verstärkt werden kann. Welche Mittel auch immer eingesetzt werden, der mit einer Katastrophe verbundene Affekt ist das Ziel der Abwehr, nicht der Triebabkömmling.

Wie oben erwähnt, kommt es häufig vor, daß sowohl Unlustempfindung als auch Vorstellungsinhalt, die beide zusammen den Affekt konstituieren, abgewehrt werden, wenn Angst oder depressive Affekte selbst das Abwehrziel darstellen. In dem soeben genannten Fall kann die unbewußte Kastrationsangst eines Draufgängers zum Beispiel im lebensgefährlichen Fallschirmspringen zum Ausdruck kommen. Mit anderen Worten, der kontraphobische Mensch mag Fallschirmspringer werden. In diesem Fall gehört die Umwandlung von Angst in lustvolle Aufregung zu seiner Abwehr. Der Sturz vom Himmel ist für ihn Quelle von Freude und Lust. Ein anderer Teil seiner Abwehr besteht allerdings darin, den Vorstellungsinhalt der infantilen Gefahrsituation zu verschleiern, indem Penis durch Körper und Kastration durch Fallschirmspringen ersetzt wird. Die Gefahr, der sich ein Fallschirmspringer bewußt stellt, besteht nicht darin, seinen Penis zu verlieren, sondern darin, wie Ikarus mit dem Körper auf der Erde aufzuschlagen. Wahrscheinlich besteht seine Abwehr zum Teil auch darin, die Technik des Fallschirmspringens zu erlernen, die beste Ausrüstung zu kaufen, seinen Fallschirm selbst zu falten, nur bei gutem Wetter zu springen etc.

Draufgänger sind selten analytische Patienten. Aus meiner eigenen Praxis ist mir lediglich ein solcher Patient erinnerlich. Das bei ihnen sichtbare Abwehrmuster ist jedoch keineswegs eine Seltenheit. Es ist bei Patienten – wie auch bei vielen Nicht-Patienten – nicht ungewöhnlich, irgend etwas zu tun, um zu »beweisen«, daß sie keine Angst haben müssen, oder daß sie tatsächlich keine Angst *haben*, auch wenn es offensichtlich ist, daß sie sich in Wirklichkeit sehr fürchten. Mit anderen Worten, bei Patienten und auch bei anderen ist es nichts Ungewöhnliches, die Angst durch Verdrängung, Verleugnung oder Projektion zu mildern oder durch andere Maßnahmen – entweder Unlust, Vorstellungsinhalt oder beides – abzuwehren, die mit Objektverlust, Liebesverlust und/oder Kastration einhergehen. Der Patient mit einem Myokardinfarkt, der sich weigert, im Bett zu bleiben, wäre auch ein Beispiel für lebensgefährliches Verhalten. Ein weiteres Beispiel, allerdings im Rahmen des Normalen, wäre der ängstliche Schüler, der sich auf Fußball oder Boxen verlegt. In der Tat steht das, was wir als Mut bezeichnen, in enger Verbindung zu dem, was Fenichel als kontraphobische Haltung definiert hat. Insofern bestätigen die psychoanalytischen Daten die alte Militärweisheit, daß Mut im Kampf die Fähigkeit ist, Furcht zu ignorieren oder zu überwinden, ein Gedanke, der durch psychoanalytisches Material eine unerwartete Fundierung und Geltung erhalten hat.

Wie die Angst kann auch der depressive Affekt, der eine oder mehrere Gefahrsituationen der Kindheit zum Vorstellungsinhalt hat, Ziel der Abwehr sein. Auch er kann vermindert oder ausgeschaltet werden, indem seine Unlust, sein Vorstellungsinhalt oder beide abgewehrt werden (Brenner, 1975a).

Ein Unglück zu leugnen, indem man vorgibt, alles sei in Ordnung, obwohl man genau weiß, daß das Unglück geschehen ist, darauf zu bestehen, daß man Lust und keine Unlust empfindet, ist eines der fundamentalen Merkmale pathologischer Erregung (Manie oder Hypomanie). In jedem Fall von pathologischer Erregung ist weitaus mehr als Affektumkehr der soeben beschriebenen Art beteiligt. Manische Erregung ist ein Syndrom, nicht eine Abwehr. Als solches ist sie eine Kompromißbildung. Sie umfaßt notwendigerweise sowohl die (partielle) Befriedigung von Triebabkömmlingen und Überich-Tendenzen als auch Abwehr. Ebensowenig ist Affektumkehr jemals die Gesamtheit der Abwehrmaßnahmen eines Patienten. Ich glaube nicht, daß sich irgendein Fall pathologischer Erregung vollständig oder zufriedenstellend damit erklären läßt, daß der Patient leugnet, eine Katastrophe habe sich ereignet, und daß auf diese Weise, als Abwehrmethode, Unlust in Lust verwandelt wird. Ich behaupte lediglich, daß dieses Abwehrmanöver in jedem Fall pathologischer Erregung von fundamentaler Bedeutung ist. Darin liegt keineswegs die vollständige Erklärung, aber es bildet ein wesentliches Element in der Dynamik manischer Erregung.

Zusammenfassung

1. Abwehr muß definiert werden in bezug auf ihre Konsequenz oder Funktion, die in der Reduktion von Unlust liegt, die durch Triebabkömmlinge oder einige Aspekte der Überich-Tätigkeit ausgelöst werden.
2. Ichfunktionen dienen gleichermaßen der Abwehr, der Triebbefriedigung und der Überich-Tätigkeit. Das Ich ist sowohl der Vollstrecker oder Diener des Es als auch sein Widersacher.
3. Der Terminus Abwehrmechanismen ist unkorrekt und irreführend, da a) es keine Aspekte der Ichtätigkeit, keine Ich-Mechanismen gibt, die für nichts anderes außer zur Abwehr benutzt werden, und b) jeder Aspekt der Ichtätigkeit zur Abwehr benutzt werden kann und, wenn nötig, auch so benutzt wird.
4. Jede Abwehr stellt eine Verleugnung im umgangssprachlichen Sinne des Wortes dar. Wenn ihre Bedeutung, wie geschehen, erweitert wird, büßt Verleugnung ihren spezifisch psychoanaly-

tischen Sinn ein und wird zu einem bloßen Synonym für Abwehr.

5. Niemandes Abwehrrepertoire ist begrenzt oder gleichbleibend. Nur die Abwehrmaßnahmen in einer bestimmten (pathologischen) Kompromißbildung sind charakteristisch und stereotyp.
6. Durch Analyse werden Abwehrmaßnahmen weder zum Verschwinden gebracht noch werden sie fortschreitend normaler oder reifer.
7. Abwehr richtet sich nicht nur gegen Triebabkömmlinge oder Aspekte der Überich-Tätigkeit. Abwehr kann auch Angst oder depressive Affekte zum Gegenstand haben, die durch Triebabkömmlinge oder das Überich hervorgerufen werden. Wenn dies der Fall ist, kann sich die Abwehr entweder gegen die Unlustempfindung, den Vorstellungsinhalt des Affekts, d. h. die reale oder phantasierte Gefahr, oder gegen beides richten.

6. Die Katastrophen der Kindheit

In diesem Kapitel komme ich auf das Thema der Rolle von Affekten im psychischen Konflikt zurück, um einen speziellen Aspekt dieses Themas aufzugreifen, der von einzigartiger Bedeutung für die psychische Entwicklung und das psychische Funktionsgeschehen ist.

Die phallisch-ödipale Entwicklungsphase oder -periode dauert annähernd von der Hälfte des dritten bis zur Hälfte des sechsten Lebensjahres. Die psychischen Konflikte dieser Periode, die ich kurz ödipale Periode nenne, sind von unvermeidlich heftiger Natur. Sie haben eine große Wirkung auf die psychische Entwicklung und sind für die spätere Charakterstruktur und die psychische Gesundheit oder Krankheit im Erwachsenenleben von wesentlicher, oftmals entscheidender Bedeutung. Ihre Intensität und Wichtigkeit zu betonen, heißt nur, das zu wiederholen, was Analytiker-Generationen seit Freuds Beobachtungen und Schlußfolgerungen anerkannt und immer wieder bestätigt haben.

Die von mir in den vorangegangenen Kapiteln entwickelten Konzepte werde ich dazu benutzen, die Auffassung von der Natur des Ödipalkonflikts zu erweitern. In dieser Hinsicht sind die Unterscheidung zwischen Angst und depressivem Affekt und die Rolle, die beide im psychischen Konflikt spielen, von besonderem Gewicht.

Die Rolle der Angst bei der Auflösung des ödipalen Konflikts hat Freud entdeckt und 1926 erstmals beschrieben. Die Rolle des depressiven Affekts war weitgehend unbekannt oder wurde erst gewürdigt, als ich die Aufmerksamkeit darauf lenkte (Brenner, 1975a; 1979). Wie ich im folgenden erläutern werde, ist seine Rolle in Ausmaß und Bedeutung derjenigen der Angst vergleichbar. Folglich ist die Auffassung von der Rolle des depressiven Affekts im Ödipalkonflikt für Praxis wie Theorie der Psychoanalyse von großem Wert.

Der Leser wird sich erinnern, daß Angst und depressiver Affekt in zwei Elementen übereinstimmen und sich in einem dritten unterscheiden. Beide Affekte setzen sich zusammen aus Unlustempfindungen, die mehr oder weniger intensiv sind, und Vorstellungen von Katastrophen, womit ich Vorstellungen meine, die mit Objekt- und Liebesverlust und Kastration zu tun haben.[1] In dieser Hinsicht unterscheiden sich die beiden Affekte also nicht. Der Unterschied liegt darin, daß Angst sich bezieht auf eine bevorstehende Gefahrsituation, auf Bedrohung, auf eine Katastrophe in der näheren oder ferneren Zukunft, während der depressive Affekt sich auf eine Katastrophe bezieht, die sich bereits ereignet hat, auf eine Katastrophe, die zu einem Bestandteil des Lebens geworden ist.
Man darf auch nicht vergessen, daß die drei erwähnten Gefahrsituationen stets eng, um nicht zu sagen unentwirrbar miteinander verwoben sind. Zwar ist richtig, daß sie im Verlauf der psychischen Entwicklung nacheinander auftreten, aber sind sie erst einmal aufgetaucht, bleibt jede von diesem Zeitpunkt an als bedeutender Faktor des Seelenlebens bestehen. Wenn die ödipale Periode voll eingesetzt hat, sind die drei Gefahren eine so enge Verbindung eingegangen, daß sie sich zu einer Einheit fügen. Wenn man eine von den anderen isolieren will, bedarf es einer bestimmten Schematisierung, eines bestimmten Grades an Künstlichkeit, die der Leser berücksichtigen muß. In jedem einzelnen Fall sind stets alle drei Gefahrsituationen beteiligt. Dennoch, im Verlauf meiner Ausführungen werde ich sie bis zu einem gewissen Grade getrennt behandeln, in der Hoffnung, daß dieser Verzicht auf Plausibilität durch einen Zuwachs an Verständlichkeit ausgeglichen wird.

Anatomie und Schicksal

Die mit der Vorstellung von Kastration einhergehende Unlust taucht zum erstenmal während der ödipalen Periode auf und ist für diesen Lebensabschnitt charakteristisch. Mit gutem Grund glauben die Psychoanalytiker, daß bei der Mehrzahl der Kinder

1 Zur Diskussion von Schuldgefühl, der vierten von Freud aufgeführten Gefahrsituation, vgl. Kapitel 8.

in dieser Entwicklungsphase hauptsächlich die Kastrationsvorstellung für die Unlust verantwortlich ist, die mit Triebabkömmlingen einhergeht. In den meisten Fällen ist sie der Hauptauslöser von Konflikten, wenn auch niemals der einzige. Denn schließlich erlangen in der ödipalen Phase die genitalen Empfindungen eine so große Wichtigkeit im Seelenleben jedes Kindes. In dieser Zeit bekommen auch die Genitalien selbst ihre einzigartige und überragende Bedeutung. Nahezu jeder Triebabkömmling, welchen Ursprungs auch immer, wird in dieser Zeit in das Muster von Wünschen, Ängsten und Phantasien verwoben, die für diesen Lebensabschnitt charakteristisch sind. Soweit man das aus all den vorhandenen Befunden erschließen kann – aus der Psychoanalyse von Erwachsenen, von Kindern mit neurotischen Störungen und aus psychoanalytisch orientierter Beobachtung des Verhaltens von normalen Kindern während der ödipalen Phase –, beschäftigen sich die Kinder dieses Alters intensiv mit der Frage, wer einen Penis hat und wer nicht, und wenn jemand einen Penis hat, mit der Frage nach seiner Größe – ob es der kleine Penis eines Kindes ist oder der große eines Erwachsenen. Jungen fühlen sich älteren Jungen und Männern unterlegen, weil diese einen größeren Penis haben. Mädchen fühlen sich Jungen und Männern unterlegen, weil diese einen Penis haben.

Die Stichhaltigkeit dieser Aussage ist eindeutig und unbestreitbar. Sie beruht auf den Befunden vieler Analytiker über viele Jahrzehnte hinweg. Warum die Fakten so sind, wie sie sind, ist indes nicht so klar. Vor allem in den letzten Jahren hat man sich mit diesem Thema intensiv auseinandergesetzt. Ob die Anatomie, wie Freud (1925 f.) meinte, Schicksal ist oder ob soziale und kulturelle Faktoren den Ausschlag geben, wie viele andere Autoren behaupten – diese Frage läßt sich mit den verfügbaren Befunden nicht abschließend beantworten. Mit Sicherheit kann man sagen: Einerseits sind die in unserer Kultur erzogenen Kinder intensiv an der geschlechtlichen Anatomie interessiert und werden davon in höchstem Maße berührt, andererseits sind die sozialen und kulturellen Faktoren, wie sie sich in den Einstellungen und im Verhalten von Eltern und Geschwistern gegenüber Geschlechtsunterschieden äußern, ausschlaggebend für die Heftigkeit und die Folgen der Konflikte, die in der Ödipalphase von den Triebabkömmlingen ausgelöst werden. Ob die Anatomie den primären Faktor darstellt und der kulturelle Einfluß von sekundärer Bedeutung ist oder ob es umgekehrt ist, das ist eine Frage, die zur Zeit noch niemand beantworten kann, wie hitzig auch darüber diskutiert wird. Darüber hinaus ist die Antwort auf diese Frage für den Zusammenhang dieser Erörterungen durchaus unerheblich. Was die Bevölkerung, mit der wir uns hier beschäftigen, und was die Befunde – psychoanalytische Daten – angeht, auf die sich unsere Auffassung der ödipalen Phase im wesentlichen gründet, so sind die Anatomie und die Kultureinflüsse gleichermaßen bedeutsam; den einen Faktor können wir nicht auf Kosten des anderen hervorheben oder außer acht lassen, und im Verlauf der Entwicklung jedes Kindes beeinflussen beide einander auf so mannigfaltige und komplexe Weise, daß wir sie für praktische Zwecke nicht mehr auseinanderhalten können.

Depressiver Affekt, Angst und Kastration

Die Katastrophe der Kastration taucht während der Ödipalphase im Seelenleben der Kinder in zweierlei Formen auf. Manchmal erscheint sie als Gefahr, als Katastrophe, die bevorsteht. Ein anderes Mal erscheint sie als Lebenstatsache, als Katastrophe, die sich bereits ereignet hat. Mit anderen Worten, die Katastrophe der Kastration bildet manchmal den Vorstellungsinhalt der Angst und manchmal den Vorstellungsinhalt des depressiven Affekts.

Über die Kastrationsangst des Jungen in der ödipalen Entwicklungsphase ist bereits so viel geschrieben worden, daß wir dem hier nichts mehr hinzufügen müssen. Eine Zusammenfassung dessen, was sowohl bekannt wie allgemein anerkannt ist, wird daher ausreichen: Bei Jungen in der Ödipalphase lösen positive wie negative ödipale Wünsche intensive unlustvolle Aspekte aus, deren Vorstellungsinhalt drohende Kastration ist. Die Abwehr dient dem Bestreben, die Angst auszuschalten oder zu mildern. Einfacher gesagt, bei Jungen in der ödipalen Phase löst Kastrationsangst einen Konflikt aus (Freud, 1926d).

Über die Rolle der Kastrationsangst bei psychischen Konflikten von Mädchen in der ödipalen Phase herrscht weniger Übereinstimmung. Einerseits lassen die psychoanalytischen Befunde keinen Zweifel zu, daß bei Mädchen wie bei Jungen Angst in Verbindung mit Kastration während der ödipalen Phase eine bedeutende Rolle spielt. Es stellt sich aber die Frage, ob diese Angst wirklich Kastrationsangst ist, das heißt Furcht eines kleinen Mädchens, seinen Penis zu verlieren. Kann ein Mädchen Kastration befürchten, obwohl ihm doch klar ist, daß es keinen Penis besitzt?

Freud selbst (1925f.; 1931b; 1933a) war davon überzeugt, daß dies nicht möglich ist und daß Kastrationsangst bei Konflikten von Mädchen in der Ödipalphase keine besondere Rolle spielt. Nach seiner Ansicht ist die Angst vor Liebesverlust bei Mädchen mit der Kastrationsangst bei Jungen vergleichbar.[2]

Die Logik dieser Auffassung scheint unbestreitbar. Was man nicht besitzt, kann man auch nicht verlieren. Dem steht jedoch eine Fülle klinischer Erfahrungen entgegen. Es gibt Frauen, die alle Anzeichen intensiver Kastrationsangst zeigen, wie ihre Reaktionen auf körperliche Verletzungen, auf die Defloration, auf die Menstruation und das Gebären beweisen. Tatsächlich zeigen alle Frauen Anzeichen für ein beachtliches Maß an Kastrationsangst, wenn auch bei einigen Frauen weit ausgeprägter als bei anderen. Wie Rado (1933) als erster betont hat, handelt es sich dabei um Angst vor dem Verlust eines phantasierten Penis, nicht eines realen.

Mädchen in der ödipalen Phase phantasieren in der Regel, sie seien Jungen. Sie stellen sich gewöhnlich vor, sie hätten einen Penis. Diese wunscherfüllende Phantasie steht hinter der unbewußten Gleichsetzung: Stuhl = Penis = Kind (Freud, 1917c). In der Psyche eines Mädchens in der ödipalen Phase wird sein Stuhlgang zum ersehnten Penis. Das gleiche gilt, wenn es sich vorstellt, sein Körper sei sein Penis, oder ein Teil des Körpers, zum Beispiel eine Extremität oder ein Milchzahn, oder seine Klugheit, seine sportlichen Fähigkeiten, oder was immer es zur Symbolisierung seines Penis auswählt, auswählt aus Gründen, die durch seine Erfahrungen und seine Situation determiniert werden. Sein phantasierter Penis, der Penis, nach dem es sich sehnt,

2 Vgl. Strachey 1961 für eine ausgezeichnete Zusammenfassung der Ansichten Freuds zu diesem Gegenstand.

ist für das Mädchen Realität. Er ist so real, daß alles, was die Vorstellung symbolisiert, er könne verletzt werden oder verlorengehen, Angst erzeugt, die mit der Kastrationsangst eines Jungen vergleichbar ist, sowohl hinsichtlich der Intensität der Unlust als auch des Vorstellungsinhalts. Man kann deshalb ohne Zögern der Kastrationsangst eine bedeutsame Rolle bei den ödipalen Konflikten sowohl der Mädchen wie der Jungen zuschreiben. Für Mädchen dieser Lebensstufe stellt Kastration ebenso eine Gefahr dar wie für Jungen. Der Vorstellungsinhalt der Angst kann genauso intensiv sein wie jede andere Lebenserfahrung von Mädchen und Jungen.

Wie steht es mit dem depressiven Affekt und dessen Vorstellungsinhalt einer Kastration? Welche Rolle spielt er im psychischen Leben von Mädchen und Jungen während der ödipalen Periode?

Am besten beginnen wir mit den Reaktionen der Mädchen auf die Tatsache, daß sie keinen Penis haben. In seiner Schrift über einen Charaktertyp, den er als »Ausnahme« bezeichnete, schrieb Freud (1916d), Frauen betrachteten sich unbewußt als »Ausnahmen« in seinem Sinne des Wortes. Damit meinte er, daß Mädchen in der ödipalen Phase glauben, sie seien ungerechterweise benachteiligt worden, als ihnen jener Körperteil vorenthalten worden sei, den Jungen und Männer besitzen. Was Freud als Überzeugung ansah, die im Erwachsenenleben unbewußt (oder in vielen Fällen bewußt) weiterbesteht, ist für ein Mädchen in der ödipalen Phase von zentraler Bedeutung.

Wie weiter oben erwähnt, ist es unmöglich, die Frage zu klären, bis zu welchem Grade die Überzeugung eines ödipalen Mädchens, es sei minderwertig, weil es keinen Penis habe, sich zwangsläufig ergibt aus dem anatomischen Unterschied, an dem sowohl Mädchen wie Jungen so stark interessiert sind, und bis zu welchem Grade sie, diese Überzeugung, durch Einstellungen von Menschen in ihrem sozialen Milieu bedingt ist. Wie groß der Einfluß jedes Faktors auch sein mag, beide gemeinsam führen dazu, daß ödipale Mädchen sich in unserer Gesellschaft – und in vielen anderen auch – als minderwertig, als Objekt ungerechter Benachteiligung erleben, weil sie keinen Penis haben.

Der von ihnen erlebte Unlustaffekt ist eine Form des depressiven Affekts, der in diesem Fall zum Vorstellungsinhalt hat, daß sie kastriert *worden sind.* Darauf reagieren sie mit unterschiedlichen Formen der Abwehr, das heißt mit Formen, die zur Ausschaltung oder Milderung starker Unlust dienen, die Bestandteil des depressiven Affekts ist, von dem sie betroffen sind. Eine der Reaktionen habe ich bereits erwähnt, da sie die Grundlage der Kastrationsangst von Mädchen und Frauen liefert. Mädchen in der ödipalen Phase leugnen, was sie für einen Mangel ihres Körpers halten, und stellen sich vor, sie hätten einen Penis.

In seiner Schrift über die »Ausnahme« beschrieb Freud eine andere Reaktion. Auch sie ist bei Mädchen in der ödipalen Phase üblich, und sie dient wie die Phantasie, einen Penis zu haben, einer Abwehrfunktion. Das von Freud gewählte Beispiel ist eine dichterische Gestalt, Shakespeares buckliger König Richard III. Bei Shakespeare ist Richard von Wut erfüllt und entschlossen, an der Welt Rache dafür zu nehmen, daß er mit seiner körperlichen Mißbildung geboren wurde. Freud will mit Shakespeares Porträt von Richard verdeutlichen, wie ein Kind, das sich körperlich unzulänglich fühlt, häufig psychisch reagiert.

Solche Kinder, das wissen wir aus psychoanalytischen Daten, machen ihre Eltern für ihre Defekte verantwortlich. Sie erleben ihr körperliches Gebrechen typischerweise als Zeichen für Liebesmangel und/oder Strafe für Verfehlungen. Wenn es sich um ein ödipales Mädchen handelt, das unglücklich ist, weil es, wie es glaubt, einen genitalen Defekt hat, dann schreibt es seine Mißbildung der Tatsache zu, daß seine Eltern es nicht geliebt oder es bestraft haben. Wenn es wie Shakespeares Richard reagiert, haßt es seine Eltern und stellt sich vor, daß es seinen Eltern das gleiche antut, was es selbst, wie es glaubt, durch sie erlitten hat. Mörderische Kastrationsphantasien mit Rache- und Triumphgefühlen dienen teilweise dazu, sein Unglück zu lindern. Überreiche analytische Erfahrungen haben gezeigt, daß solche rachsüchtigen Phantasien ihrerseits Angst (Furcht vor Vergeltung) auslösen, die auf dem Wege der Abwehr gemildert werden muß. So können sich ein depressiver Aspekt und Angst als Bestandteile der Reaktion eines ödipalen Mädchens auf die Kastrationskatastrophe miteinander vermischen. Sein Leid darüber, keinen Penis zu haben, seine Wut auf die geliebten Eltern, seine triumphierende Phantasie, sich einen Penis zu verschaffen und seine Furcht, ihn wieder zu verlieren – alles geht unauflöslich in sein Bemühen ein, die es motivierenden leidenschaftlichen Triebabkömmlinge zu befriedigen und gleichzeitig die intensive Angst und den depressiven Affekt, die sie hervorrufen, so weit wie möglich zu vermeiden. Doch die Phantasie, einen Penis zu besitzen, die Wutreaktion oder das Racheverlangen sind keineswegs die einzigen Verhaltensweisen, mit der ödipale Mädchen auf ihre irrige Überzeugung reagieren, kastriert worden zu sein. Eine andere, häufig mit Wut- und Rachewünschen vermischte Reaktion besteht darin, versöhnlich zu stimmen und sich einzuschmeicheln, zu umwerben und nicht Rache zu üben, unterwürfig und passiv zu sein und nicht aktiv und heftig. Doch damit ist die Liste der möglichen Reaktionen nicht vollständig. Tatsächlich kann kein Katalog möglicher Reaktionen vollständig sein. Zu welchem Gedanken, welcher Handlung, welcher Phantasie ein Mädchen in der Lage ist, alles kann es dazu verwenden. Die Möglichkeiten sind lediglich durch Fähigkeit und Erfahrung seines Ichs begrenzt (vgl. Kapitel 5). Aufgrund analytischer Daten wissen Analytiker um die im späteren Leben sichtbaren vielfältigen Konsequenzen von Abwehrreaktionen, zu denen Mädchen infolge einer Kastrationsdepression, wie man sie analog zur Kastrationsangst nennen könnte, greifen. All jene Aspekte der weiblichen Psychologie, die als Penisneid, Kastrationsimpulse, maskuline Identifizierung und Frigidität bekannt sind, lassen sich auf die psychischen Konflikte zurückführen, die während der ödipalen Entwicklungsphase depressive Affekte hervorrufen, die mit der von allen Mädchen dieses Alters geteilten Überzeugung einhergehen, daß Penislosigkeit eine Katastrophe ist, die sie überdies ungerechterweise heimgesucht hat.

Wie steht es mit der Kastrationsdepression bei Jungen in der ödipalen Phase? Wenn sie eine Rolle in ihren Konflikten spielt, welche?

Die auf psychoanalytischen Befunden beruhende Antwort: Sie spielt eine wichtige Rolle, eine Rolle, die bis jetzt noch nicht erkannt ist.

Ödipale Jungen, die im Freudschen Sinne »Ausnahmen« sind, zeigen diese Tatsache am klarsten (Freud, 1916d). Es handelt sich dabei um Jungen mit Penismißbildungen, mit Hodenanomalien oder mit anderen körperlichen Defekten, die für ihre Psyche Kastration symbolisieren. Alles oben über die Kastrationsdepression bei ödipalen Mädchen Gesagte trifft in gleicher Stärke auch für solche Jungen zu: Kastration, symbolisiert durch einen körperlichen Defekt, stellt für sie eine Katastrophe dar, die sich bereits ereignet hat. Sie leiden unter einem depressiven Affekt, und das führt dazu, daß sie vor Wut kochen, nach Rache dürsten, Vergeltung befürchten, Mitleid fordern, die bloße Tatsache ihres Defekts leugnen etc., genau wie Mädchen in der ödipalen Phase. Die spezifischen Details sind im Augenblick weniger wichtig als die offenkundige Tatsache, daß wie bei Shakespeares Richard in den Konflikten dieser Jungen aufgrund der Kastrationskatastrophe depressive Affekte eine gewichtige Rolle spielen.

Eine weitere Gruppe von ödipalen Jungen, bei denen die Kastrationsdepression eine besonders wichtige Rolle spielt, sind diejenigen Jungen mit einer starken weiblichen Identifizierung. Bei ihnen ist die Verbindung zwischen Kastrationsangst und Kastrationsdepression äußerst eng und schwer zu entwirren. In einem individuellen Fall kann man häufig nur feststellen, daß beide beteiligt sind und kein Faktor isoliert vom anderen betrachtet werden kann. Der Grund liegt in der Tatsache, daß die Phantasie, ein Mädchen oder eine Frau zu sein, bei diesen Jungen typischerweise als wichtige Abwehrfunktion dient. Damit will ich sagen, daß ein Junge die mit seinen eifersüchtigen, mörderischen und inzestuösen Wünschen einhergehende Angst mit der Phantasie abwehren kann, er sei ein Mädchen oder eine Frau. In dem Maße, wie diese Abwehr erfolgreich ist, ist er anfällig für die Überzeugung, daß genau die Katastrophe, vor der er sich so fürchtet – Kastration –, ihm bereits widerfahren ist. In diesem Maße ist seine Unlust ein depressiver Affekt und keine Angst. Die psychische Situation wird verkompliziert durch die Tatsache, daß danach der Versuch einsetzt, die Unlust des depressiven Affekts zu mildern durch gewalttätige sadistische Wünsche, mit denen phallische Unversehrtheit und Potenz betont werden. Das hat zur Folge, daß weibliche Wünsche und Phantasien benutzt werden, um männliche Wünsche, die Angst hervorrufen, abzuwehren; während männliche Wünsche zur Abwehr gegen weibliche dienen, die sich in der Phantasie äußern, ein Mädchen oder eine Frau zu sein, eine Phantasie, die einen depressiven Affekt hervorruft. Kurz gesagt, weibliche und männliche Wünsche werden zur gegenseitigen Abwehr verwandt. Wenn beide, was häufig geschieht, intensive unlustvolle Affekte auslösen, münden die jähen Schwankungen von Befriedigung und Abwehr in einen Zustand, den man zutreffend als eine Art psychisches Chaos beschreiben kann. Es kann auch zu weniger ernsten Konsequenzen, weniger verhängnisvollen Auswirkungen auf die psychische Stabilität kommen. In der analytischen Praxis mit Erwachsenen begegnet man einer solchen Oszillation zum Beispiel ganz eindeutig bei vielen männlichen Homosexuellen.

Es ließen sich noch weitere Beispiele anführen, doch die bereits dargestellten sind ein ausreichender Beleg für meine Behauptung, daß die Kastrationsdepression bei den psychischen Konflikten von Jungen in der ödipalen Phase eine gewichtige Rolle spielt. Angst ist nicht der einzige Unlustaffekt, der in Verbindung mit der Kastrationskatastrophe bei ödipalen Jungen Abwehrtätigkeit hervorruft. Es ist richtig, daß für ödipale Jungen Kastration in der Phantasie eine real drohende Gefahr darstellt (Hartmann und Kris, 1945), doch ist sie nicht immer nur eine Gefahr, etwas, was in der Zukunft liegt. Es gibt Fälle, in denen Realität und Phantasie zusammenfließen und den ödipalen Jungen zu der Überzeugung bringen, daß die Kastration sich tatsächlich ereignet hat, daß sie eine Tatsache ist, nicht nur eine Gefahr. Es gibt Fälle, in denen ein wesentlicher Teil der abwehrauslösenden Unlust auch bei Jungen als depressiver Affekt anzusehen ist, wie das häufig bei Mädchen der Fall ist.

Vorausgesetzt also, daß beide, Kastrationsdepression und Kastrationsangst, wichtige Rollen spielen in den Konflikten von Jungen und Mädchen in der ödipalen Phase, welche relative Bedeutung hat jeder Faktor?

Die Antwort auf diese Frage kann gegenwärtig nur von impressionistischer, also vorläufiger Art sein. Da die Rolle des depressiven Affekts in Konflikten jeder Art erst in den letzten Jahren klar erkannt worden ist, wird noch einige Zeit verstreichen, bis genügend Informationen über seine Rolle vorliegen, die ein befriedigendes Maß an Übereinstimmung erlauben.

Ich selbst habe folgenden Eindruck.

Angst und depressive Affekte sind wichtige Elemente in den Kastrationskonflikten jedes ödipalen Kindes. Allgemein gesagt, ohne die vielen Ausnahmen zu vergessen, ist die Kastrationsdepression bei den Konflikten von ödipalen Mädchen in stärkerem

Maße beteiligt als die Kastrationsangst, während für die Jungen das Umgekehrte gilt. Im Zusammenhang mit dieser Auffassung muß ich betonen, daß der Versuch, in jedem Einzelfall die relative Bedeutung von Angst und Depression einzuschätzen, durch die Tatsache erschwert wird, daß der depressive Affekt so häufig Angst hervorruft und *vice versa*. Jeder Faktor kann zum anderen führen und umgekehrt. Die Dinge liegen nicht einfach, selbst nicht in Fällen, in denen der eine Affekt auf den ersten Blick den anderen weit zu überwiegen scheint. Wie oben erwähnt, lösen Eifersucht und Wut, die häufig als Folge des depressiven Affekts auftreten, ihrerseits Angst aus, Angst, die als Furcht vor Vergeltung, vor Liebesverlust und/oder Objektverlust in Erscheinung tritt. Wenn das Bedürfnis, die Kastrationsangst zu verringern, zu dem starken Wunsch führt, eine Frau zu sein, kann dieser Wunsch, wie bereits erwähnt, einen intensiven depressiven Affekt nach sich ziehen. Man darf also nicht glauben, daß in irgendeinem individuellen Fall eine einfache Beziehung herrscht zwischen Kastrationsangst und Kastrationsdepression. Die allgemeine Aussage, bei den meisten Jungen spiele der eine Faktor eine größere Rolle und bei den meisten Mädchen der andere, läßt sich, zugegeben, einfach formulieren, doch sie bezieht sich nicht auf eine einfache Angelegenheit. Im Gegenteil, so einfach die Aussage auch ist, sie betrifft eine hochkomplexe Beziehung und Wechselwirkung, die entsprechend schwierig zu beurteilen ist, sei es bei Mädchen oder Jungen.

Depressiver Affekt, Angst, Objekt- und Liebesverlust

Vom Thema Kastration wende ich mich nun der Betrachtung der anderen typischen Gefahrsituationen der ödipalen Phase zu, dem Objekt- und dem Liebesverlust. Was läßt sich hinsichtlich der relativen Bedeutung von Angst und depressivem Affekt über beide Faktoren sagen?

Die Intensität der normalen, eifersüchtigen Rivalität eines Kindes auf dem Höhepunkt der ödipalen Phase hat hinsichtlich des Objektverlustes, wie Psychoanalytiker seit langem wissen, besondere Konsequenzen. Auf dieser Entwicklungsstufe ist es nahezu universell, daß Kinder wünschen, beide Elternteile seien tot und fort, wenn sie dies auch zu verschiedenen Zeiten und aus unterschiedlichen Gründen wünschen. Typischerweise richten sich solche Wünsche auf den Elternteil des gleichen Geschlechts, den das Kind dann in der sexuellen Vereinigung mit dem Elternteil des anderen Geschlechts ersetzen kann. Ebenso typisch ist es, daß Jungen sich gegen ihre ungetreuen Mütter, Mädchen sich gegen ihre Väter wenden, weil sie ihre Liebe verraten oder verschmähen, was ihr fortgesetzter Sexualverkehr mit dem erwachsenen Rivalen bezeuge. Bekannt ist auch, daß solche Todeswünsche häufig durch die Urszene oder die Geburt eines Geschwisters intensiviert werden.

Die Beziehung zwischen homosexuellen Inzestwünschen und Todeswünschen, die sich sowohl auf den Rivalen als auch auf das gegengeschlechtliche Liebesobjekt richten, ist gleichermaßen eine vertraute Tatsache. All dies bedeutet, daß die für die ödipale Phase charakteristischen leidenschaftlichen Sexualwünsche in der Psyche eines Kindes überaus eng mit Objektverlust, das heißt mit dem Verschwinden eines oder beider Elternteile verknüpft sind, ganz zu schweigen von Geschwistern, die als Rivalen um die elterliche Liebe angesehen werden.

Die Wiederholung dieser bekannten Tatsachen soll die Aufmerksamkeit auf die Rolle des depressiven Affekts in der Reaktion des Kindes auf einen realen oder phantasierten Objektverlust in der ödipalen Phase lenken. Bis jetzt haben die Analytiker sich hauptsächlich mit der Rolle der Angst und den dadurch hervorgerufenen Konflikten in Verbindung mit ödipalen Todeswünschen beschäftigt. In vielen Fällen ist es jedoch wichtig, auch die Rolle des depressiven Affekts zu erkennen. Wenn das wichtigste Liebesobjekt eines ödipalen Kindes sich für länger von zu Hause entfernt, kann man mit Sicherheit davon ausgehen, daß es sich bei der daraufhin einsetzenden Unlust, die mit allen zu mobilisierenden Maßnahmen abgewehrt werden muß, in beträchtlichem Ausmaß um einen depressiven Affekt handelt. Wenn die Mutter eines sehr kleinen Jungen wegen ihres Berufes oder zum Vergnügen ständig außer Haus ist, wenn sie für mehrere Wochen im Krankenhaus liegt, oder, der schlimmste aller Fälle, wenn sie stirbt oder aus anderen Gründen nie wieder zurückkehrt, dann reagiert das Kind nicht allein mit Angst. Es ist nicht allein wegen der Möglichkeit, für seine Todeswünsche bestraft zu werden, entsetzt. Seine Reaktion besteht zum großen Teil aus einem depressiven Affekt, das heißt intensiver Unlust wegen einer Katastrophe, die es nicht als Gefahr wahrnimmt, sondern als bereits geschehen. Ich habe weiter oben erwähnt, daß der depressive Affekt häufig mehr oder weniger erfolgreich durch Identifizierung mit dem Angreifer abgewehrt oder abgewendet wird, ein Umstand, der sich in Wut und dem Wunsch nach ausgleichender Rache (Talion) äußert. Wenn dies im Zusammenhang mit realem oder phantasiertem Objektverlust während der ödipalen Phase geschieht, lösen die wütenden rachsüchtigen Wünsche des Kindes Angst aus, die dann ihrerseits abgewendet werden muß. Als Folge davon gehen der depressive Affekt, die Angst und die zu deren Ausschaltung oder Verringerung bestimmten Abwehrmaßnahmen in der Psyche des Kindes und des späteren Erwachsenen eine enge Verbindung ein. Die sich daraus ergebenden Konflikte müssen wir unter einem Blickwinkel betrachten, der nicht nur die eine oder die andere, sondern beide Varianten der Unlust einschließt, wenn wir sie richtig verstehen und sinnvoll deuten wollen.

Es sollte klar sein, daß diese Überlegungen für Kinder beiden Geschlechts gelten, die, in Wirklichkeit oder in der Phantasie, einen geliebten Elternteil verloren haben, obwohl ich zur Veranschaulichung das Beispiel eines Jungen, der seine Mutter verloren hat, gewählt habe. Entscheidend ist, wenn ödipale Kinder davon überzeugt sind, daß sie ein bedeutsames Liebesobjekt verloren haben, dann handelt es sich bei ihrer Unlust um einen depressiven Affekt und ihre Abwehren sind in erster Linie darauf ausgerichtet, den depressiven Affekt auszuschalten oder zu verringern. Dieses Wissen ist für das Verständnis der Natur und des Ursprungs von Konflikten und für die Symptome und Charakterzüge oder Abweichungen, die sich daraus ergeben können, ebenso wichtig wie das Wissen über die Rolle der Angst in Konflikten, in denen sie die Hauptrolle spielt.

Mit entsprechenden Änderungen kann alles, was ich über die Bedeutung des Objektverlusts in der ödipalen Phase gesagt habe, auch auf den Liebesverlust übertragen werden. Er spielt in den psychischen Konflikten jedes Kindes in diesem Alter eine große Rolle, wenn auch bei manchen Kindern eine größere als bei anderen. Wie groß diese Rolle auch sein mag, sie ist jedoch nie allein ausschlaggebend. Im Gegenteil, Liebesverlust geht stets mit den beiden anderen Katastrophen dieser Lebensspanne einher, mit Kastration und Objektverlust. Je nach den Umständen kann Liebesverlust überdies entweder als Gefahr oder als Katastrophe, die sich bereits ereignet hat, erscheinen: Im ersten Fall wird Angst ausgelöst, im zweiten Fall ein depressiver Affekt, aber niemals ausschließlich das eine oder das andere. Schließlich, es gibt keine Beweise dafür, daß der mit Liebesverlust einhergehende depressive Affekt für Mädchen mehr oder weniger wichtig ist als für Jungen in der ödipalen Phase. In dieser Hinsicht gleicht Liebesverlust dem Objektverlust, während sich beide von Kastration unterscheiden, da, wie erwähnt, Kastrationsangst gewöhnlich bei den Konflikten ödipaler Jungen gravierender ist als die Kastrationsdepression und das Umgekehrte für Mädchen in der ödipalen Phase gilt.

Diskussion

Ein wesentlicher Mangel des psychoanalytischen Erklärungsmodells der Sexualentwicklung in der Kindheit bestand in der fehlenden Klarheit über den Ödipuskomplex des Mädchens im Vergleich zu den Kenntnissen über den Ödipuskomplex des Jungen (A. Freud, 1975). Dieser Mangel kann nun behoben werden. Auf die Entdeckung, daß ein Junge zu sein bedeutet, einen Penis zu haben, und ein Mädchen zu sein, keinen Penis zu haben, reagieren sowohl Mädchen wie Jungen in der ödipalen Phase auf eine Art und Weise, die auf höchst komplexe Art von der vorausgegangenen Entwicklung und dem gegenwärtigen psychischen Zustand des Kindes bestimmt wird. In unserer Gesellschaft, und nur über sie liegt uns reichhaltiges, zuverlässiges analytisches Material vor, hat die Tatsache, keinen Penis zu haben, für Kinder in der ödipalen Phase die Bedeutung, kastriert worden zu sein. Die Reaktion eines jeden Kindes, die sich über einen Zeitraum von vielen Monaten mit zahlreichen Wandlungen herausbildet, beruht sowohl auf Kastrationsangst wie auch auf Kastrationsdepression. Beide müssen in Betracht gezogen werden, wenn man die Ähnlichkeiten und Unterschiede in der psychosexuellen Entwicklung von Mädchen und Jungen in der ödipalen Periode verstehen will.

So wesentlich dieses Verständnis von der Rolle der Kastrationsangst und der Kastrationsdepression auch für eine Lösung des Rätsels der psychosexuellen Unterschiede und Ähnlichkeiten zwischen den Geschlechtern ist, es allein reicht für ein angemessenes Verstehen des Ödipuskomplexes beim Kinde nicht aus. Es ist gleichermaßen wichtig, drei weitere Tatsachen zu beachten und richtig zu beurteilen, auf die ich schon mehrmals hingewiesen habe. 1. *Jede* der typischen Gefahrsituationen der Kindheit kann sowohl Angst als auch Depression auslösen. Nicht nur Kastration stellt manchmal eine Gefahr dar, manchmal eine Katastrophe, die sich bereits ereignet hat. Das gleiche gilt für Objekt- und Liebesverlust. Beide können bei jedem Kind zu diesem oder jenem Zeitpunkt sowohl Angst als auch Depression hervorrufen. 2. Alle drei Gefahrsituationen sind im psychischen Leben ödipaler Kinder von Bedeutung. Es gibt Gründe für die Annahme, daß Kastration während der ödipalen Phase wichtiger ist als die beiden anderen Faktoren, aber Objekt- wie Liebesverlust bleiben im Seelenleben der Ödipalphase eminent wichtig. Alle drei sind übrigens auch während der weiteren Kindheit und im Erwachsenenleben wirksam. 3. Die Katastrophen und die Affekte, deren Vorstellungsinhalt sie bilden, stehen in enger Wechselbeziehung. Angst kann depressive Affekte auflösen und *vice versa.* Mehr noch, zwischen Kastration, Objekt- und Liebesverlust besteht die gleiche reziproke Beziehung.

Nach meiner Meinung überwiegt die Kastrationsdepression bei den Konflikten ödipaler Mädchen gewöhnlich die Kastrationsangst an Bedeutung, während bei den Konflikten des ödipalen Jungen in der Regel die Kastrationsangst von größerer Wichtigkeit ist als die Kastrationsdepression. In jeder anderen Hinsicht sind die leidenschaftlichen Stürme der ödipalen Phase und ihre Auswirkungen auf die Entwicklung für Jungen wie Mädchen gleich. Der Ödipuskomplex ist weder bei dem einen noch bei dem anderen Geschlecht weniger verständlich oder obskur. Was den depressiven Affekt angeht, verläuft die psychosexuelle Entwicklung in der ödipalen Phase bei beiden Geschlechtern vollständig parallel.

Das alles verdient weitere Erläuterung. Was ist zum Beispiel der

Grund dafür, an dieser Stelle die Tatsache hervorzuheben, daß der depressive Affekt sich, wie die Angst, auf Objekt- und Liebesverlust oder Kastration beziehen kann? Um das gleiche mit anderen Worten zu sagen: Worin liegt die Bedeutung der Tatsache, daß der Vorstellungsinhalt des depressiven Affekts, wie der Vorstellungsinhalt der Angst, entweder aus Kastration, aus Objekt- oder Liebesverlust bestehen kann?

Seit Freuds (1917e) Abhandlung über die Psychopathologie der Depression haben Analytiker den depressiven Affekt, ob normal oder pathologisch, realem oder phantasiertem Objektverlust zugeschrieben. Die Erkenntnis, daß dieses Verfahren bei der klinischen Arbeit in die Irre führen kann, ist noch nicht weit verbreitet. Bei der Analyse eines Patienten muß man sich darüber im klaren sein, daß sich der depressive Affekt genausowenig wie die Angst nur auf eine einzige Art von Kindheitskatastrophe bezieht. Es ist richtig, daß der depressive Affekt einen Objektverlust zum Vorstellungsinhalt haben *kann.* Wenn dem so ist, macht ihn allerdings nicht die Tatsache zum depressiven Affekt, daß sein Vorstellungsinhalt ein Objektverlust ist. Er wird zum depressiven Affekt aufgrund des Vorstellungsinhaltes, ein Objekt verloren *zu haben*, in Wirklichkeit oder in der Phantasie. Wenn ein unlustvoller Affekt den Vorstellungsinhalt hat, daß ein Objekt verlorengehen *kann*, handelt es sich *per definitionem* nicht um einen depressiven Affekt, sondern um Angst. *Jede* Katastrophe kann entweder einen depressiven Affekt oder Angst auslösen, abhängig davon, ob sie sich bereits ereignet hat oder noch ereignen wird. Der Annahme, für einen depressiven Affekt sei eine bewußte und/oder unbewußte Vorstellung von Objektverlust verantwortlich, steht ein überreiches psychoanalytisches Material entgegen. Sie mißversteht die Dynamik und den Ursprung der psychischen Konflikte vieler Patienten.

Soviel zum ersten der drei erwähnten Punkte.

Hier nun der Grund für die Betonung des zweiten Punktes. Wenn sich ein Konflikt um Objektverlust dreht, das heißt, wenn Objektverlust im Vorstellungsinhalt der Angst und/oder des depressiven Affekts eines Patienten die größte Rolle spielt, dann nimmt man häufig an, es handele sich um einen oralen Konflikt (vgl. Kapitel 5). Das heißt, man vermutet, daß der Konflikt entweder auf ein Trauma und eine Fixierung während der ersten Lebensjahre zurückgeht oder daß es sich dabei um eine Folge abwehrender Regression zu oralen Wünschen und Konflikten oder beides handelt. Ähnlich wird Liebesverlust nicht selten als Merkmal der analen Phase angesehen. Oftmals wird zwischen Objekt- und Liebesverlust, zwischen dem, was oral, und dem, was anal ist, nicht explizit unterschieden. Statt dessen nimmt man einfach an, ein Konflikt, wenn er um Objekt- oder um Liebesverlust kreist, sei präödipalen Ursprungs. Unter Analytikern scheint die Überzeugung ziemlich verbreitet zu sein, daß in den Symptomen des Patienten das Thema Kastration explizit, unverschleiert auftauchen muß, will man den Ursprung eines Konflikts im späteren Leben der ödipalen Phase zuschreiben. Das Thema muß, sozusagen, offen zutage liegen. Folgerichtig werden die Katastrophen des Objekt- und des Liebesverlusts als Kennzeichen präödipalen Ursprungs angesehen, wenn sie in der Symptomatologie eines Patienten unverschleiert erscheinen, so daß sie eindeutig als solche identifiziert werden können.

So verbreitet diese Annahme auch ist, sie steht in eklatantem Widerspruch zu dem vorhandenen psychoanalytischen Material. Wie ich bereits früher betont habe, können Konflikte, die durch Angst und/oder einen depressiven Affekt ausgelöst werden und deren Vorstellungsinhalt Objekt- und Liebesverlust bildet, ihren Ursprung in der ödipalen Phase der Entwicklung haben. Rivalisierende inzestuöse und gegen die Eltern gerichtete mörderische Triebabkömmlinge enthalten, als Teil ihres Vorstellungsinhalts, ebenso Gedanken an Objektverlust (= Todeswünsche) und Liebesverlust (= Phantasien von Strafen und Vergeltung) wie Gedanken an Kastration. Psychoanalytisches Material läßt erkennen, daß bei jedem Menschen alle drei Katastrophen an der Angst und dem depressiven Affekt beteiligt sind, die in der ödipalen Phase Konflikte auslösen. Es entbehrt jeder Grundlage, den Ursprung eines Konflikts nur deshalb dem Alter vor zweieinhalb Lebensjahren zuzuschreiben, weil Angst und/oder ein depressiver Affekt, deren Vorstellungsinhalte mit Objektverlust und/oder Liebesverlust zu tun haben, in die von dem Konflikt hervorgerufenen Symptome auffällig verwickelt sind. Nur eine Rekonstruktion der psychischen Ereignisse in der Kindheit, die auf allen verfügbaren Tatsachen beruht, vor allem auf adäquatem psychoanalytischem Material, kann ausreichende Grundlage für die Entscheidung über die relative Bedeutung der präödipalen und ödipalen Faktoren in jedem Einzelfall sein. Eine *a priori*-Annahme ist nicht genug.

Was den dritten Punkt betrifft, so gilt es, sich die komplexen Zusammenhänge zu vergegenwärtigen, wenn man das analytische Material des Patienten in seiner ganzen Fülle verstehen will. Man muß auf Material gefaßt sein, in dem Trauer mit Entsetzen abwechselt, Entsetzen Trauer hervorbringt, Liebesverlust Kastration zum Inhalt hat, Kastrationsdepression zu Objektverlust führt und in denen all die anderen Kombinationen mit Vorstellungsinhalten der Kindheitskatastrophen auftauchen, die den psychischen Konflikt in der ödipalen Entwicklungsphase kennzeichnen. Nur wenn man auf diese komplexen Wechselbeziehungen vorbereitet ist, kann man hoffen, Indizien für jeden einzelnen Faktor zu erkennen, wie er im analytischen Material des Patienten auftaucht. Mangelnde Vorbereitung in dieser Hinsicht führt in der klinischen Arbeit nur allzu häufig zu Mußmaßungen und Deutungen, die stark vereinfachend oder unvollständig oder beides sind, wie auch zu theoretischen Formulierungen und Verallgemeinerungen, die ebenfalls unvollständig und irreführend sind.

Zusammenfassung

Der korrekte und nützlichste Weg zum Verständnis der psychosexuellen Entwicklung in der ödipalen Phase und der damit einhergehenden Konflikte besteht darin, den depressiven Affekt wie auch die Angst zu berücksichtigen, ihre Beziehung zu den Kindheitskatastrophen, die fortwährende, aktive Präsenz aller drei Gefahrsituationen im Verlauf der ödipalen Periode und die wechselseitige Interaktion der Affekte und Katastrophen. Weniger reicht nicht aus.

Ein Ansatz, der diese Kriterien berücksichtigt, führt zu einem besseren Verständnis der Konflikte in der ödipalen Entwicklungsperiode, der Folgen für die psychische Entwicklung in jener Zeit und auch späterhin und der anhaltenden Bedeutung für das psychische Leben während der Latenz, Adoleszenz und im Erwachsenenalter. Solch ein Ansatz erhellt viele Merkmale des

Ödipuskomplexes bei Mädchen, die bis jetzt im Dunkeln lagen – um nur ein Beispiel für das bessere Verständnis zu nennen, auf das ich abhebe. Der Ansatz erleichtert das Verständnis des Ödipuskomplexes und der ödipalen Konflikte bei Mädchen und Jungen gleichermaßen. Die noch bestehenden Unklarheiten sind für beide Geschlechter gleich. Was wir aber erklären können, ist für das eine Geschlecht so klar wie für das andere.

7. Kompromißbildung

Triebabkömmling, Angst und/oder depressiver Affekt und Abwehr sind die wesentlichen Komponenten des psychischen Konflikts. Aus ihm ergibt sich eine Kompromißbildung seiner verschiedenen Komponenten (Brenner, 1979b); diese Kompromißbildungen kann man beobachten, wenn man sich mit den psychischen Funktionen beschäftigt. Kompromißbildungen stellen Beobachtungsdaten dar, die sich ergeben aus der Anwendung der psychoanalytischen Methode, aus der Beobachtung der Wünsche, Phantasien, Stimmungen, Pläne, Träume und Symptome eines Patienten und/oder den Schlußfolgerungen, die man daraus zieht. Bei all den genannten Phänomenen handelt es sich um Kompromißbildungen, wie in der Tat bei der ganzen Bandbreite seelischer Phänomene, die wir unter der Rubrik analytisches Material zusammenfassen.

Zu den Komponenten der Kompromißbildungen im Erwachsenenalter gehören verschiedene Aspekte der Überich-Tätigkeit, die zu den Triebabkömmlingen, der Angst und dem depressiven Affekt, deren Vorstellungsinhalt eine oder mehrere Kindheitskatastrophen umfassen, und zu der Abwehr noch hinzukommen. Außer dem Überich habe ich bereits alle Komponenten der erwachsenen Kompromißbildungen diskutiert (Kapitel 2 bis 6), und es wäre nur logisch, das Überich vor der detaillierten Untersuchung der vielfältigen Konfliktfolgen zu erörtern, stünden wir nicht vor der Tatsache, daß es sich beim Überich selbst um eine Kompromißbildung handelt. Unter den vielen schicksalhaften Konsequenzen, die sich aus den stürmischen Konflikten der ödipalen Entwicklungsperiode ergeben, stellt das Überich eine der entscheidenden dar – und zwar so sehr, daß Freud (1925d [1924]) das Überich als das Erbe des Ödipuskomplexes bezeichnete. Das Überich ist also sowohl eine Folge des psychischen Konflikts als auch, wenn er erst einmal entstanden ist, eine Komponente der sich anschließenden Konflikte.

Der Leser wird sich erinnern (Kapitel 2), daß die Ichfunktionen sowohl dazu dienen, Triebabkömmlinge, das heißt Es-Abkömmlinge, zu befriedigen als auch ihnen Widerstand zu leisten. Wird die Unlust zu groß, ist die Folge Widerstand, das heißt Abwehr. Ist mit der Triebbefriedigung wenig oder gar keine Unlust verbunden, fördert das Ich die Befriedigung. Einfacher gesagt, löst ein Wunsch zuviel Unlust aus, erscheinen die Ichfunktionen als Abwehr; wenn nicht, erscheinen sie als Vermittler von Befriedigung.

An dieser Stelle möchte ich noch hinzufügen, daß zwischen Abwehr und Triebbefriedigung kein statisches, sondern ein mobiles Gleichgewicht herrscht. In einem Tagtraum, einem Traum oder einem Versprechen gelangt ein Triebabkömmling nicht selten ins Bewußtsein oder findet verbalen Ausdruck, nur um Augenblicke später wieder vergessen, zurückgewiesen oder ignoriert zu werden. Das gleiche geschieht bei Witzen, wie Freud bemerkt hat (1915d, S. 253). Koprophagie zum Beispiel ist in unserer Gesellschaft für die meisten Erwachsenen keine Quelle der Lust, weder als Handlung noch in der Phantasie, dennoch sind Witze darüber überaus populär und für viele eine große Quelle des Vergnügens und der Lust. Das bedeutet, unter bestimmten Umständen und für kurze Zeit erzeugen koprophage Wünsche Lust, doch kurz darauf werden sie wieder ignoriert und zurückgewiesen oder lösen, werden sie bewußt, keine Lust aus, sondern Gleichgültigkeit oder Ekel.

Betrachtet man solche Phänomene vom Standpunkt der Triebbefriedigung aus, kann man sagen, daß es für die zeitweilige Aufhebung der Verdrängung besondere Techniken gibt, wie Freud sie nannte; später sprach Freud statt von Abwehr (1926d) von Verdrängung (1915d). Es besteht kein Zweifel, daß Triebabkömmlinge, die das Ich zu einem Zeitpunkt wegschiebt, das heißt abwehrt, zu einem anderen Zeitpunkt Befriedigung finden, oftmals auf dem Wege der Phantasie. Betrachtet man es von der anderen Seite, unter dem Blickwinkel der Abwehr, kann man sagen, daß Abwehrmaßnahmen wie etwa die Einstellung, ein Wunsch sei lediglich ein So-tun-als-ob, das man nicht ernst zu nehmen braucht, man sei dafür nicht verantwortlich, weil man noch ein Kind sei, zur Karnevalszeit sei alles erlaubt etc., zuweilen die Angst und/oder den depressiven Affekt so weit verringern können, daß andere Abwehrmaßnahmen, etwa Verdrängung oder Reaktionsbildung, zeitweise unnötig sind, und das kann dazu führen, daß ein psychisches Element, das zuvor verdrängt oder wie bei der Reaktionsbildung durch ein gegensätzliches Element ersetzt worden ist, unverkleidet ins Bewußtsein gelangt.

Doch diese Art, Konflikt und seine Folgen zuerst von der einen und dann von der anderen Seite zu betrachten, vermittelt ein zu begrenztes Bild von den psychischen Phänomenen, die man zu beschreiben und zu verstehen versucht. Die Zusammenhänge lassen sich besser wie folgt darstellen. Veränderungen im Gleichgewicht zwischen Abwehr und Triebbefriedigung, wie ich sie oben beschrieben habe, machen deutlich, daß die Psyche in der Weise tätig ist, daß sie den Triebabkömmlingen größtmöglichen Ausdruck zu verschaffen sucht oder die größtmögliche Befriedigung, die noch mit einem erträglichen Maß an Angst und/oder depressivem Affekt vereinbar ist. Wenn Angst und/oder depressiver Affekt zu unlustvoll werden, wird die Abwehr verstärkt, um die Unlust zu mildern. Sind sie weniger unlustvoll, wird mehr Triebbefriedigung zugelassen. Es kann sogar geschehen, daß vollständige Befriedigung und unerträgliche Angst – Orgasmus und Panik – zusammenfallen, wie in den klassischen Alpträumen (Jones, 1931). Gewöhnlich sind die Folgen weniger dramatisch und weniger paradox. Dennoch, das Grundprinzip ist gleich: So viel Befriedigung und so wenig Unlust, wie zu erreichen möglich ist.

Man sollte dabei nicht vergessen, daß nach Freuds Meinung die Abwehr unter normalen Umständen nicht so schwankend ist, wie ich es beschrieben habe. Er war vielmehr der Ansicht, daß zwischen Abwehr und dem, was abgewehrt wird, normalerweise ein statisches Gleichgewicht herrscht und daß Schwankungen als Zeichen von Pathologie anzusehen sind. Er hat dies am klarsten hinsichtlich der Verdrängung formuliert, der von ihm am häufigsten und ausführlichsten diskutierten Abwehrmaßnahme. Da die von mir vorgeschlagene Formulierung sich erheblich von Freuds Ansichten über die Verdrängung unterscheidet (vgl. Brenner, 1957a), möchte ich die Aspekte von Freuds Verdrängungskonzept, die ich zu ändern vorschlage, zusammenfassend darstellen. Obwohl sich meine Ausführungen explizit auf die Verdrängung beziehen, lassen sie sich bei entsprechenden und notwendigen Veränderungen auch auf die von Freud nach 1926 als Abwehr im allgemeinen erkannten Phänomene anwenden.

Freud glaubte an eine zweifache Wirkung der Verdrängung. In erster Linie, so meinte er, werden die verdrängten Triebabkömmlinge vom Ich ausgeschlossen und in das Es eingeschlossen. Das bedeutet, daß ein verdrängter Triebabkömmling, solange die Verdrängung aufrechterhalten wird, keinen Zugang zum Bewußtsein hat, keine emotionalen Konsequenzen hervorruft und keine motorischen Aktivitäten auslöst, die auf Triebbefriedigung abzielen. Nach Freud bleibt der verdrängte Triebabkömmling aber im Es bestehen und versucht, ins Bewußtsein vorzudringen und Befriedigung zu erlangen. Folglich besteht eine Neigung, daß Ausläufer der verdrängten Triebabkömmlinge bis zu den Ichfunktionen vordringen und Bewußtsein erlangen in Träumen, Witzen, Phantasien, Fehlleistungen, neurotischen Symptomen und ähnlichen psychischen Manifestationen, die wir im großen und ganzen als Kompromißbildungen beschreiben können.

Freud bezeichnete solche Phänomene als Beispiele für die *Wiederkehr des Verdrängten.* Er wollte damit andeuten, daß jedes dieser Phänomene auf ein Versagen der Verdrängung zurückzuführen ist. Nach Freud kann dieses Versagen entweder vorübergehend oder länger andauernd sein; so eindeutig sein, daß es unmißverständlich ist, oder so verschleiert, daß es kaum zu erkennen ist; es kann im Leben eines Menschen von so geringer praktischer Bedeutung sein, daß es gänzlich unbemerkt bleibt, oder von so großer Bedeutung, daß es für den ganzen weiteren Lebensweg entscheidend ist. Wie immer es auch beschaffen sein mag, es handelt sich nach Freud stets um ein Versagen der Verdrängung, die im psychischen Leben Kompromißbildungen auslöst.

Es gibt, immer nach Freud, drei allgemeine Bedingungen, unter denen die Wiederkehr des Verdrängten eintreten kann: 1. Schwächung der Abwehrmaßnahmen des Ichs, wie bei Krankheit oder im Schlaf; 2. Stärkung der Triebe, wie in der Pubertät oder als Folge langandauernder Frustration und/oder Abstinenz; 3. Übereinstimmung zwischen dem Inhalt gegenwärtiger Erlebnisse und dem verdrängten Triebabkömmling. Hinzugefügt sei noch der Einfluß gegenwärtiger Versuchungen, die vermutlich

zum Teil mit allen drei soeben erwähnten Bedingungen übereinstimmen.
Es geht mir in erster Linie darum, daß es sich bei Kompromißbildungen, in denen verdrängte Triebabkömmlinge Bewußtsein erlangen und das Verhalten beeinflussen, nach Freuds Ansicht um ein Versagen der Verdrängung handelt. Nach Freuds Meinung werden bei erfolgreicher Verdrängung die verdrängten psychischen Elemente, welcher Art auch immer, wirksam am Zugang zum Bewußtsein, das heißt an bewußter Erinnerung, an bewußtem Gefühlsausdruck und am Zugang zu bewußtem Verhalten gehindert. Nur wenn es zu einer Wiederkehr des Verdrängten kommt, das heißt wenn die Verdrängung versagt, tauchen nach Freud verhüllte und verzerrte Abkömmlinge des Verdrängten im Bewußtsein auf.
Meine Ansicht unterscheidet sich wie folgt von der Freuds (Brenner, 1966). Das vorhandene psychoanalytische Material läßt den Schluß zu, daß das Verdrängte auch dann Zugang zum Bewußtsein hat, wenn die Verdrängung erfolgreich aufrechterhalten wird. Es stimmt nicht, daß das Verdrängte nur dann Zugang zum Bewußtsein erlangt, wenn die Verdrängung versagt. Ein stark besetzter Triebabkömmling sucht, auch wenn er verdrängt ist, nicht einfach Abfuhr oder Befriedigung, wie Freud meinte. Auch während der Verdrängung erlangt er regelmäßig Zugang zum Bewußtsein und beeinflußt das bewußte psychische Leben und Verhalten. Anders gesagt, die Phänomene unseres psychischen Alltagslebens, unsere Phantasien, unsere Gedanken, unsere Pläne und unsere Handlungen stellen Kompromisse dar zwischen den Kräften und Tendenzen des Es und des Ichs und später auch des Überichs. Das bedeutet, die Teile des Es, die Freud als das Verdrängte bezeichnete, gehören zu den Determinanten der Phänomene im psychischen Alltagsleben. Ich möchte betonen, daß dies für das psychische Geschehen im allgemeinen gilt, nicht nur für die relativ untypischen Phänomene, die wir neurotische Symptome nennen. Kompromißbildung ist eine allgemeine Tendenz der Psyche, nicht eine Ausnahme. Es-Impulse, einschließlich verdrängter, üben Einfluß auf das bewußte psychische Geschehen und Verhalten aus, auch wenn die Abwehrtätigkeit des Ichs diesem Einfluß Widerstand entgegensetzt.
Welches Beweismaterial haben wir für diese Revision der Freud-

schen Verdrängungstheorie und allgemeiner der Abwehrtheorie? Welche Daten stützen diese Revision?

Das ohne weiteres zugängliche, reichhaltigste und deshalb überzeugendste Material stammt aus der täglichen psychoanalytischen Praxis. Was Psychoanalyse ermöglicht, was die Wirksamkeit der psychoanalytischen Methode ausmacht, ist die Tatsache, daß das, was der Abwehr unterliegt, um unerträgliche Angst und/oder einen depressiven Affekt zu vermeiden, dennoch wesentlich beiträgt zu den Kompromißbildungen, die wir als bewußte Gedanken, Sprache, Wünsche, Pläne, Phantasien, Träume und Verhalten bezeichnen. Psychoanalytiker verlassen sich darauf, daß die konflikthaften Triebabkömmlinge und die abgewendeten oder abgewehrten Überich-Manifestationen in der Analyse stets ihren Ausdruck im Denken und Reden des Patienten finden. In dem Maße, wie einzelne Patienten in der Lage sind, sich der Zensur ihrer Gedanken zu enthalten, geben sie mehr oder weniger erkennbar Bestrebungen Ausdruck, die Unlust und Abwehr erzeugen, während sie sprechen. Wäre das nicht der Fall, wäre die psychoanalytische Methode sinnlos und die Analyse nicht möglich.

Indem er frei spricht, enthüllt der Patient dem Analytiker Triebabkömmlinge aus der Kindheit. Obwohl die Triebabkömmlinge auf unterschiedliche Art und Weise abgewehrt oder abgewendet werden, beeinflussen sie doch ständig die Gedanken des Patienten in ausreichendem Maße, so daß der zuhörende Analytiker sie mit einiger Sicherheit erschließen kann. Die psychoanalytische Methode beruht auf der Tatsache, daß Triebabkömmlinge im bewußten Seelenleben eine entscheidende Rolle spielen, auch wenn sie energisch abgewehrt werden. Doch sie sind nicht die einzigen Determinanten. Angst und depressive Affekte, Abwehr und Überich-Tätigkeit spielen ebenfalls eine Rolle, aber die Triebabkömmlinge finden im bewußten psychischen Leben von Erwachsenen fortwährend ihren Ausdruck, nicht weniger als die anderen Komponenten des psychischen Konflikts. Meine Revision der Freudschen Abwehrtheorie erhält durch analytisches Material, durch die sogenannten freien Assoziationen, eine leicht einsehbare, überreiche und überzeugende Absicherung.

Über den anderen Eckpfeiler der psychoanalytischen Technik, die Übertragung, läßt sich das gleiche sagen. Der positive Wert des Erkennens und Analysierens von Übertragungsmanifestationen liegt in der Tatsache, daß es sich dabei um Kompromißbildungen handelt; diese Kompromißbildungen sind zum Teil determiniert durch psychische Strebungen der Kindheit, die der Patient für das ganze Leben nach der Kindheit abgewehrt hat, um Angst und/oder depressive Affekte auszuschalten oder zu mildern. Jede Übertragungsreaktion enthüllt Teile dieser Kindheitsstrebungen oder -wünsche.

Kein Analytiker wird bestreiten, daß die Assoziationen und Übertragungsreaktionen des Patienten in der analytischen Situation Elemente von Triebabkömmlingen der Kindheit aufdecken, die verdrängt sind oder auf andere Art abgewehrt werden. Dennoch kann man einwenden, daß dies nur deswegen so ist, weil eben die Aufdeckungen keine Beispiele für erfolgreiche Abwehr von Triebabkömmlingen zur Vermeidung von Unlust sind, sondern Beispiele für nicht erfolgreiche Abwehr. Daher könnte man sagen, daß damit Freuds Vorstellung vom Schicksal des Verdrängten und nicht die von mir vorgebrachten Überlegungen bestätigt werden. Man könnte sagen, sie zeigten die Folgen von Abwehrversagen, wie Freud glaubte, und nicht das Gleichgewicht zwischen Abwehr und Triebabkömmling, wie ich es beschrieben habe.

Der Einwand führt zu folgender Schwierigkeit: Akzeptiert man ihn, so ist man gezwungen, einen sehr großen Bereich psychischer Phänomene, die gewöhnlich als normal betrachtet werden, unter der Rubrik Abwehrversagen zu subsumieren. Freud selbst hat auf das zeitweilige Abwehrversagen, wie er schreibt, bei der Psychogenese bestimmter normaler Phänomene hingewiesen: Träume, Witze, die Fehlleistungen und Irrtümer des Alltagslebens (Freud, 1900a; 1901b; 1905c). Im Zusammenhang mit letzteren ging er noch einen Schritt weiter und schrieb verdrängten Komplexen einen entscheidenden Einfluß auf scheinbar zufällige oder unerwartete Vorstellungen zu. Zur Bestätigung des Gedankens vom psychischen Determinismus im normalen Seelenleben führte er eine Reihe von Beispielen an, wie die scheinbar zufällige Wahl einer Zahl. Soll man dabei bleiben, daß die Zufallswahl von Zahlen bei jedem Menschen, ob krank oder gesund, ein Versagen der Verdrängung, das heißt der Abwehr, darstellt, oder ist es sinnvoller anzunehmen, daß die Triebabkömmlinge durch

Abwehr nicht daran gehindert werden, einen wesentlichen Einfluß auf bewußte Gedanken und bewußtes Verhalten auszuüben, wenn dieser Einfluß auch verschleiert, verzerrt oder sogar vehement in Abrede gestellt wird?

Überdies sind die normalen Phänomene, auf die sich Freud als Beispiele für ein Versagen der Verdrängung bezog, erst ein Anfang. Kris (1935) hat auf eine große Vielfalt normaler psychischer Phänomene und Handlungen hingewiesen, die im Erwachsenenleben Triebabkömmlingen lustvollen Ausdruck gewähren, gegen die seit der Kindheit starke Abwehrmaßnahmen eingesetzt worden sind. Er bezeichnete sie als Beispiel für Regression im Dienste des Ichs. Dazu zählen intellektuelle und künstlerische Kreativität, das Vergnügen des jeweils angesprochenen Publikums an Kunstwerken oder an bloßer Unterhaltung, religiösen Aktivitäten etc. Als weitere Beispiele lassen sich noch Sport und Freizeitaktivitäten anführen. Wenn all diese Beispiele als Fälle von Abwehrversagen anzusehen sind, muß die Frage erlaubt sein, ob es sich bei der erfolgreichen Abwehr, wie Freud sie definierte, um etwas Reales handelt oder um eine bloße Schimäre.

Um die Dinge einfacher zu formulieren: Konflikt und Kompromißbildung sind keine Merkmale eines pathologischen psychischen Geschehens. Sie sind auch im normalen Geschehen von Bedeutung, wie wir in den folgenden Kapiteln genauer sehen werden. Ein Konflikt ist immer etwas Dynamisches, etwas Bewegliches. Eine erfolgreiche Abwehr fesselt einen Triebabkömmling nicht oder stellt ihn ruhig. Der abzuwehrende psychische Impuls wird dadurch nicht unwirksam gemacht. Der Maßstab für Erfolg oder Versagen von Abwehr besteht in dem Grad der erzielten Minderung von Angst und/oder des depressiven Affekts, und nicht im Schicksal des Triebabkömmlings, der die unlustvollen Affekte in erster Linie ausgelöst hat. Das Ich hat die Funktion, Es-Abkömmlingen in dem Maße Widerstand entgegenzusetzen, das zur Ausschaltung oder zur Milderung von Unlust notwendig ist. In ihrer Rolle als Vollstrecker der Triebe und später des Überichs gewähren die Ichfunktionen beiden den mit einem erträglichen Maß an Unlust zu vereinbarenden vollsten Ausdruck. Wenn Angst und/oder depressiver Affekt zu intensiv unlustvoll werden, verstärkt sich die Abwehr, um sie zu mildern. Bei weniger intensiver Unlust wird mehr Befriedigung erlangt.

An diesem Punkt sind einige Erläuterungen bezüglich der Terminologie angebracht. Kompromißbildung war zunächst ein Synonym für neurotische Symptome. Eine der ersten Entdeckungen von Freud war, daß zwanghafte und hysterische Symptome gleichzeitig die Befriedigung eines Triebabkömmlings, den Versuch ihn abzuwehren und moralische Mißbilligung oder Selbstbestrafung ausdrücken oder repräsentieren (Freud, 1896b; 1898a). Eine weitere frühe Entdeckung Freuds besagt, daß gleichzeitig mehr als ein Triebabkömmling oder unbewußter Wunsch, durch ein einzelnes bewußtes Phänomen seinen Ausdruck finden kann, z. B. durch einen Traum. Freud bezeichnete dies als Überdeterminierung. Da sich sowohl Überdeterminierung als auch Kompromißbildung auf mehrere unbewußte Determinanten bewußter Phänomene beziehen, sind die beiden häufig gleichgesetzt worden, obwohl Freuds ursprünglicher Gebrauch eine Unterscheidung zwischen beiden zumindest nahelegt.

Waelder (1930) hat das von ihm so bezeichnete Prinzip der multiplen Funktion eingeführt, als einen speziellen Fall von Überdeterminierung oder Kompromißbildung. Er schlug vor, man solle sich das Ich als zentrale Steueragentur vorstellen, das heißt als eine Agentur, die Probleme löst und/oder Pflichten erfüllt, die ihm vom Es, Überich, der äußeren Realität und dem Wiederholungszwang auferlegt werden (vgl. Kapitel 2). Nach Waelder werden dem Ich von all diesen Instanzen jeweils zwei Aufgaben gestellt: 1. deren Forderungen oder Wünsche zu befolgen und 2. diese zu meistern oder zu kontrollieren. Waelder meint damit, das Ich müsse versuchen, zu ein und derselben Zeit die Es-Wünsche zu befriedigen und sie abzuwehren oder zu kontrollieren, die Forderungen und Verbote des Überichs zu erfüllen und sich ihnen zu widersetzen oder sie zu mildern, sich der Realität unterzuordnen und sie auszunutzen oder zu modifizieren, sowie sich dem Wiederholungszwang zu unterwerfen als ihn auch aktiv zum Nutzen des Ichs einzusetzen. Wie Waelder gezeigt hat, ist es unmöglich, allen acht Aufgaben in gleichem Maße gerecht zu werden; das Ich kann es nur versuchen.

Die gravierendste Schwäche dieser Auffassung liegt in Waelders Annahme, das Ich sei eine Steuerungsagentur – ähnlich einem kleinen Männchen, einem Homunkulus, der auf einer Art Fahrersitz des psychischen Apparates hockt. Waelder hat keinen

Versuch unternommen, seine Vermutungen abzusichern; er hat sie einfach als Faktum gesetzt. Das Ich habe seine eigenen Interessen, meinte er, und es manipuliert das Es, das Überich, die äußere Realität und den Wiederholungszwang, so gut es kann, indem es hier nachgibt und sich dort widersetzt, um seine Ziele zu erreichen. Obwohl er sich in seiner Schrift explizit auf »Hemmung, Symptom und Angst« (Freud, 1926d) bezog, führte Waelder keine speziellen Verweise weder auf die Angst noch auf den psychischen Konflikt an. Bei dem Gedanken der multiplen Funktion dachte er nicht an das Ergebnis eines Konflikts. Er betrachtete sie als Ergebnis einer Aktivität des Ichs im Sinne einer Problemlösung. Das Ich ist ein Steuermann, ein Problemlöser, so dachte er, und die multiple Funktion oder die Überdeterminierung resultiert aus der achtfachen Beschaffenheit der Probleme, die dem Ich von der Psyche zur Lösung aufgegeben werden.

Waelders Schilderung des psychischen Geschehens mutet den Leser als leidenschaftslos, intellektuell, fast mechanisch an. Das von ihm gezeichnete Ich könnte leicht durch einen Computer ersetzt werden. Daher verwundert es einen nicht, daß das Prinzip der multiplen Funktion, wie Waelder es vertritt, wenig Interesse auf sich zog und in seiner ursprünglichen Form nahezu keine klinische Anwendung fand. Dennoch gebührt ihm das große Verdienst, eindeutig den Gedanken auszudrücken, daß ». . . jeder psychische Akt eine *mehrfache Bedeutung* hat«, so daß sich zum Beispiel ». . . alles, was der Mensch tut, und auch sein auf die Realität gerichtetes sinnvolles Handeln eine Überdeutung auf seinen Gehalt an Triebbefriedigung hin gefallen lassen« muß, oder allgemeiner, ». . . es haben eben die einzelnen Handlungen oder die einzelnen Phantasien ihre Ich-Seite, ihre Es-Seite, ihre Überich-Seite . . .« (Waelder 1930, S. 290, 292, 299). Trotz der Fehler in seiner Auffassung fühlte Waelder ganz deutlich, daß Es, Ich und Überich sich verbinden, um Gedanken und Handlungen, normale wie pathologische, zu formen.

Brenman (1952) bezog sich auf Waelders Arbeit, als sie auf die vielen Funktionen hinwies, denen die masochistische Charakterbildung dient. Sie bemerkte, daß sie dem Es als Befriedigungsquelle für die Triebabkömmlinge dient; dem Überich als Mittel der Bestrafung, der Buße und der Einschränkung von Lust; und dem Ich als Abwehr- oder als Anpassungsmittel gegenüber der äußeren Realität. Gleichzeitig vertrat Brenman die Ansicht, die masochistische Charakterbildung habe ebenfalls spezifische Determinanten. Sie behauptete, mit anderen Worten, an der Genese eines masochistischen Charakters sei noch etwas anderes beteiligt als der Kompromiß zwischen Es, Ich und Überich. Sie identifizierte bestimmte »zugrunde liegende Triebe und Abwehrmaßnahmen« (S. 273), die für den charakterlichen Masochismus spezifisch sind. Diese sind: 1. auf der Triebseite ein ungewöhnlich starkes Bedürfnis nach Liebe und »eine ungewöhnliche Disposition zur Angst«, und 2. auf seiten der Ich-Abwehr der weitreichende Einsatz von vier Abwehrmechanismen, nämlich Verleugnung, Reaktionsbildung, Introjektion und Projektion. Damit hat Brenman in ihrer abschließenden Zusammenfassung einen großen Teil dessen zurückgenommen, was sich aus ihrer Anwendung von Waelders Prinzip sonst ergeben hätte. Sie begann mit der Betonung der multiplen Funktion der masochistischen Charakterbildung und schloß mit der Überlegung, sie sei grundsätzlich auf die übermäßige Angst vor Liebesverlust zurückzuführen, die von aggressiven Wünschen begleitet sei.

Mein Interesse an der Psychopathologie des moralischen Masochismus entzündete sich an meinen Erfahrungen mit analytischen Patienten, bei denen masochistische Charakterzüge von großer Bedeutung waren. Angeregt durch Brenmans Arbeit erkannte ich nach und nach erstens, daß die masochistischen Charakterzüge und/oder das masochistische Verhalten meiner Patienten Kompromisse darstellten zwischen Triebabkömmlingen, Abwehrmaßnahmen und Überich-Tendenzen, und zweitens, daß »masochistische Charakterbildung in dieser Hinsicht keineswegs einzigartig ist. Im Gegenteil ... *jeder* psychische Akt kann als Kompromiß zwischen den verschiedenen Teilen des psychischen Apparates angesehen werden«, das heißt zwischen Es, Ich und Überich (Brenner, 1959, S. 211).

Damals schrieb ich diese Formulierung fälschlicherweise Waelder (1930) zu, und benutzte den von ihm eingeführten Terminus Prinzip der multiplen Funktion, um auf die Folgen psychischer Konflikte im Seelenleben hinzuweisen. Daraufhin wurde Waelders Terminus seit 1959 sowohl in klinischen als auch in theoretischen Diskussionen weiterhin verwendet, wenn es galt, auf jene Konsequenzen hinzuweisen, eine Bedeutung, die Waelder seinem Terminus nie geben wollte, wie die Lektüre seiner Originalschrift deutlich macht.[1]

Im folgenden wie auch im vorangegangenen Text habe ich den Begriff Kompromißbildung gebraucht, um das Konfliktergebnis zu benennen. Die Termini multiple Funktion und Überdeterminierung habe ich vermieden, wenn ich dieses Ergebnis beschreiben oder auf es Bezug nehmen wollte. So zu verfahren hat mehrere Vorteile. Zum einen werden dadurch Unklarheiten vermieden. Was ich als Kompromißbildung bezeichne, ist nicht das gleiche wie Waelders Konzept der multiplen Funktion oder Überdeterminierung. Multiple Funktion ist nach Waelders Definition kein Ergebnis psychischer Konflikte. Kompromißbildung nach meiner Definition ist eine Konsequenz psychischer Konflikte. Überdies ist Kompromißbildung ein Terminus, der nicht in Kollision gerät mit der in der Psychoanalyse üblichen Verwendung, denn Freud hat ihn eingeführt, um damit neurotische Symptome, Phänomene, die auf psychische Konflikte zurückgeführt werden, zu bezeichnen. Wichtiger noch, mit dem Gebrauch eines Begriffs, der zwar nicht neu, aber doch zumindest in dem von mir benutzten Kontext ungewöhnlich ist, mache ich aufmerksam darauf, daß ich die Rolle, die der psychische Konflikt im Seelenleben spielt, neu bewerte, nämlich, daß wir Kompromißbildungen erkennen, wohin wir auch schauen.

Zusammenfassung

In diesem Kapitel habe ich nicht nur meine Verwendung des Begriffs der Kompromißbildung erläutert, sondern auch auf folgende Punkte aufmerksam gemacht.

1. Das Gleichgewicht zwischen Abwehr und Triebbefriedigung ist normalerweise schwankend oder veränderlich.

1 Ein Kollege, Dr. Guttman, hat mich auf meinen Irrtum aufmerksam gemacht. Er war der Nachlaßverwalter von Waelders Arbeiten und hat einen Band mit seinen Schriften herausgegeben (vgl. Waelder, 1930). In der Tat gehen meine Gedanken über die ubiquitären Folgen psychischer Konflikte im Seelenleben nicht auf Waelder zurück, obwohl ich ihm und Brenman gleichermaßen für die Anregungen verpflichtet bin, die ich aus ihren Schriften bezogen habe.

2. Das Gleichgewicht ist nicht nur veränderlich, wenn, wie Freud annahm, Abwehr versagt hat – wenn es zu einer Wiederkehr des Verdrängten kommt, wie er es formulierte –, und statisch oder unveränderlich, wenn die Verdrängung normalerweise Erfolg hat.
3. Die Psyche ist bestrebt, den Triebabkömmlingen das vollste Maß an Befriedigung zu verschaffen, das mit einem erträglichen Maß an Angst und/oder depressivem Affekt zu vereinbaren ist.

8. Das Überich

Wie in Kapitel 7 erwähnt, ist das Überich sowohl eine Folge als auch eine Komponente psychischer Konflikte. Seit Freud 1923 das Konzept vom Überich als einer Instanz der Psyche eingeführt hat, wird die Rolle des Überichs als einer Komponente des psychischen Konflikts von den Analytikern anerkannt. Mit der Tatsache, daß das Überich zum großen Teil eine Folge des ödipalen Konflikts darstellt, ist man ebenso vertraut. Freud (1924d) nannte es »der Erbe des Ödipuskomplexes« (S. 85). Ich möchte hinzufügen: *Das Überich ist eine Kompromißbildung oder, um es präziser zu formulieren, eine Gruppe von Kompromißbildungen, die ihren Ursprung weitgehend in den Konflikten der ödipalen Phase haben.* Es ist nicht »der Erbe« des Ödipuskomplexes. Es ist eine der vielen Kompromißbildungen, die aus den Konflikten der ödipalen Entwicklungsphase hervorgehen.

Wenn man das Überich als Komponente des psychischen Konflikts betrachtet, zeigt sich die unterschiedliche Natur seiner Rolle als eine der auffälligsten Eigenschaften der Überich-Tätigkeit. Auf der einen Seite steht es in enger Verbindung mit der Abwehr – so sehr, daß Freud sogar noch 1933 die Abwehr genauso dem Überich zuschrieb wie dem Ich (Freud, 1933a [1932], S. 75). Auf der anderen Seite hat Freud die Strukturtheorie vor allem deshalb eingeführt, um der Tatsache Rechnung zu tragen, daß das Bedürfnis nach Selbstbestrafung die gleiche Rolle im psychischen Konflikt spielen kann wie ein Triebabkömmling. Das Bedürfnis nach Selbstbestrafung kann nach Freud durch Verdrängung abgewehrt und somit unbewußt werden. Schließlich stellt die Mißbilligung durch das Überich, das heißt Schuldgefühl, womit Freud die Strafangst meinte, die letzte der typischen Gefahrsituationen der Kindheit dar, wie Freud ebenfalls betont hat.

Im Entwicklungsverlauf tritt sie später in Erscheinung als die drei anderen Kindheitskatastrophen – Objekt-, Liebesverlust und Kastration – und, erst einmal eingetreten, schließt sie sozusagen alle anderen ein.

Bis heute haben wir noch keine zufriedenstellende Erklärung für die Vielgestaltigkeit der Rolle der Überich-Tätigkeit als einer Komponente des psychischen Konflikts. Wie kann sie einerseits Abwehr, andererseits das Äquivalent eines Triebabkömmlings, der Unlust erzeugt, und auch wieder katastrophale Unlust sein, die vermieden oder gemildert werden muß?

Diese Frage läßt sich nur beantworten, wenn man den Prozeß der Überich-Bildung verfolgt. Wie ich zeigen werde, handelt es sich dabei um einen Prozeß, den man bis heute noch nicht richtig verstanden hat. Das Überich ist eine Kompromißbildung. Wie jede andere Kompromißbildung auch ist es das Resultat einer Interaktion und Verschmelzung von Triebabkömmlingen, Angst, depressiven Affekten und Abwehr. Aus eben diesem Grund sind Abwehr, Impulse, die abgewehrt werden müssen, und unlustvolle Affekte, deren Vorstellungsinhalt sich auf die Katastrophen der Kindheit bezieht, alle an der Überich-Funktion beteiligt. Durch sie wurde das Überich in seinen Anfängen geformt. Sie sind der Stoff, aus dem es sich zusammensetzt. In genetischen Begriffen läßt sich das Überich definieren als eine der Folgen des psychischen Konflikts wie auch als Komponente aller späteren Konflikte.

Freud erkannte, daß die komplexe Natur der Überich-Tätigkeit im psychischen Leben näherer Erläuterung bedürfte, doch er widmete dem Problem nur beiläufige Beachtung. Er meinte, der Ursprung des Überichs im Ödipuskomplex sei für die Tatsache verantwortlich, daß nach der Überich-Bildung die ödipalen Konflikte auf einer im übertragenen Sinne höheren Schicht der Psyche weiterbestehen, und fügte hinzu, eine solche Fortdauer bedeute, daß »dem Ich die Bewältigung des Ödipuskomplexes schlecht gelungen ist« (Freud, 1923b, S. 267). Damit gab er implizit zu verstehen, daß die Überich-Bildung normalerweise das Ende der ödipalen Konflikte bedeutet. Eine Vorstellung, die er ausdrücklich in einer nachfolgenden Arbeit entwickelte (Freud, 1924d). Jedenfalls ist Freuds Behandlung der komplexen Natur der Überich-Rolle im psychischen Konflikt unbefriedigend, zum einen wegen ihrer Knappheit, vor allem aber weil Freud die Bedeutung der Angst im psychischen Konflikt zur Zeit der Abfassung seiner Arbeit noch nicht klar erkannt hatte. Eine auf den heute vorhandenen Daten und Konzepten beruhende Darstellung ist lange überfällig.

Die Überich-Bildung läßt sich folgendermaßen beschreiben: Verhaltensstandards oder -regeln werden den Kindern von ihren Eltern oder dem Elternersatz direkt oder indirekt auferlegt. Zumindest in unserer Gesellschaft setzt die Auferlegung solcher Regeln und Standards sehr früh ein und dauert viele Jahre an. Folglich beginnt die Überich-Bildung mindestens so früh wie die Sauberkeitserziehung (Ferenczi, 1925), und sie dauert bis zur Adoleszenz (Hartmann et al., 1946). Trotz ihrer frühen Anfänge und ihrer späteren Entwicklung muß man jedoch Freud (1923b, 1924d) zustimmen, daß die Konflikte der ödipalen Periode den bei weitem größten Anteil an der Überich-Bildung haben.

Um die Aussagen in Kapitel 6 zu wiederholen: Die leidenschaftlichen Wünsche der ödipalen Phase erzeugen regelmäßig intensive unlustvolle Affekte – Angst und depressive Affekte –, deren Vorstellungsinhalte die typischen Gefahrsituationen der Kindheit umfassen. Von ihnen sind Kastrationsvorstellungen für die meisten Kinder am verwirrendsten, doch Objekt- und Liebesverlust verlieren in der Psyche jedes Kindes niemals an Bedeutung, und die eine oder andere Vorstellung kann der Kastration zuweilen den Rang streitig machen.

Die daraus resultierenden Konflikte schlagen während vieler Monate heftige Wellen, wenn auch wechselnd in ihrer Schärfe. Schließlich klingen sie ab. Das soll heißen, relativ stabile Kompromißbildungen treten auf den Plan, welche die Befriedigung von inzestuösen und gegen die Eltern gerichteten mörderischen Triebabkömmlingen in einem Maß erlauben, das nicht mit unerträglicher Angst und depressiven Affekten verbunden ist. Einige dieser Kompromißbildungen, wenn auch keineswegs alle, haben mit Moral zu tun, das heißt mit »gut« oder »schlecht« sein im Sinne von Befolgen oder Überschreiten realer oder phantasierter elterlicher Verhaltensvorschriften. Sie haben mit dem Gefühl von Tugendhaftigkeit oder dessen Gegenteil zu tun, mit Reue, Selbstbestrafung, Buße, Sühne und mit Vergebung, Versöhnung und Liebe.

Aber durchaus nicht alle ödipalen Kompromißbildungen haben mit Moral zu tun. Einige sind ehrgeizige Phantasien über Erfolg im Leben. Diese Phantasien haben in späteren Jahren einen so zwingenden Einfluß auf Dinge wie die Berufswahl, die Neigung zu Zerstreuungen und die Partnerwahl, daß man ohne Übertreibung sagen kann, daß die Ziele und Ambitionen von Erwachsenen in diesen Bereichen durch die ödipalen Phantasien bestimmt werden. Andere Kompromißbildungen der Ödipalphase sind eher neurotischen Symptomen als normalen Bestrebungen vergleichbar. Beispiele dieser Art sind Nahrungsvorlieben und Abneigungen, Gewohnheiten beim Defäzieren und Urinieren, Schlafrituale, Masturbationsphantasien und -praktiken, Mienenspiel und ähnliches. Aber aus der Unzahl der Kompromißbildungen, die aus ödipalen Konflikten hervorgehen, formen diejenigen, die mit Moral zu tun haben, das Überich. Wie andere ödipale Kompromißbildungen halten sie überdies während des ganzen Lebens an. Die Kompromißbildungen, von denen das Überich geformt wird, bilden die Grundlage für die moralischen Aspekte des psychischen Geschehens.

Die einfachste, prägnanteste Definition des Überichs haben Hartmann et al. (1946) formuliert. Sie definierten das Überich als jenen Aspekt des psychischen Geschehens, der mit Moral zu tun hat. Um jedoch diese ausgezeichnete Definition richtig anwenden zu können, muß man wissen, wie ein kleines Kind denkt und fühlt in jenem Alter, in dem die Überich-Bildung ihren Höhepunkt erreicht, das heißt in der ödipalen und unmittelbaren postödipalen Periode. Moral ist für ein kleines Kind etwas ganz anderes als für einen intellektuell gebildeten Erwachsenen, zumindest auf der bewußten Ebene. Wer die Konsequenzen ödipaler Konflikte, die wir als Überich bezeichnen, wie auch andere Ergebnisse von Konflikten in dieser schicksalhaften Periode richtig verstehen will, ist auf Kenntnisse der Entwicklungspsychologie angewiesen.

Für ein kleines Kind bedeutet Moral im wesentlichen, zu empfinden, zu denken und sich zu verhalten, daß es die Katastrophe des Bestraftwerdens vermeiden kann. Mit Katastrophe ist die drohende Gefahr gemeint, eine oder alle Kindheitskatastrophen durchleiden zu müssen, nämlich Objekt-, Liebesverlust und Kastration. Die entscheidenden Fragen lauten: »Was verschafft elterliche Anerkennung, wodurch geht sie verloren?« und »Was erregt oder vertreibt den elterlichen Zorn?«

Diese zwei Fragen sind der Prüfstein für die Entscheidung, ob ein Gedanke, ein Wunsch, eine Handlung, ein Gefühl oder eine körperliche Sensation gut oder schlecht ist im Sinne von moralisch oder unmoralisch.

Analytikern ist wohlbekannt, daß bei alledem nicht nur die Straferlebnisse des Kindes bedeutsam sind. Die Überich-Bildung hängt nur zum Teil von elterlichen Disziplinierungsmaßnahmen ab. Was ein Kind als strafwürdig ansieht, wird nicht völlig dadurch bestimmt, ob seine Eltern sich ihm gegenüber verbietend oder nachsichtig verhalten. Die Phantasie des Kindes ist stets der ausschlaggebende Faktor.

Um diese Tatsache zu verdeutlichen, wird zumeist das Beispiel des Patienten angeführt, der unter großen Schuldgefühlen und sich daraus ergebender Sexualhemmung leidet, obwohl seine Eltern während seiner Kindheit sexuell ungewöhnlich freizügig waren, in der Gegenwart des Patienten häufig nackt waren, die Türen des Bade- und Schlafzimmers nicht verschlossen, sexuelle Fragen offen beantworteten etc. Aus der Analyse solcher Patienten haben wir gelernt, daß die Reaktion des Kindes auf seine sexuell stimulierende, aber zugleich frustrierende häusliche Umgebung in die Bildung eines ungewöhnlich strengen Überichs mündet. Die übermäßige Intensität ihrer inzestuösen, mörderischen, sadomasochistischen Wünsche führt bei solchen Kindern zu Straferwartungen bei Wünschen und Handlungen, z. B. Masturbation, unabhängig davon, wie großzügig ihre Eltern auch zu sein versuchen.

Ein weiteres Beispiel für die Rolle der Phantasie ist der Umstand, daß Kinder häufig glauben, sie werden oder würden durch etwas bestraft werden, etwa durch Krankheit, zeitweilige Trennung oder körperliche Verletzungen, was von den Eltern nicht als Bestrafung gedacht war und letzten Endes auch außerhalb ihrer Einwirkung lag. In der Tat kann man sagen, daß die Überzeugung eines Kindes, es werde bestraft oder ihm drohe Bestrafung, niemals mit den Intentionen der Eltern übereinstimmt, sondern daß die Phantasie des Kindes darüber entscheidet, was als Bestrafung angesehen wird uns was nicht.

Damit soll die Bedeutung der Strenge von Eltern in Worten und Taten nicht geschmälert werden. Zweifellos ist es ein großer Unterschied, ob die Eltern das triebgesteuerte Verhalten eines kleinen Kindes sinnvollerweise akzeptieren oder ob sie es barsch verbieten. Es gilt sich klarzumachen, daß elterliche Disziplinierung nur ein Faktor bei der Überich-Bildung ist. Sie ist nicht der einzige.

Um es zu wiederholen: In der ödipalen Phase haben Moral und Strafvermeidung eine synonyme Bedeutung. Moralisch sein bedeutet, Maßnahmen zur Beseitigung oder Milderung der durch ödipale Triebabkömmlinge erzeugten Angst und/oder depressiven Affekte zu ergreifen, deren Vorstellungen zum Inhalt haben, daß die Eltern wütend, mißbilligend oder bestrafend sind oder es werden könnten.

Welche Maßnahmen ergreifen die Kinder gewöhnlich, um diesen Zweck zu erreichen? Wie entstehen die Kompromißbildungen des Überichs? Am bekanntesten, weil von Freud (1923b; 1933a [1932]) hervorgehoben, ist die Identifizierung mit den realen oder phantasierten elterlichen Verboten, das heißt Identifizierung mit dem elterlichen Überich. Das bedeutet, das Kind wird so wie der mißbilligende, verbietende Elternteil und ist mit sich selbst streng, disziplinierend und bestrafend. Als Ergebnis solcher Identifizierung wächst die Fähigkeit des Kindes, sich Triebabkömmlingen zu widersetzen, die Angst und/oder depressive Affekte auslösen. Die Abwehrfähigkeit eines Kindes wird so gesteigert. Nebenbei, das Kind wird, wie Freud ebenfalls betont hat, wütend auf sich selbst und bestraft sich, während es zuvor rebellisch, kastrierend und mörderisch war. Nach Freud hat sich die Aggression des Kindes gegen es selbst gewendet.

Es besteht kein Zweifel, daß Identifizierung mit einem Elternteil, dessen strafender Zorn gefürchtet wird, bei den ödipalen Konflikten, die das Überich formen, eine wichtige Abwehrfunktion hat. In diesem Zusammenhang hat A. Freud (1936) besonders auf etwas hingewiesen, was sie als Identifizierung mit dem Aggressor bezeichnete, als erste Stufe oder Vorstufe der Überich-Bildung. Identifizierung, ob mit dem elterlichen Überich oder mit dem Aggressor, ist jedoch nicht die einzige wichtige Abwehroperation, die zur Überich-Bildung beiträgt. Es gibt weitere Formen oder Bereiche der Ichtätigkeit, die häufig abwehrend eingesetzt werden und die daher nicht selten als bedeutsam für die Überich-Bildung anzusehen sind. Eine dieser Ichfunktionen ist die Intensivierung der Liebeswünsche gegenüber dem oder den Rivalen des Kindes – eine Art Reaktionsbildung. Eine zweite ist die Hemmung oder Ablehnung von Konkurrenzwünschen. Eine weitere besteht im Ersetzen genitaler Wünsche durch orale oder anale, das heißt Verschiebung der Triebabkömmlinge von genitalen zu oralen oder analen Formen und Zielen. Eine vierte hingegen ist die Übernahme von Einstellungen und Verhaltensweisen, die durch Unterwürfigkeit gekennzeichnet sind.

Wie bereits erwähnt, zieht sich die Überzeugung, daß es lebenswichtig ist, von den Eltern anerkannt und geliebt zu werden, wie ein roter Faden durch all diese ansonsten unterschiedlichen Abwehroperationen. Jeder Aspekt der Ichtätigkeit, der die elterliche Anerkennung fördert und/oder Tadel und Strafe vermeiden hilft, kann an der Überich-Bildung teilhaben. So ist Identifizierung mit dem Aggressor oder mit dem elterlichen Überich nicht der einzige Weg, der zur Überich-Bildung führt – wie häufig fälschlicherweise angenommen wird. Wohl ist es der bekannteste Weg, nicht aber der einzige.

So wie die Identifizierung nicht der einzige Aspekt der Ichfunktionen ist, der zur Überich-Bildung beiträgt, so ist Aggression nicht der einzige beteiligte Trieb. Im allgemeinen sind die Analytiker Freud (1933a [1932]) und Hartmann et al. (1946) darin gefolgt, daß sie die Überich-Bildung lediglich unter dem Gesichtspunkt der Aggression betrachteten. Selbst Analytiker, welche die Rolle der libidinösen Triebabkömmlinge bei der Überich-Bildung berücksichtigt haben, z. B. Kramer (1958) und Schafer (1960), stimmen mit der vorherrschenden Ansicht zumindest insofern überein, als auch sie der Aggression eine exklusive Rolle bei der Überich-Bildung attestieren und behaupten, die milden oder liebevollen Aspekte der Überich-Tätigkeit hätten ihren Ursprung in der präödipalen Entwicklungsphase. Tatsache ist jedoch, daß die an der Überich-Bildung beteiligten Triebabkömmlinge weitaus komplexer sind, als die Wendung der Aggression gegen sich selbst andeutet, so wichtig dieser Aspekt des Vorgangs auch ist. An der Überich-Bildung sind auch Bündnis mit den Eltern und Unterwerfung unter ihre Forderungen beteiligt, die beide gleichermaßen libidinös befriedigend sind.

Die Vernachlässigung der Rolle, die libidinöse Triebabkömmlinge der Ödipalphase bei der Überich-Bildung spielen, ist um so bemerkenswerter, wenn man bedenkt, daß Freud seine ausführliche Erörterung der Überich-Bildung im letzten Teil von *Totem und Tabu* (1912–13) ausschließlich unter dem Aspekt libidinöser ödipaler Triebregungen geführt hat. Vielleicht liegt die Ursache für diese Vernachlässigung in historischen Umständen, das heißt in der Entwicklungsgeschichte der psychoanalytischen Theorie. *Totem und Tabu* wurde als ein Beitrag zur Soziologie und Religion geschrieben. Was Freud in seinem letzten Kapitel über die gesellschaftliche Moral geschrieben hat, bedarf der Übersetzung in die Sprache und die Konzepte der Psychologie des Individuums, wenn man es auf die Überich-Bildung anwenden will. Außerdem hat Freud die Aggression bis 1920 nicht als Trieb angesehen, der mit der Libido auf einer Stufe steht. Bei der schließlichen Neuformulierung der Triebtheorie beruhte Freuds Entscheidung, Aggression als Trieb anzusehen, wahrscheinlich in großem Ausmaß auf seinem Studium der unbewußten Schuldgefühle, das heißt der Überich-Tätigkeit (vgl. Kapitel 2). Aggression als Trieb und Überich als Instanz der Psyche erscheinen in der psychoanalytischen Theorie eng miteinander verbunden, sowohl zeitlich als auch konzeptuell. Man kann es daher auch den historischen Umständen zuschreiben, daß die Rolle der Libido bei der Überich-Bildung und -Tätigkeit vernachlässigt worden ist. Dennoch kann es sein, daß auch andere Faktoren beteiligt sind. Die libidinösen Wünsche aus der Ödipalphase in ihrer Bedeutung für die Überich-Bildung und -Tätigkeit richtig einzuschätzen heißt, die Rolle des Masochismus in beiden Fällen deutlich hervorzuheben. Die Überich-Bildung und -Tätigkeit bietet die wichtigsten wie auch die am leichtesten zugänglichen Beispiele für die Rolle des Masochismus im normalen Seelenleben (Brenner, 1959). Wenn man sich der Ansicht verpflichtet hat, daß der Masochismus für die normalen Überich-Funktionen keine Rolle spielt (Loewenstein, 1957), und daß jede Erscheinungsform *per definitionem* pathologisch ist, dann muß man, um diese Ansicht aufrechterhalten zu können, jeden Beweis für die Bedeutung libidinöser Befriedigung der das Überich formenden Kompromißbildungen außer acht lassen.

Die zur Zeit vorliegenden psychoanalytischen Daten widersprechen einer solch einseitigen Sichtweise. Masochismus spielt bei der normalen Überich-Bildung und -Tätigkeit eine gewichtige Rolle. Eben dieser Rolle werde ich mich nun zuwenden.

Masochismus läßt sich am besten definieren als Akzeptieren von Schmerz und Leid, bewußt, unbewußt oder beides, als einer Bedingung libidinöser Befriedigung (vgl. Brenner, 1959). Nun ist die selbst auferlegte Unlust – ein Begriff, der Schmerz, Leid und verminderte Befriedigung umfaßt – eindeutig Bestandteil der meisten Konflikte, die von den Triebabkömmlingen herrühren. Damit meine ich, daß jede Abwehranstrengung, die Triebbefriedigung behindert, ein Beispiel für selbst auferlegte Unlust ist, in mehr oder weniger großem Maße. Im Fall der Konflikte, die zur Überich-Bildung führen, hat das Merkmal der selbst auferlegten Unlust jedoch einen spezifischen Charakter. Sie ist modelliert nach realen oder phantasierten Erfahrungen und Bestrafung und/oder Vergeltung für Missetaten, ein Wort, das in diesem Fall Wünsche wie Handlungen umfaßt. In der Psyche des Kindes ist selbst auferlegte Unlust entweder ein Weg, Objekt- und Liebesverlust oder Kastration mittels Besänftigung der Eltern zu vermeiden, oder ein Mittel, um deren Liebe zu gewinnen, oder es ist beides gleichzeitig.

Insofern Überich-Forderungen und -Verbote die Funktion haben zu besänftigen, das heißt Bestrafung in Form der oben erwähnten Katastrophen zu vermeiden, ist nichts an ihnen, was man richtigerweise als masochistisch bezeichnen könnte. Einen Menschen, der sich überlegenen Mächten beugt, hält man gewöhnlich nicht für einen Masochisten. Man ist vielmehr geneigt, einen solchen Menschen als Realisten einzustufen – als jemanden, der ein bestimmtes Ausmaß an Unlust in Kauf nimmt, um sich noch größere Unlust zu ersparen. Selbst wenn man noch einen Schritt weitergeht und anerkennt, daß zur normalen Überich-Tätigkeit das *Bedürfnis* gehört, sich selbst für schlechte Wünsche und Taten zu bestrafen, läßt sich auch dies der im unbewußten Leben weiterbestehenden kindlichen Überzeugung zuschreiben, daß man sich der Gefahr aussetzt, bestraft zu werden, wenn man die verbietenden Eltern nicht besänftigt, wenn man ihre Liebe nicht zurückgewinnt, die man wegen schlechter Wünsche oder Taten verloren hat. Schmerz und Frustration durch Strafe und Verzicht wären dann nicht masochistisch, sondern das realistische Akzeptieren einer kleineren Unannehmlichkeit, um der Möglichkeit einer größeren Katastrophe vorzubeugen. Mit anderen Worten, Beschwichtigung an sich ist nicht immer masochistisch.

Freud (1912–13) war der erste, der erkannt hat, daß bei den in Rede stehenden Kompromißbildungen auch noch andere Motive als bloße Beschwichtigung beteiligt sind. Die Einstellungen eines Kindes gegenüber seinen Eltern während der ödipalen Entwicklungsphase ist stets ambivalent und im Grunde bisexuell. Das Ausmaß an Bisexualität variiert von Kind zu Kind; es ist gleichermaßen abhängig von konstitutionellen Faktoren, über die wir recht wenig wissen, und von bestimmten Umweltfaktoren, welche die speziellen Umstände des Familiensettings jedes Kindes bilden. Normalerweise hat zum Beispiel ein Junge in der ödipalen Phase nicht nur rivalisierende und mörderische, sondern auch feminine Wünsche gegenüber seinem Vater. Wenn er im Verlauf seiner psychischen Entwicklung versucht, seine Rivalitätswünsche gegenüber seinem Vater und die sie begleitenden mörderischen Empfindungen durch Identifizierung mit den moralischen Verboten des Vaters unter Kontrolle zu bringen, werden gleichzeitig seine passiven femininen Wünsche befriedigt. Die unbewußte Phantasie, seinem beneideten und geliebten Vater nahe zu sein und mit ihm zu verschmelzen, führt gleichzeitig mit der Linderung von Angst zu einer libidinösen Befriedigung. Sie befriedigt, als Voraussetzung von Liebe, den Wunsch, kastriert, das heißt in ein Mädchen verwandelt zu werden. Sie befriedigt dann *per definitionem* einen masochistischen Wunsch.
In seiner Erörterung der Überich-Bildung und -Funktion nannte Freud (1933a [1932]) das Bedürfnis nach Beistand gegen angsterregende Triebimpulse als Motiv für unterwürfige Identifizierung mit der Elternautorität. Wie Freud bemerkte, sucht das Kind so Sicherheit vor der gefürchteten Feindseligkeit der Eltern. Man muß hinzufügen, daß dies nicht das einzige Motiv ist. Außer dem Bedürfnis, Angst und/oder depressive Affekte zu vermeiden oder zu vertreiben, ist noch ein anderes Motiv beteiligt. Dieses Motiv besteht laut Freud (1912–13) in dem Wunsch, mit den Eltern vereinigt zu sein, in der Phantasie, um der libidinösen Befriedigung willen, die eine solche Vereinigung mit sich bringen kann. Obwohl das Beispiel, das ich, Freud folgend, genannt habe, von einem Jungen in der ödipalen Phase handelt, spielt, wie ich bereits deutlich gemacht habe (Kapitel 6), das Akzeptieren von Kastration, Liebes- und Objektverlust als Liebesbedingung, bei ödipalen Mädchen keine geringere Rolle als bei Jungen.

Demnach verschaffen Reue und Selbstbestrafung unbewußte Befriedigung in masochistischer Weise und haben beim Kampf des Kindes um Kontrolle über die gefährlichen und ungewollten Triebabkömmlinge Abwehrcharakter. Überdies kann man annehmen, daß das Maß der Beteiligung eines masochistischen Elements an der Überich-Bildung und -Tätigkeit von Mensch zu Mensch variiert, und zwar in Abhängigkeit von der konstitutionellen Ausstattung und den Wechselfällen der Kindheitsentwicklung. Die folgenden klinischen Vignetten veranschaulichen das.
Ein analytischer Patient Ende Zwanzig hatte seinem Vater gegenüber eine extrem ambivalente Einstellung. Das Verhalten des Vaters gegenüber dem Patienten während dessen Kindheit war gekennzeichnet von Vernachlässigung und Desinteresse einerseits und verführerischen körperlichen Annäherungsversuchen andererseits. Die Verführungsversuche, wenn auch von seiten des Vaters nicht offen sexuell, wirkten auf den Patienten sexuell sehr stimulierend. Immer wenn der Patient in seinem späteren Leben auf einen älteren Mann wütend war oder ihm gegenüber aufsässig, hatte er bewußte Gedanken von sexueller Unterwerfung. Entweder ignorierte er diese Gedanken oder wischte sie als albern und verrückt beiseite. Er betrachtete sie als ihm aufgedrängte, das heißt zwanghafte Gedanken, und nicht als seine eigenen. Andere Aspekte seines Verhaltens zeigten ähnliche Merkmale. Er war nicht offen homosexuell. Wenn er jedoch auf einen älteren Mann nicht nur wütend wurde, sondern sich von ihm auch herabgesetzt oder enttäuscht fühlte, hatte er das dringende Bedürfnis, sich in einer Weise zu verhalten, die dazu angelegt war, sich bei dem älteren Mann einzuschmeicheln oder wenigstens eine Art freundlicher Aufmerksamkeit auf sich zu ziehen, obwohl er sich darüber ärgerte, daß er ein solcher Speichellecker war.
Vom Überich her gesehen, zeigte der Patient also ein übertriebenes Maß an Masochismus. Immer wenn seine unbewußten vatermörderischen Wünsche wachgerufen wurden, reagierte er darauf nicht nur mit Anzeichen von Schuldgefühl und Reue, sondern auch mit unmißverständlichen Anzeichen für den Wunsch nach femininer Sexualbefriedigung durch seinen gefürchteten und geliebten Vater. Daß dieser Wunsch auch der Abwehr diente, macht ihn nicht weniger masochistisch (vgl. Brenner, 1959).

Der Fall einer Patientin, die unter depressiven Episoden litt, die von quälenden Selbstbeschuldigungen geprägt waren, veranschaulicht ebenfalls eindeutig die Beziehung zwischen Überich-Funktion und masochistischer Befriedigung. Nach langer Analyse wurde sich die Patientin allmählich eines Umstandes bewußt, den weder sie noch ihr Analytiker erwartet hatten. Die Episoden der Selbstanklage und Selbstquälerei, Episoden, die sowohl abwehrende Funktion hatten als auch Ausdruck von Schuldgefühlen waren, die auf ihre ambivalenten und heftigen Ödipalwünsche zurückgingen, hatten für sie gleichzeitig eine sinnlich lustvolle Qualität. Sie wurden von genitalen Sensationen begleitet, die einer halbbewußten Stimmung sexueller Erregung angehörten.

Wer einmal aufmerksam gepackt ist von diesem klinischen Material, dessen masochistischer Aspekt bei der Überich-Tätigkeit ungewöhnlich hervorsticht, so daß es berechtigt erscheint, ihn pathologisch zu nennen, dem wird es nicht schwerfallen, die Rolle des Masochismus bei einer großen Zahl anderer Beispiele zu erkennen, die klar in den Rahmen des Normalen fallen.

In unserer Gesellschaft wird Moral traditionellerweise auf dem Wege der Religion institutionalisiert. Religiöse Glaubensvorstellungen und Praktiken befriedigen im allgemeinen eine Vielzahl unbewußter Bedürfnisse. Religion ist keineswegs nur ein Moralkodex. Doch Moral ist Teil jeder Religion – zwangsläufig, aus psychologischen Gründen, wie Freud (1912–13) behauptete –, und der Moralkodex jeder Religion ist Ausdruck der Moralität der einzelnen Mitglieder dieser bestimmten religiösen Gemeinschaft. Die Kompromißbildungen, die das Überich eines einzelnen Mitglieds prägen, müssen im Gruppenkodex ihren Platz haben, soll er lebensfähig bleiben. Hat eine Religion oder deren moralischer Kodex erst einmal für zu viele Gläubige ihren psychologischen Wert verloren, werden die Gläubigen beide notwendigerweise ändern oder durch andere ersetzen.

Gewöhnlich wird die Beziehung zwischen Gottes Moralkodex und dem seiner Gläubigen ganz anders betrachtet, als ich es getan habe. Deshalb sind einige erklärende Worte notwendig.

Unter religiösen Menschen ist es akzeptierter Glaube, daß Religion die Menschen moralisch macht und nicht umgekehrt. Von Religionsanhängern wird argumentiert, daß Religion, auch wenn ihre Wahrheit nicht logisch zu beweisen ist, dennoch notwendig ist, und sei es aus keinem anderen Grund, als die Menschen daran zu hindern, unmoralisch und folglich asozial zu sein. Die Menschen, so die Meinung, hätten keine wie auch immer gearteten moralischen Standards, sondern würden sich gänzlich von ihren selbstsüchtigen Leidenschaften leiten lassen, gäbe es nicht das Versprechen der Liebe Gottes als Belohnung für das Festhalten an der Moral und die Drohung mit Gottes Zorn und Strafe für Übertretungen.

Tatsächlich kann aber das bloße Glaubensbekenntnis den Menschen nicht moralisch machen. Die Überich-Bildung kommt nicht aus der Sonntagsschule, dem Katechismus oder deren Äquivalenten in anderen Religionen. Sie entspringt den heftigen Leidenschaften und den unerträglichen Ängsten und depressiven Affekten der ödipalen Phase. Was vergangene Generationen als anerkannten Moralkodex institutionalisiert haben, hat zweifellos Auswirkungen auf die nachfolgenden Generationen. Für den einzelnen sind diese Auswirkungen freilich weit weniger wichtig als die Nachwirkungen seiner eigenen ödipalen Konflikte. Die Wahrheit ist, wie Freud (1912–13) vermutete, daß gesellschaftliche und religiöse Moralregeln diesen Aspekt der psychologischen Kindheitsentwicklung widerspiegeln – daß der Ausgang der ödipalen Konflikte des einzelnen den Moralkodex hervorbringt und nicht umgekehrt.

Daraus ergibt sich, daß Aspekte der Moral, die bei normalen Menschen unbewußt oder sonstwie verborgen sind, in religiösen Moralvorstellungen und Praktiken nur leicht oder auch gar nicht verschleiert sichtbar werden. Ein Beispiel: Die Verbindung zwischen Masochismus, das heißt zwischen Leiden und libidinöser Befriedigung auf der einen Seite und der gehorsamen Erfüllung moralischer Forderungen und Verbote auf der anderen, tritt ganz klar zutage in den Glaubensinhalten, die in der römisch-katholischen Kirche um den Ritus der Kommunion kreisen. Der Kommunikant identifiziert sich mit Jesus in seiner Unterwerfung unter Gottes Gebote. Wie Jesus zu sein bedeutet, so rein und moralisch zu sein wie er und künftig allen Versuchungen der Sünde zu widerstehen, der man in der Vergangenheit verfallen war. Rückfälle in die Sünde werden Gottes Strafe nach sich ziehen. Das alles hat mit Abwehr von Triebabkömmlingen zu tun, die Angst und/oder depressive Affekte auslösen. In eben der Kommunionshandlung identifiziert sich der Kommunikant auch mit dem gekreuzigten Christus. Sich so mit Jesus identifizierend, begrüßt er körperliche Qualen und Verstümmelung als notwendige Bedingung libidinöser Befriedigung. Der Kommunikant glaubt, daß er nach der Unterwerfung unter körperliche Qual, wenn auch nur phantasierte, von Gott geliebt und mit ihm in Seligkeit vereint wird.

Man muß den Ritus der Kommunion so wörtlich nehmen, um darin den Ausdruck der zwei unbewußten Hauptmotive für die Überich-Bildung erkennen zu können: erstens, Furcht vor Bestrafung durch die Eltern und zweitens, Wunsch nach sexueller Vereinigung mit ihnen. Sicherlich gibt es über die Psychologie der Kommunion noch weitaus mehr zu sagen. Ich beschränke mich auf das Gesagte, weil ich nur zeigen möchte, daß der Kommunionsritus Anhaltspunkte dafür liefert, daß bei normalen Menschen eine Verbindung zwischen Moral und Masochismus besteht, daß Selbstbestrafung, Buße und Reue sowohl der Befriedigung libidinöser Wünsche wie auch einem wichtigen Abwehrziel dienen.

Ein anderer sehr alter religiöser Brauch ist die Beschneidung. Nach Herodot kann er bis ins alte Ägypten zurückverfolgt werden. Aber es besteht kein Zweifel daran, daß seine Ursprünge bis weit in prähistorische Zeiten zurückreichen. Wie die Kommunion dienen auch die Beschneidung und andere Arten der Penis-Verstümmelung, z. B. Inzision (Einschneidung der Harnröhrenöffnung), dem Abwehrzweck, die mit Triebabkömmlingen einhergehende Angst und/oder depressiven Affekte zu verringern. Beide enthalten das Versprechen, daß der übrige Penis verschont und heterosexuelle Aktivität gestattet wird, wenn dafür die Vorhaut geopfert oder die Harnröhre eingeschnitten ist. Gleichzeitig gewähren jedoch auch Beschneidung und Inzision, wie die Kommunion, libidinöse Befriedigung. Nach Róheim (1950) verwenden die australischen Aborigines für die Öffnung nach einer Penisinzision die gleiche Bezeichnung wie für die Vagina. Mehr noch, die Einschneidung der Harnröhrenöffnung wird auch anderen Männern angetragen, die sie für sexuelle Zwecke nutzen wollen. Malev (1966) hat darauf hingewiesen, daß ein ähnlicher homosexueller Wunsch nach Vereinigung mit dem Vater auch im

Beschneidungsritus der orthodoxen Juden zum Ausdruck komme. Ein ganz wichtiger Bestandteil des Rituals besteht darin, daß der erste Blutstropfen, den der beschnittene Penis des Knaben abgibt, von einem der anwesenden Männer aufgeleckt wird. Nach Malev steht dies für die unbewußte Phantasie, dem Sex mit Frauen zu entsagen und statt dessen libidinöse Befriedigung bei anderen Männern zu suchen, eine Schlußfolgerung, die Malev mit dem Hinweis auf die hebräischen Worte für die Zeremonie begründet. Die Schlußfolgerung wird noch gestützt durch die Tatsache, daß die Beschneidung für einen Juden mehr bedeutet als nur eine Vorbedingung für die von Gott gewährte Erlaubnis, Mann unter Männern und Frauen zu sein, das heißt Wünsche ödipalen Ursprungs ohne Angst vor Kastration durch den Vater zu befriedigen. Sie bedeutet außerdem, zu Gottes auserwähltem Volk zu gehören, zu den von ihm Geliebten, zu denen zu gehören, die er besonders begünstigt, nicht nur durch seinen Schutz, sondern durch seine Liebe.

Somit gehen in der Penis-Verstümmelung wie in der Kommunion Moral und Masochismus eine Verbindung ein. Unter den Motiven, sich den elterlichen Moralforderungen zu unterwerfen und sich mit ihnen zu identifizieren, spielen die Wünsche nach libidinöser Befriedigung eine bedeutende Rolle, sowohl bei der Beschneidung als auch bei der Inzision.

Ein weiteres Beispiel für den Zusammenhang von Moral und Masochismus sind bestimmte Beisetzungsbräuche. Der in der psychoanalytischen Literatur am häufigsten diskutierte Aspekt der Bestattungsriten hat mit der Abwehr von Triumph- und Feindseligkeitsgefühlen gegenüber einem toten Freund oder Verwandten zu tun. Im allgemeinen ist jede Äußerung von Freude oder Befriedigung über den Tod eines Menschen streng untersagt. Man hat die moralische Pflicht, über den Verstorbenen nur Gutes zu sagen und durch Worte und Taten Kummer erkennen zu lassen. Außerdem ist es in vielen Kulturen Sitte, daß Trauernde ihre Kleidung zerreißen und sich im Rahmen des Trauerrituals selbst verletzen oder schlagen. Solche Verhaltensweisen sind für den Trauernden wie auch für die Mittrauernden ein zusätzliches Zeichen dafür, daß der Tod den Trauernden nur Leid bringt. Sie sollen Beweis dafür sein, daß der Tod des (unbewußten) Rivalen keine Freude oder Befriedigung bereitet.

Gleichzeitig stellt die Selbstverletzung, dies unbewußt selbstzerstörerische und selbstkastrierende Verhalten, für den Trauernden eine Möglichkeit dar, sich für die unbewußte Befriedigung aufgrund der Erfüllung mörderischer Wünsche selbst zu bestrafen. Kurz, diese Beisetzungsbräuche dienen alle dem Zweck, Triebabkömmlinge, zu deren Vorstellungsinhalt der Wunsch gehört, den Verstorbenen zu töten, und Freude über seinen Tod abzuwehren; gleichzeitig sollen sie Buße für die Befriedigung jener Wünsche sein.

Zu alldem erfüllt die Selbstverletzung eines Trauernden noch eine andere Funktion. Für den Trauernden ist es eine Möglichkeit, sich mit dem verstorbenen, ambivalent geliebten und gehaßten Freund oder Verwandten in einer engen und liebevollen Beziehung vereint zu fühlen, die, zumindest unbewußt, auch eine sexuelle ist. Selbstverletzung während der Trauer ist zum Teil masochistisch. Zum Teil ist sie Bedingung für libidinöse Befriedigung.

Der Wunsch eines Trauernden nach zärtlicher Nähe zum Verstorbenen ist gewöhnlich bewußt. Der Wunsch nach sexueller Vereinigung ist weniger häufig bewußt, wenn es auch keineswegs selten ist, daß sexuelle Wünsche bewußt sind. Bestattungen werden abgehalten in der bewußt geäußerten Hoffnung, daß der verstorbene Mensch über die Handlungen der Trauernden Glück empfinde. Der Satz: »Das hätte er (oder sie) gewünscht« fällt häufig, genauso wie der Gedanke: »Was wir tun, wird ihn (oder sie) glücklich machen.« Bei vielen Beerdigungen in unserer Kultur geschieht es auch nicht selten, daß Trauernde den Toten umarmen und küssen und sich bewußt danach sehnen, ihrerseits von dem Verstorbenen umarmt, geküßt und liebkost zu werden.

Mit anderen Worten, die Trauernden tun so, als lebte der verstorbene Mensch noch, freue sich über ihr Tun und werde sie dafür lieben. Wir alle wissen aus eigener Erfahrung, wie schwer es ist, sich von jemandem zu lösen, den der Tod von uns genommen hat, und daß man weiterhin an der Phantasie festhält, der Verstorbene sei gar nicht tot und fortgegangen, sondern lebe noch, auch wenn man weiß, daß es nur eine Phantasie ist.

Das offen liebevolle Verhalten von Trauernden gegenüber einer Leiche, verbunden mit dem bewußten Wunsch nach Erwiderung der Liebe, ist sicherlich nicht masochistisch. Doch Trauernde werben auch um den Toten mit eigenem Leid und Selbstverletzung. Solch ein selbstschädigendes, sogar selbstzerstörerisches Verhalten während einer Beisetzung ist nicht nur Abwehr und Selbstbestrafung, das heißt nicht nur als Buße gedacht, sondern es hat unbewußt auch den Sinn, libidinöse Befriedigung zu verschaffen. Es ist ein Beispiel dafür, daß Schmerz auch als Vorbedingung für libidinöse Befriedigung gesucht wird. Insofern ist Masochismus ein Aspekt der komplizierten psychischen Reaktion auf den Tod, ein Aspekt, der in Bestattungsritualen eine institutionalisierte Form erlangt hat. In diesen Ritualen wird auch die Beziehung zwischen Moral und Masochismus erkennbar.

Mein nächstes Beispiel hat mit einem Aspekt künstlerischer Kreativität zu tun. Soweit mir bekannt, finden die inneren Konflikte der Menschen aufgrund künstlerischer Kreativität in unserer Gesellschaft keinen institutionalisierten Ausdruck. In anderen Gesellschaften, vor allem in früheren Zeiten, hatten sie einen solchen Ausdruck.

Im klassischen Altertum zum Beispiel wurde es als unmoralisch angesehen, wenn Dichter für ihre künstlerischen Leistungen persönliche Verantwortung beanspruchten. Das moralisch akzeptierte Verhalten, die schickliche Art, wie sie sich im späteren Altertum herausbildete, verlangt vom Dichter, den Akt künstlerischer Schöpfung der Inspiration durch göttliche Mächte zuzuschreiben. Alle waren der Auffassung, oder gaben später vor, es zu sein, daß man nur dann ein gutes Gedicht schreiben könne, wenn ein Gott oder eine Göttin in den eigenen Körper eindrang und die Imagination befruchtete.

Psychoanalytische Autoren haben bereits früher darauf hingewiesen, daß viele Phantasien von Inspiration weibliche sexuelle Wünsche als unbewußte Wurzeln haben (Kris, 1939; Arlow, 1951). Der unbewußte Wunsch hat zum Inhalt, vom Vater penetriert und geschwängert zu werden.

Bei den Griechen stand das Verfassen eines großen, allgemein bewunderten Gedichtes für das Streben nach Ruhm, Glück und Unsterblichkeit – danach, wie ein Gott zu werden. Mit anderen Worten, ein erfolgreicher Dichter zu sein bedeutete, die unbewußten ödipalen Wünsche nach Triumph über die Eltern zu befriedigen und die Inzest- und Mordgelüste der Kindheit zu erfüllen. Die Beteuerung, man habe das dichterische Werk nicht selbst verfaßt, man sei von einer Gottheit inspiriert worden, stellte eine Möglichkeit dar, den Triumph über den Rivalen zu verleugnen und statt dessen seine sexuelle Unterwerfung dem Rivalen gegenüber zu betonen. Somit diente die Inspirations-Phantasie einer doppelten Funktion. Sie befriedigte einen sexuellen Wunsch und diente der Abwehr, was heißt, daß die institutionalisierte moralische Forderung, den Ursprung eines Gedichts göttlicher Inspiration zuzuschreiben, unter anderem eine unbewußte masochistische Reaktion auf eine unmoralische Übertretung repräsentiert.

Obwohl Inspiration für einen Schriftsteller heute nicht mehr einen moralischen Imperativ darstellt wie in vergangenen Zeiten, hat die Phantasie immer noch eine ziemlich große Anziehungskraft. Sie ist eines der vielen Beispiele für die Fortwirkung religiöser Praktiken, die bewußt nicht mehr als heilig und obligatorisch angesehen werden, sondern nur noch als bezaubernd und anziehend. Wenn jedoch, wie es erscheint, diese Anziehung, wie immer sie auch bewußt rationalisiert sein mag, unbewußten moralischen Geboten entspringt, dann veranschaulicht sie die Rolle des Masochismus in der heutigen Moral nicht weniger als im klassischen Altertum.

Um es zusammenzufassen, liebevolle, unterwürfige und libidinös befriedigende Wünsche spielen bei der Überich-Bildung so häufig eine bedeutende Rolle, daß man sie geradezu als universell bezeichnen kann. Mit anderen Worten, solche Wünsche werden auf verschleierte, oft unbewußte Weise durch jene Kompromißbildungen befriedigt, die aus den Konflikten der ödipalen Periode stammen und die wir Überich nennen, weil sie mit Moral zu tun haben. Die fraglichen libidinösen Wünsche dienen einem doppelten Zweck, der Triebbefriedigung und der Abwehr, in diesem Fall der Abwehr von rivalisierenden, gegen die Eltern gerichteten mörderischen Triebabkömmlingen. Am Rande sollte erwähnt werden, daß es üblich ist, in psychischen Konflikten einen Triebabkömmling zur Abwehr einzusetzen. Freud (1911c [1910]) hat dies im Zusammenhang mit seiner Erörterung der Psychopathologie des Schreber-Falls klar erkannt; solcher Einsatz ist, um nur ein weiteres Beispiel zu nennen, Bestandteil jeder Reaktionsbildung.

Aus dem, was ich über die Rolle des Masochismus bei der Überich-Bildung und Überich-Funktion gesagt habe, ergibt sich, daß die Beteiligung masochistischer Wünsche am Moralgeschehen an sich kein Zeichen von Pathologie ist. Sie gehören in den meisten Fällen zum normalen Geschehen. Wenn das Moralgeschehen jedoch in einem solchen Ausmaß von masochistischen Wünschen beherrscht wird wie bei den Patienten, die Freud als moralische Masochisten bezeichnet hat, haben wir es zweifellos mit einer Pathologie des Überichs zu tun. Ein gewisser Grad an Masochismus ist jedoch normal.

Dies führt mich zu der Frage nach der Pathologie und Normalität des Überichs. Die Frage, was an der Überich-Tätigkeit pathologisch ist, was nicht, hängt ab von der erweiterten Auffassung von Überich-Bildung und -Funktion, wie sie in diesem Kapitel dargestellt wurde, und hängt ab von der Erkenntnis, daß das Überich hauptsächlich von Kompromißbildungen geformt wird, die aus ödipalen Konflikten resultieren.

Zur Zeit wird die Überich-Pathologie gewöhnlich im Sinne von Defekten im Überich beschrieben und erklärt – als Löcher im Überich, wie sie häufig genannt werden. Diese Auffassung geht auf Freud (1923b) zurück, der beiläufig anmerkte, daß ein gut oder voll ausgebildetes Überich wahrscheinlich die Ausnahme darstellt und daß die meisten Menschen nur ein unzureichendes, schlecht ausgebildetes Überich haben. Die gegenwärtige Auffassung, wie auch Freuds Anmerkung, hat ihren Ursprung in der inadäquaten Theorie, die Überich-Bildung sei auf Identifizierung mit dem Überich der Eltern zurückzuführen. Die Theorie unterstellt, diese Identifizierung sei unvollständig und folglich bilde sich auch das Überich unvollständig aus oder, im anderen Fall, die Identifizierung sei vollständig, jedoch das Überich der Eltern sei mangelhaft gewesen. So wird ein Verhalten, das von gesellschaftlich anerkannten ethischen Normen erheblich abweicht, gewöhnlich als das Ergebnis von Defekten oder Löchern im Überich erklärt; für »unmoralische« Phantasien wird häufig die gleiche Erklärung angeboten. Solche Erklärungen und die durch sie verkörperten Konzepte stehen im Widerspruch zu den Tatsachen der Überich-Bildung, wie ich sie dargestellt habe. Diese Tatsachen erfordern ein gänzlich anderes Konzept von der Überich-Pathologie.

Vor allen Dingen sollte man nicht vergessen, daß alle Kompromißbildungen des Überichs sozusagen Anforderungen des Kindes an seine Eltern sind: »Nimm mich an!« – »Liebe mich!«.
Eine Möglichkeit, Liebe und Anerkennung zu gewinnen, besteht nach Auffassung von Kindern darin, dem jeweiligen Menschen so ähnlich zu sein wie nur irgend möglich. Ein anderer Weg ist die Vermeidung von Wünschen oder Handlungen, die dieser Mensch mißbilligen oder bestrafen könnte, vor allem Inzest-, Kastrations- und gegen die Eltern gerichtete Mordwünsche. Eine weitere Möglichkeit besteht darin, das zu tun, was der Betreffende will oder anscheinend will – höflich sein, umgänglich, klug, sportlich oder was sonst gefordert oder belohnt wird. Reumütig zu sein, ist ebenfalls eine Möglichkeit – zu versprechen, gut zu sein und nie wieder etwas Schlechtes zu tun. Im Zusammenhang mit Reue haben wir noch die Möglichkeit, Bestrafung zu akzeptieren in der Hoffnung auf Vergebung. Schließlich ist da die Möglichkeit, auf den Menschen, dessen Liebe und Anerkennung wir gewinnen wollen, sexuell begehrenswert und befriedigend zu wirken.
Offensichtlich schließen sich die vielen Möglichkeiten, Liebe und Anerkennung zu gewinnen, gegenseitig nicht aus. Sie verstärken einander und dienen so dem Ziel, die durch ödipale Triebabkömmlinge hervorgerufene Unlust in Form von Angst und depressiven Affekten zu verringern. Identifikation (vor allem mit elterlichen Forderungen und Verboten), Reue, Selbstbestrafung (wozu körperliche Krankheit und Verletzungen gehören), Sühne, Buße und sexuelle Unterwürfigkeit, sie sind alle an den von Moralität geprägten Kompromißbildungen beteiligt. Die relative Bedeutung jedes einzelnen Faktors variiert von Mensch zu Mensch, doch sie sind bei praktisch jedem Menschen vorhanden und untrennbar miteinander verwoben. Wie jede Kompromißbildung sind auch diejenigen, die das Überich konstituieren, ein Gleichgewicht zwischen Lust und Unlust, zwischen Befriedigung und Frustration der Triebabkömmlinge, zwischen dem Erträglichen und Unerträglichen im Sinne von Angst und depressiven Affekten.
Aus ebendiesen Gründen nimmt Moral bei verschiedenen Menschen so unterschiedliche Formen an. Bei dem einen Menschen geht impulsives, rebellisches Verhalten mit Selbstverletzungen einher, die unbewußt die Bedeutung von Buße haben. Bei dem

anderen stellt solches Verhalten eine unbewußte Absicherung gegen Katastrophen dar, die mit sexueller Unterwürfigkeit verbunden sind, mit einer Haltung also, mit der Liebe und Vergebung gesucht wird. Bei einem anderen Menschen ist rebellisches Verhalten verboten oder nur unter besonderen Umständen erlaubt, z. B. im Karneval, bei Abwesenheit von zu Hause, in Kriegszeiten oder wenn man Mitglied einer Gruppe ist, deren Führer man bewundert (Freud, 1921c). Bei dem anderen verbirgt sich hinter dem rebellischen Verhalten die (unbewußte) Absicht, Bestrafung für reale oder phantasierte Befriedigung von Triebabkömmlingen aus der Kindheit zu provozieren (Freud, 1923b).

Die Liste der Variationen und Kombinationen von Variationen ist endlos. Wenn auch grob vereinfacht und in schematischer Weise voneinander abgehoben, sind die wenigen soeben skizzierten Faktoren zumindest geeignet, deutlich erkennen zu lassen, wie sehr und auf welche Art die Überich-Tätigkeit von einem Menschen zum anderen variieren und dennoch als normal bezeichnet werden kann. Unterschiede bei den Überich-Funktionen sind nicht ohne weiteres pathologisch einzuordnen. Normale Überich-Tätigkeit ist nicht im entferntesten so gleichförmig, folgerichtig und logisch kohärent, wie Freud dachte. Das Überich jedes Menschen ist ein Konglomerat verschiedener Kompromißbildungen, die alle mit Moralität zu tun haben. Wie die gesellschaftliche ist auch die individuelle Moral ein Flickwerk. Sie ist in sich immer mehr oder weniger inkonsistent.

Man kann nicht oft genug wiederholen, daß das, was wir Überich nennen, tatsächlich ein Ensemble relativ stabiler Kompromißbildungen ist, die nur zwei Dinge gemeinsam haben: 1. Sie gehen grundsätzlich auf Konflikte zurück, die mit ödipalen Triebabkömmlingen verbunden sind, und 2. sie haben mit Moral zu tun. Mit Ausnahme von debilen Menschen – Idioten und Schwachsinnigen – hat jeder Mensch ein Überich. Jeder muß irgendwie mit ödipalen Triebabkömmlingen fertig werden, will sagen, die Konflikte im Gefolge ödipaler Triebabkömmlinge müssen zu Kompromißbildungen führen, von denen einige moralische Implikationen haben. Ob ein Erwachsener ein Krimineller ist oder ein Asket, ob er geachtet und bewundert oder als gesellschaftlicher Außenseiter behandelt wird, ob er lügt oder die Wahrheit sagt, Heiliger oder Sünder ist, er kann nicht ohne Überich sein.

Sowohl für den einzelnen wie auch für die Gesellschaft ist es von großer Bedeutung, welche Kompromißbildungen sein Überich formen, und man kann das Überich jedes Menschen berechtigterweise auf der gleichen Grundlage als normal oder pathologisch einordnen, wie man die Normalität oder Pathologie jeder Kompromißbildung beurteilt. Wenn das Überich eines Menschen so funktioniert, das es zuviel Unlust hervorbringt und zu wenig Lust gewährt, wenn selbstschädigende und selbstzerstörerische Tendenzen zu stark sind oder wenn die Überich-Funktionen zu viele Konflikte mit der Umwelt mit sich bringen, dann ist es gerechtfertigt und angemessen, das Überich dieses Menschen als pathologisch zu bezeichnen. Die Vorstellung, einem Menschen fehle das Überich teilweise oder gänzlich, entbehrt jeder Grundlage. Der Gedanke, ein Überich könne schwach, nicht vorhanden sein oder Löcher haben, stimmt nicht mit Erkenntnissen überein, die wir über Ursprünge und Bildung des Überichs haben.

Inzest- und Vatermordverbot hat Sachs (1942) als fundamentalen, universellen Kern des Überichs definiert. In einer Hinsicht ist das richtig. In einer anderen ist es falsch und irreführend, insofern die Definition von Sachs implizit die allgemein akzeptierte Vorstellung enthält, das Überich sei ein Ensemble internalisierter (in Freuds Terminologie introjezierter) Verbote und Forderungen. Diese Formulierung beschreibt lediglich einen Teil der Überich-Funktionen. Der sich auf Triebbefriedigung beziehende Teil kann damit nicht erklärt werden, ob es sich um die oben beschriebenen Formen masochistischer Befriedigung handelt oder um sadistische Befriedigung, wie sie sich im Verhalten von Reformatoren und Möchte-gern-Reformatoren gesellschaftlicher Moral zeigt, die wie Savonarola und Calvin ihr Vergnügen darin finden, andere im Namen der Moral zu strafen und zu quälen. Unser Wissen über die Überich-Bildung und über seine Funktionen, wenn sie sich erst einmal entwickelt haben, verlangt, daß wir das Überich als Ensemble von Kompromißbildungen auffassen und nicht einfach als Ensemble internalisierter Verbote, die das Ziel verfolgen, die Befriedigung ödipaler Triebabkömmlinge zu verbieten. Internalisierte Verbote spielen bei der Überich-Bildung und -Tätigkeit eine große Rolle, aber sind längst nicht alles. Triebabkömmlinge, sowohl libidinöse wie aggressive, wie auch Angst, depressive Affekte und viele andere

Abwehrmaßnahmen außer der Identifizierung mit dem Eltern-Überich, sie alle sind an der Überich-Bildung und -Funktion wesentlich beteiligt.
Um einem möglichen Mißverständnis vorzubeugen, füge ich noch das Folgende hinzu: In der Darstellung meiner Auffassung von der Überich-Bildung habe ich der Rolle des Masochismus, das heißt der Rolle libidinöser Befriedigungen, mehr Platz eingeräumt als der Rolle der Aggression. Der Grund dafür ist nicht, daß ich der Meinung wäre, der eine Trieb sei wichtiger als der andere. Das Ungleichgewicht in der Darstellung ist allein der Tatsache zuzuschreiben, daß die Rolle libidinöser Befriedigungen, also auch des Masochismus, in der Vergangenheit weitgehend übersehen worden ist. Ich glaube nicht, daß der Masochismus im allgemeinen der wichtigste Faktor der Überich-Bildung ist. Ich behaupte allerdings, daß in diesem Prozeß der Masochismus bei jedem Menschen als wichtiger Faktor anzusehen ist. Bei manchen Menschen, z. B. den von Freud als moralische Masochisten bezeichneten, ist er besonders auffällig. Bei anderen, die nicht zu dieser Kategorie gehören, ist er weniger auffallend; aber er ist niemals ohne Bedeutung.

Zusammenfassung

Unter der Rubrik Überich fassen wir jene Aspekte des psychischen Geschehens zusammen, die mit Moral zu tun haben. Das Überich ist zum größten Teil ein Konglomerat von Kompromißbildungen, die sich aus den Konflikten der ödipalen Entwicklungsphase ergeben haben. Wenn man die Überich-Bildung und -Funktion vom Ich aus betrachtet, erkennt man, daß weitaus mehr daran beteiligt ist als Identifizierung mit dem Eltern-Überich, so wichtig dies auch ist. Tatsächlich sind an Bildung und Funktion des Überichs außer diesen Identifizierungen noch viele weitere Aspekte der Ich-Funktionen beteiligt.
Von den Trieben aus gesehen, gilt Ähnliches, nämlich daß mehr daran beteiligt ist als die Wendung der Aggression gegen das Selbst. Die Rolle der Libido und also des Masochismus bei der Überich-Bildung und -Funktion habe ich besonders hervorgehoben, weil dieser Aspekt im allgemeinen vernachlässigt wird.

Die Pathologie des Überichs darf nicht im Sinne unzulänglicher oder unvollständiger Entwicklung erklärt werden, wie das unter Analytikern bis heute allgemein üblich ist. Jeder Mensch, ob Heiliger oder Sünder, hat ein vollausgebildetes Überich. Die Überich-Pathologie muß auf der gleichen Grundlage erklärt werden wie die Pathologie jeder Kompromißbildung.

9. Pathologische Kompromißbildungen

Unter dieser Überschrift werde ich mich in der Hauptsache mit den psychoneurotischen Symptomen und neurotischen Charakterzügen befassen. Bevor ich mich jedoch dem Hauptanliegen dieses Kapitels zuwende, möchte ich noch einige einführende Bemerkungen machen. Die Kapitel 1 bis 7 behandeln die verschiedenen Komponenten des psychischen Konflikts. Kapitel 8 befaßt sich mit dem Überich, das sowohl eine Komponente als auch eine Folge des psychischen Konflikts darstellt. Die Kapitel 9 bis 13 beziehen sich auf die Konsequenzen des Konflikts im Seelenleben, das heißt auf das Thema der Kompromißbildung.

Die Kompromißbildungen teilen sich in zwei Gruppen, in normale und pathologische. Die pathologischen, die neurotische Symptome und neurotische Charakterzüge genannt werden, sind die den Psychoanalytikern vertrautesten Kompromißbildungen, denn es sind diejenigen, die als erste erkannt worden sind. Daß ich zwei Kapitel über pathologische Kompromißbildungen an den Anfang stelle, ergibt sich also, zumindest teilweise, aus historischen Erwägungen.

Ein Kapitel über Träume, über Fehlleistungen und Irrtümer des Alltagslebens schließt sich an. Freud hat seine Entdeckungen hinsichtlich der Psychologie dieser psychischen Phänomene dazu verwandt, um Ähnlichkeiten zwischen dem Pathologischen im psychischen Geschehen und dem Normalen aufzuzeigen (Freud, 1916–17 [1915–17]). Meine Erörterung dieser Phänomene als Kompromißbildungen dient dem gleichen Zweck. Damit schlage ich eine Brücke zwischen der Erörterung pathologischer und normaler Kompromißbildungen. Das folgende Kapitel zur Übertragung und Gegenübertragung verfährt ebenso. Alle drei Themen – Träume, Fehlleistungen und Übertragung – haben den großen Vorzug, daß Generationen von Analytikern sie wegen ihrer praktischen Bedeutung für die analytische Situation gründlich erforscht haben. Über diese Phänomene steht uns eine Fülle von zuverlässigen Daten zur Verfügung.

Zum Schluß folgt ein Kapitel über normale Kompromißbildungen und ihre Rolle im Seelenleben. In diesem Kapitel versuchte ich deutlich zu machen, daß Kompromißbildungen unter jedem Aspekt der psychischen Funktionsweisen nahezu allgegenwärtig sind und daß sie eine wichtige Rolle spielen.

Psychoneurotische oder kürzer neurotische Symptome sind erste Beispiele für Kompromißbildungen, die Freud als solche erkannt hat. Bereits 1894, in »Die Abwehr-Neuropsychosen«, hat er gezeigt, daß das Zwangssymptom einen Kompromiß darstellt zwischen einem unannehmbaren sexuellen Wunsch, der Abwehr gegen die Befriedigung dieses Wunsches und Reue oder Selbstbestrafung. Innerhalb von wenigen Jahren erkannte Freud, daß das gleiche Erklärungsschema auf alle psychoneurotischen Symptome zutrifft; später dehnten er und andere Analytiker es auf neurotische Charakterzüge aus. Ob das Ergebnis eines Konflikts wegen eines aus der Kindheit stammenden Triebabkömmlings sich als somatisches Symptom, Phobie, Zwangssymptom oder als neurotischer Charakterzug darstellt, es handelt sich dabei um eine Kompromißbildung, in der Triebabkömmling, die mit den Kindheitskatastrophen einhergehende Angst oder depressive Affekte oder beides, Abwehr und Überich-Manifestationen allesamt eine Rolle spielen, eine Rolle, die man erkennen und identifizieren kann, wenn adäquate psychoanalytische Daten vorhanden sind, das heißt, wenn man die psychoanalytische Methode anwenden kann.

Die erste Frage, mit der ich mich beschäftigen möchte, bezieht sich auf Beobachtungen, die diesen Aussagen zugrunde liegen. Vorausgesetzt, daß diese Aussagen richtig sind, wie Analytiker im allgemeinen übereinstimmend erklären, was bedeutet es tatsächlich, wenn man sagt, jedes Symptom und jeder neurotische Charakterzug seien Kompromißbildungen? Von welcher Art sind die beobachtbaren Daten, die diese Auffassung stützen können? Wie lassen sich diese theoretischen Generalisierungen auf die tagtägliche Arbeit mit Patienten anwenden und sinnvoll nutzen?

Aus einer früheren Veröffentlichung hier mein erstes Beispiel (Brenner, 1976).

Eine 34 Jahre alte Frau empfand Angst beim Fliegen. Sie beklagte sich vor allem darüber, daß sie »nur ein Passagier« sei und daher die Situation nicht kontrollieren und sich um Rettung bemühen könne, falls etwas schiefgehen sollte. Völlig ernst fügte sie hinzu, sie wisse ohnehin nicht, wozu es gut sein solle, wenn sie die Kontrolle übernehmen könne, da sie nichts vom Fliegen verstehe und keine Erfahrung als Pilot habe. Das Gefühl jedoch, nicht in der Lage zu sein, die Kontrolle zu übernehmen, war für sie stets mit großer Angst verbunden, wenn sie sich auf eine solche Situation einließ.

Die Patientin erzählte weiter, bei einer Gelegenheit, als sie in einem kleinen Privatflugzeug geflogen sei, habe sie überhaupt keine Angst empfunden. Bei dieser Gelegenheit saß sie neben dem Piloten im Cockpit des Flugzeuges, vor sich eine Ansammlung von Kontrollen und Instrumenten in zweifacher Ausführung. Ihre Ruhe in dieser Situation schrieb sie der Tatsache zu, daß sie zumindest die Möglichkeit gehabt hätte, »irgendwas zu tun«, falls es nötig gewesen wäre. Obwohl sie nicht so viele Worte darüber verlor, war deutlich, daß die Patientin die Phantasie hatte, der Pilot, ein Mann, würde sterben oder handlungsunfähig werden, so daß sie seinen Platz einnehmen und die Kontrolle übernehmen müßte.

Zur Erklärung der Flugangst der Patientin ist es wichtig, sich klarzumachen, daß sie sich aufgrund der Tatsache, daß sie eine Frau war, am stärksten in ihrem Leben beeinträchtigt fühlte. Bewußt akzeptierte sie mit philosophischer Gelassenheit die Überzeugung, in einer Welt zu leben, die sie für eine Männerwelt hielt. Als sie ihre Analyse begann, hatte sie keine Vorstellung davon, daß ihre Hauptsymptome, nämlich Depressionen und die Unfähigkeit zu heiraten, mit den Konflikten zusammenhingen, die sie mit ihrem Frausein hatte. Unbewußt war sie, wie ihr ganzes früheres Leben lang, voll bitterer Eifersucht, ohne Hoffnung und niedergeschlagen, gleichzeitig ständig schuldbewußt wegen ihres Zustands, den sie als kastriert, unterlegen und ungeliebt betrachtete. In diesem Zusammenhang war von großer Bedeutung, daß sie einen Bruder hatte, der vier Jahre jünger war als sie, der den Namen ihres Vaters trug und diesem selbstverständlich als Familienoberhaupt nachfolgte. Alles, was die Patientin an die Tatsache erinnerte, daß sie eine Frau war, verschlimmerte die pathologischen Folgen ihrer Konflikte, und aus ihren Assoziationen war ersichtlich, daß ihre Reaktion auf das Fliegen in einem Linienflugzeug genau solch eine pathologische Kompromißbildung war. Welches sind deren Komponenten, soweit sie sich aus den vorhandenen Daten ermitteln lassen?

Erstens, die Triebabkömmlinge. Von wesentlichster Bedeutung ist der Wunsch der Patientin, einen Penis zu besitzen. Da sie glaubte, ihr Vater würde sie mehr lieben, wenn sie ein Junge wäre, ist ihre Sehnsucht nach der Liebe ihres Vaters gleichfalls als wichtiger Triebabkömmling anzusehen; er ist eine der Komponenten des Konflikts, aus dem ihre Angst vorm Fliegen sich als Kompromißbildung ergeben hat. Ein weiterer Triebabkömmling war der Wunsch, ihren Bruder zu kastrieren und ihn zu beseitigen, sowohl um seinen Penis zu erlangen, als auch um sich an ihm und ihren Eltern zu rächen, weil sie ihm den Penis gegeben haben, den sie ihr verweigert hatten, und weil die Eltern ihren Bruder mehr liebten als sie, wovon sie überzeugt war. Es sollte noch erwähnt werden, daß sie kastrierende und mörderische Wünsche nicht nur ihrem Bruder, sondern auch ihrem Vater gegenüber hegte, den sie als treulos empfand.

Die mit den aufgeführten Triebabkömmlingen verbundenen Katastrophen waren gleichermaßen vielfältig. Angst war der dominierende Affekt. Bewußt fürchtete sie, während eines Fluges würde sich eine Katastrophe ereignen. Unbewußt hatte sie Angst, ihre Kastrationswünsche könnten Liebesverlust nach sich ziehen, der in ihrem Symptom dadurch repräsentiert war, daß sie ignoriert und vom Cockpit ferngehalten wurde, und könnten Kastration zur Folge haben, die sich in ihrem Symptom darin zeigte, daß sie sich unterlegen, unfähig, bloß als Passagier fühlte, und vermutlich auch in ihren Gedanken an körperliche Verletzung, an Tod oder beides. Der depressive Affekt war gleichfalls vorhanden, als bewußtes Gefühl von Hoffnungslosigkeit und unvermeidlicher, unabänderlicher Katastrophe.

Mit anderen Worten, sowohl der depressive Affekt als auch Angst, deren Vorstellungsinhalt in Kastration und Liebesverlust bestand, stellten Komponenten der Konflikte der Patientin dar, und beide traten, in unterschiedlichem Ausmaß, durch die daraus folgenden Kompromißbildungen ins Bewußtsein, trotz der defensiven Bemühungen der Patientin, sie zu vermeiden.

Unter den Abwehrmaßnahmen der Patientin läßt sich Verdrängung ohne weiteres identifizieren. Ihr Wunsch nach einem Penis war ihr zu dem Zeitpunkt, als sie zum erstenmal von ihrem Symptom sprach, gänzlich unbewußt. Auch die Wut auf Vater und Bruder war ihr zu jener Zeit nicht bewußt. Es bedurfte viel analytischer Arbeit, bevor sie sich über beides bewußt wurde. Da sie für ihren Bruder in ihren bewußten Gefühlen liebevolle Besorgtheit empfand, während sie für ihren Vater Liebe und Verehrung hegte – sie war der Meinung, er sei in allem fehlerlos –, kann man der Liste der Abwehren noch die Reaktionsbildung hinzufügen. Ferner vermied sie es nach Möglichkeit zu fliegen, das heißt sie litt unter einer Phobie, die *per definitionem* eine defensive Vermeidung einschließt. Als weiteren Abwehraspekt erkennen wir Verschiebung. Statt ihren Bruder zu beneiden und seinen Penis zu begehren, dachte sie an den Piloten, an seine Steuervorrichtungen und seine überlegene Position und Kompetenz. Ihr Gefühl von unabänderlicher Unterlegenheit bekämpfte sie außerdem mit einer allwissenden oder omnipotenten Phantasie: wenn man ihr nur die Steuerung überließe, würde sie das Flugzeug schon sicher fliegen. Mehr noch, in dem Maße, wie sie von Teilen ihrer Phantasie überzeugt war, z. B. daß *wirklich* etwas Katastrophales geschehen werde, benutzte sie diese Überzeugung als Abwehr: nicht sie *wünschte*, daß etwas geschehe, was Unlust und Konflikt erzeugte; sondern es würde etwas geschehen, das außerhalb ihrer Kontrolle läge, und für das sie keine Verantwortung zu tragen habe. Somit waren bei der Patientin sowohl Abwehr als auch Triebbefriedigung an ihrer gestörten Fähigkeit zur Realitätsprüfung beteiligt, das heißt an ihrer gestörten Fähigkeit, in ihrer allwissend-omnipotenten Phantasie Tatsachen von Einbildungen zu unterscheiden.

Es sollte noch erwähnt werden, daß die gleiche Phantasie auch Vorstellungen enthält, die der Abwehr ihrer mörderischen, kastrierenden Wünsche diente, denn sie erschien in ihrer Phantasie als Retterin und nicht als kastrierende Zerstörerin. Auch sollte erwähnt werden, daß ihre Phantasie, eine Retterin zu sein, zur Abwehr der Katastrophen von Liebesverlust und Kastration diente. Eine Retterin wird geliebt und belohnt; sie ist nicht ungeliebt, nicht verbannt und muß nicht den Penis entbehren, den sie sich ersehnt. Eine Retterin ist nicht schlecht, sie ist gut.

Und in der Tat sind Aspekte der Überich-Tätigkeit als Konfliktkomponenten der Patientin leicht zu erkennen. Neben ihrem Wunsch, gut zu sein, wird deutlich, daß für sie ungeliebt und kastriert sein Strafen darstellten, die sie gleichermaßen fürchtete und als notwendig für Sühne und Glück akzeptierte. Ihr Leiden, ihre Tränen, ihr Unglück und ihr Gefühl hilfloser Unfähigkeit, sie alle enthielten Elemente der Bitte um Vergebung, um Mitleid und Liebe.

Diese Liste der Konfliktkomponenten, die zu dem Symptom der Patientin führten, ist keineswegs vollständig. Ich war allerdings auch nicht um Vollständigkeit bemüht. Vielmehr habe ich mich auf zwei Aufgaben beschränkt. Die erste besteht darin zu zeigen, daß sich unter den Konfliktkomponenten der Patientin Triebabkömmlinge, Angst und depressive Affekte befinden, die mit den Kindheitskatastrophen, Abwehrmaßnahmen und Überich-Manifestationen zusammenhängen. Die zweite Aufgabe, ebenso bedeutsam wie die erste, besteht darin, zu verdeutlichen, auf welche Art und Weise die verschiedenen Konfliktkomponenten in einem konkreten Fall in Erscheinung treten, das heißt zu zeigen, welche Befunde die Theorie oder Generalisierung stützen, daß jedes neurotische Symptom aus einem Konflikt mit eben diesen Komponenten resultiert.

Bei dem folgenden Beispiel will ich versuchen, diese beiden Aufgaben auch bei einem neurotischen Charakterzug zu erfüllen. Ich habe ein alltägliches Beispiel gewählt, aus dem gleichen Grund, aus dem ich als erstes Beispiel ein alltägliches Symptom gewählt habe. Meine Beispiele sollen universelle Aspekte des psychischen Geschehens demonstrieren, Aspekte, die jedes Symptom und jeden neurotischen Charakterzug auszeichnen.

Als Charakterzug habe ich unterwürfige Gehorsamkeit gewählt. Der Patient, ein 31 Jahre alter Mann, fühlte sich genötigt, immer und unverzüglich das zu erfüllen, was man von ihm erwartete. Er beklagte diesen Charakterzug, manchmal tadelte er sich bitter dafür, aber ändern konnte er ihn nicht. Trotz aller Anstrengungen blieb er unterwürfig gehorsam.

Soweit er sich zurückerinnern konnte, benahm er sich anständig, war ein ordentlicher Schüler, kämmte seine Haare, putzte die Zähne und wusch seine Hände, ohne daß er dazu aufgefordert werden mußte, war niemals in Raufereien oder andere Auseinandersetzungen verwickelt und gereichte seinen Eltern ganz allgemein zur Ehre. Auch im College erfüllte er die an ihn gerichteten Erwartungen. Er war Mitglied in den richtigen Clubs, er betrieb einige Sportarten, die er gut beherrschte und für die er hart trainierte; in den meisten seiner Studienkurse schnitt er gut ab und in den wichtigen war er sehr gut, er ging aus mit Mädchen aus guter Familie und so fort. Seine Kleidung wählte er nach dem Gesichtspunkt der Ordentlichkeit, nach dem College nahm er eine ordentliche Arbeit an, und er ging sogar manchmal in die Kirche, um seiner Mutter eine Freude zu bereiten. Viele seiner Assoziationen und Träume ließen etwas erkennen, dessen er sich im Verlauf seiner Analyse bewußt wurde, nämlich, daß es von Anfang an sein Wunsch war, seinen Eltern, vor allem seiner Mutter zu gefallen. Dieser Wunsch zeigte sich in seinem Charakter als unterwürfiger Gehorsam gegenüber jedem Menschen und jeder sozialen Forderung oder Vorschrift, die seine Mutter befürwortete.

Offensichtlich befriedigte der neurotische Charakterzug den Wunsch des Patienten nach Liebe und Anerkennung seiner Mutter.

Er war unterwürfig und gehorsam, um die Liebe seiner Mutter zu gewinnen – ein Triebabkömmling der Kindheit. Genauso deutlich dienten Unterwürfigkeit und Gehorsam gegenüber den Wünschen der Mutter auch einem Abwehrzweck. Sie verhinderten die Bewußtwerdung und die direkte Äußerung seiner Wut auf die Mutter.

Tatsächlich konnte er sich nicht daran erinnern, vor Beginn seiner Analyse mit seiner Mutter jemals offen gestritten zu haben. Der Patient war in der Tat ein ungewöhnlich sanfter Mensch. Nur bei äußerst seltenen Gelegenheiten empfand er bewußten Ärger.

Im Lauf der Zeit wurde offenbar, daß der unterwürfige Gehorsam des Patienten komplexer war, als es nach meiner bisherigen Beschreibung den Anschein hat. Für alle Welt, einschließlich seiner Mutter, war er nach außen hin gehorsam und unterwürfig. Außerdem teilte er in dieser Hinsicht die Meinung seiner Umwelt über ihn, zu seinem Bedauern, wie ich bereits erwähnt habe. Tatsächlich war er jedoch nicht nur unterwürfig. In seiner Kindheit und im frühen Erwachsenenalter vergaß er zum Beispiel bei

seinen Schulaufgaben alles, was er gelernt hatte, sobald er sich nicht mehr daran erinnern mußte, um gute Zensuren zu bekommen. In seinem Sozial- und Sexualleben besuchte er zwar nette Partys und ging mit Mädchen aus, deren Familien seine Mutter kannte und schätzte, doch er machte sich aus keiner etwas. Er bevorzugte Bars und Prostituierte, obwohl er diese nur heimlich aufsuchte. Bei seiner Arbeit fand er keinen Gefallen an dem, was er gerade tat, er wurde darin weder tüchtig noch erfolgreich, und unbewußt arbeitete er ständig auf ein Scheitern hin. Mit anderen Worten, wir müssen seinen neurotischen Charakterzug detailliert beschreiben, um ihn richtig einordnen zu können. Es stimmt, daß er gegenüber jedem Wunsch seiner Mutter in auffälliger Weise unterwürfigen Gehorsam zeigte, aber sein neurotischer Charakterzug enthielt auch geheimen Trotz gegenüber seiner Mutter, Entschlossenheit, ihr zu mißfallen und eine Schande für sie zu sein, das heißt, sich an ihr zu rächen, indem er sie enttäuschte. Seine Lebenshaltung – der fragliche Charakterzug – kann man nur adäquat beschreiben, wenn man festhält, daß er, um seiner Mutter zu gefallen, zwar alles tat und so wurde, wie sie es erwartete, daß er aber niemals Freude daran hatte und dabei niemals wirklich erfolgreich war, so daß er sie, auf lange Sicht, enttäuschen und ihr Schande machen mußte.
Ein weiteres Merkmal seiner Unterwürfigkeit war das Gefühl, niemals zu erreichen, was er sich erhoffte, wie sehr er sich auch darum bemühen mochte, das heißt, niemals der Liebling seiner Mutter sein zu können. In seinem Bewußtsein zeigte sich diese Überzeugung als Gefühl von Indifferenz gegenüber allem, was er tat. Er war unterwürfig und gehorsam mit dem bewußten Gefühl, daß das, was er gerade willfährig tat, unnütz und uninteressant sei. Zu den aus der Kindheit stammenden Determinanten dieser Überzeugung gehörte die Tatsache, daß seine Mutter seine zwei Schwestern vorzog, von denen die eine ein Jahr älter und die andere dreieinhalb Jahre jünger war als er. Unbewußt wünschte er sich, sowohl Baby zu sein wie seine jüngere Schwester als auch Mädchen wie beide Geschwister, die seine Mutter ihm vorzog. Wie zu erwarten, war dieser Wunsch von früher Kindheit an mit intensiver Kastrationsangst und Depression verbunden.
In dieser verkürzten Darstellung lassen sich eine Reihe von Triebabkömmlingen als Komponenten im pathogenen Konflikt

des Patienten erkennen. Er wünschte, der Liebling der Mutter zu sein, er wünschte, Mädchen und Baby zu sein, um dieses Ziel zu erreichen, und er wünschte, sich an seiner Mutter zu rächen, weil sie nicht ihn am meisten liebte. Diese drei Triebabkömmlinge erzeugten sowohl Angst als auch depressive Affekte in Verbindung mit den Katastrophen von Objekt- und Liebesverlust sowie Kastration. Unterwürfiger Gehorsam, Sanftheit und gutes Benehmen dienten sowohl einer wichtigen Abwehr und hatten auch die Funktion, seinen Wunsch nach Liebe zu befriedigen, in der Phantasie wie in der Realität. Verdrängung spielte gleichfalls eine Doppelrolle: Er vergaß, was er gelernt hatte, um seine Mutter zu ärgern, das heißt um Triebbefriedigung zu erlangen, während er viele schmerzhafte Erinnerungen aus der Kindheit verdrängte, um Unlust zu vermeiden. Was die Überich-Manifestationen angeht, so war Gutsein der eigentliche Kern seines Charakterzugs. Gutes Benehmen, wünschenswerte, sozial anerkannte Interessen, Konformität mit den elterlichen Moralmaßstäben – alle waren Teil seines Charakterzugs, seines unterwürfigen Gehorsams.

Wie beim ersten Beispiel sollte auch hier ganz klar sein, daß meine Darstellung von einer vollständigen Analyse der pathogenen Konflikte des Patienten weit entfernt ist. Ich habe nur soviel Daten gegeben, um das Vorhandensein der verschiedenen Konfliktkomponenten, die zu unterwürfigem Gehorsam geführt hatten, zu dokumentieren und um zu veranschaulichen, auf welche Weise jene Komponenten im konkreten klinischen Material auftauchen, das heißt um zu zeigen, welche Befunde die Konflikttheorie stützen, die Gegenstand meiner Ausführungen ist. Wie man anhand des Anschauungsmaterials beider Beispiele erkennen kann, gehören ähnliche Befunde zu jeder Psychoanalyse. Jede Situation, in der die Analyse zufriedenstellend fortschreitet, wird Material im Überfluß liefern, das belegen kann, was ich gesagt habe über die Konfliktkomponenten, die neurotische Symptome oder neurotische Charakterzüge hervorbringen und wie diese Komponenten bei der Produktion pathologischer Kompromißbildungen miteinander verschmelzen und interagieren.

Die nächste Frage, die es zu erörtern gilt, hat mit dem Begriff pathologisch und seiner Anwendung bei Kompromißbildungen zu tun. Auf welcher Basis läßt sich entscheiden, ob eine gegebene

Kompromißbildung pathologisch oder normal ist? Natürlich kann man ein neurotisches Symptom oder einen neurotischen Charakterzug nicht einfach als Kompromißbildung definieren. Gewiß ist das Überich nicht notwendigerweise pathologisch, doch ist es, wie in Kapitel 8 dargelegt, eine Kompromißbildung und überdies eine solche, die in der Dynamik und der Genese den pathologischen Kompromißbildungen sehr ähnelt, die ich oben als Beispiele angeführt habe.

Wie ich bereits angedeutet habe (Kapitel 8), ist eine Kompromißbildung dann pathologisch, wenn sie durch Kombination der folgenden Merkmale gekennzeichnet ist: zu große Restriktion der Befriedigung von Triebabkömmlingen, zu starke Hemmung der Funktionsfähigkeit, zu viel Unlust – das heißt, ein Übermaß an bewußter Angst, depressiven Affekten oder beides –, zu starke Tendenz zur Selbstverletzung oder -zerstörung oder zu große Konflikte mit der Umgebung –, das heißt gewöhnlich mit den Menschen, zu denen man Kontakt hat. Wenn eine Kombination solcher Merkmale von Kompromißbildungen eine bestimmte Schwelle überschreitet, ist die fragliche Kompromißbildung richtigerweise als pathologisch zu klassifizieren (Brenner, 1973b, S. 200).

Es muß klar sein, daß die Entscheidung darüber, wo eine solche Schwelle anzusetzen ist, immer eine willkürliche Angelegenheit ist. Es gibt keine scharfe Grenzlinie, die im Seelenleben das Normale vom Pathologischen trennt. Beides geht unmerklich ineinander über, wie bei Krankheiten oder Leiden, die man gewöhnlich als körperlich oder organisch bezeichnet. Infektionskrankheiten, die allesamt durch spezifische Organismen verursacht werden, bieten eine brauchbare Parallele, gerade weil sie auf den ersten Blick so ganz anders zu sein scheinen.

Nehmen wir die Tuberkulose zum Beispiel! Wie soll man bei der Tuberkulose die Grenze ziehen zwischen Normalem und dem Pathologischen? Wie läßt sich Tuberkulose als Krankheit definieren?

Kann man sagen, daß jeder, dessen Körper lebende, pathogene Organismen – lebende *mycobacteria tuberculosis* – in sich trägt, an Tuberkulose erkrankt ist?

So zu verfahren hieße, eine Krankheitsdefinition zu vertreten, die nicht nur unbrauchbar, sondern in ihren Konsequenzen eindeutig irreführend und möglicherweise nachteilig ist. Millionen von Erwachsenen tragen über Zeiträume von vielen Jahren hinweg lebende Mycobakterien ohne Anzeichen von körperlichen Schäden mit sich herum. Es ist richtig, daß niemand an Tuberkulose erkrankt, dessen Körper keine Tuberkel-Organismen enthält. Es ist, mit anderen Worten, richtig, daß die Abwesenheit von Tuberkel-Organismen beweist, daß der betreffende Mensch nicht an Tuberkulose erkrankt ist. Die Umkehrung indes ist nicht richtig. Das Vorhandensein von Tuberkel-Organismen ist kein Beweis für das Vorhandensein der Krankheit Tuberkulose in irgendeiner brauchbaren oder sinnvollen Bedeutung des Wortes. Die Organismen müssen in genügender Zahl vorhanden sein, und sie müssen das Gewebe oder die Organe in hinreichendem Maße angegriffen haben, um gravierende Gesundheitsschäden zu verursachen, verursacht zu haben oder wahrscheinlich zu verursachen, wenn man den Zustand als pathologisch bezeichnen soll, das heißt, wenn man von einem Menschen sagen soll, er sei an Tuberkulose erkrankt. Diese Überlegungen gelten nicht allein für diese Krankheit. Sie gelten für jede Krankheit, die durch Mikroorganismen hervorgerufen wird. Das heißt, selbst im Fall von Infektionskrankheiten, bei denen Ätiologie und Diagnose relativ einfach, sicher und krankheitsspezifisch sind, gibt es keine scharfe Trennlinie zwischen dem, was normal, und dem, was pathologisch ist, zwischen Gesundheit und Krankheit. Der Übergang bewegt sich immer auf einem Gradienten, sei dieser nun flach oder steil. Diskontinuität gibt es nicht.

Um zur Psychopathologie zurückzukehren, so müssen wir uns vergegenwärtigen, daß mit der Aussage, es gäbe keine scharfe Trennlinie zwischen normal und pathologisch, der Unterschied zwischen psychischer Gesundheit und psychischer Krankheit nicht bagatellisiert werden soll. Selbst eine mäßig ernste psychische Erkrankung unterscheidet sich deutlich von psychischer Gesundheit oder Normalität. Psychische Krankheit ist keine triviale Angelegenheit, wie manche unkundige, wenn auch wohlmeinende Menschen meinen. Der Unterschied zwischen Krankheit und Gesundheit ist der Unterschied zwischen Leid und Freude, zwischen Entsetzen und Vertrauen, zwischen Versagen und Erfolg, zwischen Tod oder Verstümmelung und Leben. Es ist nicht schwer, zwischen einem konkreten Maß an Psychopathologie und dem nach allgemeiner Übereinkunft als psychisch Normalen zu unterscheiden. Mir kommt es darauf an, daß es sich dabei lediglich um einen graduellen Unterschied handelt, ganz gleich, wie groß der Unterschied auch sein mag, wie bedeutsam dessen praktische Konsequenzen für den einzelnen.

Einige dieser Punkte hat Freud sehr früh erkannt, als er die Auffassung formulierte, Psychopathologie bestehe nicht in Zerfall oder Fragmentierung des psychischen Geschehens, sondern in Störungen des Gleichgewichts zwischen seinen verschiedenen Elementen, Störungen, die Freud als quantitativ und nicht als qualitativ charakterisierte (Freud, 1900a, S. 613). Wie Freud formulierte, ist bei psychischen Erkrankungen das Gleichgewicht zwischen den Systemen Ubw, Vbw und W-Bw gestört, genau wie, seiner Ansicht nach, auch in Träumen und Fehlhandlungen (Freud, 1900a, S. 575).

Gleichzeitig muß man jedoch sehen, daß sich Freuds Verständnis von Psychopathologie um 1900 und noch viele Jahre danach wesentlich von der Auffassung unterschied, zu der er letztendlich gelangte (vgl. Kapitel 1). Bis 1926 setzte er psychischen Konflikt mit Psychopathologie gleich. Konflikte, so meinte er, sind eine Folge mißlingender Verdrängung, die er zu jener Zeit als Abwehr bezeichnete. So lange, oder in dem Ausmaß, wie die Abwehrmaßnahmen standhielten, sei man konfliktfrei und psychisch normal. Nach Freuds Ansicht vor 1926 löst das Mißlingen der Verdrängung neurotische Angst und Konflikte aus. Folglich trafen Freud und seine Kollegen zumindest im Prinzip eine deutliche Unterscheidung zwischen psychischer Normalität, die sie als gleichbedeutend mit psychischer Konfliktfreiheit ansahen, und Psychopathologie, die als gleichbedeutend galt mit psychischen Konflikten aufgrund versagender Verdrängung.

In diesem Zusammenhang ist der Hinweis angebracht, daß selbst nach Freuds (1926) Revision seiner Angst- und Konflikt-Theorie unter den Analytikern weiterhin die Neigung bestand, an Freuds früherer Auffassung festzuhalten, zumindest hinsichtlich der Unterscheidung zwischen Normalität oder Gesundheit und Pathologie oder Krankheit. Analytiker hielten an dem Glauben fest, daß das Normale auch konfliktfrei ist und daß umgekehrt Konflikte ein Zeichen für Pathologie sind, wenn auch nur ein Warnzeichen.

Um es zu wiederholen, jedes neurotische Symptom und jeder neurotische Charakterzug stellt eine Kompromißbildung dar. Beide sind Folge psychischer Konflikte, deren Ursprung in der Kindheit liegt und zu deren Komponenten Triebabkömmlinge, Angst und depressive Affekte gehören, die ihrerseits mit den Katastrophen der Kindheit, mit Abwehr und Überich-Manifestationen zusammenhängen. Beide sind durch ein Übermaß an Hemmung, Unlust, Mangel an Befriedigung, Selbstdestruktion und/oder soziale Disharmonie gekennzeichnet. Aus dieser Definition ergeben sich bestimmte Konsequenzen, die besonderer Betonung bedürfen, da sie häufig vernachlässigt oder übersehen werden.

Zum einen, wenn man sagt, das Symptom sei eine Kompromißbildung, dann folgt daraus, daß es niemals nur eine Komponente des Konflikts darstellt, dessen Ergebnis es ist. Zum Beispiel ist ein Zwangsritual niemals richtig als Masturbationsäquivalent zu beschreiben. Der Impuls zu masturbieren kann nie mehr als eine der Komponenten eines Rituals sein. Das Symptom selbst stellt immer einen Kompromiß dar zwischen dem Impuls zu masturbieren (= Triebabkömmling), der Abwehr, den Überich-Manifestationen, der Angst und depressiven Affekten. Jede Aussage über solche Rituale muß diese Tatsache berücksichtigen. Das gleiche gilt für die praktische, klinische Arbeit mit Patienten, die unter solchen Symptomen leiden.

Genauso verhält es sich mit der Abwehr. Ein Symptom ist niemals Abwehr. Abwehr ist nur die Komponente eines Symptoms. Masochismus ist keine Abwehr gegen Objektverlust, ebensowenig wie neurotische Zwangssymptome etwas Schlimmeres, z. B. eine Psychose, abwehren sollen. Man darf die Rolle der Abwehr bei der Symptombildung nicht übersehen, aber ein Symptom ist niemals nur Abwehr und sonst nichts (vgl. Kapitel 5). Ebensowenig ist ein Symptom jemals nur Selbstbestrafung, nur Reue oder nur Sühne. Es ist immer eine Kombination von Elementen, zu denen alle jene Konfliktkomponenten zählen, aus denen sich jede Kompromißbildung zusammensetzt.

Zum anderen, ein Symptom ist niemals der Grund von Angst oder depressiven Affekten (Arlow und Brenner, 1964; Brenner, 1976, 1979b). Wenn ein Patient beispielsweise über Gedanken, verrückt zu werden, klagt und gleichzeitig Angst hat, ist es genauso irrig, die Aussage des Patienten für bare Münze zu nehmen, er hätte Angst vor der Vorstellung, verrückt zu werden, wie die Behauptung eines anderen Patienten, die Vorstellung, das Flugzeug könne abstürzen, sei für seine Angst vorm Fliegen verantwortlich, oder die Vorstellung, der Gedanke, der Fahrstuhl könne steckenbleiben, sei der Grund für die Angst vor Fahrstühlen. In allen Fällen sind sowohl die Gedanken katastrophaler Ereignisse als auch die bewußte Angst symptomatisch. Beide sind Bestandteile einer Kompromißbildung, deren Komponenten das Gefühl von bevorstehender Gefahr, das heißt die Angst, und den bewußt damit einhergehenden Vorstellungsinhalt bestimmen. Tatsächlich gehört zu den bedeutsamsten Merkmalen psychischer Konflikte, daß bewußte Angst als Bestandteil des Symptoms ein Indikator dafür ist, daß die Abwehrbestrebungen des Patienten die Unlust in Verbindung mit konfliktauslösenden Triebabkömmlingen nur unzureichend oder inadäquat vermeiden können. Wenn Angst und depressive Affekte als Bestandteile pathologischer Kompromißbildungen bewußt werden, beziehen sie sich immer auf Triebabkömmlinge, deren Ursprung in der Kindheit liegt. Unlustaffekte müssen in jedem Fall mit Hilfe der psychoanalytischen Methode in ihre entscheidenden Komponenten zerlegt werden, wenn man ihre wahre Natur und ihren Ursprung verstehen will. Ich werde darauf noch ausführlicher zurückkommen (Kapitel 10).

Als weitere logische Folge ergibt sich daraus, daß weder symptomatische Angst noch symptomatische depressive Affekte jemals ohne Vorstellungsinhalt sind (Brenner, 1974a; 1975a). Die Begriffe freiflottierende Angst oder inhaltlose Angst sind falsche Bezeichnungen. Sie können sich nur auf Situationen beziehen, in denen der Vorstellungsinhalt des Affekts vollständig oder nahezu vollständig verdrängt wurde, oder auf Situationen, in denen die Unlustempfindung von ihm abgespalten worden ist. Das gleiche gilt für den depressiven Affekt. Freuds (1895b [1984]) Erklärung, bei manchen Patienten sei Angst ohne Inhalt klinisch beobachtbar, ist auf frühe klinische Erfahrungen zurückzuführen, die ihn zu Schlußfolgerungen brachten, die in der Folgezeit angezweifelt wurden (vgl. Kapitel 4). Zu jener Zeit glaubte Freud, daß unhygienische Sexualpraktiken bei manchen Patienten Angstanfälle auslösen könnten, die keine seelischen Determinanten und folglich auch keinen psychologischen oder Vorstellungsinhalt haben. Die bisher gesammelten Daten haben die Erklärung, die Freud für die Angstanfälle seiner Patienten fand, gegenstandslos gemacht. Ein Symptom kann so wenig nur Unlust sein wie nur Triebabkömmling oder nur Abwehr.

Bisher habe ich psychoneurotische Symptome und neurotische Charakterzüge als im wesentlichen gleichwertige psychische Phänomene behandelt. Damit weiche ich von der üblichen Praxis der meisten Psychoanalytiker ab. Obwohl sie einräumen, daß Symptome und Charakterzüge insofern ähnlich sind, als beide Kompromißbildungen darstellen, betonen die meisten Analytiker die Unterschiede zwischen den beiden Phänomengruppen. Daß sie die Unterschiede für bedeutsam halten, zeigt sich in diagnostischen Termini wie Symptomneurose und Charakterneurose. Welche Unterscheidungen können wir tatsächlich zwischen neurotischen Symptomen und neurotischen Charakterzügen aufstellen? Wie nützlich und wie berechtigt sind sie?

In Extremfällen scheint die Unterscheidung zwischen beiden leicht zu fallen. Wenn ein Patient darüber klagt, er wage nicht, mit dem Flugzeug zu fliegen, weil er fürchte, von Angst überwältigt zu werden, und erklärt, die Schwierigkeiten hätten vor drei Monaten begonnen, zögern wir nicht, die Angst als neurotisches Symptom zu etikettieren. Das gleiche gilt, wenn ein Patient jeden Gas- und Wasserhahn und alle elektrischen Glühbirnen überprüfen muß, bevor er das Haus verläßt. Wenn wir, andererseits, von einem Menschen hören oder erfahren, daß er sich seinen beruflichen Vorgesetzten gegenüber immer oder häufig provokant, streitsüchtig oder beides verhält, verwenden wir das Etikett neurotischer Charakterzug genauso schnell und entschieden.

Allerdings liegen nicht alle Fälle so einfach. Es gibt Menschen, die sich ihr Leben lang weigern, mit dem Flugzeug zu fliegen, und die dabei keine bewußten Ängste empfinden, sondern die ihre Weigerung als eine auf vernünftigen, logischen Gründen beruhende Präferenz erleben. Für den Beobachter mag es so scheinen, als ob ein solcher Mensch unbewußt genauso Angst vorm Fliegen hat wie der hypothetische phobische Patient, doch man hat es hier mit einem Verhalten zu tun, das im Charakter verankert und vollkommen ichsynton ist. Soll man es dennoch als Symptom bezeichnen oder besser als Folge einer charakteristischen Ängstlichkeit, das heißt als Bestandteil eines neurotischen Charakterzugs?

Oder betrachten wir eine Möglichkeit, die genauso üblich ist wie die dargestellte. Wie soll man die folgende pathologische Kompromißbildung einordnen? Ein Patient war gegenüber Menschen, die er als überlegen ansah, auf charakteristische Weise feindselig, ohne allerdings tatsächlich Streit zu provozieren. Seine feindseligen, provokanten Wünsche äußerten sich vielmehr in einer sarkastischen, kritischen Haltung, und zwar nicht gegenüber seinen eigenen Vorgesetzten, mit denen er bezeichnenderweise auf gutem Fuß stand, sondern gegenüber dem distanzierteren, dem eher unpersönlichen sozialen, ökonomischen und politischen Establishment. Bei manchen Gelegenheiten jedoch, vor allem wenn er eine neue sexuelle Eroberung gemacht hatte, war er seinen Vorgesetzten gegenüber ebenso herausfordernd und streitsüchtig, wie es der Patient im Fallbeispiel oben gewohnheitsmäßig war. Ist eine solche episodische Kompromißbildung symptomatisch oder charakterologisch?

Um die Schwierigkeiten bei der Unterscheidung neurotischer Symptome von neurotischen Charakterzügen noch zu vergrößern, sei hinzugefügt, daß viele neurotische Charakterzüge nicht ichsynton sind, wie man es eigentlich annehmen sollte. Man begegnet zum Beispiel häufig Menschen, die wünschten, sie wären weniger halsstarrig, weniger willfährig oder weniger unglücklichen Stimmungen ausgesetzt. Solche Menschen können sich gegenüber den beklagten neurotischen Charakterzügen ebenso hilflos fühlen und ebenso unzufrieden mit ihnen sein wie Menschen, die sich vor Flugzeugen oder vor geschlossenen Räumen fürchten.

Neurotische Symptome und neurotische Charakterzüge sind in der Tat häufig deskriptiv so wenig zu unterscheiden wie dynamisch. Im allgemeinen kann man allenfalls sagen: Wenn eine pathologische Kompromißbildung über viele Jahre andauert und wenn sie sich nicht auffallend von Denk- und Verhaltensweisen unterscheidet, die als normal bewertet werden, bezeichnet man sie gewöhnlich als neurotischen Charakterzug. Umgekehrt gilt: Wenn eine pathologische Kompromißbildung nur von kurzer Dauer ist oder plötzlich einsetzt oder noch jüngeren Datums ist und wenn sie als befremdlich und bizarr erscheint oder gänzlich

aus dem Rahmen normaler Verhaltensweisen fällt, wird man sie als neurotisches Symptom bezeichnen.
All diese Überlegungen bringen mich zu dem Schluß, daß es ein fruchtloses Unterfangen ist, zwischen neurotischen Symptomen und neurotischen Charakterzügen unterscheiden zu wollen. Die Ähnlichkeiten zwischen beiden sind viel weitreichender und signifikanter als die Unterschiede. Welche Unterscheidungskriterien man auch anwendet, die beiden Phänomene überlappen sich stets in einem solchen Ausmaß, daß eine zufriedenstellende Abgrenzung zumindest genausooft unmöglich sein wird, wie sie möglich erscheint. Außerdem sehe ich nicht viel Sinn darin, diese Unterscheidung zu treffen, selbst wenn sie möglich ist. Die Unterschiede haben keine wirkliche Bedeutung. Häufig stellen sie nur die Werturteile jener dar, die solche Unterscheidungskriterien aufstellen und nicht stichhaltige Schlußfolgerungen aus klinischen Daten. Jeder Patient, der eine Analyse beginnt, leidet unter pathologischen Kompromißbildungen, die sich als neurotische Symptome einordnen lassen, und unter anderen, die besser unter die Überschrift neurotische Charakterzüge gestellt werden. Der Versuch, in jedem Fall zu entscheiden, ob eine pathologische Kompromißbildung besser mit dem einen oder dem anderen Etikett versehen werden sollte, scheint mir weder für den Analytiker noch für den Patienten von Nutzen zu sein.
Eine weitere Konsequenz aus der Tatsache, daß jedes neurotische Symptom eine Kompromißbildung darstellt, betrifft die Unterscheidung zwischen Einzelsymptom und Symptom-Klasse oder -Typus. Um die Unterscheidung, an die ich denke, zu veranschaulichen, möchte ich auf das erste in diesem Kapitel dargestellte Fallbeispiel zurückkommen, auf den Fall der jungen Frau mit einer Flugangst.
Ihr Symptom gehört zu dem als Phobie bezeichneten Typ. Im engeren Sinne läßt es sich als Flugzeugphobie klassifizieren. Es so zu formulieren, besagt freilich recht wenig. Der Leser wird sich erinnern, daß die Patientin nur bei Linienflügen Angst empfand.
Als sie einmal auf dem Copiloten-Sitz eines kleinen Privatflugzeugs mitflog, fühlte sie sich sehr wohl. Wenn man weiß, wie die Steuerungsanlage eines solchen Flugzeugs aussieht, kann man sich leicht vorstellen, daß sie ihren Wunsch nach einem Penis

unbewußt dadurch befriedigte, daß sie in der Flugzeugkanzel saß und den Steuerknüppel – unter den Piloten umgangssprachlich als »Lustknüppel«, das heißt Penis, bezeichnet – zwischen ihren Beinen hatte. Auf jeden Fall bezeichnete man ihr Symptom vollständiger und präziser, wenn man es statt als Flugzeug- oder Flugphobie folgendermaßen beschriebe: Jedesmal, wenn sie im Flugzeug fliegen mußte und nichts zwischen ihren Beinen hatte, während ein junger Mann, zu dem sie keinen persönlichen Kontakt hatte, einen großen Knüppel zwischen seinen Beinen hatte und für das ganze Unternehmen verantwortlich war, bekam sie Angst und stellte sich vor, dem Piloten, dem Flugzeug oder beiden würde etwas zustoßen, was sie trotz dringenden Wunsches nicht würde abwenden können. Wenn sie jedoch neben dem verantwortlichen Mann saß und zwischen ihren Beinen genauso ein Ding hatte wie er, dann fühlte sie sich ausgesprochen wohl.

Mit anderen Worten, ein Symptom läßt sich niemals angemessen nur als Phobie, nur als Zwangsgedanke etc. beschreiben. Ein Symptom, oder übrigens auch ein neurotischer Charakterzug, stellt eine *besondere* Kompromißbildung dar. Je präziser und vollständiger man es beschreibt, um so wahrscheinlicher wird man eine Vorstellung von den Komponenten des ihm zugrunde liegenden Konflikts bekommen. Je oberflächlicher und allgemeiner die Beschreibung, desto weniger informativ und weniger nützlich wird sie ausfallen.

Ein zweiter, eng damit verbundener Punkt ist folgender. Wenn sich zum Beispiel alle Phobien dynamisch oder genetisch in vielerlei Hinsicht ähnelten, wäre es durchaus zweckdienlich, Symptome als Phobien zu bezeichnen. Tatsächlich aber ist das Gegenteil der Fall. Das einzige, was alle Phobien gemeinsam haben, ist der defensive Einsatz der Vermeidung. Sie haben weder dynamisch noch genetisch etwas gemeinsam, was sie von anderen Symptomklassen unterscheidet. Richtig ist, daß bei jeder Phobie außer der Vermeidung auch Verdrängung und Verschiebung eine Abwehrrolle spielen, doch das läßt sich auch über sehr viele andere neurotische Symptome sagen. Wie viele anderee Aspekte der Ichtätigkeit dienen auch Verdrängung und Verschiebung bei den meisten Symptomen und neurotischen Charakterzügen einem Abwehrzweck. Richtig ist auch, daß Kastrationsangst und Kastrationsdepression zu den bestimmenden Faktoren jeder Phobie gehören; doch das gleiche kann man über jedes Symptom und jeden neurotischen Charakterzug sagen. Man kann sogar noch weiter gehen und sagen, daß zu den Determinanten jedes Symptoms und jeden neurotischen Charakterzugs Angst und depressive Affekte gehören, die nicht nur Kastration, sondern auch Objekt- und Liebesverlust zum Gegenstand haben.

Je eingehender wir die pathologischen Kompromißbildungen auf der Grundlage psychoanalytischer Daten untersuchen, um so mehr Anhaltspunkte gewinnen wir, welche die Ansicht erhärten, daß es weder praktisch noch theoretisch viel bringt, die pathologischen Kompromißbildungen nach den üblichen traditionellen Rubriken zu klassifizieren. Doch es bringt viel Gewinn, wenn wir jedes Symptom oder jeden Charakterzug so vollständig und detailliert wie möglich beschreiben, und zwar mit einer Vorstellung von den Hinweisen auf die Natur und dem Ursprung der Konfliktkomponenten, aus denen sich Symptom oder Charakterzug ergeben.

Welchen Vorteil hat es also, Kompromißbildungen, denen Abwehr durch Vermeidung gemeinsam ist, zu einer Rubrik zusammenzufassen und sie allesamt als Phobien zu bezeichnen? Außer dem fragwürdigen Vorteil der Vertrautheit vermag ich keinen zu entdecken. Freud (1926d, 1925) bezeichnete solche Kompromißbildungen als Symptome der hysterischen Angst, das heißt, er war der Ansicht, das gemeinsame Element der Vermeidung verweise auf andere Ähnlichkeiten sowohl dynamischer als auch genetischer Natur, die so weitgehend seien, daß es gerechtfertigt sei, all die Symptome unter die Rubrik Phobie einzuordnen. Freuds Theorie besagt: Wenn ein Patient gewohnheitsmäßig bestimmte Situationen vermeidet oder seit kurzem begonnen hat, bestimmte Situationen zu meiden, die er zuvor nicht vermieden hat und die die meisten anderen Menschen auch nicht vermeiden, dann kann man, auf der Grundlage der angehäuften, für das Thema relevanten psychoanalytischen Daten den Schluß ziehen, daß der Patient unter einer bestimmten Krankheit leidet oder zumindest unter einem bestimmten als Hysterie bezeichneten Syndrom.

Es ist kein Zweifel, daß viele Patienten, die Freud als Hysteriker einordnete, neben anderen pathologischen Kompromißbildungen auch solche hatten, bei denen Vermeidung eine augenfällige Rolle spielte. Das gleiche gilt allerdings auch für viele Patienten, die weder Freud noch ein anderer Analytiker als Hysteriker klassifizieren würde. Zum Beispiel haben die meisten Patienten mit dem zwanghaften Bedürfnis, sich die Hände zu waschen, in Verbindung damit auch Phobien. Beispielsweise können sie es vermeiden, die nackte Haut anderer Menschen zu berühren, oder öffentliche Toiletten meiden. In solchen Fällen gehören Phobien zu dem, was Freud nicht als Hysterie, sondern als Zwangsneurose bezeichnete. Arlow und ich (1964, S. 161) haben darauf hingewiesen, daß Vermeidung als Mittel zur Abwehr auch bei psychotischen Patienten üblich ist. Es ist also in der Tat nicht mehr angemessen, Freuds Theorien oder Verallgemeinerungen zufolge, nach denen man pathologische Kompromißbildungen, bei denen defensive Vermeidung auftritt, sinnvollerweise unter eine einzige Rubik zu gruppieren. Das Etikett Phobie hat, auf ein neurotisches Symptom angewandt, nicht die diagnostische Bedeutung, die Freud ursprünglich vermutet hat.

Mit Modifizierungen gilt die gleiche Schlußfolgerung auch für jede andere gewöhnlich benutzte Etikettierung oder Klassifizierung von Symptomen. Was zum Beispiel üblicherweise als Affektisolierung bezeichnet wird, das heißt Fehlen von bewußter Lust oder Unlust im Zusammenhang mit einem Gedanken oder einer Erinnerung, die in Wirklichkeit mit Lust oder Unlust oder beidem verbunden sind, erhielt diese spezielle Bezeichnung aus dem gleichen Grund wie die Phobie. Es wird angenommen, Affektisolierung sei von diagnostischer Bedeutung. Um es deutlicher zu sagen, Analytiker in der Nachfolge Freuds (1926d [1925]) und A. Freuds (1936) sind der Meinung, daß pathologische Kompromißbildungen, bei denen Affektisolierung eine auffällige Rolle spielt, viele andere dynamische und genetische Merkmale gemeinsam haben und daß Patienten, die solche Kompromißbildungen zeigen, unter der als Zwangsneurose bekannten Störung oder einem zwangsneurotischen Syndrom leiden.

Wie im Fall phobischer Vermeidung und Hysterie besteht kein Zweifel darain, daß Patienten, die Freud als Zwangsneurotiker diagnostiziert hätte, Kompromißbildungen zeigen, bei denen Affektisolierung eine unverkennbare Rolle spielt. Das gilt jedoch

auch für viele Patienten, die eindeutig nicht unter diese diagnostische Kategorie fallen. Beispielsweise sind viele Patienten mit körperlichen Symptomen somatischen Ursprungs diesen Störungen gegenüber auf der bewußten Ebene indifferent. Sie zeigen *une belle indifférence,* eine Formulierung, die Charcot zuerst benutzt hat. Diagnostisch gesehen, sind Patienten mit psychogenen körperlichen Symptomen keine Zwangskranken, sondern Hysteriker. Es ist ein unvergeßliches, dramatisches Erlebnis, wenn ein solcher Patient in einer Art und Weise, die keinerlei Unlust erkennen läßt, beiläufig plaudernd erklärt, daß er blind oder gelähmt sei. Ein extremeres Beispiel für Affektisolierung kann man sich nicht vorstellen, und doch würde kein Analytiker einen solchen Patienten als zwangskrank bezeichnen.
Um die Analogie zwischen Affektisolierung und Vermeidung zu vervollständigen, die Affektisolierung kann sich auch in der Symptomatologie psychotischer Patienten zu erkennen geben. Der von Bleuler geprägte Begriff Schizophrenie sollte auf das Fehlen einer angemessenen oder üblichen Verbindung zwischen Vorstellungsinhalt und Affekt bei einer ganzen Gruppe von psychotischen Patienten hinweisen.
Kein einzelnes Merkmal einer bestimmten pathologischen Kompromißbildung ist also in seiner Bedeutung oder seinem Gewicht unzweideutig oder ausschlaggebend. Ob als Symptom oder neurotischer Charakterzug bezeichnet, eine pathologische Kompromißbildung kann in ihrem Stellenwert und ihrer Bedeutung für das Seelenleben des einzelnen nur unter dem Gesichtspunkt der Natur und des Ursprungs der Konfliktkomponenten beurteilt werden, die zu dieser Kompromißbildung geführt haben. Ein neurotisches Symptom ist kein Fremdkörper in der Psyche; es ist nichts, was vom normalen oder gesunden Bereich der Psyche losgelöst oder abgetrennt wäre. Es handelt sich dabei nicht um eine unterscheidbare Einheit, die durch irgendeine äußere, noxische Instanz eingepflanzt worden wäre. Im Gegenteil, es ist genauso Teil der psychischen Funktionen des Menschen wie Kompromißbildungen, die wir zu Recht als normal bezeichnen. Eine pathologische Kompromißbildung ist eine der Konsequenzen menschlicher Konflikte, die sich aus den Triebabkömmlingen der Kindheit herleiten. Ihre Ursprünge lassen sich bis in die frühe Kindheit zurückverfolgen; ihre Determinanten finden sich in

jeder psychischen Instanz: im Es, im Ich und im Überich. Die pathologische Kompromißbildung ist ein integraler Bestandteil des Seelenlebens und nicht etwas Fremdartiges; sie muß entsprechend bewertet werden. Sie ist Teil eines größeren Ganzen.

Zusammenfassung

1. Ich habe Beispiele angeführt, um zu verdeutlichen, wie Triebabkömmlinge, Angst, depressive Affekte und Überich-Funktionen bei der Entstehung einer pathologischen Kompromißbildung zusammenwirken.
2. Eine Kompromißbildung ist dann pathologisch, wenn sie durch eine Kombination folgender Merkmale gekennzeichnet ist: zu große Restriktion der Befriedigung von Triebabkömmlingen, ein Übermaß an Angst oder depressiven Affekten, zu starke Hemmung der Funktionsfähigkeit, zu starke Tendenz zur Selbstverletzung oder -zerstörung oder zu starke Konflikte mit der Umwelt.
3. Eine pathologische Kompromißbildung ist niemals nur defensiv, nur triebbefriedigend oder selbstbestrafend. Sie ist immer eine Mischung all der Konfliktkomponenten, deren Ergebnis sie darstellt.
4. Pathologische Kompromißbildungen erzeugen niemals Angst oder depressive Affekte. Diese Affekte gehören zu den Determinanten einer pathologischen Kompromißbildung. Sie sind nicht deren Resultat.
5. Ich habe den theoretischen oder praktischen Nutzen der Klassifizierung pathologischer Kompromißbildungen nach den üblicherweise benutzten Diagnose-Kategorien in Frage gestellt.

10. Angst und depressive Affekte bei pathologischen Kompromißbildungen

In diesem Kapitel möchte ich Angst und depressive Affekte in ihrer Rolle als bewußte Begleiterscheinungen pathologischer Kompromißbildungen im Erwachsenenleben erörtern. Wie bereits in Kapitel 9 erwähnt, kann jeder der beiden Affekte – oder auch beide – eine solche Rolle spielen. Jeder Affekt kann Teil der Beschwerden des Patienten oder zumindest Teil dessen sein, was ihm bewußt ist. Dennoch gehört keiner von beiden stets oder notwendigerweise zu einer pathologischen Kompromißbildung.

In gewisser Weise sind offensichtlich beide Affekte immer bei Kompromißbildungen vertreten, seien diese normal oder pathologisch, denn Angst und depressive Affekte zählen zu den Komponenten jedes Konflikts und sind stets an der Verschmelzung der anderen Konfliktkomponenten beteiligt. Dennoch, selbst bei eindeutig pathologischen Kompromißbildungen ist sich der Patient nicht in jedem Fall einer der beiden Unlustaffekte bewußt.

So hat beispielsweise ein Patient mit einer psychogenen Paralyse, der gegenüber er gleichgültig ist – ein Hysteriker mit *belle indifférence* –, weder ein bewußtes Empfinden von Angst noch von depressiven Affekten, und das trotz der Tatsache, daß einer der Affekte oder beide die entscheidenden Faktoren seiner Behinderung darstellen. Kontraphobische und manische Patienten liefern ebenfalls eindrucksvolle Beispiele für die Tatsache, daß bewußte Unlust, in Form von Angst, depressiven Affekten oder beiden, nicht notwendigerweise ein Merkmal pathologischer Kompromißbildung ist.

Es gibt viele weniger dramatische Beispiele, die in der psychoanalytischen Praxis regelmäßig zu beobachten sind. Man begegnet häufig Patienten, die gegenüber ihren Symptomen eine bewußte Indifferenz zeigen, obwohl sie ihre Fähigkeit, Lebenszufriedenheit zu finden oder gar Leid zu vermeiden, offensichtlich in erheblichem Maße beeinträchtigen. Genauso häufig begegnet man Menschen, ob Patienten oder nicht, die, soweit es ihnen bewußt ist, auf ihr exzentrisches Verhalten, ihre Schwächen, Unfähigkeiten und Hemmungen stolz sind, selbst wenn sie so ernste Folgen nach sich ziehen, daß man sie ohne weiteres als pathologische Kompromißbildungen einordnen kann (vgl. Kapitel 9).

Häufiger noch begegnet man Patienten, deren pathologische Kompromißbildungen nur von einem geringen Maß an bewußter Angst oder bewußten depressiven Affekten oder nur von gelegentlichem Bewußtwerden der Affekte begleitet sind. Die meisten Patienten beispielsweise, die sich scheuen, im Flugzeug zu fliegen, die Aufzüge meiden, Brücken, öffentliche Toiletten etc., sind relativ frei von bewußter Angst, so lange sie die besondere Situation, die sie als störend empfinden, umgehen können. Auch wenn eine pathologische Kompromißbildung aus stereotypen Gedanken oder ritualisierten Verhaltensweisen besteht, werden Angst und depressive Affekte in der Regel nur dann bewußt, wenn die übliche Durchführung des Handlungsstereotyps durch irgend etwas gestört wird. Ein Patient zum Beispiel, der es vermied, über den Tod nachzudenken oder zu sprechen, wenn er sich von jemandem verabschiedete, wurde jedesmal unruhig und bedrückt, wenn ich seine Rede von Sterben und Tod unterbrach, um ihm mitzuteilen, seine Analysestunde sei vorüber. Wenn er nicht unterbrochen wurde, sondern seine Rede über Tod und Sterben beenden konnte, war er bewußt nicht ängstlich oder bedrückt. Wurde er aber unterbrochen, war er beides.

Offensichtlich sind also einige pathologische Kompromißbildungen von bewußter Angst und depressiven Affekten gekennzeichnet, andere nicht. Wie soll man sich diese Unterschiede erklären? Was bedeuten diese Unterschiede, wenn sie etwas bedeuten?

Angst und depressive Affekte, die Komponenten jedes Konflikts bilden, sind eng miteinander verbunden, wie ich bereits erwähnt habe. Beide setzen sich zusammen aus Unlust und Vorstellungen einer oder mehrerer typischen Kindheitskatastrophen: Objekt- und Liebesverlust, Kastration und die verschiedenen Aspekte der Überich-Funktionen, die wir unter die Stichworte Strafe, Schuld, Reue, Selbstverletzung und Buße subsumieren. Zwischen den beiden Affekten besteht *per definitionem* ein Unterschied in der

Zeit. Depressive Affekte haben zum Vorstellungsinhalt eine Katastrophe oder Katastrophen, die aus der Sicht des Kindes gegenwärtig bestehen, während Angst eine zukünftige Katastrophe, das heißt Gefahr, zum Vorstellungsinhalt hat (vgl. Kapitel 4).

Ist die mit Triebabkömmlingen verbundene Unlust intensiv genug, so werden, wie Freud (1926d [1925]) betont hat, Abwehrmaßnahmen eingesetzt, welche die Befriedigung jener Triebabkömmlinge verhindern oder einschränken. Wie ich weiter oben (Kapitel 5) erwähnt habe, sind Triebabkömmlinge jedoch nicht die einzigen Abwehrziele. Manche Abwehrmanöver richten sich gegen die Unlustaffekte selbst, die vor allem dazu dienten, Abwehr in Gang zu setzen. Beide Formen oder Aspekte der Abwehr sollen die Unlust, den Bestandteil der Angst oder des depressiven Affekts, vermeiden oder auf ein Minimum reduzieren. An dieser Stelle muß ich hinzufügen, daß die Abwehr sich auch gegen den Vorstellungsinhalt der Angst oder des depressiven Affekts oder gegen beide Vorstellungsinhalte richten kann. Abwehr gilt nicht allein Triebabkömmlingen, das heißt wehrt sie ab (Freud 1926d [1925]), sondern auch der Unlust und dem Vorstellungsinhalt der Angst und der depressiven Affekte.

Aus ebendiesem Grund ist eine pathologische Kompromißbildung manchmal überhaupt nicht von Unlust begleitet, jedenfalls so weit die bewußte Wahrnehmung betroffen ist. In solchen Fällen hat die Abwehr erfolgreich jede bewußte Unlustempfindung vermieden, selbst wenn die Fähigkeit des betreffenden Menschen, die Befriedigung von Triebabkömmlingen zu genießen, ernstlich beeinträchtigt ist, selbst wenn die Funktionsfähigkeit schwer gestört ist, gravierende Neigungen zur Selbstbestrafung, Selbstverletzung oder zu beiden bestehen oder die Anpassung an die Umwelt erhebliche Schwierigkeiten bereitet – mit einem Wort, selbst wenn die Kompromißbildung pathologisch ist (vgl. Kapitel 9).

In anderen Fällen ist die zustande gekommene Kompromißbildung, obschon aus einem oder allen der soeben aufgeführten Gründe pathologisch, durch eine leichte oder flüchtige Unlust in Form von Angst oder einem depressiven Affekt begleitet; in wieder anderen Fällen ist sie durch ein sehr beträchtliches Ausmaß an Unlust der einen oder beider Arten charakterisiert.

Soweit es um bewußte Unlust geht, wird das Ergebnis in jedem Fall durch Natur und Angemessenheit der Abwehrmaßnahmen bestimmt. Das gleiche gilt auch für die Vorstellungsinhalte der beiden Affekte.

Um es zu wiederholen, immer wenn man eine pathologische Kompromißbildung beobachtet, kann man sicher sein, daß Angst und depressive Affekte zu den Komponenten des Konflikts gehören, der sie ins Leben gerufen hat. Das heißt, man kann sicher sein, daß Unlustaffekte bei dem Konflikt, der zu der Kompromißbildung führte, die man betrachtet und zu verstehen hofft, eine Rolle spielten. Bei jedem Konflikt muß Unlust ins Spiel kommen. Ohne Unlust in Verbindung mit einem nach Lust strebenden Triebabkömmling gäbe es keinen Konflikt. Den Vorstellungsinhalt der Angst und des depressiven Affekts, die an jedem Konflikt beteiligt sind, kann man nur durch Analyse aufdecken. Nur die Anwendung der psychoanalytischen Methode wird die Daten ans Licht bringen, die herausfinden helfen, welche Katastrophen beteiligt sind, welches ihre einzelnen Merkmale sind, welche Erinnerungen und Phantasien mit ihnen verbunden sind und welche Rolle sie in der psychischen Entwicklung und im psychischen Funktionszusammenhang des Patienten spielen. Die folgenden Fallbeispiele sollen diese Punkte beleuchten.

Ein Mann Anfang Dreißig zeigte Angstsymptome, wenn er in einem Bus fuhr. Unter solchen Umständen veranlaßte ihn das Ausmaß seines Unbehagens zuweilen dazu, den Bus zu verlassen und seinen Weg zu Fuß oder mit einem Taxi fortzusetzen. Der Patient war sich seiner beträchtlichen Unlust bewußt, aber nur sehr wenig hinsichtlich des Vorstellungsinhalts. Er wußte, daß er Angst hatte, daß er sich vor etwas fürchtete, aber was er fürchtete, wußte er nicht genau. Allenfalls konnte er sagen, daß er befürchtete, ihm, seinem Körper, werde etwas Physisches zustoßen.

Analytische Daten in Form von Assoziationen, Träumen etc., über einen Zeitraum von mehreren Wochen gesammelt, ließen schließlich die symptomatische Angst des Patienten verstehen. Immer wenn in einem Bus sein Wunsch, ein Mädchen zu sein und ein Mann möge ihn liebkosen, aktiviert wurde, befürchtete er, der Versuchung zu erliegen, falls einer der Männer im Bus, den er unbewußt sexuell attraktiv fand, Anstalten machte, ihn zu verführen. Unbewußt hatte er Angst vor Kastration, das heißt vor der Verwandlung in ein Mädchen, und vor dem damit verbundenen Penisverlust. Wenn seine femininen Wünsche zu stark wurden, konnte er seine Angst nur mildern, wenn er die verführerische Situation floh. Der Aufenthalt in einem Bus erinnerte ihn unbewußt an ein Erlebnis in der frühen Adoleszenz, als ein Mann, der im Bus neben ihm saß, sein Bein streichelte und ihn offensichtlich zu verführen suchte. Der Patient hatte Angst bekommen und den Bus schnell verlassen. Am meisten hatte es ihn, wie er sich erst im Verlauf der Analyse erinnerte, erschreckt, daß er auf die Zärtlichkeit des älteren Mannes mit einer sofortigen Erektion und kurz andauernder bewußter sexueller Erregung reagiert hatte.

Eine Patientin, eine Frau in den Zwanzigern, hatte ebenfalls Angst, wenn sie mit dem Bus fuhr, vor allem wenn der Bus im Verkehr steckenblieb. Wie der erste Patient wußte sie, daß sie sich vor etwas fürchtete, aber wovor sie Angst hatte, darüber konnte sie nicht mehr sagen als er. In diesem Fall deckte die Analyse einen ganz anderen Vorstellungsinhalt auf. In einem Bus zu sitzen, der nicht das tat, was sie wollte, der stillstand anstatt sie dorthin zu bringen, wohin sie wollte, verstärkte die Wut auf ihre Mutter. Wie der steckengebliebene Bus, über den sie sich als erwachsene Frau ärgerte und ängstigte, hat ihre Mutter sie, als sie noch ein Kind war, im Stich gelassen. So hatte sie der Patientin einen Penis vorenthalten, als sie sie zum Mädchen machte. Damit zusammen hing, daß die Mutter den Penis einem jüngeren Bruder gegeben hatte. Die eifersüchtige Wut der Patientin auf ihre Mutter und den Bruder führte zu intensiver, mit Angst verbundener Kastrationsdepression wie auch zu Ängsten und depressiven Affekten, die mit der Vorstellung zusammenhingen, die Mutter und ihre Liebe zu verlieren. Wenn ein Bus sie enttäuschte wie ihre Mutter, vor allem wenn er außer der Reihe Fahrgäste aufnahm, führte die Intensivierung ihres Konflikts aufgrund phallischer, mörderischer Triebabkömmlinge zu bewußter Angst.

Die Tatsache, daß der Patient im ersten Fallbeispiel seine Angst der Vorstellung zuschrieb, ihm könne etwas besonderes zustoßen, wenn er im Bus blieb, darf nicht als Erklärung für seine Angst angesehen werden, genausowenig wie die von der Patientin im zweiten Beispiel angebotene Begründung, daß sie befürchte, es könne im Bus nicht genug Luft zum Atmen für all die vielen Leute geben. Keine der Vorstellungen war der Grund für ihre Angst, obwohl beide Patienten das glaubten. In jedem Fall hatte die Angst der Patienten eine oder mehrere Kindheitskatastrophen zum Vorstellungsinhalt. Im ersten Beispiel war es Kastration, im zweiten Objekt- und Liebesverlust sowie Kastration. Mehr noch, in jedem Fall wurde der Vorstellungsinhalt der Katastrophe durch die Abwehrmaßnahmen des Patienten so verändert, daß in der sich ergebenden Kompromißbildung der bewußte Grund des Patienten für seine Angst nur noch wenig Ähnlichkeit mit der ursprünglichen Kindheitskatastrophe hatte.

Bezüglich der Unlust durch Angst und depressive Affekte sei noch einmal wiederholt: Die Abwehrmaßnahmen eines Patienten können in anderer Hinsicht auffällig wenig ausrichten, doch bei der Vermeidung oder Milderung von Angst und depressiven Affekten als bewußte Phänomene können sie durchaus Erfolg haben. Umgekehrt kann die Abwehr in anderer Hinsicht erfolgreich, doch hinsichtlich der Vermeidung oder Milderung von bewußter Unlust wenig erfolgreich sein. Was den Vorstellungsinhalt von Angst und depressiven Affekten betrifft, so wird das, was als bewußter Anteil der Kompromißbildung auftaucht, verschleiert, verzerrt, verändert, abgelehnt, ignoriert, verleugnet oder abgetan, wenn der Patient sich defensiv bemüht, die Unlust auf ein Minimum zu reduzieren. Der Vorstellungsinhalt der Teilaffekte des Konflikts läßt sich nur durch Analyse aufdecken oder korrekt erschließen.

Die Patienten mögen daran festhalten, sie fürchteten sich vor einer Blinddarmentzündung, hätten Angst, in einem Aufzug gefangen zu werden, hätten Angst vor Wahnsinn, Tod, Verhungern oder Auflösung; sie mögen bewußt davon überzeugt sein, das so heftig empfundene Elend sei dem Kummer zuzuschreiben, den sie einem geliebten Menschen durch Vernachlässigung oder Mißhandlung zugefügt hätten, ihrer irreparablen beruflichen Unzulänglichkeit oder ihrer Verlassenheit – in jedem Fall wird sich in der Analyse herausstellen, daß der bewußte Vorstellungsinhalt des Unlustaffekts eine defensiv abgewandelte Version einer oder aller Kindheitskatastrophen darstellt, von Katastrophen, die stets unter die vertrauten Stichworte Objekt- und Liebesverlust, Kastration und die eine oder andere Manifestation der Überich-Funktionen fallen, wie die psychoanalytische Erfahrung gezeigt hat.

Kurzum, *depressive Affekte oder Angst als Merkmal einer pathologischen Kompromißbildung ist eine defensiv abgewandelte Version der depressiven Affekte und der Angst, die zu den Konfliktkomponenten gehören, als deren Folge die pathologische Kompromißbildung zu gelten hat.*

Man darf nicht aus dem Blick verlieren, daß diese Aussage auf *jede* pathologische Kompromißbildung zutrifft, nicht nur auf die hier zur Erläuterung herangezogenen, die uns vertraut sind. Wahrnehmungsstörungen beispielsweise, wie Depersonalisierungserlebnisse, Gefühle von Irrealität oder Déjà-vu-Erlebnisse können von Angst oder depressiven Affekten begleitet sein. Wenn dies der Fall ist, sind Angst oder depressive Affekte nicht Folge der Wahrnehmungsstörung, gleichgültig wie aufrichtig der Patient das auch behaupten mag. Sowohl die Wahrnehmungsstörung als auch der Unlustaffekt sind Konfliktfolgen. Das soll heißen, daß beide Bestandteile der Kompromißbildung sind, der Affekt nicht weniger als die Wahrnehmungsstörung (Arlow, 1959; Arlow und Brenner, 1964). Das folgende Fallbruchstück soll das verdeutlichen.

Ein Arzt in den Dreißigern bemerkte mitten in einer Analysestunde plötzlich, alles sähe gelb aus. Gleichzeitig fühlte er sich unerklärlicherweise traurig. Ihm fiel sofort ein, daß das Herzstimulans Digitalis gelegentlich gelbe Halluzinationen auslöst, und er erinnerte sich an einen Patienten mit einem Herzleiden, den er vor einigen Jahren behandelt hatte und der schließlich an seiner Krankheit gestorben war. Dennoch, der Patient konnte nicht verstehen, warum *er* nun gelb sah. Er hatte nie ein Herzleiden gehabt und mit Sicherheit nie Digitalis in irgendeiner Form eingenommen. Dann fiel ihm ein, daß sein drei Jahre jüngerer Bruder herzkrank gewesen und mit sieben Jahren daran gestorben war. Fast zwei Jahre vor seinem Tod hatte sich die Mutter des Patienten gänzlich der Pflege ihres kranken zweiten Sohnes gewidmet und den Patienten alleingelassen, der sich elend einsam gefühlt hatte, beladen mit Schuldgefühlen wegen seiner Wut und Eifersucht. Der Tod seines Bruders löste in ihm verständlicherweise stärkere Schuldgefühle aus als zuvor. Eine Möglichkeit, sich während der langen Krankheit des Bruders ein wenig Aufmerksamkeit seiner Mutter zu verschaffen, bestand darin, neben ihr zu sitzen und zuzuhören, wie sie dem Kranken laut vorlas. Dessen liebstes Märchenbuch hatte einen gelben Einband und wurde von beiden Jungen als das »gelbe Buch« bezeichnet.

Kehren wir zum Ausbruch der Wahrnehmungsstörung des Patienten während seiner Analysesitzung viele Jahre später zurück. Aus anderem analytischen Material geht hervor, daß die Mitteilung über meinen Urlaubsantritt an alle jene Triebabkömmlinge und Unlustaffekte gerührt hatte, die in seiner Psyche mit der Tatsache verbunden waren, daß die Mutter ihn nach seinem Gefühl vernachlässigt hatte, um seinen sterbenden Bruder zu pflegen. Die Mitteilung hatte seine Sehnsucht nach ihrer Liebe, seine depressiven Affekte in Form von Einsamkeit und Eifersucht, seine Wut, seine Angst vor Strafe und seine Reue wachgerüttelt. Eine Phantasie, er selbst sei der Kranke, der die ganze Aufmerksamkeit der Mutter erfährt, die Erinnerung an seinen unglücklichen Zustand und an das »gelbe Buch« sind ohne weiteres als bestimmende Faktoren der sich daraus ergebenden Kompromißbildung zu erkennen. Ich habe jedoch nicht die Absicht, eine umfassende Darstellung der Dynamik oder der Genese dieses Beispiels pathologischer Kompromißbildung zu geben. Ich möchte lediglich die These erläutern, daß ein Unlustaffekt, der ins Bewußtsein aufsteigt, Bestandteil einer pathologischen Kompromißbildung ist und nicht eine Reaktion darauf. Trotz seiner ungewöhnlichen Wahrnehmungsstörung verspürte mein Patient keine Angst. Statt dessen fühlte er Trauer, wenn auch nicht besonders stark, einen Affekt, der wie seine gelbe Halluzination nur zu verstehen war, nachdem die Komponenten des fraglichen Konflikts mit Hilfe der analytischen Methode aufgedeckt worden waren.

Die Symptomatologie von Patienten, die als offen psychotisch klassifiziert werden, trägt zur weiteren Veranschaulichung meiner These bei. Das analytische Datenmaterial über solche Patienten ist verständlicherweise weniger umfangreich und weniger zuverlässig als das über Patienten, die nicht so krank und der Analyse häufig zugänglicher sind. Dennoch wird das folgende Fallbruchstück hilfreich sein.

Der Patient war ein Mann Anfang Fünfzig. Seine seit vielen Jahren bestehende Ehe drohte zu zerbrechen, doch über diese Tatsache verspürte er bewußt keine Unruhe. Er klagte vielmehr über die Angst, er könne die Kontrolle über sich verlieren und auf offener Straße einen Mann niederschlagen. Er erklärte, auf seinem Weg hätten ihn fremde Männer durch die Art, wie sie ihn angesehen hätten, beleidigt. Es fiel ihm nicht leicht, deutlicher zu werden, doch im Laufe der Zeit war er in der Lage, in Worte zu fassen, was ihn so in Wut versetzte. Aufgrund der Art, wie sie ihn ansahen, war es für den Patienten klar, daß die fremden Männer dachten, er sei kein richtiger Mann. Mit Hilfe weiterer vorsichtiger Analysearbeit war es dem Patienten möglich zu sagen, daß er von Zeit zu Zeit den Impuls verspürte, einen Mann zu küssen. Die Analyse seines Symptoms ging nie darüber hinaus, doch selbst auf der Grundlage dieses unvollständigen Materials wird deutlich, daß die bewußte Angst, die zu dem Symptom des Patienten gehörte, nicht durch den Impuls, auf der Straße Männer anzugreifen, ausgelöst wurde, wie der Patient glaubte, als er mich das erste Mal aufsuchte. Im Gegenteil, eine der Funktionen, denen sein Wunsch, einen Mann niederzuschlagen, diente, war Abwehr. Der Wunsch verstärkte seine Angst nicht, sondern trug dazu bei, sie zu mildern, indem er dem Patienten die Gewißheit verschaffte, ein ganzer Mann zu sein. Die Kastrationsangst, die seinen Wunsch nach Verkehr mit einem Mann begleitete, war es vielmehr, die, wenn beim ersten Besuch auch unbewußt, den entscheidenden Grund für seine Angst bildete, jedenfalls soweit es die ermittelten Daten erkennen lassen. Seine Abwehrmaßnahmen waren nicht geeignet, die Angst auszuschalten, und so tauchten sie im Bewußtsein als Bestandteil seines Symptoms auf.

Um zu wiederholen, was die oben skizzierten klinischen Fälle veranschaulichen sollen: Wenn Angst oder ein depressiver Affekt das Merkmal einer pathologischen Kompromißbildung ist, so ist die defensiv veränderte Version dieser Angst oder dieses depressiven Affekts eine Komponente des Konflikts, der zu der fraglichen Kompromißbildung geführt hat.

Psychoanalytiker haben die Tatsache, daß dies für die Angst gilt, seit langem erkannt, wenn man auch hinzufügen muß, daß es sich selbst hierbei nur um eine Teilerkenntnis handelt (Brenner, 1976,

S. 12ff.). Wie auch immer, seit 1926 wird allgemein anerkannt, daß jeder pathologische Konflikt von Angst begleitet ist und daß Angst folglich als Bestandteil jeder Form pathologischer Kompromißbildung, das heißt jedes Symptoms, auftauchen kann.
Von der Bedeutung des depressiven Affekts als Bestandteil einer pathologischen Kompromißbildung haben Psychoanalytiker eine ganz andere Auffassung. Der Unterschied ergibt sich zweifelsohne aus der Tatsache, daß die Rolle des depressiven Affekts als Konfliktkomponente erst 1975 erkannt worden ist (Brenner, 1975a). Vor dieser Zeit hat man fälschlicherweise angenommen, der depressive Affekt als Bestandteil einer pathologischen Kompromißbildung habe spezielle dynamische und genetische Implikationen, so wie man vor der Veröffentlichung von *Hemmung, Symptom und Angst* (Freud, 1926d [1925]) angenommen hatte, Angst sei umgewandelte Libido.
Wegen der großen praktischen und theoretischen Bedeutung verdient dieser Tatbestand eine ausführliche Erörterung. Wie ich angedeutet habe, erkennen wir bei Patienten in der Analyse häufig einen depressiven Affekt als Bestandteil einer pathologischen Kompromißbildung. Je besser man die Dynamik und die Genese des depressiven Affekts versteht und je besser man mit den Konsequenzen dieser Einsicht vertraut ist, desto besser kann man mit solchen Patienten analytisch arbeiten.
Um zu wiederholen, was ich bereits mehrmals erklärt habe: Beim depressiven Affekt handelt es sich um Unlust plus der Vorstellung, eine Katastrophe habe sich bereits ereignet und sei zu einer konkreten Lebenstatsache geworden. Wenn der depressive Affekt Bestandteil einer pathologischen Kompromißbildung ist, dann ist er die defensiv veränderte Version des depressiven Affekts, der eine Komponente des Konflikts ist, der zu der pathologischen Kompromißbildung geführt hat. Die Unlust ist defensiv gemildert und die Vorstellungen der Kindheitskatastrophe sind defensiv verändert und verzerrt worden (vgl. den oben skizzierten Fall des Arztes, der »gelb sah«).
Aus dieser Einsicht ergeben sich bestimmte Folgerungen, die wir im Auge behalten müssen. Eine Folgerung hat mit der Beziehung zwischen depressivem Affekt und Oralität zu tun. Wie ich weiter unten noch ausführlicher erörtern werde, postuliert die bis heute allgemein akzeptierte psychoanalytische Auffassung des depressi-

ven Affekts eine enge Kausalbeziehung zwischen den beiden genannten Phänomenen. Tatsächlich aber ist der depressive Affekt – oder er kann es zumindest sein – eine Komponente jedes durch Triebabkömmlinge hervorgerufenen Konflikts, ob die Triebabkömmlinge nun oral, anal oder phallisch sind (vgl. Kapitel 6). Gewiß lassen sich in einem Konflikt, der zu einer Kompromißbildung geführt hat, deren Merkmal ein bewußter depressiver Affekt ist, immer orale Wünsche entdecken. Der Grund liegt freilich nicht darin, daß orale Wünsche für solche Konflikte und deren Folgen besonders charakteristisch sind, sondern weil im Gegenteil orale Wünsche in jedem Konflikt, der mit Triebabkömmlingen der Kindheit verbunden ist, eine gewisse Rolle spielen. Orale Wünsche, die ihren Ursprung in der Kindheit haben, sind Komponenten jedes pathogenen Konflikts, genauso wie anale oder phallische Wünsche. Genau wie für die analen und phallischen so gilt auch für orale Triebabkömmlinge, daß sie kausal mit depressiven Affekten als Bestandteil pathologischer Kompromißbildungen verbunden sind.

Eine weitere Folgerung betrifft die Beziehung zwischen depressiven Affekten und der Katastrophe des Objektverlusts. Jede der Kindheitskatastrophen kann – und ist es oftmals auch – zum Vorstellungsinhalt des depressiven Affekts gehören, der eine Komponente des Konflikts ist, der zu einer pathologischen Kompromißbildung mit einem dazu gehörigen depressiven Affekt führt. Mehr noch, gewöhnlich treten alle Kindheitskatastrophen im Vorstellungsinhalt jedes schwerwiegenden Konflikts in Erscheinung. Man kann also Phantasien oder Erinnerungen mit Objektverlusten in jedem oder nahezu jedem Fall finden.

In einigen Fällen scheint Objektverlust die wichtigste jener Determinanten zu sein, die für depressive Affekte verantwortlich sind, die mit Triebabkömmlingen der Kindheit verbunden sind; in anderen Fällen scheint das nicht der Fall zu sein. Zu einer sicheren Entscheidung in dieser Frage kommt man nur, wenn es gelingt, die psychisch traumatischen Ereignisse und Einflüsse der Kindheit des Patienten auf der Grundlage verläßlicher analytischer Befunde zu rekonstruieren. Man kann nicht, wie es viele Analytiker tun, *a priori* davon ausgehen, Objektverlust sei, wenn ein depressiver Affekt Bestandteil einer pathologischen Kompromißbildung ist, dessen hauptsächlicher Vorstellungsinhalt. Noch weniger kann man wie viele Analytiker von der Annahme ausgehen, das gravierendste, für das Symptom des depressiven Affekts im späteren Leben verantwortliche Trauma sei der reale oder phantasierte Verlust der Mutter oder ihrer Aufmerksamkeit und Fürsorge.

Das folgende klinische Material läßt erkennen, daß wir Patienten begegnen, bei denen Kastrationsgedanken den hauptsächlichen Vorstellungsinhalt des depressiven Affekts bilden, der Bestandteil einer pathologischen Kompromißbildung ist.

Die Patientin war eine chronisch depressive Frau von dreißig Jahren. Sie sprach langsam, weinte häufig, fühlte sich ständig elend, konnte in keiner Liebesbeziehung Gefühle von Glück finden und reagierte ablehnend auf jede noch so kleine Verbesserung ihrer Lebenssituation. Sie steckte wirklich in einem Sumpf der Verzweiflung. Nach und nach wurde erkennbar, daß sie seit ihrer Kindheit von Penisneid erfüllt war. Als Zeichen für die Stärke ihrer Empfindungen bemerkte sie bei einer Gelegenheit, daß sie sich seit ihrem zwölften Lebensjahr in ihrem Körper nie wohlgefühlt habe. Sie hatte keine Vorstellung davon, warum das so war. Seit jenem Zeitpunkt habe sich ihr Körper einfach nicht richtig angefühlt. Wie man vermuten darf, hat sie mit zwölf Jahren das erste Mal menstruiert – für sie ein unwiderlegbarer Beweis dafür, daß sie einen weiblichen Körper besaß.

Als weiteres Zeichen dafür, welche Gefühle sie hatte, weil sie keinen Penis hatte, betrat sie eines Tages mein Büro und war indigniert darüber, daß der Toilettendeckel aufgestellt gewesen war, als sie vor Beginn der Sitzung die Toilette aufgesucht hatte.

»Niemand«, sagte sie »hat das Recht, den Toilettendeckel so zurückzulassen!«

»Warum nicht?« fragte ich.

»Weil das so widerwärtig aussieht!« antwortete sie.

Sie erklärte, daß für sie eine Toilette mit hochgeklapptem Sitz schon immer die widerlichste Sache auf der Welt gewesen sei. Wenn der Sitzdeckel heruntergeklappt sei, sähe er annehmbar aus, aber den Anblick eines hochgeklappten Sitzdeckels könne sie einfach nicht ertragen.

Der Neid auf Männer, ihre unbewußte Wut auf jeden Mann darüber, daß er einen Penis hatte, auf den sie so neidisch war und den sie sich so sehr wünschte, hielt die Patientin aber nicht davon ab, sexuelle Beziehungen mit Männern einzugehen. Doch ihre Empfindungen hinderten sie daran, mit einem Mann glücklich zu werden oder einen Mann zu heiraten. Heirat hatte für sie die gleiche Bedeutung, die ihre Menarche gehabt hatte; es hieß, unwiderruflich eine Frau zu sein. Ledig zu bleiben bedeutete unbewußt, ein Mann zu sein – ein lockerer Bursche mit einem Stall von Sexualpartnerinnen zu seiner Auswahl. Heiraten bedeutete kastriert zu werden, wie zahlreiche Träume und Assoziationen erkennen ließen.

Meine klinischen Erfahrungen bestätigen die Wichtigkeit der Kastrationsdepression in der Kindheit – als einer Determinante des depressiven Affekts im späteren Leben, eines Affekts, der seinerseits Merkmal einer pathologischen Kompromißbildung ist. Nach meiner Erfahrung spielen bei jedem Fall alle Kindheitskatastrophen eine Rolle und können Objekt- oder Liebesverlust den hauptsächlichen Vorstellungsinhalt ausmachen. In der Mehrheit der Fälle scheint jedoch Kastration am wichtigsten zu sein (Brenner, 1974b). Meine eigenen Erfahrungen in dieser Hinsicht stimmen mit einigen der in der Literatur dargestellten Fälle überein, z. B. Fenichel (1945b, S. 404), Rochlin (1953). Der letztere berichtet über vier Fälle, bei denen wiederholt auftretende Depressionen, das heißt das wiederholte Auftauchen depressiver Affekte als Bestandteile pathologischer Kompromißbildungen, jedesmal der unbewußten Phantasie entsprachen, kastriert worden zu sein. In Fenichels Beispiel fiel die Patientin im Alter von drei Jahren wegen der Geburt eines Bruders in eine schwere Depression, die der Prototyp ihrer späteren neurotischen Symptome war, deren hervorstechendes Merkmal ein depressiver Affekt war. Es ist interessant festzustellen, daß weder Fenichel noch Rochlin trotz dieser analytischen Daten die überkommene psychoanalytische Anschauung fallenließen, nach der depressive Affekte als Merkmale pathologischer Kompromißbildungen im späteren Leben grundsätzlich mit oralen Triebabkömmlingen verbunden und in erster Linie durch Objektverlust bedingt sind.

Eine dritte Folgerung hat mit der Beziehung zwischen Aggression und depressiven Affekten zu tun. Diese Beziehung ist alles andere als einfach (vgl. Kapitel 6). Auf der einen Seite wecken depressive Affekte häufig aggressive Triebabkömmlinge in Form von Wut und Rachewünschen. Diese Beziehung zwischen Aggression und depressiven Affekten ist vor allem im Zusammenhang mit dem Phänomen bekannt, das Freud (1916d) als spezifischen Charaktertyp identifiziert – als Ausnahme. Auf der anderen Seite kann die reale oder phantasierte Befriedigung von aggressiven Triebabkömmlingen, z. B. von Todeswünschen, zu einem depressiven Affekt führen, der oftmals die Vorstellung zum Inhalt hat, daß man die Liebe eines Menschen, der ebenso geliebt und herbeigesehnt wie gehaßt und beneidet wird, zerstört, verloren oder für immer verwirkt hat. Die intensiv ambivalente Natur von Objektbindungen in der Kindheit, vor allem in der ödipalen Phase, führt unvermeidlich zu einer großen Komplexität des Verhältnisses von Aggression und depressiven Affekten und auch, so sollte man hinzufügen, des Verhältnisses von Aggression und Angst. Der letztere Umstand ist wohlbekannt und allgemein anerkannt. Daß das erstere der Fall ist, liegt ebenfalls auf der Hand und ist durch analytisches Material leicht zu belegen, sofern man das Verhältnis von depressivem Affekt und psychischem Konflikt erst einmal verstanden hat.

Um ein alltägliches Beispiel anzuführen: Wenn ein Kind wütend auf die Mutter ist, weil sie ihm ihre Liebe vorenthält, und sie tot und fort wünscht oder sich vorstellt, ihr Verletzungen zuzufügen oder sie aus Rache zu quälen, reagiert das Kind (oder zumindest jene Kinder, die wir später als analytische Patienten sehen) sowohl mit einem depressiven Affekt als auch mit Angst auf diese mörderischen, rachsüchtigen, aggressiven Triebabkömmlinge. Der depressive Affekt mit Liebesverlust als Vorstellungsinhalt ruft Aggression hervor; die Aggression wiederum löst depressive Affekte aus, zu dessen Vorstellungsinhalten gewöhnlich Objekt- und Liebesverlust sowie Kastration gehören, desgleichen auch Vorstellungen von Strafe und Buße, das heißt Abkömmlinge des Überichs.

Eine vierte Schlußfolgerung hat mit Abwehr zu tun. Wie die Angst ist der depressive Affekt eine Komponente jedes psychischen Konflikts. Wie Angst kann dieser Affekt in abgeschwächter und verschleierter Form in jeder Art von pathologischer Kompromißbildung auftreten. Ob das der Fall ist, hängt von Natur und Angemessenheit der Abwehrkonstellation ab. Der depressive Affekt ist nicht das Ergebnis einer spezifischen Abwehr. Genauer, er ist nicht das Ergebnis einer Identifizierung. Genetisch und dynamisch geht der depressive Affekt der Abwehr voraus. Er setzt Abwehr in Gang. Der depressive Affekt ist genausowenig wie die Angst eine Folge der Abwehr.

An dieser Stelle möchte ich einen kurzen Abriß von Auffassungen über Dynamik und Genese des depressiven Affekts als Bestandteil einer pathologischen Kompromißbildung geben, die von den Psychoanalytikern bis heute als gültig betrachtet werden (vgl. Freud, 1917c; Fenichel, 1945b; Lewin, 1950; Rochlin, 1953; Jacobson, 1971). Ich möchte damit zeigen, wie sehr sich diese Auffassungen von der unterscheiden, die ich vorgetragen habe, von einer Auffassung, die der Rolle des depressiven Affekts im psychischen Konflikt ihre korrekte Bedeutung zuerkennt. Soweit aus der Literatur zu sehen, haben alle Analytiker die Auffassung, die ich im folgenden zusammenfasse, vor der Veröffentlichung meiner ersten Arbeit zu diesem Thema vertreten (Brenner, 1974a; 1974b; 1975a).

Der depressive Affekt als bewußtes Merkmal einer pathologischen Kompromißbildung wurde als eine Art pathologischer Trauer angesehen, das heißt als stets ausgelöst durch einen realen oder phantasierten Objektverlust. Überdies hat man angenommen, der Verlust stehe mit der oralen Entwicklungsphase in Verbindung, entweder direkt oder durch Regression oder durch eine Kombination beider Sachverhalte. Mithin herrschte unter Psychoanalytikern die Meinung vor, realer oder phantasierter Mutterverlust in den ersten Lebensmonaten sei eine wesentliche Vorbedingung für pathologische depressive Affekte. Man nahm an, der Verlust führe zur Introjektion des verlorenen Objekts in der Phantasie, das heißt zu einer Phantasie oraler Inkorporation des verlorenen (ambivalenten) Liebes- und Haßobjekts. So glaubte man, ursprünglich ambivalente Objektbindung an die psychische Objektrepräsentanz werde ersetzt durch eine Identifizierung mit dieser psychischen Objektrepräsentanz. Als Folge davon wenden sich die ursprünglich gegen das Objekt gerichteten Aggressionen nun gegen das eigene Selbst, da das Aggressionsobjekt *via* Identifizierung zu einem Teil des Selbst geworden sei. Die Konsequenz sei Selbsthaß, das heißt depressiver Affekt. Bei pathologischer Trauer als Ergebnis von Ambivalenz und Regression identifiziere sich das Individuum, so nahm man an, mit dem verlorenen Objekt, und das führe zu Selbsthaß und Depression. Mit etwas anderen Worten: Der pathologische depressive Affekt wurde angesehen als gegen das Selbst gewendete Aggression aufgrund der Identifizierung mit einem real oder in der Phantasie verlorenen Objekt.

Diese im Abriß dargestellte Auffassung von der Dynamik und Genese depressiver Affekte als Bestandteil pathologischer Kompromißbildung unterscheidet sich deutlich von der Auffassung, die auf der korrekten Einschätzung des depressiven Affekts als Komponente des psychischen Konflikts beruht. Genauso unübersehbar ist die Bedeutung dieses Unterschieds für die analytische Praxis. Pathologische depressive Affekte sind nicht immer *speziell* an orale Triebabkömmlinge gebunden; sie sind nicht immer eine Form der Trauer, da sie nicht immer speziell mit Objektverlust verknüpft sind; sie sind nicht Folge der gegen das Selbst gewendeten Aggression; und sie sind nicht speziell mit Identifizierung verbunden und noch weniger durch Identifizierung verursacht. Im Gegenteil, für depressive Affekte wie für die Angst gilt, daß sie defensiv umgewandelte Versionen unlustvoller Teilaffekte des zur pathologischen Kompromißbildung führenden Konflikts sind, sofern Angst und depressive Affekte als Merkmale pathologischer Kompromißbildung auftreten. Genese und Dynamik depressiver Affekte können nicht *a priori* als bekannt gelten, da sie sich von Patient zu Patient in jeder oben erwähnten Hinsicht unterscheiden. Der Vorstellungsinhalt pathologischer depressiver Affekte ist in jedem gegebenen Fall nichts anderes als ein Abkömmling der aus der Kindheit stammenden depressiven Affekte, die Komponenten der Konflikte darstellen, die zu pathologischen Depressionsaffekten führen. Wie pathologische Angst ist der pathologische Depressionsaffekt Bestandteil eines Symptoms und muß als solcher analysiert werden, wenn wir ihn richtig verstehen wollen.

Neben seiner Relevanz für die psychoanalytische Technik hat das korrekte Verständnis von Dynamik und Genese sowohl pathologischer depressiver Affekte wie pathologischer Angst auch eine nosologische Bedeutung. Aus einsehbaren Gründen halte ich es für wünschenswert, diesen Punkt für jeden Affekt gesondert zu betrachten.

In *Hemmung, Symptom und Angst* hat Freud (1926d [1925]) zum erstenmal das Verhältnis von Angst und psychischem Konflikt zutreffend dargestellt. Als Ergebnis dieser Abhandlung und anderer Arbeiten in ihrer Nachfolge wie *Das Ich und die Abwehrmechanismen* (A. Freud, 1936) und *Problems of Psychoanalytic Technique* (Fenichel, 1941) haben die Psychoanalytiker der Auffassung zugestimmt, daß Angst eine Komponente jedes pathogenen Konflikts darstellt, daß sie als Bestandteil einer wie immer gearteten pathologischen Kompromißbildung erscheinen kann und daß daher ihrem Vorhandensein oder Fehlen keine diagnostische Bedeutung zukommt. Heutzutage herrscht, wenn auch weitgehend stillschweigende, Einigkeit darüber, daß Angst als Teil einer pathologischen Kompromißbildung diagnostisch ohne Bedeutung ist und über Dynamik oder Pathogenese der Kompromißbildung nichts aussagt, außer daß die Abwehranstrengung des Patienten so beschaffen war, daß die Angst-Unlust nicht ausgeschaltet oder vermieden, sondern bestenfalls gemildert wurde. Der Begriff Angsthysterie beispielsweise, den Freud zu einem Zeitpunkt einführte, als er das Verhältnis von Angst und Konflikt und Symptombildung noch zu entdecken hatte, ist aus dem psychoanalytischen Sprachgebrauch weitgehend verschwunden und größtenteils durch ein Synonym, Phobie, ersetzt worden, ein Begriff, der sich auf das bezieht, was man als charakteristischen Abwehraspekt ansah, und nicht auf das Vorhandensein von Angst in einer pathologischen Kompromißbildung wie beim Wort Angsthysterie.

Nun, da die Rolle depressiver Affekte bei Konflikten gleichfalls korrekt dargestellt ist (Brenner, 1975a), ist nicht zu übersehen, daß auch depressive Affekte Komponenten jedes pathogenen Konflikts sind und daß ihr Vorhandensein in wie immer gearteten pathologischen Kompromißbildungen keine größere diagnostische Bedeutung hat als das Vorhandensein von Angst.

Eine psychiatrische Diagnose auf das Vorhandensein depressiver Affekte als noch so auffälliger Merkmale pathologischer Kompromißbildungen zu gründen, ist mit dieser Auffassung ebensowenig in Einklang zu bringen wie eine Begründung durch das Vorhandensein von Angst.

Die hauptsächliche Legitimierung für ein solches Verfahren stammt ursprünglich von Kraepelin. Er hat die Aufmerksamkeit auf die diagnostische Bedeutung bewußter depressiver Affekte gelenkt und in Übereinstimmung damit eine wichtige diagnostische Kategorie als manisch-depressive Psychose etikettiert. Mit der späteren Einführung von Behandlungsmethoden wie künstlich induzierte Krampfanfälle, Monoamine-Oxidase-Hemmern, trizyklischen Antidepressiva und ionischem Lithium wurde der Anspruch erhoben, jede dieser Methoden sei für Depressionen oder für Depressionen und Erregungszustände spezifisch, einer Auffassung, die aus dieser Sicht die Richtigkeit diagnostischer Klassifizierung Kraepelins bestätigte. Ein wenig anders gesagt, man behauptete, die Krampftherapie und später die Pharmakotherapie stützten Kraepelins Auffassung, daß depressive Affekte, wenn sie bewußte Bestandteile pathologischer Kompromißbildungen sind, tatsächlich diagnostische Bedeutung hätten.

Auf der Grundlage des in diesem Kapitel angeführten psychoanalytischen Materials muß man jedoch Zweifel an dieser Auffassung anmelden. Wie alle neurotischen so leiden auch alle psychotischen Patienten an Konflikten, bei denen sowohl depressive Affekte als auch Ängste eine wichtige Rolle spielen. Mehr noch, bei allen psychisch kranken Patienten, seien sie psychotisch oder neurotisch, werden Ausmaß und Art der bewußten Unlustaffekte der schließlichen Kompromißbildung von der Art und Angemessenheit der Abwehranstrengungen bestimmt. Aus diesen Gründen kann man ohne Hinzuziehung reichhaltigen psychoanalytischen Materials über die relative Bedeutung depressiver Affekte und Ängste als Komponenten pathogener Konflikte von Patienten keine definitiven Aussagen treffen – und je kränker Patienten sind, um so weniger wahrscheinlich ist es, daß wir zuverlässige psychoanalytische Daten in ausreichendem Maße bekommen, um eine solche Aussage wagen zu können. Es mag durchaus sein, daß Diagnosen, die auf dem Vorhandensein depressiver Affekte als Merkmal pathologischer Kompromißbildungen beruhen, sich als richtig erweisen. Doch die zur Zeit verfügbaren psychoanalytischen Daten sprechen gegen diese Möglichkeit.

Therapeuten, welche die Diagnose Depression, depressive Erkrankung und ähnliches stellen, begründen dies gelegentlich damit, daß sie sich auf Patienten bezieht, die erfolgreich mit antidepressiven Medikamenten oder Elektroschocks behandelt worden sind. Man kann plausibel argumentieren, es sei nützlich, einer Gruppe von psychisch kranken Patienten, deren Symptome auf ein bestimmtes Medikament oder auf Elektroschocktherapie positiv ansprechen, ein besonderes Etikett zu verleihen, das heißt eine Diagnose, wenn diese positive Reaktion eine solche Patientengruppe von der übrigen psychisch kranken Population unterscheidet. Man kann es für gerechtfertigt halten, eine Gruppe als auf Monoamine-Oxidase reagierende Gruppe und andere als trizyklisch reagierende Gruppe etc. zu etikettieren. Es ist auch einfach zu rechtfertigen, jede Gruppe getrennt zu untersuchen, in dem Bemühen beispielsweise, gemeinsame ätiologische Faktoren in der einen Gruppe zu finden, die sich bei anderen Gruppen nicht entdecken lassen. Im Lichte vorhandenen psychoanalytischen Materials ist es jedoch unplausibel, die diagnostische Gruppierung anhand des Vorhandenseins depressiver Affekte als Hauptmerkmale der Symptomatologie vorzunehmen. Depressive Affekte sind entscheidende Faktoren in der Symptomatologie jedes Patienten. Mit anderen Worten, sie sind eine wichtige Komponente jedes pathogenen Konflikts. Ihr Vorhandensein als Merkmale pathologischer Kompromißbildungen ist lediglich eine Konsequenz der Natur und Angemessenheit von Abwehranstrengungen, die ebenfalls zu den Komponenten jedes Konflikts zählen. Aus eben diesen Gründen ist ihre zur Zeit weitverbreitete Verwendung als Diagnosegrundlage von zweifelhaftem Wert. Als Diagnose sind Depressionen oder depressive Erkrankungen der Angst oder Angstkrankheiten ebenbürtig.

Zusammenfassung

1. Einige pathologische Kompromißbildungen sind durch bewußte Angst und/oder depressive Affekte gekennzeichnet, andere nicht.
2. *Wenn zu einer pathologischen Kompromißbildung der eine oder andere Affekt als Merkmal gehört, handelt es sich um eine defensiv veränderte Version von Angst und/oder depressiven Affekten, die zu den Komponenten des Konflikts zählen, der zu der pathologischen Kompromißbildung geführt hat.*

3. Wie Ängste können depressive Affekte mit oralen, analen oder phallischen Triebabkömmlingen verbunden sein. Sie stehen nicht nur mit oralen Triebabkömmlingen in Beziehung.
4. Wie Ängste können auch depressive Affekte mit Objekt- und Liebesverlust, mit Kastration und/oder Manifestationen der Überich-Tätigkeit verbunden sein. Sie stehen nicht nur mit Objektverlust in Beziehung.
5. Wie bei der Angst bestehen auch zwischen depressiven Affekten und Aggression bei allen Patienten komplexe Beziehungen, und sie unterscheiden sich von Patient zu Patient beträchtlich.
6. Wie die Angst ist auch der depressive Affekt nicht Folge einer spezifischen Abwehr. Genauer, er ist nicht das Ergebnis von Identifizierung.
7. Eine stichhaltige und brauchbare Klassifizierung psychischer Krankheiten anhand des Vorhandenseins (oder des Fehlens) depressiver Affekte als Merkmale der Symptomatologie des Patienten erscheint ebenso unwahrscheinlich wie eine Klassifizierung anhand des Vorhandenseins (oder Fehlens) von Angst.

11. Träume, Fehlleistungen und Irrtümer

Freuds Interesse an diesen Phänomenen des Seelenlebens war von zweifacher Art. Die eine war praktischer Natur. Schon früh in der Entwicklung der psychoanalytischen Methode entdeckte er, daß Träume und Fehlleistungen analysiert werden können. Freud fand heraus, daß sich aus Träumen und Fehlleistungen, von denen Patienten berichten oder die ihnen während der analytischen Sitzung unterlaufen, nützliche Informationen über die unbewußten Wünsche, Befürchtungen und Erinnerungen des Patienten gewinnen lassen. Dabei schätzte er die Träume als Informationsquelle für die Analyse höher ein. Träume seien die *via regia* zum Unbewußten, schrieb er (1900). Freud war der Ansicht, die Traumdeutung ermögliche den raschesten, direktesten Zugang zum unbewußten Seelenleben des Patienten; sie sei der einfachste und am sichersten einzuschlagende Weg.

Diese Einschätzung wird heute noch von vielen Analytikern geteilt, wenngleich längst nicht mehr zutrifft, was viele Jahre Gültigkeit besaß, nämlich: daß die psychoanalytische Methode sich als Therapieform beschreiben läßt, die auf der Traumdeutung beruht. Heutzutage wird die Übertragungs-, Widerstands- und Abwehranalyse in psychoanalytischen Schriften häufiger erwähnt als die Traumanalyse. Dennoch hat die Traumanalyse in der psychoanalytischen Technik einen großen Teil ihrer ursprünglichen Bedeutung behalten. Das gleiche gilt auch für die Analyse von Fehlleistungen. Beide sind auch heute genauso Bestandteil der psychoanalytischen Technik wie damals, als Freud auf diesem Gebiet seine bahnbrechende Arbeit leistete.

Der andere Grund für Freuds Interesse an Träumen und Fehlleistungen liegt in der psychoanalytischen Theorie. Freud hatte den Eindruck, er könne mit der Darstellung von Traum- und Fehlleistungs-Analysen zwei der Grundpfeiler der psychoanalytischen Psychologie am besten veranschaulichen: den psychischen Determinismus sowie Existenz und Bedeutung unbewußter psychischer

Prozesse. Diese Überlegungen veranlaßten ihn zu dem von ihm gewählten Aufbau seiner *Vorlesungen zur Einführung in die Psychoanalyse* (Freud, 1916–1917), nämlich zur Einteilung in Abschnitte über Fehlleistungen, über Träume und schließlich über die Neurosentheorie, die auch die gesamte Libidotheorie umfaßt, soweit Freud sie zu jener Zeit entwickelt hatte. Träume und Fehlleistungen waren für Freud allerdings nicht nur wichtig, weil sie Bestandteile des analytischen Materials sind und als solche behandelt werden müssen, sondern auch, weil sie in überzeugender Weise veranschaulichen, daß seine Einsichten in die Natur unbewußter psychischer Prozesse und deren Bedeutung im Seelenleben neurotischer Patienten auch für die Träume und Fehlleistungen normaler Menschen gültig sind (Freud, 1900a, S. 613). Träume und Fehlleistungen zeigen, daß sich die psychoanalytische Psychologie auch auf das Normale in gewissem Umfange anwenden läßt. Freud führte sie gewöhnlich an, um zu zeigen, daß die psychoanalytische Psychologie nicht nur Psychopathologie ist.

Die praktischen Aspekte der Analyse von Träumen und Fehlleistungen habe ich bereits andernorts erörtert (Brenner, 1976). Ich brauche hier nicht zu wiederholen, was ich zu diesem Thema bereits geschrieben habe. Im gegenwärtigen Zusammenhang ist es auch unnötig, aus diesen oder anderen Quellen Beweismaterial heranzuziehen, um das Konzept des psychischen Determinismus zu stützen oder das Konzept, daß unbewußte psychische Prozesse dynamisch wirksam und im Seelenleben aller Menschen besonders wichtig sind. Beide Konzepte haben seit langem reichliche Bestätigung und allgemeine Anerkennung erfahren (Brenner, 1973b). Hier möchte ich psychoanalytisches Material über Träume und Fehlleistungen als zusätzliche Unterstützung und Veranschaulichung der Beobachtung benutzen, daß Kompromißbildungen zum normalen Seelenleben gehören. Ich werde mit der Psychologie der Fehlleistungen beginnen, weil deren Struktur in der Regel einfacher ist als die von Träumen. Das folgende ist ein typisches Beispiel.

Ein Patient erinnert sich, als er über seine Hochzeit sprach, die er einige Jahre vor Analyse-Beginn gefeiert hatte, an folgendes Ereignis: Kurz vor der Hochzeitszeremonie fuhr er mit dem Auto durch bekannte Straßen und kam zu einer Verkehrsampel an einer Hauptkreuzung. Obwohl die Straßen zu dieser Zeit leer von Autos waren, hielt er gehorsam vor der Ampel an und wartete auf grünes Licht. Erst dann wurde ihm klar, daß er bei grün und nicht bei rot angehalten hatte.

Er und seine Verlobte wollten beide dringend heiraten. Auf seiten der Familien bestanden keine bewußten Vorbehalte oder Einwände gegen diese Verbindung. Das junge Paar würde finanziell ein wenig zu kämpfen haben, aber diese Aussicht schreckte die beiden nicht. Allenfalls sahen sie darin eine willkommene Herausforderung, die es zu bestehen galt. Das Zögern des Bräutigams, in dem beschriebenen Vorfall so offenkundig, stammte aus Quellen, die ihm vor seiner Analyse nicht bekannt waren. Seine Schwester hatte ihn mit seiner Verlobten bekannt gemacht. Die beiden wohnten im College zusammen. Die jungen Frauen hatten sich im College kennengelernt und wurden Freundinnen. Der Patient meinte, sie ähnelten sich nicht nur im Temperament und in ihren Interessen, sondern auch äußerlich. Er fuhr fort, seine Schwester habe die Heirat mit ihrer Freundin begrüßt. Sie habe sich erfreut über die Aussicht geäußert, daß durch die Heirat die Nähe, die sie immer zu ihm empfunden habe, noch gefördert und verstärkt werde.

Der Patient sprach sodann von seinem Vater, der einige Jahre vor der Heirat gestorben war. Der Patient hatte sich, wie es schien, seinen Brüdern gegenüber stets als Sohn empfunden, den der Vater bevorzugte, und darauf mit bewußter Zuneigung reagiert. Nach dem Tod seines Vaters zerbrach die Einheit der Familie. Die Mutter und die jüngeren Kinder wohnten fortan bei Verwandten, während die älteren, er eingeschlossen, allein lebten. Er erinnerte sich, daß sein Vater ihm abgeraten hatte, zu früh zu heiraten, das heißt zu heiraten, bevor er finanziell abgesichert sei, denn sein Vater meinte, er selbst habe in dieser Beziehung unklug gehandelt. »Hab's nicht so eilig« und »Lieber etwas später als zu früh«, diese Äußerungen seines Vaters kamen dem Patienten in den Sinn.

Über die unmittelbaren Assoziationen hinaus zeigte sich im weiteren Verlauf der Analyse, daß die Verlobte für den Patienten unbewußt nicht nur seine Schwester repräsentierte, sondern auch seine Mutter. Heirat bedeutete also die Befriedigung eines kindlichen Wunsches, sich des Vaters zu entledigen und dessen Platz bei der Mutter einzunehmen, ein Wunsch, der mit Vorstellungen von Bestrafung durch Kastration, Verlassenwerden und Ungeliebtsein einherging und der durch die Zuneigung zu seinem Vater und durch das Bestreben, ihm Freude zu machen und ihm nahe zu sein, teilweise abgewehrt wurde.

Das Verhalten des Patienten vor der Verkehrsampel war folglich ein Kompromiß zwischen vielen Faktoren, die in diesem Beispiel alle in Beziehung standen zu Konflikten aufgrund libidinöser und aggressiver Wünsche, deren Ursprünge sich bis in die Kindheit zurückverfolgen lassen. Weiterzufahren, zu heiraten, hatte die Bedeutung, den Vater zu töten oder zu kastrieren und Mutter und Schwester zu besitzen. Anzuhalten bedeutete »gut« zu sein, Schuld und Angst zu vermeiden, die mit Liebesverlust, Verlassenwerden oder Kastration einhergehen, und bedeutete gleichzeitig, sich dem Vater nahe zu fühlen und von ihm geliebt zu werden. Es sollte hinzugefügt werden, daß der Patient sich, während er zu seinem Fehlverhalten assoziierte, an etwas erinnerte, was ihm zunächst entfallen war. Es fiel ihm ein, daß er beim Umspringen der Ampel auf rot den Impuls verspürt hatte, weiterzufahren, das heißt das Gesetz zu übertreten und Gefahr zu laufen, in einen Unfall verwickelt zu werden, bei dem er der Schuldige wäre und Strafe zu erwarten hätte – vielleicht sogar körperliche Schäden. Es liegt also auf der Hand, daß zu den Determinanten des Fehlverhaltens auch der Wunsch des Patienten gehörte, bestraft zu werden, der allerdings, was die praktischen Konsequenzen betraf, erfolgreich abgewehrt wurde. Zusammenfassend läßt sich sagen, das Fehlverhalten des Patienten war eine Kompromißbildung, in der Triebabkömmlinge, Angst, depressiver Affekt, Abwehr und Überich-Manifestationen allesamt ihre Rolle spielten.

Ein anderer Patient, ebenfalls ein Mann, berichtete von folgendem Erlebnis. Bei einem geselligen Beisammensein am Abend zuvor war der Patient nicht in der Lage gewesen, sich an den Namen seines Bekannten A zu erinnern. Die Erinnerungslücke war ihm peinlich, und er fühlte sich in der Situation und auch später unwohl, da ihm klar war, daß er A's Gefühle verletzt hatte. Er mochte A recht gern, obwohl er ihn nur flüchtig kannte. Er machte sich vor allem auch Vorwürfe, weil A sich offensichtlich gerade erst von einer noch nicht lange zurückliegenden

neurologischen Erkrankung erholt hatte. Sein Gesicht war immer noch ein wenig verzerrt, und ein Arm war nahezu nicht zu gebrauchen. »Wie grausam«, meinte der Patient, »einem Mann so etwas anzutun, der soviel durchgemacht hat!«
Zunächst verstand der Patient nicht, was möglicherweise der Grund für seine Fehlleistung gewesen war. Wie hatte er etwas tun wollen, was ihn so beschämte, was er so sehr bedauerte? Seine Assoziationen drehten sich zunächst um den vergessenen Namen. Er erinnerte ihn an den Namen eines Rivalen von früher, eines Mannes, mit dem er erfolglos um eine junge Frau konkurriert hatte, zu der sich beide hingezogen gefühlt hatten. Sie hatte seinen Rivalen vorgezogen. Darüber war der Patient eine Zeitlang unglücklich und eifersüchtig gewesen, doch es war nichts Ernsthaftes. Seit Jahren hatte er weder an das Mädchen noch an seinen erfolgreichen Konkurrenten gedacht. Ihm leuchtete nicht ein, daß diese Erinnerung etwas mit dem Vorfall in der vergangenen Nacht zu tun haben sollte.
Dann begann er darüber nachzudenken, wie schwach und behindert A ausgesehen hatte. Das erinnerte ihn daran, wie sein Vater während seiner letzten Krankheit ausgesehen hatte. Mit Tränen in den Augen warf sich der Patient mangelnde Zuneigung für seinen Vater in dessen letzten Lebensjahren vor. Der Patient war als Jugendlicher immer größer, kräftiger und männlicher geworden, sein Vater hingegen immer schwächer und kindischer. Damals hatte der Patient insgeheim Verachtung für des Vaters vermeintliche Feigheit und sein kleinkindhaftes Verlangen nach Fürsorge und Aufmerksamkeit empfunden. Als seine Mutter gelegentlich ähnlich kritische Gedanken geäußert hatte, hatte der Patient ihr zugestimmt und seine Verachtung für die Schwäche des Vaters in sarkastischen, höhnischen Formulierungen geäußert. Das war jedoch das einzige Mal gewesen, daß der Patient seine Gedanken über den Vater zum Ausdruck gebracht hatte. Der Vater starb unerwartet einige Wochen später.
All diese Erinnerungen erfüllten den Patienten mit Kummer und Reue. Er hatte dabei das gleiche Gefühl wie beim Vergessen des Namens von A. Erst nach weiteren Monaten Analyse vermochte der Patient triumphierende Befriedigung zu empfinden über den Tod des Vaters, dem er den alleinigen Besitz der Mutter verdankte, eine Befriedigung, die gleichzeitig Angst auslöste, der

Vater werde sich rächen und den Patienten töten oder kastrieren.

Auch hier war die Fehlleistung eine Kompromißbildung zwischen vatermörderischen, kastrierenden Triebabkömmlingen, Angst vor Vergeltung in Form von Kastration, Abwehrmaßnahmen, zu denen Verdrängung, Verschiebung und Reaktionsbildung gehörten, und Überich-Manifestationen, vor allem Scham, Reue und Selbstanklage. Sie alle trugen zu der Fehlleistung bei. Sie alle verschmolzen darin.

Obgleich es leicht wäre, weitere Beispiele anzuführen, ist es unnötig, da sich in jedem Fall, für den analytisches Material vorhanden ist, die Fehlleistung als Kompromißbildung entpuppt. Die angeführten Beispiele können allerdings auch noch einem zusätzlichen Zweck dienen. Sie können bei der Formulierung einer geeigneten Definition des Begriffs Fehlleistung helfen, einer Definition, die dem verfügbaren psychoanalytischen Datenmaterial über diese Phänomene gerecht wird.

Was war beispielsweise die Fehlleistung im zweiten Beispiel? Die Antwort scheint auf der Hand zu liegen. Es ist eine Erinnerungslücke. Der Patient hatte A's Namen vergessen. Doch ist das wirklich so offensichtlich? Tatsächlich geschah folgendes: Der Patient sah A und wollte zu ihm gehen und ihn begrüßen. Als er dies gerade tun wollte, bemerkte er, daß er sich nicht mehr an A's Namen erinnern konnte. Statt also A zu begrüßen und mit ihm freundlich zu plaudern, wandte er sich verlegen von ihm ab. Tatsächlich brüskierte er A in einer Weise, die dessen Gefühle verletzen mußte. Wenn man sich nur auf die Erinnerungslücke konzentriert, läuft man ganz eindeutig Gefahr, etwas aus dem Zusammenhang zu reißen. Zu dem psychischen Ereignis, dessen Determinanten die analytischen Befunde aufdeckten, gehörte gewiß die Erinnerungslücke, aber auch der Akt der Beleidigung von A durch Brüskierung sowie Scham- und Reuegefühle.

Folglich handelt es sich bei dem Phänomen, das es verdient, als Fehlleistung bezeichnet zu werden, nicht einfach um eine Erinnerungslücke. Die bewußte Absicht des Patienten, mit A freundlich umzugehen, wurde durchkreuzt davon, daß der Patient A's Namen vergaß, sich von diesem abwandte, sich selbst der Grausamkeit bezichtigte und darunter litt. All dies zusammen, und nicht nur die Erinnerungslücke, verdient die Bezeichnung Fehlleistung und stellt sich mittels Analyse als Kompromißbildung heraus, zu der ein aus der Kindheit stammender Konflikt geführt hat. Der wichtigste Triebabkömmling in diesem Konflikt war der Eifersuchts- und Konkurrenzwunsch des Patienten, seinen Vater zu kastrieren und sich seiner zu entledigen, ein Wunsch, der sich in der Adoleszenz als Verachtung und Verspottung des Vaters äußerte, als dieser schwach und dem Tode nahe war. Die Erinnerung an dieses Verhalten, ausgelöst durch A's Erscheinen und, in geringerem Maße, durch seinen Namen, hatte der Patient verdrängt und den Wunsch auf A verschoben. Er beleidigte A, aber schweigend, ohne Worte. Er sagte ihm keine bösen Worte, er vergaß einfach A's Namen. Er empfand keine Befriedigung darüber, A beleidigt zu haben. Statt dessen empfand er, trotz der Abwehr durch Verschiebung und trotz seines sich auferlegten Schweigens, einen Teil jener Schuld und Reue, die er nach dem Tod seines Vaters verspürt hatte, nach einem Ereignis, das, wie gesagt, eingetreten war, kurz nachdem der Patient seiner Verachtung für seinen Vater Luft gemacht hatte. Er klagte sich an, gestand in der Analysestunde am nächsten Tag seine Missetat ein und weinte, als er vom Tod seines Vaters sprach, den er liebte und haßte, verachtete und beneidete.

Wendet man sich dem ersten Beispiel zu, wird unser Versuch, die Fehlleistung zu definieren, von ähnlichen Überlegungen bestimmt sein. Auf den ersten Blick scheint es offenkundig zu sein, daß die Fehlleistung in einer falschen visuellen Wahrnehmung bestand, in einer falschen Reaktion auf eine visuelle Wahrnehmung oder vielleicht in einer Mischung aus beidem. Der Bräutigam *in spe* hielt sein Auto an einer »grünen« Ampel an, als ob sie rotes Licht zeigte.

Betrachtet man aber die Sache genauer, so zeigt sich, daß diese Kategorisierung den Tatsachen nicht ganz gerecht wird. Der Patient war auf dem Weg zu seiner Hochzeit, der er ungeduldig entgegensah. Er hielt vor einer grünen Ampel und hatte, einige Sekunden später, den Impuls, trotz roten Lichts weiterzufahren, einen Impuls, den er mit einem flüchtigen Gefühl der Besorgtheit sofort zügelte. Einen Augenblick später kam er sich albern vor. Präziser, er kam sich kindisch und unerfahren vor, als sei er nicht der zuverlässige, erfahrene Fahrer, der er tatsächlich war.

Bei diesem Beispiel ist die Kompromißbildung nicht einfach eine falsche Wahrnehmung oder eine falsche Reaktion auf die Wahrnehmung. Diese Dinge machten nur einen Teil der Kompromißbildung aus. Weitere Elemente waren Angst oder Besorgnis, als er trotz Ampelverbots weiterfahren wollte, und das Gefühl, kindisch und unerfahren zu sein. Die gesamte Reaktion des Patienten an der Straßenkreuzung – das gesamte psychische Ereignis – war die Kompromißbildung, die sich aus seinen inzestuösen und vatermörderischen Wünschen ergab. Die falschen Wahrnehmungen und Reaktionen bilden lediglich einen Teil des Gesamtereignisses, genau wie in dem anderen Beispiel die Erinnerungslücke nur einen Teil der gesamten Kompromißbildung ausmacht.

Bei einer stichhaltigen Definition des Begriffs Fehlleistung müssen wir Daten der Art berücksichtigen, wie ich sie oben beschrieben habe. Eingedenk dieser Tatsache schlage ich folgende Definition vor: *Eine Fehlleistung ist eine Kompromißbildung, mit dem Merkmal oder den Merkmalen: falsche Wahrnehmung, Erinnerungslücke, unbeabsichtigte Handlung verbaler oder anderer Art, unerwartete Hemmung des Handelns, Urteilens oder des Begreifens. Immer wenn ein vertrauter, bewußter Aspekt der Ichfunktionen, wie Wahrnehmung, Erinnerung, Handeln, Sprachgebrauch oder Verstehen von den Folgen eines aus der Kindheit stammenden psychischen Konflikts auffällig berührt wird, können wir zutreffend von einer Fehlleistung sprechen.* Diese Definition fördert etwas zutage, das kaum überraschen wird, das aber dennoch erwähnt zu werden verdient, weil es wichtige Implikationen enthält.

Fehlleistungen nehmen eine Position ein, die, bildlich gesprochen, zwischen neurotischen Symptomen und normalen psychischen Phänomenen liegt. Wenn eine Kompromißbildung Erinnerungsvermögen, Handlungsfähigkeit, Sprachgebrauch oder Verständnisfähigkeit schwerwiegend und anhaltend beeinträchtigt, wird sie als neurotisches Symptom bezeichnet und nicht als Fehlleistung. Um Freuds Terminologie zu gebrauchen: Sie wäre ein Fall ernsthafter und nicht alltäglicher Psychopathologie – der Psychopathologie des Alltagslebens. Bekannte Beispiele sind Fälle von hysterischer Amnesie, hysterischer Anästhesie, hysterischer Paralyse oder von Fugue-Zuständen. Zwischen Fehlleistungen und verschiedenen Arten neurotischer Symptome läßt sich keine scharfe Grenze ziehen. Wie Freud mit seiner Terminologie hervorhob, sind die Unterschiede lediglich gradueller Art.

Am anderen Ende des psychologischen Spektrums sind Fehlleistungen von normalen psychischen Phänomenen nicht zu unterscheiden (Brenner, 1973b, S. 152). Ein Versprecher ist leicht von einer Metapher zu unterscheiden, die bewußt und überlegt verwandt wird, aber es gibt Metaphern, die im Verlauf einer Unterhaltung auftauchen, ohne daß wir bewußt danach gesucht hätten. Sie tauchen spontan auf, ohne bewußte Willensentscheidung, manchmal zur Freude des Sprechers, manchmal zu seinem Entsetzen und manchmal ohne besondere Reaktion, außer daß der Sprecher sie routinemäßig akzeptiert als Teil dessen, was er sagen wollte. Arlow (1979) hat sich ausführlich mit den unbewußten Determinanten von Metaphern beschäftigt.

Obwohl sich absichtlich gewählte Metaphern leicht von einem Versprecher unterscheiden lassen, scheint es also doch Fälle zu geben, die dazwischen liegen. Wie soll man eine unwillkommene Metapher, die ein Sprecher mit einem »Nein, so habe ich das nicht gemeint!« zurücknimmt, von einem Versprecher unterscheiden?

Um auf dieser Argumentationslinie zu bleiben, so wäre es sicherlich eine Fehlleistung, wenn man von einem vertrauten Weg in die falsche Richtung abbiegt und entdeckt, daß man sich von dem bewußt angestrebten Ziel entfernt. Allerdings variiert man gelegentlich einen vertrauten Weg, indem man ohne bewußte Überlegung eine andere als die übliche Strecke wählt, um sein Ziel zu erreichen. Können wir das als Fehlleistung bezeichnen? Oder eine andere Möglichkeit: Eine bevorzugte Strecke wird aus bewußt nicht bekannten Gründen geändert, so daß der vormals vertraute Weg zur ungewöhnlichen Strecke wird. In welche Rubrik soll ein solches Verhalten eingeordnet werden? Ist es eine Fehlleistung oder nicht?

Offensichtlich kann man zwischen einem normalen psychischen Ereignis und einer Fehlleistung auf der Grundlage dynamischer oder genetischer Faktoren ebensowenig eine scharfe Grenze ziehen wie zwischen einer Fehlleistung und einem neurotischen Symptom. Ob Fehlleistung, ob normal oder pathologisch, solche psychischen Ereignisse sind Kompromißbildungen, die sich aus den in der Kindheit wurzelnden Konflikten ergeben. Das Studium von Fehlleistungen, in einem klinischen, psychoanalytischen Setting so häufig möglich, bietet Beweismaterial zur Erhärtung der Auffassung, daß ein großer Teil des normalen bewußten Seelenlebens Kompromißbildungen sind, eine Auffassung, die in diesem und den beiden folgenden Kapiteln weiter ausgeführt wird.

Das Studium der Träume kann dem gleichen Zweck dienen. Wie oben erwähnt, war Freud, als er die Psychologie der Träume (1900a) zum erstenmal erforschte, von der Konfliktkomponente der Triebabkömmlinge am meisten beeindruckt. Seine Auffassung zu jener Zeit war, daß jeder manifeste Traum die (phantasierte) Erfüllung eines Kindheitswunsches sei, wie verschleiert, verzerrt und folglich unerkennbar die Wunscherfüllung auch sein möge. Diese Auffassung blieb zu Freuds Lebzeiten und viele Jahre danach unverändert anerkannt, und dies trotz der Tatsache, daß es große Schwierigkeit bereitet, sie auf die üblicherweise vorzufindenden Traumelemente anzuwenden. Will man die Traumpsychologie im Sinne der Strukturtheorie verstehen, das heißt im Sinne von Es, Ich und Überich, sollte man jeden manifesten Traum als Ergebnis einer Interaktion zwischen diesen Instanzen ansehen, wie ich 1955 erklärt habe (Brenner, 1973b). Einige Jahre später ist dieser Gedanke weiterentwickelt worden (Arlow und Brenner, 1964). Zu jenem Zeitpunkt haben Arlow und ich die analytischen Daten, die diesen Gedanken stützen, ausführlich dargestellt und die Vorteile erörtert, die sich aus dem Verständnis von Traumpsychologie im Sinne von Es, Ich und Überich-Tätigkeit ergeben, Vorteile gegenüber dem veralteten Bezugsrahmen der topographischen Theorie mit ihren Systemen Ubw, Vbw und Bw. Insofern hier mein Thema nicht die Traumpsychologie ist, sondern die Kompromißbildungen, versage ich es mir, darauf im einzelnen einzugehen. Wie das folgende Beispiel zeigt, kann sogar eine unvollständige Analyse von Traummaterial deutlich machen, daß ein manifester Traum ein Kompromiß zwischen widerstreitenden psychischen Tendenzen ist.

Ein Patient Mitte Zwanzig berichtete in der zweiten Analysewoche folgendes Traumfragment: Er flog in einem Luftschiff aus Beton durch die Luft. In seinem Traum war er beeindruckt von der Stabilität des Luftschiffes.

Die Assoziationen des Patienten handelten zunächst von dem,

was ihn an dem Traum beeindruckte, nämlich die Stabilität des Flugkörpers. »Unmöglich, das so etwas zerstört werden könnte«, sagte er und erinnerte sich dann, daß er am Abend zuvor im Fernsehen eine alte Wochenschau mit dem Luftschiff »Hindenburg« gesehen hatte, das vor Jahren explodiert und ausgebrannt war und so die Untauglichkeit von Flugkörpern demonstriert hatte, die, mit Wasserstoff gefüllt, leichter als Luft sind. Wie der Patient meinte, ist das Großartige an gasgefüllten Flugkörpern, daß sie nicht abstürzen können. Sie bleiben oben, selbst wenn ihre Motoren ausfallen.

An dieser Stelle war der Patient für eine kurze Zeit still. Er erzählte mir dann von einem Symptom, über das er vorher nicht gesprochen hatte. Als Grund für die Aufnahme der Analyse hat er sich selbst und mir den Wunsch genannt, seine Frau zu verlassen, mit der er sich seit der Hochzeit ständig streite, ein Verhalten, das im scharfen Gegensatz zu der freundlichen Art und Weise stehe, in der sie vor der Hochzeit ein Jahr zusammengelebt hätten. Jetzt erzählte er mir, daß er eine Zeitlang vor Analysebeginn gelegentlich impotent gewesen sei und seine Erektion vor oder während des Sexualverkehrs verloren habe. Sein Penis war, ach, nicht leichter als Luft. Seine »Maschine« funktionierte manchmal nicht, sie fiel zur Erde, statt oben zu bleiben, und hatte das, in der Tat, auch am Abend vor seinem Traum getan.

Wie bei jedem manifesten Traum genügen auch hier einige Assoziationen, um erkennen zu lassen, daß er eine Kompromißbildung ist. Das Bedürfnis des Patienten, sich zu beruhigen, um Kastrationsangst und Kastrationsdepression zu vermeiden, liegt klar auf der Hand. Dies geschah mit Hilfe der Phantasie, superpotent zu sein, eine Erektion so hart wie Beton zu haben. Im manifesten Traum stellte er überdies der Welt das Luftschiff zur Schau, das seine Erektion symbolisierte. So konnte er sich jedem Konkurrenten überlegen fühlen, vor allem mir, wie sich später herausstellte, statt sich unbedeutend und ungeliebt zu fühlen, wie er sich während seiner ganzen Kindheit im Vergleich zu seinem Vater und seinem älteren Bruder gefühlt hatte. Der Traum des Patienten war nachweislich eine Kompromißbildung, an dem zumindest phallische, exhibitionistische Triebabkömmlinge, Katastrophenvorstellungen, einschließlich Kastration und Liebesverlust, und eine Reihe von Abwehrmaßnahmen beteiligt waren. Während der Sitzung, in der der Patient seinen Traum erzählte, war es nicht möglich, im manifesten Traum Überich-Elemente zu erkennen. Erst später, als die Analyse fortschritt, wurde offenbar, daß die Katastrophe des Liebesverlusts, zu der Verlassenwerden gehörte, das heißt auch Objektverlust, in den unbewußten Phantasien des Patienten eine Bestrafung für die mörderische Wut darstellte, die er auf seine Mutter empfand, die ihn und seinen Bruder verlassen hatte, als der Patient gerade sechs Jahre alt gewesen war. Es gibt keinen Zweifel, daß der Traum des Patienten eine Kompromißbildung war, entstanden aus Konflikten, die mit Triebabkömmlingen der Kindheit verbunden waren, obwohl die Analyse des Traumes bei weitem nicht vollständig war.

Als zweites Beispiel habe ich einen Traum gewählt, der aus der Analyse eines Patienten Mitte Dreißig stammt, der sich seit mehreren Jahren in Analyse befand. Er begann eine Sitzung, indem er berichtete, er habe geträumt, in einem Büro zu sein, in dem sich zwei Frauen mittleren Alters aufhielten. Es war anscheinend das Büro sowohl einer Brauerei wie einer Druckerei, da er sich zunächst darüber beschwerte, daß mit dem Bier etwas nicht in Ordnung sei, daß man es nicht richtig gebraut habe, und ihn daraufhin eine der Frauen fragte, ob er das Bier kosten wolle, das sie im Kühlschrank habe. Dann wurde ihm ein Buch gezeigt, geschrieben von einem Autor, an dessen Namen er sich nicht mehr erinnern konnte. Das Buch war schrecklich gedruckt. Es war nicht einmal korrekturgelesen worden und wimmelte von orthographischen, grammatikalischen und stilistischen Fehlern. Es war an einigen Stellen nicht einmal logisch.

Die Assoziationen des Patienten begannen mit Erinnerungen an eine Party am Abend zuvor. Seine Frau hatte einige Freunde zum Essen eingeladen. Vor und während des Essens wurde Wein gereicht. Nach dem Essen wurde eine Flasche Sekt geköpft, um den erfolgreichen Abschluß eines geschäftlichen Unternehmens zu feiern, das der Patient nach monatelangen Bemühungen kurz zuvor zu Ende gebracht hatte. Im Laufe weniger Stunden trank der Patient mehrere Gläser Wein, was für ihn mehr als ungewöhnlich war. Während des Abends dachte er wiederholt, er werde zum Alkoholiker. Jedesmal wenn ihn dieser Gedanke überkam, war ihm klar, wie lächerlich er war, zumal er sich zu keinem Zeitpunkt beschwipst oder auch nur angeregt gefühlt hatte. Sein verstorbener Vater habe die Angewohnheit gehabt, viel mehr »harten« Alkohol zu trinken, als ihm guttat, meinte der Patient mir gegenüber. Sein Vater war der Alkoholiker, nicht der Patient, der niemals harte Getränke anrührte und auch niemals viel Bier oder Wein trank.

Weitere Assoziationen verknüpften den schrecklichen Buchdruck mit dem jüngsten geschäftlichen Erfolg, den der Patient in seiner charakteristischen Art herabsetzte. Tatsächlich war eines seiner Hauptsymptome eine schwerwiegende Hemmung seiner Fähigkeit, in Konkurrenz zu treten, erfolgreich zu sein oder sich am Erfolg welcher Art auch immer zu erfreuen, obwohl er sich bewußt wünschte, wie sein Vater die »Nummer eins« zu sein. Nicht überraschend übertrug er die hohe Meinung von den Leistungen des Vaters und die Rivalität mit ihm auf mich. Der Patient kannte einige meiner Veröffentlichungen, und er wünschte sich innig, so schreiben zu können wie ich, und zweifelte gleichzeitig genauso intensiv an seiner Fähigkeit.

Zu den Frauen mittleren Alters und dem Büro hatte der Patient keine spontanen Assoziationen. Dazu befragt, erinnerte er sich, daß er sich beim Aufwachen verblüfft gedacht habe, die Frauen, obwohl mittleren Alters, seien nicht älter gewesen als er selbst. An sich als einen reifen Erwachsenen zu denken, war für den Patienten einigermaßen überraschend. Bis kurz vor dem Traum hatte er sich gewöhnlich für einen Jugendlichen gehalten, ungeachtet seines tatsächlichen Alters. Anders von sich zu denken, hatte für ihn die gleiche Bedeutung wie Erfolg im Wettstreit. Es bedeutete zu siegen, zu zerstören, den Platz des Vaters oder meinen einzunehmen.

Auf der Grundlage der oben gegebenen Daten ist es natürlich nicht möglich, die unbewußten Determinanten dieses Traumes auch nur annähernd vollständig zu erfassen. Ein großer Teil seines latenten Inhalts, um Freuds Terminus zu verwenden, bleibt zwangsläufig verborgen. Wie bei dem früheren Beispiel erhöht diese Tatsache jedoch seinen Wert im gegenwärtigen Kontext. Selbst die bruchstückhafte Kenntnis seiner Determinanten reicht aus, um zeigen zu können, daß es sich um eine Kompromißbildung handelt. Vollständigeres Wissen würde diese

Tatsache nur offenkundiger machen. Was wir bereits wissen, rechtfertigt folgende Formulierung:
Die Konfliktkomponenten, die sich eindeutig identifizieren lassen, umfassen die folgenden Triebabkömmlinge: den Wunsch, den Vater oder mich zu übertreffen, uns zu zerstören und unseren Platz einzunehmen. Was die Katastrophen betrifft, die mit diesen Triebabkömmlingen verbunden sind, und höchstwahrscheinlich auch mit anderen, nicht erkannten Triebabkömmlingen, die ebenfalls zu den Konfliktkomponenten zählen, die den Traum hervorgebracht haben, so läßt die herabsetzende Darstellung seiner beruflichen Leistungen gleichermaßen auf Angst und depressive Affekte in Verbindung mit Kastration und Liebesverlust schließen, das heißt seine Art der Darstellung, die hervorhebt, wie erfolglos, wertlos und nichtswürdig er wirklich sei. Gleichzeitig dienten seine Gefühle von Unzulänglichkeit sowohl als starke Abwehr wie als Quelle libidinöser Befriedigung. Auf der einen Seite gaben sie ihm die Möglichkeit, sich einzureden, daß er von seinen Rivalen nichts zu befürchten habe, da er keinem von uns ebenbürtig sei, und daß er nicht wirklich mit uns in Wettstreit trete. Auf der anderen Seite waren sie eine Bitte um Mitleid, Sympathie und Liebe seitens seiner Rivalen. Offensichtlich dienten bei dem Patienten noch andere Aspekte des psychischen Geschehens zu Abwehrzwecken: zur Verdrängung und Verschiebung, um nur zwei zu nennen. Was die Überich-Komponenten betrifft, so entspricht der manifeste Traum insgesamt, vor allem der letzte Teil, recht gut dem, was Freud in den späteren Ausgaben von *Die Traumdeutung* Strafträume genannt hat. Das Gewissen des Patienten sagte, dramatisch überspitzt: »Was? Du hast deines Vaters Platz eingenommen? Du bist er? Gut, dann sei auch so wie er! Sei ein Alkoholiker!« Und später: »Was? Du hast deinen Analytiker getötet und seinen Platz eingenommen? Nun gut, dann wird alles, was du schreibst, schreckliches Zeug sein, keineswegs so großartig, wie du es dir wünschst!«
In beiden Beispielen trugen Triebabkömmlinge, Katastrophen und damit verbundene Angst- und Depressionsgefühle, Abwehr und Überich allesamt zu den Kompromißbildungen bei, von denen die Patienten als ihren Träumen berichteten. Aus den angehäuften analytischen Erfahrungen vieler Jahre kann man die Schlußfolgerung ziehen, daß Triebabkömmlinge, Katastrophen,

Abwehr und Überich Konfliktkomponenten sind, deren Kompromißbildung jeder manifeste Traum wie auch jede Fehlleistung ist.
Es sei nochmals erwähnt, daß ich keineswegs versucht habe, die Traumpsychologie vollständig oder auch nur ausgewogen zu diskutieren. Was die Träume angeht, so habe ich lediglich aufzeigen wollen, daß sie Kompromißbildungen sind, die zum normalen psychischen Geschehen gehören. Was während des Schlafs normalerweise als Traum ins Bewußtsein gelangt, ergibt sich aus einem Konflikt und zeigt sich als Kompromiß zwischen dessen verschiedenen Komponenten.

Zusammenfassung

In diesem Kapitel habe ich Beispiele angeführt, um die These zu veranschaulichen, daß Träume und Fehlleistungen Kompromißbildungen sind. Außerdem habe ich eine Definition der Fehlleistungen vorgeschlagen, die es ermöglicht, das Verhältnis der Fehlleistung zu pathologischen Kompromißbildungen auf der einen und zu normalen auf der anderen Seite zu klären.

12. Übertragung und Gegenübertragung

Bei der Übertragung handelt es sich um ein Konzept, das nach Meinung jedes Analytikers untrennbar mit der analytischen Situation verbunden ist. Analytiker stimmen im allgemeinen in der Auffassung überein, daß sich die Übertragung nur im analytischen Setting voll entwickeln kann, und viele Analytiker behaupten sogar, Analyse sei nicht wirklich Analyse, wenn der Patient nicht eine voll entfaltete Übertragungsneurose entwickelt, obwohl es, zugegeben, keine allgemein akzeptierte Definition der voll entfalteten Übertragungsneurose gibt. Dennoch sind sich alle einig, daß die Entwicklung der Übertragung, daß Übertragung als Phänomen im Seelenleben in einer besonderen Beziehung zur Psychoanalyse als Therapie und zur psychoanalytischen Situation steht.

Die Tatsachen liegen anders. Befriedigungswünsche, Ängste, depressive Affekte, Abwehren und Überich-Abkömmlinge, die alle ihren Ursprung in der frühen Kindheit haben, spielen in jeder Objektbeziehung der späteren Kindheit und des Erwachsenenlebens eine wichtige Rolle. Es ist richtig, daß die Beziehung des Patienten zum Analytiker weitgehend von Kindheitswünschen, das heißt von Triebabkömmlingen der Kindheit, und von den daraus resultierenden Konflikten beeinflußt wird. Es ist richtig, daß in der analytischen Situation die Wünsche und Konflikte der frühen Kindheit auf den Analytiker übertragen werden. Es ist jedoch nicht richtig, daß an einer solchen Übertragung etwas Einzigartiges oder Besonderes ist. *Jede* Objektbeziehung ist eine Neuausgabe der ersten entscheidenden Bindungen der Kindheit. Die Beziehung des Patienten zu seinem Analytiker ist keine Ausnahme.

Es ist nicht einmal richtig, daß in der Patient-Analytiker-Beziehung die Kindheitswünsche und -konflikte von relativ größerer Bedeutung sind als in anderen menschlichen Beziehungen. Wie Freud anmerkte (1915a [1914]), besteht zwischen Übertragungsliebe und »gewöhnlicher« Liebe kein grundlegender psychologischer Unterschied. Die Dynamik, das heißt der Einfluß infantiler Konfliktfaktoren, ist bei beiden gleich. Übertragung ist ubiquitär. Sie entwickelt sich in jeder analytischen Situation, weil sie sich in jeder Situation entwickelt, in der ein anderer Mensch für das eigene Leben wichtig ist.

Andernorts habe ich (Brenner, 1976) darauf hingewiesen, an der Übertragung in der Psychoanalyse sei nicht einzigartig, daß sie vorhanden ist, sondern daß wir auf besondere Weise mit ihr umgehen. In anderen Übertragungssituationen, das heißt in den Objektbeziehungen des Alltagslebens, reagiert unser Gegenüber in einer der zahllosen Formen, die wir aus Erfahrung kennen – mit Freundschaft, Zuneigung, Liebe, Verehrung, Gleichgültigkeit, Feindseligkeit, Abscheu, Haß etc. Nähere Erläuterungen sind unnötig, denn die Möglichkeiten sind wohlbekannt. In der analytischen Situation reagiert der Analytiker auf die Übertragung des Patienten in einzigartiger Weise. Der Analytiker analysiert die Übertragung des Patienten, statt in der einen oder anderen Weise darauf zu reagieren. Die Übertragungsanalyse ist einzigartig für die Psychoanalyse, nicht die Übertragung selbst.

Die Übertragungsanalyse ist jedoch ein Thema, das in den Betrachtungszusammenhang der Probleme psychoanalytischer Technik fällt (vgl. Brenner, 1976). Es liegt außerhalb des Rahmens meiner gegenwärtigen Überlegungen. Ich möchte hier folgende Punkte hervorheben: 1. Übertragung ist charakteristisch für jede Objektbeziehung. Was zwischen Patient und Analytiker geschieht, ist ein Beispiel für das, was sich abspielt, wenn zwei Menschen engen, dauernden Kontakt miteinander haben. 2. Wie jede andere Objektbeziehung leitet sich die Übertragung von den Triebabkömmlingen der frühen Kindheit her, das heißt von libidinösen und aggressiven Wünschen jener Lebensspanne, von Wünschen, die sich auf Mutter, Vater, Geschwister und ähnliche Personen beziehen. Da diese Wünsche zu Konflikten und Kompromißbildungen führen, bestimmen die durch Kindheitswünsche hervorgerufenen Kompromißbildungen die Objektbeziehungen des späteren Lebens.

Im Nachwort zu »Bruchstück einer Hysterie-Analyse« (Freud, 1905e [1901], S. 280–284) macht Freud zum erstenmal auf die Übertragung als einem Element der psychoanalytischen Situation

aufmerksam. Er definiert sie folgendermaßen: Wird in der Analyse ein verdrängter sexueller Wunsch oder Impuls aus der Kindheit geweckt, erinnert sich der Patient nicht daran, was er zu jener Zeit empfunden und auf wen er das Gefühl gerichtet hat, sondern bezieht es statt dessen als aktuellen Wunsch auf den Analytiker. Freud erkannte, daß Wunschübertragungen in jeder Analyse vorkommen und, nebenbei, auch in der nichtanalytischen Behandlung jedes an Hysterie leidenden Patienten zu beobachten sind. Er schrieb: »Die psychoanalytische Kur *schafft* die Übertragung nicht, sie deckt sie bloß auf... Übertragungen... die der Kranke (Hysteriker) regelmäßig auf die Person des Arztes vornimmt.« (Freud, 1905e [1901], S. 281)
Diese Arbeit und Freuds spätere Schriften zu diesem Thema lassen erkennen, daß er zwischen Übertragung und normalen Objektbeziehungen unterschied (Freud, 1912b; 1915a [1914]). Nach Freuds Auffassung besteht die normale Abfuhr sexueller Wünsche in sexuell befriedigenden Objektbeziehungen oder in Sublimierungen. Nur die Sexualwünsche der Kindheit, deren Befriedigung aufgrund der Verdrängung vereitelt wurde, träten in der Therapie als Übertragung in Erscheinung. Mit anderen Worten, Freud sah die Übertragung als eines der pathologischen Phänomene an, die man am besten unter die Rubrik Wiederkehr des Verdrängten subsumiere. Er hielt Übertragung nicht für ein Beispiel normaler Objektbeziehungen, wie ich das tue.
Auch eine andere Auffassung Freuds sollte wegen ihres großen Einflusses auf die folgenden Analytikergenerationen erwähnt werden, nämlich die Auffassung, daß es psychisch kranke Patienten gibt, die aufgrund der Eigenart ihrer Psychopathologie nicht imstande sind, eine echte analytische Übertragung zu entwikkeln (Freud, 1914c; 1915e). So wurde die Fähigkeit zur Übertragung zum Kriterium für Analysierbarkeit und zur Grundlage einer Art von Nosologie. Analysierbare Psychoneurosen, als welche die Hysterien und Zwangsneurosen angesehen wurden, faßte man als Übertragungsneurosen zusammen, während man die anderen, darunter schwere Depressionen und andere Formen der Psychose, als narzißtische Neurosen bezeichnete. Bei den letzteren wird, wie Freud es sah, pathologisch verdrängte Libido gegen das eigene Selbst gerichtet und ist nicht übertragbar oder kann nicht auf die Person des Analytikers übertragen werden.

Nach Freud kann man sagen, daß die Übertragung nur charakteristisch für die Pathologie der Psychoneurosen ist. Für Patienten, die schwerer krank sind, ist sie unmöglich; für die Normalen nicht notwendig.

Aus Freuds Auffassung und Behandlung der Frage folgte, daß man, wie bereits erwähnt, die Übertragung fast immer in einer Weise erörtert hat, als handele es sich dabei lediglich um ein technisches Problem, und das hatte zur Folge, daß man bis vor einiger Zeit (Brenner, 1976) nicht zu einer korrekten Auffassung von der Übertragung als einem Phänomen des gesamten Seelenlebens gelangen konnte. Doch auch vor jenem Zeitpunkt hatte man bereits allmähliche Fortschritte in Richtung der Auffassung gemacht, daß es sich bei der Übertragung um eine komplexe Kompromißbildung handelt.

Freud sah die Übertragung zunächst als Manifestation des Es an. Anders gesagt, er betrachtete die Übertragung als Ausdruck verdrängter sexueller Wünsche oder Triebabkömmlinge der Kindheit. Viel später, Freud hatte inzwischen die Strukturtheorie der Psyche eingeführt und seine Angsttheorie revidiert (Freud, 1923b; 1926d [1925]), lenkten A. Freud (1936) und Fenichel (1941) die Aufmerksamkeit auf die von ihnen so bezeichneten Abwehrübertragungen, das heißt auf die Rolle der Abwehr bei der Übertragung. Sie hatten die Beobachtung gemacht, daß bestimmte Übertragungsmanifestationen in der Analyse der Funktion dienen, aus der Kindheit stammende Triebabkömmlinge abzublocken oder abzuwehren und nicht libidinöse oder aggressive Wünsche zu äußern. Solche Übertragungsmanifestationen, meinten sie, gehen auf Kindheitskonflikte zurück wie die Triebabkömmlinge, denen sie entgegenstehen. Was die Rolle des Überichs bei der Übertragung angeht, so wurde es nach der Einführung des Überich-Konzepts durch Freud (1923b) rasch zu einer alltäglichen, wie selbstverständlichen Feststellung, daß Patienten ihren Analytikern häufig die Schuldgefühle oder die moralische Verurteilung zuschreiben, die sie gegenüber ihren eigenen Gedanken und Handlungen verspüren.

So wurde nach und nach die Rolle der Triebabkömmlinge, der Abwehr und der Überich-Funktion in dem einen oder anderen Übertragungsfall offenkundig. Doch bis vor einiger Zeit hat man noch nicht gewürdigt, daß jede dieser Konfliktkomponenten in jedem Übertragungsfall eine Rolle spielt (Brenner, 1976). Übertragung enthält stets Elemente aller drei Komponenten. Stets handelt es sich dabei um eine Kompromißbildung, zu deren Determinanten die von mir angeführten und erörterten Konfliktkomponenten gehören, wie das folgende Beispiel zeigen soll.

Die Patientin war eine Frau Mitte Zwanzig. Auffällig an ihrem Verhalten während des zweiten Analysejahres war, daß sie häufig Streit mit mir anfing. Selbst nachdem ich sie auf ihr Streitbedürfnis aufmerksam gemacht und sie sich entschlossen hatte, wenigstens insoweit zu kooperieren, als sie sich alles, was ich sagen wollte, erst einmal anhörte, ohne gleich das erste Wort aus meinem Mund zurückzuweisen, verflogen ihre guten Vorsätze sofort, sobald sie meine Praxis betreten und sich auf die Couch gelegt hatte. Streiten schien ihr so natürlich und unvermeidlich wie Atmen. Sie widersprach selbst dann, wenn ich nur wiederholte, was sie einen Augenblick zuvor gesagt hatte.

Die Patientin erkannte bald, daß die Auseinandersetzungen, die sie mit mir in der Analyse hatte, den Streitereien entsprachen, die sie als Jugendliche mit ihrem Vater ausgetragen hatte. Da sich die Auseinandersetzungen über viele Monate täglich und unter vielen verschiedenen Umständen zutrugen, konnten wir ihre Determinanten nach und nach ziemlich gut verstehen. Zum einen befriedigten sie sowohl aggressive wie libidinöse Triebabkömmlinge. Sie dienten dem Zweck, mich auf besondere Weise zu besiegen und zu demütigen und ihren Wunsch nach Sexualverkehr mit mir zu befriedigen.

Die besondere Weise, mich zu besiegen und zu demütigen, sah wie folgt aus: Wenn sie verhältnismäßig ruhig bleiben und mich dazu verleiten könnte, die Geduld zu verlieren, mich aufzuregen und unvernünftig zu werden, dann hätte sie gesiegt. Diese Vorstellung war ihr erinnerlich von den Auseinandersetzungen, die sie als Jugendliche mit ihrem Vater geführt hatte. Wenn sie die Kontrolle verlöre und sich der Unvernunft hingäbe, hätte sie das Gefühl, besiegt worden zu sein. Wenn ihr Vater in Wut geriet, sie anschrie, fluchte und sonstwie unvernünftiges Verhalten zeigte, fühlte sie sich als triumphierende Siegerin.

Daß die Streitereien mit mir auch unbewußte sexuelle Wünsche befriedigten, die sie in ihrer Jugend für ihren Vater gehegt hatte, wurde einige Zeit später klar, als ihr zu Bewußtsein kam, daß sie den Impuls zu masturbieren verspürte, nachdem sie mich wütend angeschrien, unter Tränen aus meiner Praxis gerannt und sich in der Toilette eingeschlossen hatte. Das analoge Verhalten in ihrer Jugend hatte darin bestanden, ihren Vater wütend anzuschreien, aus dem Zimmer zu stürmen, in ihr eigenes Zimmer zu rennen, die Tür zuzuknallen und sich unter Tränen aufs Bett zu werfen. Obwohl sie sich nicht daran erinnern konnte, bei solchen Gelegenheiten, wenn sie auf dem Bett gelegen hatte, masturbiert zu haben, war sie nach dem Erlebnis in der Toilette davon überzeugt, daß sie es damals getan haben müsse.

Die Auseinandersetzungen der Patientin mit mir hatten weiter die Bedeutung, daß sich darin Angst und depressive Affekte äußerten, deren Ursprünge genau wie die der Triebabkömmlinge, die in den Auseinandersetzungen zum Vorschein kamen und Befriedigung fanden, in der ödipalen Phase lagen. In ihrer Kindheit hatte sie geglaubt, sie wäre der Liebling des Vaters gewesen, hätte sie nur als Junge das Licht der Welt erblickt. In der Beziehung zu mir wünschte sie sich bewußt, mein interessantester Patient zu sein, das heißt mein Liebling. Die Wut auf mich wie auf ihren Vater, der ihr nicht die ersehnte Bevorzugung gewährt hatte, und der daraus folgende Wunsch, Rache zu nehmen, mich in einem Streit zu besiegen, sie waren Abwehrreaktionen, welche die Kastrationsdepression aufgrund ihrer Penislosigkeit verringerten. Immer wenn sie bewußt Zuneigung und Sehnsucht für mich empfand, fühlte sie sich gleichzeitig wertlos, erniedrigt und mir grenzenlos unterlegen. Sie hielt sich dann für nicht besser als jene verachtenswerte Schar von schwärmerischen Patientinnen, die in ihrer Vorstellung an jedem meiner Worte hingen und sich jedem meiner Wünsche unterwarfen, so wie sich ihre »dumme« Mutter ihrem Vater gegenüber verhalten hatte. Zu widersprechen, unabhängig, wütend und aufsässig zu sein, bedeutete mithin, jedem Mann ebenbürtig zu sein und sich nicht kastriert, wertlos oder unterlegen zu fühlen. Es fällt auf, daß in diesem Zusammenhang Kastration und Liebesverlust für die Psyche der Patientin eine untrennbare Einheit bildeten. Gleichzeitig war ihr Wunsch, mich zu übertreffen – unbewußt, mich zu kastrieren – mit der Gefahr verbunden, daß ich meinerseits Vergeltung übte. Wenn sie das Gefühl hatte, zu weit gegangen zu sein, versetzte ihr dringendes Bedürfnis zu streiten sie in Angst.

Bei solchen Gelegenheiten bezichtigte sie mich, ihr etwas antun zu wollen, was tatsächlich sie versuchte mir anzutun, das heißt, zum Streiten gehörten bei ihr unbewußt sowohl Kastrationsangst und Angst vor Liebesverlust als auch depressive Affekte im Zusammenhang mit beiden Katastrophen.

Die Abwehrfunktion ihrer Wut habe ich bereits erwähnt. Wütend zu sein, verringerte oder beseitigte den depressiven Affekt, der sowohl die Vorstellung von Kastration wie von Liebesverlust zum Inhalt hatte. Wut entstand, wenn sie sich ihren Wünschen widersetzte, meinen Penis zu besitzen, ein Kind von mir zu haben und meine geliebte Frau zu sein. Wenn sie mit mir stritt, konnte sie solche Wünsche bagatellisieren, ignorieren oder sie beruhigt in die Vergangenheit verlegen. Außerdem waren ihre problematischen Wünsche, ihre Ängste und Leiden in ihrer als Streit mit mir sich äußernden Übertragungsmanifestation verschoben und verschleiert genau wie in ihrer Jugend, als sie mit ihrem Vater Streit gesucht hatte. Soweit sie es zunächst verstand, stritt sie nicht mit mir, um das Gefühl des Kastriertseins oder der Erniedrigung zu vermeiden, sondern weil sie den Eindruck hatte, ich wollte ihr etwas Unwahres unterstellen. Oder sie stritt mit mir, so glaubte sie, weil *ich sie* durch meine überhebliche, herablassende Art und Stimmlage oder beides provozierte. Die Abwehrfunktion ihrer Streitereien mit mir ist unverkennbar.

Schließlich hatten ihre Streitereien auch Überich-Aspekte. Während ihrer ganzen Kindheit hatte die Patientin Schuldgefühle gehabt, weil sie haben wollte, was ihr nicht gehörte oder nach ihrer Meinung mehr war, als ihr zustand. Diese Haltung hatte die Beziehung zu ihrem Vater während der ödipalen Phase und danach geprägt. Sie fühlte sich schuldig, weil sie wünschte, mich ganz für sich allein zu besitzen, und empfand Reue, wenn sie meinte, mich zu besitzen. Ihr Gefühl, ich sei ihr gegenüber provokativ, enthielte ihr etwas vor und behandle sie geringschätzig oder sonstwie gemein, verkörperte die Strafe und Vergeltung, von der sie unbewußt meinte, sie habe sie verdient und sie sei notwendig, wenn ihre Mutter und andere Rivalen ihr vergeben sollten. So bezogen sich ihre bittersten und vehementesten Vorwürfe auf meine Weigerung, ihr zu raten, wie sie Familienmitgliedern helfen könne – ihrer Mutter und ihren Geschwistern –, den überlegenden Rivalen ihrer Kindheit.

Dieses Beispiel hat lediglich mit einem Element der Übertragungsreaktion meiner Patientin während einer bestimmten Phase ihrer Analyse zu tun. Ich habe nicht versucht, alle Übertragungsmanifestationen ihrer Analyse oder auch nur alle Übertragungsmanifestationen während einer bestimmten Zeitspanne vorzustellen. Es wäre weder neu noch hilfreich, die Tatsache zu dokumentieren, daß wir manche Übertragungselemente als sexuelle Wünsche, andere als Abwehr und wieder andere als unbewußte Verknüpfungen mit Schuldgefühl, Angst oder depressiven Affekten ansehen können. Mir lag daran, deutlich zu machen, daß *jede* Übertragungsmanifestation ein Kompromiß ist zwischen *allen* psychischen Konfliktkomponenten.

Es ist nutzlos und potentiell irreführend, bei jeder Übertragungsmanifestation zu fragen, ob sie befriedigend, defensiv oder selbstbestrafend ist, das heißt ob sie dem Es, Ich oder Überich entstammt. Man muß sich vorher darüber im klaren sein, daß eine Übertragungsmanifestation ein Kompromiß zwischen allen dreien ist. Die Frage lautet nicht: »Ist dies ein Triebabkömmling, der auf den Analytiker übertragen wird?« oder »Ist dies Abwehrübertragung?« Die korrekte Frage heißt stets: »Welcher Abwehrfunktion dient diese Übertragungsmanifestation, welche Triebabkömmlinge befriedigt sie und inwiefern ist sie eine Manifestation der Überich-Tätigkeit?« Es mag sein, daß die eine oder andere Komponente zu einem bestimmten Zeitpunkt leichter zu erkennen ist als die anderen, aber sie sind stets alle vorhanden.

Ein junger Mann zum Beispiel, seit drei Jahren in Analyse, wünschte mir, bevor er am letzten Tag des alten Jahres meine Praxis verließ, zum erstenmal an solch einem Tag ein glückliches neues Jahr und schickte sich an, mir die Hand zu schütteln – sicherlich eine alltägliche, geringe Übertragungsreaktion, aber wie ist sie zu verstehen? War es ein Triebabkömmling, Angst, ein depressiver Affekt oder eine Überich-Manifestation? Wie kann man das mit Bestimmtheit sagen?

Wie bereits gesagt, lautet die Antwort: Selbst eine solch unbedeutende, konventionelle Verhaltensweise ist eine Übertragungsmanifestation, die ihrerseits einen Kompromiß zwischen den eben erwähnten Komponenten darstellt, wie die Handlung selbst und die wenigen Assoziationen des Patienten zeigen.

In der nächsten Sitzung befragt, was er über seine Verabschiedung denke, antwortete er, ihm falle dazu nichts ein, er habe sich nur konventionell verhalten, wie man es an einem solchen Tag erwarten könne. Er berichtete dann von seinem Ärger über die jüngste Nörgelei seiner Frau.

Als erstes darf man annehmen, daß der Patient ärgerlich auf mich war, weil ich seine Aufmerksamkeit auf diese Episode gelenkt hatte. Mit ihr war etwas Unlustvolles verbunden, darf man vermuten, etwas, worüber er nicht mehr wissen wollte.

Mir Glück zu wünschen und meine Hand zu schütteln, waren offensichtlich Zeichen von Zuneigung. Es waren Triebabkömmlinge. Sie können außerdem einer Abwehrfunktion gedient und das mögliche Bewußtwerden aggressiver Abkömmlinge abgewendet haben. Diese Möglichkeit wird durch die Tatsache nahegelegt, daß er auf meine Frage nach Assoziation zu der Episode mit Ärger reagierte, den er nicht direkt äußerte, sondern sich statt dessen an den jüngsten Fall von Ärger über die Nörgelei seiner Frau erinnerte. Was die Überich-Komponente anbelangt, so handelte seine einzige direkte Assoziation von guten Manieren – von dem, was man konventionellerweise am Ende des alten und am Beginn des neuen Jahres von einem Mitmenschen erwarten kann. So lassen sich selbst in dieser unbedeutenden Übertragungsmanifestation Unlust, Triebabkömmling, Überich-Tätigkeit und möglicherweise Abwehr erkennen. Die Frage lautet nicht, um welche Komponenten es sich handelt. Das ist niemals die Frage. In der analytischen Arbeit kann es nur um die Frage gehen, welche Komponente(n), wenn überhaupt, dem Patienten gedeutet werden soll(en).

In dem eben zitierten Beispiel beruhte die Antwort auf diese letzte Frage nicht auf etwas, was in direktem Zusammenhang mit der oben beschriebenen Episode stand, sondern darauf, was sich in der Analyse eine Zeitlang vor dem fraglichen Ereignis abgespielt hatte. Der Patient hatte sich bemüht, Wut auf mich abzuwehren, Wut, die aus der ödipalen Rivalität mit seinem Vater stammte und bei ihm intensive Kastrationsangst erzeugte. Sein Verhalten beim Abschied war nur eine von vielen Gelegenheiten für mich, dem Patienten zu deuten, wie er seine Wut auf mich abwehrte. Dennoch war es keine Abwehr. Es war vielmehr eine Kompromißbildung, bei der Abwehr eine Rolle spielte, wie in jeder Kompromißbildung.

Wenn ich auf die Tatsache hinweise, daß jede Übertragungsmanifestation eines Patienten immer eine Kompromißbildung darstellt, so will ich damit kein Rezept zur analytischen Technik anbieten. Ob man interveniert, was man deutet, wann und wie man deutet, wird zum Teil von einem bestimmten Übertragungssegment und zum Teil von anderen Faktoren bestimmt. Dennoch ist unbestreitbar, daß bei der analytischen Arbeit eine vollständige und genaue Erklärung der Übertragung des Patienten überaus wünschenswert ist. Wenn man sich vergegenwärtigt, worauf ich nachdrücklich hingewiesen habe, nämlich die komplexe Natur jeder Übertragungsmanifestation und die Vielfalt ihrer Determinanten, dann hat man zwei große Vorteile auf seiner Seite. Der erste ist ein klareres, vollständigeres und ausgewogeneres Bild von den Motivationen des Patienten, als man es auf andere Weise erreichen könnte. Man meidet die Gefahr eines schiefen und einseitigen Bildes. Der zweite Vorteil ist, daß man davor gefeit ist, Zeit und Energie auf eine Frage zu verschwenden, die niemals gestellt werden sollte, das heißt auf die Frage, ob ein bestimmtes Übertragungssegment die eine oder andere Konfliktkomponente darstellt, wo es sich tatsächlich um einen Kompromiß zwischen all diesen Komponenten handelt.

Das bessere Verständnis der Übertragung als ganzer, das man gewinnt, wenn man sich klarmacht, daß Übertragung sowohl eine Kompromißbildung als auch eine Form von Objektbeziehung ist, wirft ein neues Licht auf einige strittige, bisher nicht geklärte Differenzen in der Einschätzung verschiedener Übertragungsaspekte, auf Differenzen, die in Diskussionen über dieses Thema immer wieder auftauchen oder fortwährend präsent sind. Eine dieser Differenzen hat mit der Übertragungsneurose zu tun, das heißt mit der »echten Übertragungsneurose«, die, wie es heißt, das Wahrzeichen einer guten oder erfolgreichen Analyse ist und die sich angeblich entwickeln muß, soll eine Analyse als echt bezeichnet werden. Sind diese Behauptungen korrekt? Gehört zu jeder erfolgreichen Analyse eine Übertragungsneurose? Ist Analyse im echten Sinne des Wortes ohne Übertragungsneurose möglich?

Antworten auf diese in der Vergangenheit endlos erörterten Fragen liegen nun auf der Hand. Der Begriff Übertragungsneurose ist eine Tautologie. Das Konzept ist ein Anachronismus.

Analytiker definieren die Neurose als Symptom oder Gruppe von Symptomen, die ihrerseits Kompromißbildungen sind, die aus Konflikten über Triebabkömmlinge der Kindheit hervorgehen. Wie ich gezeigt habe, sind die Übertragungsmanifestationen ebenfalls Kompromißbildungen, die von Konflikten über Triebabkömmlinge der Kindheit herrühren. Eine Übertragungsmanifestation ist dynamisch nicht von einem neurotischen System zu unterscheiden. Sie neurotisch zu nennen oder die Gesamtheit der Übertragung als Neurose zu bezeichnen, heißt, ein Wort hinzufügen, aber keine neue Bedeutung. Übertragung reicht aus. Wir gewinnen nichts damit, wenn wir den Begriff zur Übertragungsneurose erweitern.
Was Freud (1916–17, [1915–17], S. 462, 472) mit einer durch Übertragung verursachten Neurose meinte, läßt sich, ein wenig schematisiert, wie folgt beschreiben: Ein Patient verliert innerhalb weniger Wochen nach Analysebeginn jene Symptome, die ihn veranlaßt hatten, eine Analyse zu suchen, wenn der Analytiker Ursprung oder Bedeutung jedes Symptoms der Reihe nach deutet. Was als Ergebnis analytischer Einsicht erscheint, erweist sich bald als Auswirkung der Liebe, die der Patient dem Analytiker entgegenbringt, das heißt als Folge der Übertragung (Freud, 1915a [1914]). Da der Analytiker die Wünsche des Patienten nach sexueller Befriedigung nicht erfüllt, rächt sich der Patient, wie ein enttäuschter Möchte-gern-Liebhaber, indem er den Analytiker verunglimpft, die Deutungen des Analytikers nicht mehr beachtet und die Neurose wiederherstellt, die bis dahin so kunstgerecht analysiert und gut geheilt zu sein schien. Das Wiedererscheinen der Neurose unter diesen Umständen meinte Freud, als er über die durch Übertragung verursachte oder umgewandelte Neurose schrieb. A. Freud hat zu dieser Definition Wesentliches beigetragen, als sie schrieb, ihrer Meinung nach würden bei einer echten Übertragungsneurose die ursprünglichen Primärobjekte im Seelenleben des Patienten durch den Analytiker ersetzt. Wenn sich intensive Übertragungsmanifestationen entwickeln, so bedeute dies, wie sie meint, nicht das Vorhandensein einer echten Übertragungsneurose. Um von einer echten Übertragungsneurose sprechen zu können, müsse der Analytiker den Platz der Primärobjekte ganz eingenommen haben (A. Freud, 1974). Das heißt, nach S. Freud und A. Freud läßt sich eine echte

Übertragungsneurose als eine Neurose definieren, bei der sich die Konfliktdynamik von einem Konflikt über Triebabkömmlinge in Verbindung mit Kindheitsobjekten – Mutter, Vater, Geschwister etc. – auf einen Konflikt über Triebabkömmlinge in Verbindung mit dem Analytiker verschoben hat.

In der klinischen Analyse-Arbeit sind die von Freud mit dem Konzept der Übertragungsneurose erklärten Phänomene gleichermaßen vertraut und wichtig. Die Erklärung ist jedoch ein Anachronismus. Analytiker, mit Freud an der Spitze, kennen seit langem die Fügsamkeit des Patienten als Manifestation einer Übertragung. Heute würde kein praktizierender Analytiker mehr wie Freud 1915 dem Irrtum erliegen, ein Patient sei geheilt, wenn die Besserung der Symptome in Wirklichkeit seiner Fügsamkeit gegenüber den Wünschen des Analytikers zuzuschreiben und als unbewußtes Zeichen von Liebe und dem Wunsch nach Gegenliebe zu deuten ist. Solch eine frühzeitige Besserung der Symptome würde ein Analytiker heute ebenso als Übertragungsmanifestation ansehen wie jede nachfolgende Symptomverschlimmerung und würde sie dem Patienten entsprechend deuten. Eine Sequenz der Art, wie Freud sie beschreibt, ist keine Heilung, der die Entwicklung einer »Übertragungsneurose« folgt. Es ist vielmehr eine Übertragungsmanifestation, der eine andere folgt. Auch A. Freuds (1974) Formulierung ist im Lichte heutiger Erkenntnisse nicht mehr ausreichend. Sie ging von der Tatsache aus, daß zwischen den Übertragungsmanifestationen von Kindern in der Analyse und den für analysierte Erwachsene charakteristischen Manifestationen signifikante Unterschiede bestehen. Völlig korrekt, wie ich meine, schrieb sie diese Manifestationen der Tatsache zu, daß die Eltern im Leben des Kindes eine, psychologisch gesprochen, weitaus größere unmittelbare Rolle spielen als im Leben von Erwachsenen. Es ist allerdings etwas völlig anderes, zu behaupten, die psychische Repräsentanz eines wichtigen Objekts der kindlichen Triebabkömmlinge sei jemals völlig ohne psychologische Bedeutung – sei völlig frei von Besetzung – und werde durch eine spätere Objektrepräsentanz ersetzt, sei es in der Analyse oder nicht. Eine solche Behauptung ist keineswegs in Einklang mit den vorhandenen Befunden.

Wann und wie man den Patienten eine Übertragungsmanifestation deutet, wird von Fall zu Fall unterschiedlich sein, je nach

Einschätzung der Analyse als ganzer. Doch über die Bedeutung der Determinanten und der Dynamik der fraglichen Phänomene kann es keinen Zweifel geben. Sie als Übertragungsneurose zu bezeichnen, hat wenig Sinn und ist, zumindest potentiell, irreführend.

Der Vollständigkeit halber sollte ich noch sagen, daß ich den Eindruck habe, daß Analytiker von heute, wenn sie von echter Übertragungsneurose sprechen, dem Begriff eine andere Bedeutung geben als jene, die Freud im Sinn hatte, auch eine andere als die von A. Freud gemeinte. Nach meiner Meinung wollen die Analytiker damit nicht mehr sagen, als daß der Patient intensive Übertragungsmanifestationen zeigt, die sich gut analysieren lassen. »Echte Übertragungsneurose«, dieser Begriff wird, wie ich oft den Eindruck hatte, gewöhnlich als Synonym für »analytisierbare Übertragung« benutzt.

Diese Bedeutung kann jedoch nur Verwirrung stiften, wenn auch die Gründe dafür leicht einzusehen sind. Wenn man das Diktum, wenn eine Analyse erfolgreich sein solle, müsse sich eine echte Übertragungsneurose entwickeln, für erwiesen hält, ist es nur ein Schritt zum Umkehrschluß, daß bei einer erfolgreichen Analyse sich notwendigerweise eine echte Übertragungsneurose entwikkelt haben muß. So geht der Gebrauch des Begriffs in verschleierter Form von der falschen Frage aus: »Wie wesentlich ist die Entwicklung einer echten Übertragungsneurose für den erfolgreichen Verlauf einer Analyse?« In diesem Fall geht es jedoch um mehr als nur falsche Voraussetzungen. Echte Übertragungsneurose ist ein Begriff, der, welche Bedeutung man ihm auch gibt, im Vokabular der Psychoanalyse keinen Platz mehr haben sollte.

Ein weiterer Terminus, der besser aufgegeben werden sollte, ist erotische Übertragung. Eine solche Übertragung, so heißt es, sei stets ein Widerstand, häufig ein äußerst starker oder gar unüberwindlicher. Tatsache ist jedoch, daß sich in jeder Übertragungsmanifestation sexuelle Wünsche der Kindheit, das heißt kindliche Triebabkömmlinge der Kindheit, äußern, wie verzerrt oder verschleiert auch immer. Jede Übertragung ist erotisch. Es ist richtig, daß Freud bei der ersten Benutzung dieses Begriffes (1912b; 1915a [1914]) sagte, der Analytiker müsse sich zwei Dinge klarmachen, wenn eine analytische Patientin sexuelle Wünsche gegenüber ihrem Analytiker äußere, seien sie ausgesprochen oder nicht. Erstens, solche erotischen Wünsche seien keine Huldigung an seinen Charme. Sie seien eine Übertragung. Zweitens, solche Wünsche stünden stets im Dienste des Widerstands. Freud meinte, eine Patientin, die in ihren Analytiker verliebt sei, habe sich verliebt, um die Analyse zu vermeiden. Es ist ein Zeichen für Freuds Genialität, daß er in einem so frühen Stadium zu einem so eindringlichen Verständnis dieses subtilen Phänomens gelangt ist. Heute von erotischer Übertragung zu sprechen, heißt jedoch, eine verwirrend falsche Bezeichnung zu verwenden. Zu den Übertragungskomponenten gehören immer sowohl libidinöse als auch aggressive Triebabkömmlinge. Mit anderen Worten, auch sexuelle Wünsche der Kindheit gehören stets zur Übertragung.

Wenn man während einer Analyse die Übertragungsmanifestation bemerkt, daß sich ein Patient in einer Weise verhält oder spricht, die deutlich machen soll, daß er in den Analytiker verliebt ist, sollte man das auch so sagen. In den Analytiker verliebt sein oder durch Gedanken an den Analytiker bewußt sexuell stimuliert zu werden, ist eine Übertragungsmanifestation, die analysierbar ist oder auch nicht, die sich aber nicht von anderen Übertragungsmanifestationen dadurch unterscheidet, daß sie »erotische« Komponenten enthält. Man sollte nicht über eine »erotische Übertragung« sprechen, als gäbe es noch andere Formen.

Auch von positiver oder negativer Übertragung sollte man nicht reden. Man kann in der Analyse richtigerweise von Manifestationen positiver oder negativer Übertragungsgefühle oder von negativen oder positiven Übertragungswünschen oder von beidem sprechen. Übertragung als ganze ist jedoch niemals einfach nur positiv oder einfach nur negativ. Sie ist immer ambivalent, wie jahrzehntelange analytische Erfahrung lehrt.

Daß Liebe stets mit Haß gemischt ist und *vice versa,* ist eine Frage empirischer Beobachtung, nicht eine Frage der Logik oder der Definition. Es ist eine praktische Frage mit praktischen Konsequenzen für die analytische Arbeit. Immer wenn man von positiver oder negativer Übertragung spricht, als seien sie getrennt voneinander und verschiedenartig, läuft man Gefahr, die Übertragungsmanifestationen der anderen Seite in der Ambivalenz des Patienten zu vernachlässigen oder sogar zu übersehen. Es ist von großer praktischer Bedeutung zu erkennen und zu berücksichtigen, welche Rolle die positiven Wünsche und Gefühle bei einem Patienten spielen, dessen Übertragungsmanifestationen so überwiegend negativ sind, daß es den Anschein hat, als seien sie ausschließlich negativ, und genauso wichtig ist es, die Rolle negativer Wünsche und Gefühle zu erkennen, wenn positive das Feld beherrschen.

Freundliche oder zärtliche positive Übertragung, ein auch von Freud (1912b) eingeführter Begriff, ist gleichfalls ein Konzept, das man am besten fallenläßt. Seinen ursprünglichen Wert hat es längst eingebüßt. Im Lichte unserer heutigen Auffassung von Übertragung als Kompromißbildung ist freundliche positive Übertragung allenfalls eine dürftige Bezeichnung für Übertragungsaspekte, die zum jeweiligen Zeitpunkt dazu angetan sind, die analytische Arbeit zu fördern. Wie Stein (1981) betont, kommt es häufig vor, daß gerade die Übertragungsmanifestationen, die zu einem bestimmten Zeitpunkt der Analyse hilfreich sind, sich zu einem anderen Zeitpunkt als starke Widerstände äußern. Es sei noch hinzugefügt, daß nicht alle hilfreichen Übertragungsmanifestationen auch positiv sind. Konkurrierende, negative Bestrebungen, im Augenblick vielleicht verschleiert und unbemerkt, können in einem bestimmten Stadium der Therapie genauso hilfreich sein wie positive.

Die Vorstellung, Übertragung bringe Regression mit sich, ist ebenfalls eine Verdunklung oder falsche Auffassung von Übertragung, die wir zurechtrücken können, wenn wir berücksichtigen, daß Übertragung immer Kompromißbildung ist. Die Phänomene, auf denen diese Vorstellung basiert und die zur Erklärung herangezogen werden, sind bekannt. In jeder Analyse mit zufriedenstellenden Fortschritten wird die Übertragung des Patienten, das heißt seine Wünsche und Einstellungen gegenüber dem Analytiker, immer deutlicher als infantil erkennbar oder identifizierbar. Als Erklärung dafür wird gewöhnlich angeboten, daß Übertragung auf den Analytiker aufgrund ihrer Natur Regression nach sich zieht oder verstärkt. Die deskriptiven Termini Übertragungsregression, regressive Übertragung, Regression in der Übertragung und ähnliches entspringen alle diesem Erklärungsmodell und verweisen auf es.

Tatsache ist jedoch, daß Übertragungsmanifestationen nicht immer infantiler werden, weil Übertragung an sich zur Regression führt. Wenn die Analyse gut verläuft, kann der Patient Triebabkömmlinge der Kindheit immer stärker tolerieren und sogar viele befriedigend genießen. Mit fortschreitender Analyse erscheinen also die kindlichen Triebabkömmlinge in den Gedanken und im Verhalten des Patienten immer weniger verschleiert als zu Analysebeginn, und gleichzeitig werden die damit verknüpften Assoziationen des Patienten immer bedeutungsvoller, das heißt, sie zeigen immer klarer, welche Rolle diese Triebabkömmlinge im Seelenleben der Kindheit, in der psychischen Entwicklung und im nachfolgenden psychischen Geschehen des Patienten gespielt haben. Primär aus diesem Grund werden mit fortschreitender Analyse die infantilen Determinanten der Übertragungsmanifestationen immer deutlicher erkennbar oder identifizierbar. Einerlei, welche Rolle Regression bei der Symptombesserung in der Analyse spielt, auf keinen Fall handelt es sich dabei um die ganze Erklärung.

Darüber hinaus darf man nicht vergessen, daß die allerersten Übertragungsmanifestationen in der Analyse, genauso wie die späteren, eine Mischung sind aus infantilen Triebabkömmlingen, sowohl befürchteter wie als geschehen erlebter Kindheitskatastrophen, aus der aus früher Kindheit stammenden Abwehr, und aus frühen wie späteren Aspekten der Überich-Tätigkeit. Wenn man sagt, infantile Determinanten von Übertragungsmanifestationen seien bei fortgeschrittener Analyse augenfälliger als zuvor, so bedeutet das nicht, daß sie im Analyseverlauf häufiger oder wichtiger werden. Es bedeutet lediglich, daß sie aus den bereits genannten Gründen leichter erkennbar werden. Ob eine Übertragungsmanifestation in der Analyse früh oder später auftaucht, sie ist immer eine Kompromißbildung. Sie ergibt sich in jedem Fall aus einem Konflikt, der sich mit seinen Komponenten auf kindliche Triebabkömmlinge zurückführen läßt.

Als letztes Beispiel einer Fehlkonzeption der Übertragung möchte ich noch Gedanken erwähnen, manche Patienten entwickelten niemals eine Übertragung. Das von einem Patienten zu sagen, heißt, Unmögliches zu behaupten. Wie bereits erwähnt, ist die Übertragung ubiquitär. Sie entwickelt sich in jeder psychoanalytischen Situation, und zwar nicht wegen der einzigartigen Bedingungen dieser Situation, sondern weil sie sich in jeder Situation herstellt, in der ein anderer Mensch für das eigene

Leben wichtig ist. In jeder Objektbeziehung äußern sich Triebabkömmlinge der Kindheit und die von ihnen hervorgerufenen Konflikte. Es mag sein, daß ein Patient solche Gedanken und Wünsche leugnet, ignoriert oder anderweitig abwehrt. Unter Umständen reagiert er so negativ, so mißtrauisch oder mit einem solchen Bedürfnis nach Distanz zum Analytiker, daß die Analyse unmöglich wird. Das heißt jedoch nicht, daß keine Übertragung besteht. Im Gegenteil, Indifferenz, Mangel an bewußten Gefühlen, Fehlen von bewußtem persönlichen Interesse, Argwohn, Feindschaft, Rückzug – sie *alle* sind Übertragungsmanifestationen. Solch eine Übertragung mag ein unüberwindlicher Widerstand sein, aber wenn sie bei einem Patienten auftritt, resultiert sie genauso aus den psychischen Konflikten infantilen Ursprungs wie eine analysierbare Übertragungsreaktion bei einem anderen Patienten. Wie die Reaktion des Patienten auf den Analytiker auch sein mag, ob sie ohne weiteres zu analysieren ist oder trotz aller Anstrengungen unzugänglich bleibt, es handelt sich um eine Kompromißbildung, die in den Konflikten der Kindheit ihren Ursprung hat.

Meine Anmerkungen zur Übertragung haben bedeutsame Implikationen für die Gegenübertragung. Bei analytischen Patienten entwickelt sich eine Übertragung, weil jede Objektbeziehung bei jedem Menschen eine Neuausgabe der ersten maßgeblichen Kindheitsbindungen ist. Was für die Patienten gilt, gilt auch für die praktizierenden Analytiker. Auch die Beziehung des Analytikers zu jedem Patienten wird genetisch und dynamisch von kindlichen Triebabkömmlingen und den von ihnen verursachten Konflikten bestimmt. Analytiker sind Menschen so wie Patienten. Gegenübertragung ist die Übertragung eines Analytikers in einer analytischen Situation (Brenner, 1976; McLaughlin, 1981). In Wahrheit besteht keine Notwendigkeit für einen eigenen Begriff.

Gleichzeitig liegt auf der Hand, daß zwischen der Übertragung eines Patienten und der eines Analytikers Unterschiede bestehen. Beispielsweise werden Übertragungsmanifestationen in der Analyse analysiert und nicht auf andere Weise behandelt oder beantwortet. In dieser Hinsicht ist die Psychoanalyse sowohl als Psychotherapie-Methode wie auch als soziale Situation einzigartig. Gegenübertragungsmanifestationen werden andererseits nicht unter Beteiligung des Patienten analysiert oder sollten es wenigstens nicht (Brenner, 1976). Die Analyse würde dadurch unnötig und gewöhnlich zum Nachteil des Patienten kompliziert. Das Gegenstück zur Übertragungsanalyse ist nicht die Gegenübertragungsanalyse. Es besteht im Wissen des Analytikers um seine kindlichen Wünsche und Konflikte, aus dem in der eigenen Analyse gewonnenen Wissen, sei es in einer therapeutischen Analyse, einer Lehranalyse oder einer Selbstanalyse. Man kann hinzufügen, daß das Wissen des Analytikers um sich selbst, wenn auch nicht ein einzigartiges, so doch sicherlich ein spezifisches und notwendiges Element der psychoanalytischen Situation darstellt (Brenner, 1976).

Einen weiteren Unterschied zwischen Übertragung und Gegenübertragung bezeichnen wir am besten mit quantitativen Begriffen. Der Patient hat nur einen Analytiker, während jeder Analytiker eine Reihe von Patienten hat. So hat der Analytiker für den Patienten eine größere Bedeutung als der einzelne Patient für den Analytiker. Mehr noch, ein Patient sucht einen Analytiker gewöhnlich auf, um sich einer Therapie zu unterziehen, um in seiner Not Hilfe zu bekommen, während Patienten für den Analytiker zur Berufstätigkeit gehören. Man sollte sich jedoch davor hüten, die sich aus diesen beiden Faktoren ergebenden Unterschiede zu überschätzen. Trotz aller unterschiedlichen Lebenssituationen bei Patient und Analytiker überwiegen die dynamischen und genetischen Ähnlichkeiten zwischen Übertragung und Gegenübertragung bei weitem die Unterschiede.

Die Bedeutung der kindlichen Triebabkömmlinge und der von ihnen hervorgerufenen Konflikte für die Determinierung der Kompromißbildung, die wir als Übertragung in der Analyse bezeichnen, habe ich bereits hervorgehoben. Sie sind ebenfalls bestimmende Faktoren der Gegenübertragung, der Übertragung des Analytikers auf den Patienten in der analytischen Situation.

Analytiker zu werden und Analyse zu praktizieren, heißt für jeden Analytiker notwendigerweise, sich mit Abkömmlingen der eigenen Kindheitskonflikte zu beschäftigen. Diese Beschäftigung ist für den Beruf des Analytikers ebenso unausweichlich wie für jede andere Berufswahl und -ausübung (vgl. Kapitel 13). Die Berufswahl der Psychoanalyse ist genauso eine normale Kompromißbildung und das normale Ergebnis eines Konflikts aufgrund kindlicher Triebabkömmlinge wie die Wahl jedes anderen Erwachsenenberufs. Wenn Gegenübertragung die analytische Arbeit beeinträchtigt, ist es eine pathologische Kompromißbildung. Wenn sie die analytische Arbeit des Analytikers ermöglicht und fördert, ist es eine normale Kompromißbildung, die in jeder erfolgreichen Analyse eine wesentliche Rolle spielt.

Freud (1915a [1914]) hat den Begriff Gegenübertragung für eine Situation eingeführt, in der die analytische Arbeit beeinträchtigt wird, das heißt für eine Situation, in der eine vordem normale Kompromißbildung zu einer pathologischen und eine für die Analyse vorteilhafte Gegenübertragung zu einer unvorteilhaften wird. Wie sich das abspielt, ist von Fall zu Fall verschieden. Alle Fälle haben jedoch folgendes gemeinsam:

Wir wissen, daß die Konflikte und Kompromißbildungen jedes Menschen von Anfang an durch die Umwelt beeinflußt werden, zum guten oder zum schlechten. Für Umweltereignisse oder -umstände, die ausgesprochen ungünstige psychologische Folgen haben, verwenden wir sogar eine spezielle Bezeichnung. Wir nennen sie traumatische Ereignisse. Sicher, wir haben Ereignisse mit vorteilhaften Folgen mit keinem spezifischen Namen belegt, aber niemand bezweifelt ihr Vorkommen oder ihre Bedeutung für die Kindheit oder für das spätere Leben. Wenn sich also im späteren Leben eine pathologische Kompromißbildung zeigt, wie es der Fall ist, wenn die Berufsarbeit des Analytikers durch Gegenübertragung gestört wird, liegt der Grund für diese Änderung der psychischen Funktionen des Analytikers in Auftreten oder Vorhandensein ungünstiger Umweltbedingungen. Solche Bedingungen können mit dem Berufsleben des Analytikers nichts zu tun haben oder auch dazugehören, wie das der Fall ist, wenn Konflikte, Übertragungswünsche und/oder Verhalten des Patienten auf den Analytiker wie ein psychisches Trauma wirken. In solch einem Fall verwenden wir gewöhnlich den Begriff Gegenübertragung.

Nehmen wir, zum Beispiel, an, bei der Berufswahl Psychoanalyse sei der Wunsch, andere Menschen leiden zu sehen, als kindlicher Triebabkömmling beteiligt. In einem solchen Fall könnte man erwarten, daß der besagte Triebabkömmling mit Angst und/oder depressiven Affekten einhergeht und auf verschiedene Weise,

etwa durch Reaktionsbildung, Verdrängung und Identifizierung, abgewehrt und durch (moralische und ethische) Forderungen und Verbote des Überichs im Zaum gehalten wird. Stark vereinfacht, läßt sich die daraus resultierende Kompromißbildung mit folgenden Worten ausdrücken: »Ich genieße es, einen Patienten leiden zu sehen, wenn ich seine Leiden lindern will. Dann brauche ich keine Angst oder Reue zu haben, sondern kann mich über meine Arbeit freuen.« Man kann auch erwarten, daß der Analytiker in diesem Beispiel sich bei seiner Berufstätigkeit weniger wohl fühlt mit einem Patienten, der Fortschritte macht und dessen Leiden gelindert werden, als mit einem Patienten, dem es ständig schlechter geht oder der überhaupt keine Fortschritte macht. Mit entsprechenden Modifizierungen gilt das gleiche für jeden kindlichen Triebabkömmling z. B. für sexuelle Neugier, Rivalität oder Omnipotenzwünsche, also für einen Triebabkömmling, der eine Komponente des Konflikts ist, der zu der Kompromißbildung führt: »Ich möchte Analytiker werden und Psychoanalyse praktizieren.«
Dieses fiktive Beispiel soll nur zeigen, daß die Umstände der analytischen Arbeit, in diesem Fall die besonderen Probleme des Patienten, das Gleichgewicht zwischen den Konfliktkomponenten des Analytikers derart verschieben können, daß der eine oder andere Aspekt seiner Kompromißbildung sich ändert. Sind diese Änderungen geringfügig, werden sie als normal betrachtet, womit in solchen Fällen nur gemeint ist, daß sie so häufig vorkommen, daß man sie als alltäglich ansehen kann, und so geringfügig sind, daß sie die analytische Arbeit kaum beeinträchtigen. Wenn die Änderung gravierender ist, gilt sie als Beispiel für Gegenübertragung, die die analytische Arbeit beeinträchtigt.

Es sollte erwähnt werden, daß diese Auffassung von Gegenübertragung implizit die Tatsache enthält, daß die Tätigkeit des Psychoanalytikers erst durch sie möglich ist. Wie jeder andere Beruf muß auch der des Psychoanalytikers denen, die ihn wählen, die spezifische Kombination von Triebbefriedigung, Abwehr und Überich-Tätigkeit bieten, die für sie charakteristisch und notwendig ist. Gegenübertragung ist kein Synonym für Intuition oder Empathie. Es ist ein Ensemble von Kompromißbildungen, in denen sich die widerstreitenden und kooperierenden psychischen Tendenzen äußern, die in der Psyche eines Analytikers bei seiner Berufstätigkeit wirksam sind. Genau wie unter bestimmten

Umständen, vor allem bei bestimmten Patienten, die Analyse weniger erfreulich und weniger gut zu handhaben ist, so machen andere Umstände, vor allem andere Patienten, die analytische Arbeit für einen bestimmten Analytiker erfreulicher und besser durchführbar.

Wenn ein Analytiker nicht mehr mühelos oder gut analysieren kann, und zwar aus Gründen, die mit seinen eigenen psychischen Konflikten zu tun haben, dann ist etwas geschehen, was das Gleichgewicht zwischen Konfliktkomponenten im Zusammenhang mit Triebabkömmlingen, die durch die analytische Tätigkeit befriedigt werden, auf gravierende Weise verschiebt, da die daraus sich ergebenden Kompromißbildungen ein adäquates analytisches Verstehen und angemessenes analytisches Verhalten verhindern. Die möglichen Ereignisse entsprechen den unterschiedlichen Konfliktkomponenten. Der Triebabkömmling kann sich in nicht-analytischer Weise äußern; Angst und depressive Affekte des Analytikers können übermäßig stark werden; Abwehren können auf eine Weise intervenieren, daß sie die Analyse stören; selbstbestrafende oder -schädigende Tendenzen können sich breitmachen. Jede Kombination dieser Gründe kann das Verstehen oder die Technik des Analytikers zum Schaden für die Analyse beeinträchtigen. Diese Störung wird sich ihrer Art nach von Fall zu Fall unterscheiden. Der Analytiker kann wütend auf seinen Patienten werden oder libidinöse Triebabkömmlinge in unangemessener Weise offen oder verschleiert befriedigen; der Analytiker kann das Gefühl haben, die analytische Arbeit sei stumpfsinnig, uninteressant oder sogar abstoßend geworden; er kann die offensichtliche Bedeutung bestimmten analytischen Materials defensiv ignorieren oder verdunkeln; seine Tendenz zur Selbstbestrafung oder Selbstzerstörung kann so stark werden, daß sie die analytische Arbeit beeinträchtigt oder gar verhindert. Einerlei, welcher Art die Störung ist, wie immer sich die Details von Fall zu Fall unterscheiden mögen, in jedem Fall kann man sagen, daß sich eine Gegenübertragung, die zuvor aus einem normalen Ensemble von Kompromißbildungen bestand, eine Gegenüberstellung also, welche die analytische Arbeit fruchtbar und erfreulich machte, aus irgendwelchen Gründen in ein Ensemble von Kompromißbildungen verwandelt hat, das die analytische Arbeit beeinträchtigt oder unmöglich macht.

Eine solche Veränderung ist in jeder Hinsicht mit dem Ausbruch einer Neurose bei einem Erwachsenen zu vergleichen. An die Stelle eines normalen Ensembles von Kompromißbildungen tritt ein pathologisches. Die Möglichkeit, daß dies geschehen kann, ist in der Tat der Grund, daß sich jeder Ausbildungskandidat einer persönlichen Analyse unterziehen muß. Ohne gelungene persönliche Analyse ist die Gegenübertragung nur zu häufig ein Hindernis für die analytische Arbeit.

Die praktische Bedeutung der Gegenübertragung liegt also in der Antwort auf die Frage, ob sie die Berufstätigkeit des Analytikers beeinträchtigt oder ob sie psychoanalytische Arbeit fördert, genau wie die praktische Bedeutung der Übertragung in der Antwort auf die Frage liegt, ob sie analysierbar ist oder nicht, ob sie zur Förderung der analytischen Arbeit eingesetzt werden kann oder ob sie diese Arbeit stört und erschwert (Brenner, 1976). Wegen ebendieser praktischen Bedeutung sind Übertragung und Gegenübertragung als erste identifiziert und analytischer Forschung unterworfen worden (Freud, 1905e [1901]; 1912b; 1915a [1914]). Doch ihre besondere Bedeutung für die psychoanalytische Technik, das heißt ihre besondere, praktische Bedeutung bei der Durchführung jeder Psychoanalyse, sollte uns hinsichtlich ihrer Natur und Genese nicht irreführen. Vom Standpunkt der psychoanalytischen Theorie, das heißt der psychoanalytischen Psychologie, sind Übertragung und Gegenübertragung lediglich Subthemen, von denen die eine unter die Rubrik Objektbeziehungen, die andere unter die der Berufswahl fällt. Beide sind nur Hauptthemen, wenn man sich vor allem für psychoanalytische Technik interessiert. Über beide läßt sich aber weniger sagen, wenn nicht der Technik, wie in diesem Buch, das Hauptinteresse gilt, sondern dem Konflikt und der Kompromißbildung.

Für den jetzigen Zusammenhang ist es von größter Wichtigkeit, daß Übertragung und Gegenübertragung Kompromißbildungen sind. Eine unmißverständliche Anerkennung der Tatsache, daß Übertragung eine Objektbeziehung ist und als solche mit allen anderen Objektbeziehungen die Charakteristika einer Kompromißbildung teilt, führt sowohl zu einer Vereinfachung der psychoanalytischen Übertragungstheorie wie auch zu einer wesentlichen Verbesserung der Fähigkeit, die Übertragungsmanifestationen in der psychoanalytischen Situation zu verstehen oder zu analysieren. Die klare Erkenntnis, daß die Gegenübertragung ebenfalls eine Kompromißbildung ist, kann zugleich dabei helfen, ihre Rolle in der Durchführung jeder Psychoanalyse richtig zu würdigen.

Zusammenfassung

1. Die Übertragung in der Psychoanalyse ist nur ein Fall von Objektbeziehung. Wie jede Objektbeziehung ist sie eine Kompromißbildung.
2. Das Einzigartige an der Übertragung in der Psychoanalyse liegt nicht in ihrem Vorhandensein, sondern in der Tatsache, daß sie analysiert wird.
3. Anhand von Beispielen wurde gezeigt, daß jede Übertragungsmanifestation eine Kompromißbildung ist.
4. Das Konzept der Übertragungsneurose ist gleichermaßen anachronistisch wie tautologisch.
5. Auch die erotische Übertragung ist ein tautologisches Konzept. Jede Übertragungsmanifestation ist unter anderem auch erotisch.
6. Die Übertragung ist niemals positiv oder negativ. Sie ist immer beides. Sie ist immer ambivalent.
7. Die freundliche positive Übertragung ist ein anachronistisches und wertloses Konzept.
8. Die Rolle der Regression für die Übertragungsentwicklung in der Psychoanalyse sollte neu bewertet werden.
9. Zu behaupten, ein Patient entwickle keine oder könne keine Übertragung entwickeln, heißt, das Unmögliche behaupten.
10. Die Gegenübertragung ist wie die Übertragung eine Kompromißbildung. Sie ist ein Fall von Berufswahl.
11. Die praktische Bedeutung der Übertragung in der Psychoanalyse liegt in ihrer Analysierbarkeit.
12. Die praktische Bedeutung der Gegenübertragung in der psychoanalytischen Situation liegt in der Antwort auf die Frage, ob sie die analytische Arbeit beeinträchtigt oder fördert.

13. Weitere Bemerkungen über normale Kompromißbildungen

In früheren Kapiteln habe ich einige normale Kompromißbildungen erörtert. Das Überich zum Beispiel. Träume und Fehlleistungen sind weitere Beispiele. Jedes dieser Themen habe ich aus einem bestimmten Grund gesondert behandelt: im Fall der Überich-Bildung und -Funktion wegen der intrinsischen Bedeutung des Themas; im Fall der Träume und Fehlleistungen wegen der außergewöhnlichen Bedeutung für die Geschichte der Psychoanalyse. Beide hat Freud in großer Ausführlichkeit erforscht. Seine Entdeckungen über ihre Dynamik und Genese spielten eine wichtige Rolle in der Entwicklung seiner Theorien über das psychische Funktionsgeschehen und die psychische Entwicklung.

In diesem Kapitel möchte ich die Beziehung zwischen psychischem Konflikt und einem weiten Bereich normalen psychischen Funktionsgeschehens erörtern. Meine Absicht ist, Reichweite und Bedeutung der von Konflikten hervorgerufenen Kompromißbildungen im Seelenleben zu veranschaulichen. Wie ich bereits betont habe, ist die Kompromißbildung nicht nur für die Psychopathologie kennzeichnend. Die auf Konflikte zurückführbaren Kompromißbildungen sind Hauptmaterial allen Seelenlebens, des normalen nicht weniger als des pathologischen.

Aufgrund dieser Tatsache, die auf Daten beruht, die wir mit Hilfe der psychoanalytischen Methode gewonnen haben, verdient die Psychoanalyse mit Recht, als Tiefenpsychologie bezeichnet zu werden. Aufgrund psychoanalytischer Daten wissen wir, daß alles Seelenleben eine Dimension, eine, um es bildlich zu sagen, Tiefe besitzt, die vor der Entdeckung und Anwendung der psychoanalytischen Methode unbekannt war. Triebabkömmlinge der Kindheit sind zeitlos, wie analytische Daten belegen. Sie verlieren niemals ihre Kraft, ihre treibende Kraft im Seelenleben. Die durch sie hervorgerufenen Konflikte und die aus solchen Konflikten resultierenden Kompromißbildungen sind in unermeßlicher Vielgestaltigkeit und in zahllosen Varianten bei jedem Menschen zeit seines ganzen Lebens vorhanden.

Als Freud der Psychoanalyse zum erstenmal den Namen Tiefenpsychologie gab, hatte er damit lediglich im Sinn, daß sich die Psychoanalyse nur mit der Erforschung eines Bereichs im Seelenleben beschäftigt, nämlich des Bereichs, der unbewußt in dem Sinne ist, daß er dem Bewußtsein nicht zugänglich ist – das System Ubw, wie Freud es nannte. Gerade weil es dem Bewußtsein nicht zugänglich ist, sei es potentiell pathogen, glaubte Freud damals, und diese psychischen Abgründe des Systems Ubw erklärte er zur Provinz der Psychoanalyse, als er ihr den Namen Tiefenpsychologie gab. Heutzutage wird dieser Begriff jedoch in viel weiterem Sinne verwandt, in einem Sinne, der in der Tat das Globalanliegen dieses Buches ist.

Meine Hauptabsichten beim Schreiben des Buchmanuskripts waren erstens, die Auffassung zu konkretisieren, daß vielen oder allen der subjektiv bewußten und objektiv beobachtbaren Phänomene des erwachsenen Seelenlebens und Verhaltens eine dynamische Interaktion zwischen psychischen Konfliktkomponenten zugrunde liegt, und, zweitens, so vollständig wie möglich darzustellen, was diese Auffassung wirklich bedeutet, das heißt welches Beobachtungsmaterial und welche Daten ihre Aussagen konkretisieren.

Die Rolle des Konflikts und der Kompromißbildung ist leicht zu veranschaulichen, wenn man Beispiele aus der klinischen Praxis heranzieht, das heißt aus der psychoanalytischen Situation. In solchen Fällen haben wir psychoanalytische Daten, welche die determinierende Rolle der Konfliktkomponenten und ihrer Interaktion in der sich daraus ergebenden Kompromißbildung konkret belegen. Selbst die Schlußfolgerung aufgrund von Anschauungsmaterial aus der klinischen Praxis, *alle* Träume und *alle* Fehlleistungen zum Beispiel seien Kompromißbildungen, wäre eine plausible akzeptable Verallgemeinerung. Vor dem Hintergrund verfügbarer Daten ist jede andere Schlußfolgerung entschieden weniger wahrscheinlich. Um die Generalisierung, alle Träume und alle Fehlleistungen seien Kompromißbildungen, zu rechtfertigen, haben wir genügend Träume und genügend Fehlleistungen bei einer ausreichenden Zahl von Individuen analytisch untersucht.

Es ist weitaus schwieriger, Beweise für die Behauptung beizubringen, alle Beispiele einer gegebenen Kategorie psychischer Phänomene seien Kompromißbildungen, wenn wir sie nicht klinisch untersuchen können. In solchen Fällen haben wir keine psychoanalytischen Daten, und wir müssen auf die zu erforschenden Phänomene gewöhnlich Schlußfolgerungen anwenden, zu denen wir mittels psychoanalytischer Daten über Konflikt und Kompromißbildung gelangt sind, Daten, von denen wir Gründe haben anzunehmen, daß sie mit dem vorliegenden Problem in Zusammenhang stehen.

Die verschiedenen Vorgehensweisen, die Kriterien für die Beantwortung der Frage, ob ein solcher Zusammenhang besteht, die damit verbundenen Unsicherheiten und die Grenzen der Methode sollen im Verlauf der folgenden Erörterungen noch deutlicher werden. Manchmal kann man anhand von Beispielen zeigen, daß jede der Konfliktkomponenten zumindest eine gewisse Rolle bei Kompromißbildungen spielt. In weniger günstigen Fällen können wir bestenfalls zeigen, daß Kindheitskonflikte bei der Bildung einer bestimmten Gruppe psychischer Phänomene in determinierender Weise beteiligt sind, ohne daß wir die spezifische Rolle jeder einzelnen Komponente identifizieren können.

Die besondere Natur einiger der zu behandelnden Phänomene führt zu weiteren Schwierigkeiten. Wenn man einen Traum als Kompromißbildung bezeichnet, ist die Bedeutung klar. Man sagt damit, daß immer dann, wenn jemand einen Traum hat, dieser Traum eine Mischung ist aus Triebabkömmlingen, depressiven Affekten und Ängsten, Abwehren und der Überich-Funktionen des betreffenden Menschen. Einen Traum zu deuten, seine Bedeutung – besser, seine Bedeutungen – aufzudecken, heißt, die Interaktion der Konfliktkomponenten zu beschreiben, die den Traum hervorgebracht haben. Es ist etwas ganz anderes, zum Beispiel einen Roman zu interpretieren oder die Bedeutung einer Sage, einer Legende, eines religiösen Glaubens oder irgendeines anderen kulturellen oder gesellschaftlichen Phänomens. Solche Phänomene haben an und für sich genausowenig Bedeutung, wie ein Traum eine vom Träumenden unabhängige Bedeutung hat. Wenn man diese Phänomene erörtert, wie das im folgenden geschehen soll, muß man diese Tatsache gebührend berücksichtigen.

Um es zu wiederholen: Kann man die psychoanalytische Methode anwenden, so kann man ganz deutlich sehen, was unter der Oberfläche des Seelenlebens liegt. Aus diesem Grund möchte ich mit Beispielen aus der psychoanalytischen Praxis beginnen. Wie ich im Kapitel über Träume und Fehlleistungen gezeigt habe, hat man in der Analyse neurotischer Patienten häufig die Möglichkeit, normale psychische Phänomene zu erforschen. Meine ersten beiden Beispiele handeln von normalen Charakterzügen. Sie sollen veranschaulichen, was ich oben über Charakterzüge gesagt habe, nämlich: Die normalen Charakterzüge gehen nicht weniger als die pathologischen Kompromißbildungen aus Kindheitskonflikten in Zusammenhang mit Triebabkömmlingen hervor.

Normale Charakterzüge

Eine Frau Mitte Zwanzig kam wegen ziemlich gravierender neurotischer Schwierigkeiten in die Analyse. Auffällig an ihrem Lebensstil war ihr großzügiger Einsatz für wohltätige Zwecke. Die analytischen Daten zeigten, daß dieser Charakterzug ebenso eng mit einem psychischen Konflikt verbunden war wie die von ihr beklagten Symptome, auch wenn er eindeutig nicht als pathologisch einzuordnen war. Ihre Wohltätigkeit machte ihr bewußt Vergnügen, sie war nicht selbstschädigend und brachte sie weder mit ihrer Familie noch mit ihren engen Freunden oder mit der Gesellschaft im allgemeinen in irgendwelche gravierenden Konflikte.

Die Patientin hatte wiederholt und für längere Zeiträume von ihrer Mutter getrennt gelebt, das erste Mal in ganz früher Kindheit. Soweit sie sich zurückerinnern konnte, hatte sie die Beziehung zu ihrer Mutter, wenn sie denn zusammen waren, außerdem als frustrierend und unglücklich erlebt, und die Umstände der vielen Trennungen legen den starken Verdacht nahe, daß die launenhafte, egozentrische, unabhängige Frau, die sie in die Welt gesetzt hatte, von ihren frühesten Lebensmonaten an eine höchst unbefriedigende Mutter war.

Die intensiv ambivalenten Bindungen der Patientin an ihre Mutter und die dadurch hervorgerufenen Konflikte waren für jeden

Aspekt der neurotischen Symptomatologie der Patientin von wesentlicher Bedeutung. Außerdem waren sie die Hauptdeterminanten ihrer Hingabe an wohltätige Zwecke. Von sehr früher Jugend an war sie die Beschützerin ihrer jüngeren Geschwister, die so verlorene Babys waren wie die Patientin selbst und den nicht vorhersehbaren Launen und dem abweisenden Verhalten der Mutter genauso ausgesetzt waren. Obwohl sie nur wenig älter war als die anderen Kinder, da sie alle innerhalb weniger Jahre zur Welt gekommen waren, trat sie dennoch für ihre Geschwister ein, stritt für deren Wohl, versuchte sie vor Strafe zu beschützen und tröstete sie in ihrem Schmerz, als sei sie ihre Mutter und nicht ihre Schwester. Während Kindheit und Adoleszenz verhielt sie sich ihnen gegenüber, wie sich eine gute Mutter gegenüber ihren Kindern verhalten sollte. Später, im Erwachsenenleben, verspürte und lebte sie den gleichen Drang aus, den Armen, Mißhandelten dieser Welt zu helfen, einer Welt, zu der sie nun selbst gehörte. Sie hatte das dringende Bedürfnis, denen zu helfen, die sie als die kleinen Leute der Gesellschaft bezeichnete, und sie zog daraus große Befriedigung, wenn sie Hilfe spendete und großzügig Zeit, Mühe und Geld darauf verwendete. Mit ihrer Großzügigkeit gegenüber den Unterdrückten ging ebenso starker Haß und Verachtung einher für Unterdrücker, die im großen und ganzen das bilden, was als Establishment gilt. Die Menschen, denen sie half, waren für sie unbewußt sie selbst und ihre Geschwister, als sie noch Kinder waren. Die von ihr Gehaßten hatte sie unbewußt mit ihrer Mutter gleichgesetzt.

Welches waren die Konfliktkomponenten, die zu dem besagten Charakterzug geführt hatten?

Zu den Triebabkömmlingen zählten Sehnsucht nach Liebe und Aufmerksamkeit der Mutter, mörderische Wut auf die Mutter und mörderische Eifersucht auf ihre Geschwister. Der erste wurde stellvertretend befriedigt. Sie hatte das Gefühl, ihre Wohltätigkeit erfreue die armen, getretenen, vernachlässigten kleinen Leute, denen ihre Mildtätigkeit galt. Sie stellte sich vor, sie müßten spüren, daß sich zumindest ein Mensch ihrer annahm, daß sich jemand um sie kümmerte, und sie fühlte sich selbst in deren Glück glücklich. Die Wut auf ihre Mutter äußerte sich in ihrer Wut auf Menschen und soziale Institutionen, welche die

kleinen Leute schlecht behandelten. Ihre Eifersucht und der Wunsch, ihre Geschwister loszuwerden, äußerten sich ebenfalls in ihren Vorstellungen von kleinen Leuten, die gehaßt, schikaniert und zugrunde gerichtet werden.
Sowohl ihre Sehnsucht nach Mutterliebe als auch ihre Wut auf die Mutter, die zum Teil bedeutete, daß sie wünschte, sie für immer los zu sein, riefen intensive Angst und depressive Affekte hervor. Der Patientin war es nahezu unmöglich, auch nur für kurze Zeit allein zu sein. Trennung von zu Hause und ihrer Familie war für sie eine Quelle intensiver Unlust. Als sie zum Beispiel ein Kind bekam, versuchte sie den Geburtshelfer dazu zu bewegen, sie in ihrer eigenen Wohnung zu entbinden. Als sie damit keinen Erfolg hatte, tat sie das Nächstbeste. Sie verkürzte ihren Krankenhausaufenthalt drastisch und verließ die Klinik bereits sechsunddreißig Stunden nach der Niederkunft. In Verbindung mit ihrer Wohltätigkeit machte es sie traurig und ängstlich, an jemanden zu denken, der in Not oder Gefahr war.
Was die Abwehr angeht, identifizierte sie sich offensichtlich insofern mit ihrer Mutter, als sie sich so verhielt, wie sich ihrer Meinung nach ihre Mutter hätte verhalten sollen. So zu handeln, wohltätig zu sein, machte sie glücklich statt ängstlich und deprimiert. Als Erwachsene war sie überdies bewußt wütend, nicht auf die Mutter, sondern auf die gleichgültigen Mitglieder des Establishments. Außerdem ließ sie, als mildtätige Frau, »kleinen Leuten« Hilfe zuteil werden, in dem Sinne, daß sie sie ernährte, beschützte und freundlich zu ihnen war, ohne sich bewußt zu werden, daß sie die Hilfsbedürftigen los sein wollte. Schließlich trug sie bei ihrer Wohltätigkeit selbst aktiv die Verantwortung und war nicht hilflos, ängstlich und unglücklich.
Sinn für moralische Rechtschaffenheit war ein wichtiger Bestandteil des besagten Charakterzugs. Sie war gut und nicht schlecht. Sie teilte mit anderen, statt habgierig und selbstsüchtig zu sein. Sie würde sich keine Ruhe gönnen, wenn sie von einem Unrecht erführe, das beseitigt werden müßte.
Die oben angeführten Daten zeigen ohne Zweifel, daß die generöse Mildtätigkeit der jungen Frau, dieser normale Charakterzug, eine Kompromißbildung ist zwischen Triebabkömmlingen, Angst und depressiven Affekten, Abwehr und Überich. Er war eines der vielen zum Teil normalen, zum Teil pathologischen

Resultate ihres Konflikts aufgrund kindlicher Triebabkömmlinge. Es sei noch, als weiterer Beleg für diese Behauptung, hinzugefügt, daß die Patientin wenig Interesse an anderen Formen von Wohltätigkeit hatte, als ich sie beschrieben habe. Andere gute Werke hatten wenig Reiz für sie. Wenn sie sich ihnen zuwandte, so in einer oberflächlichen Weise, die in scharfem Kontrast stand zur leidenschaftlichen Hingabe an die Lieblingsobjekte ihrer liebevollen Großzügigkeit.

Um Mißverständnisse zu vermeiden, muß ich auch betonen, daß ich keineswegs einen vollständigen Überblick über die Determinanten der Großzügigkeit meiner Patientin gegeben habe. Ich habe keine erschöpfende Analyse der Konfliktdeterminanten dieser normalen Kompromißbildung versucht, sondern wollte nur genügend Daten anführen, die meine Auffassung erhärten und veranschaulichen, nämlich, daß der besagte Charakterzug tatsächlich eine Kompromißbildung ist, zu der die üblichen, aus der Kindheit stammenden Konfliktkomponenten gehören.

Mein zweites Beispiel handelt von einem dreißig Jahre alten Patienten. Abgesehen von den psychischen Schwierigkeiten, die ihn zur Analyse veranlaßten, war er ein auffallend fröhlicher, freundlicher, sensibler, gewissenhafter und hilfsbereiter Mensch. Seine gute Gemütsverfassung und seine guten Umgangsformen bedurften keiner bewußten Anstrengung. Es hatte den Anschein, als seien sie für ihn so selbstverständlich wie das Atmen. Er war in der Tat das Produkt einer wohlerzogenen, hochmoralischen Familie der oberen Mittelschicht und der besten Schulen, und er verhielt sich so, wie man es von einem solchen Menschen erwartet.

Ohne Frage war der soeben beschriebene Aspekt seiner Persönlichkeit ein normaler Charakterzug. Er war gesellschaftlich akzeptabel, war ihm im Leben oft nützlich und fügte ihm weder Kummer noch Schmerz zu. Ab und zu hatte er auch Augenblicke der Entmutigung, wie jeder Mensch, dem Mißerfolg und Gefahr drohen, doch bei ihm hielten diese Gefühle nie sehr lange an. Schnell nahm er wieder die vernünftige Haltung ein, man müsse ertragen, was man nicht ändern könne, es gehe einem besser, wenn man fröhlich sei, statt sich zu beklagen, und alles werde sich letzten Endes wahrscheinlich wieder einrenken, wenn man weitermache und tue, was von einem erwartet werde.

Zeitweilig habe ich mich wirklich gefragt, ob er von der schlichten Philosophie Benjamin Franklins oder Aesops durchdrungen war, aber es stellte sich heraus, daß seine Haltung und sein Verhalten auf keinerlei philosophischer Begabung beruhten. Im Verlauf der Analyse zeigte sich, daß die grausame Wirklichkeit seiner Kindheit die konventionellen Tugenden seines kulturellen Milieus so verstärkt hatten, daß sie für ihn zu einem lebenswichtigen und äußerst notwendigen Teil seiner Persönlichkeit geworden waren.

Im Alter von neun Jahren hatte der Patient unvermutet vor der Bedrohung gestanden, womöglich den Menschen zu verlieren, der für ihn das wichtigste erwachsene Familienmitglied war. Drei Tage war er akut und tief depressiv. Dann ging die Gefahr des Verlusts glücklicherweise vorüber. Doch nie auf Dauer, was ihn betraf. Die Möglichkeit, verlassen zu werden, blieb für ihn psychisch immer gegenwärtig. Er reagierte darauf in zwei unterschiedlichen, logisch inkonsistenten, aber leicht zu verstehenden Haltungen. Die erste bestand darin, sich mittels seines Verhaltens zu versichern, daß die Möglichkeit niemals eintreten werde. Die zweite bestand in der Vorbereitung auf den Zeitpunkt, zu dem sie unvermeidlich eintreten würde, um ihr nicht hilflos und unvorbereitet ausgeliefert zu sein.

Die erste Gruppe von Reaktionen hatte im wesentlichen mit Abwehr von Triebabkömmlingen zu tun. Vor dem drohenden Verlust war der Patient ein leicht erregbarer Junge mit gelegentlichen Wutausbrüchen gewesen. Danach niemals wieder. Von jener Zeit bis zum Analysebeginn erinnerte er sich nur an eine Gelegenheit, in der er wirklich Wut empfunden hatte. Seine sexuellen Aktivitäten waren ebenfalls eingeschränkt, wenn auch keineswegs so drastisch. Mit anderen Worten, er wurde ein sehr braver Junge, ohne jenes verwerfliche sexuelle und aggressive Verhalten, das seiner Überzeugung nach die im Alter von neun Jahren erlebte Gefahr des Verlassenwerdens heraufbeschworen hatte.

Die zweite Gruppe von Reaktionen bestand im wesentlichen in der Identifizierung mit dem Erwachsenen, dessen Verlust er befürchtete. Er wurde, wie jener Erwachsene, auf bedingungslose Art und Weise fröhlich, vernünftig, umgänglich und optimistisch. Mittels dieser Identifizierung konnte er auch für sich selbst sorgen, und später, in früher Jugend, als er von zu Hause wegging, um ein Internat zu besuchen, tat er das auch wortwörtlich.

Bei diesem Charakterzug spielt Abwehr wohl die offensichtlichste oder vielleicht auffälligste Rolle. Eine nähere Betrachtung zeigt jedoch, daß mehr als nur Abwehr im Spiel ist. Es ist genauso eine Kompromißbildung, eine Mischung all der Konfliktkomponenten wie alle früheren Beispiele in diesem und den vorangegangenen Kapiteln. Daß aggressive und libidinöse Triebabkömmlinge abgewehrt wurden, bedarf keiner besonderen Darstellung, aber sie erlangten auch teilweise Befriedigung. Seine Wünsche nach Liebe, Zuwendung und Nähe wurden überreich dadurch befriedigt, daß er so brav, so gehorsam, wohlerzogen und so gewissenhaft war. Seine wütenden, rachsüchtigen Wünsche fanden ebenfalls einen gewissen Ausdruck in dem Gefühl, für sich selbst sorgen zu können. Die Haltung: »Ich werde *diesen* Menschen nie brauchen« ist häufig eine Mischung aus Abwehr und Rache; und so war es auch im Fall meines Patienten. Durch seine Identifizierung mit dem Erwachsenen, dessen Verlust er fürchtete, wurde der Patient außerdem nicht nur vernünftig und optimistisch; er wurde auch moralisch. Seine Bereitschaft, Missetäter zu verdammen, und sein Mangel an Sympathie für sie befriedigten teilweise die wütenden Wünsche seiner Kindheit, Wünsche nach Rache an dem Erwachsenen, der ihn seinem Gefühl nach wegen seiner Missetaten verdammt und bestraft hatte.

Angst und depressive Affekte fielen durch Abwesenheit auf. Im Bewußtsein des Patienten waren ihre angenehmen Gegenteile, Optimismus und Fröhlichkeit, vorherrschend. Er war sich der Ängste und des Leids, die zum Vermächtnis seiner Kindheit gehörten, größtenteils nicht bewußt, Beweis für den Erfolg seiner Abwehrleistungen. An diesen Leistungen waren viele unterschiedliche Abwehrreaktionen beteiligt, wie es gewöhnlich der Fall ist. Identifizierung und, implizit, auch Verdrängung habe ich bereits erwähnt, wie auch seine Gewohnheit, das Gegenteil von Angst und depressiven Affekten hervorzukehren – die Neigung oder das Bedürfnis, die glänzende Seite der Medaille zu betrachten, um es umgangssprachlich zu sagen. Wenn der Patient an Gefahr, Versagen oder Leid dachte, dann mit dem tröstlichen

Gefühl, daß alles nicht so schlimm war, wie es schien, daß sich alles ändern könne und daß sich am Ende alles zum Guten fügen werde.
Schließlich fällt bei der Kompromißbildung des Patienten auch das Überich-Element auf. Der beschriebene Charakterzug war Ausdruck seiner Moral: »Ich weiß, daß du mich fast verlassen hättest, weil ich schlecht war, aber jetzt bin ich gut und genauso wie du, so wie du mich haben willst, darum bin ich sicher, daß du mich lieben und bei mir bleiben wirst.«
Ich sollte hinzufügen, daß ich auch bei diesem Beispiel so wenig wie bei dem früheren versucht habe, eine vollständige oder gründliche Darstellung aller Determinanten des Charakterzugs zu geben. Ich wollte lediglich zeigen, daß das fröhliche, freundliche, vernünftige, gewissenhafte und umgängliche Wesen des Patienten eine Kompromißbildung der üblichen Art war. Mein nächstes Beispiel hat nicht mit einem Charakterzug, sondern mit Berufswahl zu tun.

Beruf und Nebenberuf

Der vierzigjährige Geburtshelfer war der älteste von sechs Geschwistern. Wie er selbst waren alle seine Brüder und Schwestern in dem Farmhaus zur Welt gekommen, in dem der Patient seine Kindheit verbracht hatte. Die Niederkunft der Mutter war jedesmal ein großes Ereignis, auf das er intensive Neugier verwandte, bei dem er aber niemals zugegen sein durfte, obgleich es für ihn von klein auf etwas Alltägliches war, die Geburt von Tieren zu beobachten.
So befriedigte die Berufswahl des Patienten seinen aus der Kindheit stammenden Wunsch, die Mutter gebären zu sehen. Sie befriedigte auch seinen Kindheitswunsch, seinem Vater überlegen zu sein, der dem Arzt, der die Mutter des Patienten bei ihren häufigen Geburten behandelt hatte, stets respektvoll begegnet war und sich erboten hatte, ihm bei der Niederkunft zu helfen. Seine Berufswahl stand auch in Zusammenhang mit der Angst und den depressiven Affekten, die mit seinen Kindheitswünschen einhergingen. Als Geburtshelfer fühlte er sich kompetent und in den meisten Fällen auch selbstsicher, wenn ein Baby geboren

wurde, und nicht unbedeutend und hilflos, wie er sich als Junge gefühlt hatte.
An seiner Berufswahl war auch Abwehr gegen Kindheitswünsche beteiligt. Als Geburtshelfer sah und half er Hunderten von gebärenden Frauen und war während der Niederkunft deren Ehemännern überlegen, doch keine der Frauen war seine Mutter, keiner der Männer sein Vater. Seine Neugier und Überlegenheitshaltung waren verschoben. Darüber hinaus wehrte er durch seine Freundlichkeit und Hilfsbereitschaft als Geburtshelfer seine mörderischen Kindheitsimpulse gegenüber seiner Mutter und den Geschwistern ab. Er fühlte sich entsprechend rechtschaffen und ohne Schuld, die seine Kindheitswünsche ihm eingeflößt hatten. Kurz, seine Berufswahl war eine Kompromißbildung der üblichen Art.
Das gleiche gilt für die Berufswahl eines anderen Arztes, eines Mannes Mitte Dreißig. In seinem dritten Lebensjahr war er für einige Wochen von seiner Mutter getrennt worden, weil sie sich wegen eines schweren chirurgischen Eingriffs ins Krankenhaus hatte begeben müssen. Eine der wichtigsten Konsequenzen, die er aus diesem Erlebnis zog, war die Entscheidung, Arzt zu werden – tatsächlich Chirurg, also ein Arzt, »der die Leute aufschneidet«, wie er danach jedem erzählte, der ihn fragte, was er werden wolle, wenn er erwachsen sei.
Ohne daß wir ins Detail gehen müssen, wird deutlich, daß auch dieses Beispiel von Berufswahl eine Kompromißbildung ist. Triebabkömmlinge, Angst und depressive Affekte, Abwehr und Überich, sie alle sind als Determinanten beteiligt. Ich habe diesen Fall jedoch nicht angeführt, nur um die Zahl der Beispiele zu vergrößern. In diesem Fall ist der Patient nicht nur in seinem späteren Leben Chirurg geworden, sondern er hatte bereits als kleines Kind die Phantasie, es zu werden.
Obwohl wir keine direkten Anhaltspunkte haben, da der Patient als Kind nicht in Analyse gewesen war, kann man mit Sicherheit annehmen, daß sein Verlangen, Chirurg zu werden – »ein Arzt, der die Leute aufschneidet« –, eine Kompromißbildung ist, dessen Komponenten ödipale Wünsche, Ängste, depressive Affekte und Abwehren waren, genauso wie Jahre später seine Ausbildung zum Chirurgen als erwachsener Mann. Die Kontinuität zwischen Kindheitswunsch und Berufswahl als Erwachsener ist in

diesem Fall nicht nur plausibel, sondern bewußt. Der Patient war drei Jahre alt, als seine Mutter operiert wurde, und er erinnerte sich, bereits im Alter von fünf Jahren den Wunsch gehabt zu haben, Arzt zu werden.

Zweifellos bestehen zwischen dem Wunsch eines Kindes und dem beruflichen Werdegang eines Erwachsenen viele Unterschiede. Selbst der Dauerwunsch eines Kindes, Chirurg zu werden, Feuerwehrmann, Ingenieur oder Astronaut, geht im Erwachsenenleben nicht immer in Erfüllung. Viele Dinge können sich in der Zwischenzeit ereignen, deren Einfluß häufig entscheidend und gänzlich der Kontrolle des einzelnen entzogen ist. Zu sagen, die Berufswahl sei eine Kompromißbildung, bedeutet nicht, daß der psychische Konflikt ihr einziger Bestimmungsfaktor ist. Er ist jedoch der Bestimmungsfaktor für das, was man sich im Leben wünscht und erreichen möchte. Die Berufswahl kann durch äußere Umstände auferlegt, begrenzt oder begünstigt werden. Dennoch wird die Wahl, die man trifft, wenn man denn eine hat, immer durch die Konfliktkomponenten bestimmt, die sich aus den Triebabkömmlingen der Kindheit ergeben, wie man in allen Fällen, für die wir analytische Daten haben, zeigen kann.

Das gleiche gilt für die Wahl von nebenberuflichen Tätigkeiten, wie das folgende Beispiel zeigt.

Eine einunddreißig Jahre alte Frau hatte ein außerordentliches nebenberufliches Interesse an Musik. Sie genoß es, Musik zu hören, sie war als Laie musikalisch sehr gebildet; sie hatte studiert und spielte über mehrere Jahre gern ein Musikinstrument, ohne es jedoch zu großer Meisterschaft zu bringen. Als die Patientin mit der Analyse begann, gehörte ihr Musikinteresse zu den vergnüglichen Dingen ihres Lebens und wurde in der Analyse anfangs oft beiläufig erwähnt. Die Patientin hatte keine Kenntnis von den aus der Kindheit stammenden Konfliktdeterminanten dieses Interesses. Ihr Musikinteresse gehörte nicht zu den Problemen, die sie zur Analyse veranlaßt hatten, und so schenkte sie ihm entsprechend wenig Aufmerksamkeit. Sie war in einer Familie aufgewachsen, in der Musik eine bedeutende Rolle gespielt hatte, und darum schien es ihr selbstverständlich, daß sie sich dafür interessierte. Daß ihr Interesse für Musik eine Kompromißbildung war, stellte sich unerwartet im Zusammenhang mit einem Traum heraus.

Sie träumte, sie spiele in einem Orchester. Ihre Assoziationen führten zu Erinnerungen an einen Musiker, in den sie etliche Jahre zuvor verliebt gewesen war und der, wie sie kürzlich gehört hatte, Dirigent eines bekannten Orchesters geworden war. Er sei, wie sie sagte, ihrem Vater überhaupt nicht ähnlich, weder dem Alter nach noch in der äußeren Erscheinung, dennoch erinnere er sie an ihren Vater, vielleicht weil sie beide das gleiche Rasierwasser benutzten. Dann erinnerte sie sich, daß ihr Musikinteresse in ihrer Kindheit als bewußte Imitation ihrer älteren Schwester begonnen hatte, die zum Zeitpunkt ihres Traums ausgebildete Berufsmusikerin war. Ihr Vater schätzte die musikalischen Fähigkeiten und Leistungen seiner älteren Tochter sehr. Meine Patientin hatte, als sie ein Kind war, das Gefühl, die Schwester sei aufgrund ihres musikalischen Talents der Liebling ihres Vaters. Die Patientin beschäftigte sich mit Musik, um ihre Schwester nachzuahmen, und hoffte, ihr die Zuneigung des Vaters streitig machen zu können.
So war das Interesse meiner Patientin an Musik und Musikern zeit ihres Lebens gleichzeitig Ausdruck ihrer libidinösen Wünsche gegenüber dem Vater sowie ihrer bewundernden, neidischen, rivalisierenden Wünsche gegenüber der Schwester. Außerdem hatte es die Abwehrfunktion, Angst und depressive Affekte auf eine Weise zu vermeiden, die in Einklang mit ihren moralischen Forderungen und Verboten stand.
Wann immer wir analytisches Material bekommen, das sich auf die Wahl nebenberuflicher Interessen bezieht, bestätigen sie Erkenntnisse aus dem soeben dargestellten Beispiel. Jede nebenberufliche Tätigkeit, sei es als Hobby, Spiel, Sport oder was immer, ist eine normale Kompromißbildung zwischen den Komponenten eines psychischen Konflikts, der seinen Ursprung in der Kindheit hat.
An dieser Stelle möchte ich auf eine frühere Äußerung näher eingehen. Was ich sagen möchte, läßt sich am besten als Antwort auf die Frage formulieren: »Wenn Beruf und Nebenberuf Kompromißbildungen sind, die entstehen aus Konflikten, die mit den Triebabkömmlingen der Kindheit zusammenhängen, wie steht es dann mit den Umwelt- und Gesellschaftseinflüssen, die bei beiden offensichtlich eine Rolle spielen?«
Gesellschaft und Milieu bestimmen bei jedem einzelnen die

Bandbreite und die Art der Wahlmöglichkeiten für Beruf und Nebenberuf. In dieser Hinsicht ähnelt ihre Rolle der Rolle, die im Seelenleben und seiner Entwicklung die konstitutionelle Ausstattung oder die körperlichen Fähigkeiten oder Unfähigkeiten gleich welcher Art spielen. Ein Blinder wird wahrscheinlich kein Zeichner, ein Tauber kein Musiker, so wie dem Mitglied einer analphabetischen Gesellschaft kaum eine kalligraphische Karriere offenstehen dürfte. Gesellschaftliche und milieuabhängige Umstände sind Faktoren, welche die Bühne für das Drama jedes Menschenlebens aufrichten. Jeder Mensch beutet in seinem sozialen und kulturellen Umfeld die vorhandenen Befriedigungsmöglichkeiten aus und findet in ihm angemessene Ausdrucksformen für Angst und depressive Affekte der Kindheit, zweckmäßige Abwehrmittel und persönliche wie institutionalisierte Ausdrucksformen für Überich-Funktionen. Die Umwelt bereitet den psychologischen Schauplatz, indem sie das Material liefert, das jede Komponente des Konflikts, der im Seelenleben Kompromißbildungen hervorruft, aufgreift und benutzt.
Ich möchte betonen, daß diese Formulierung auf alle Kompromißbildungen zutrifft. Sie gilt auch für andere normale Kompromißbildungen als die Wahl von Beruf und Nebenberuf. Mehr noch, sie gilt mit gleichem Nachdruck auch für pathologische Kompromißbildungen. Die Rolle von Umwelteinflüssen der späteren Kindheit und des Erwachsenenlebens für die Neurosen-Genese ist in den gleichen Begriffen zu beschreiben wie ihre Rolle bei der Wahl von Beruf und Nebenberuf. Umweltfaktoren sind für die Neurosen-Genese aufgrund ihres Einflusses auf die psychischen Konfliktkomponenten von Bedeutung. Wie wichtig der Umwelteinfluß bei der Neurosen-Genese in einem bestimmten Fall auch sein mag – und er ist manchmal von größter Wichtigkeit –, er ist stets von der soeben beschriebenen Art. Die Umwelt beeinflußt die Kompromißbildungen aufgrund der Möglichkeit, die sie zur Befriedigung von Triebabkömmlingen bietet, und aufgrund der Hindernisse, die sie deren Befriedigung in den Weg stellt; aufgrund der Angst oder des Elends, die sie mit sich bringt, oder auch aufgrund der Angstsignale und der Absicherung gegen Angst sowie aufgrund der Mittel zur Elendslinderung; aufgrund der Art, wie sie die Abwehr verstärkt, wie auch aufgrund der Art, wie sie sie unterhöhlt; und aufgrund der von ihr

gebotenen Möglichkeiten, Moralität in all ihren verschiedenen Aspekten zu erhalten oder zu untergraben.
Ebensowenig wird das offene Sexualverhalten eines Menschen nur von den Sexualgewohnheiten oder -sitten der Gesellschaft bestimmt, in der er lebt. Die gleiche Befriedigungsart kann bei dem einen Menschen zu normaler Kompromißbildung und bei einem anderen zu erhöhter Angst, depressivem Affekt, Abwehr und Selbstbestrafung – zu pathologischer Kompromißbildung – führen. In diesem wie in jedem anderen Bereich des Seelenlebens sind Gedanken, Phantasien und Verhalten des Erwachsenen Kompromißbildungen, die, wenn auch von seiner Umwelt beeinflußt, von den vorausgegangenen Kindheitskonflikten in einem Ausmaß determiniert werden, das wir nur dann richtig beurteilen können, wenn wir psychoanalytische Daten haben. Die sexuellen Probleme und Schwierigkeiten von Jugendlichen und Erwachsenen können wir nicht einfach durch veränderte Sexualsitten der Erwachsenengesellschaft beseitigen oder vermeiden, wie die Sozialreformer sich das oftmals erträumen.
In unserer Gesellschaft ist die Wahl des Sexualpartners ein bedeutsamer Aspekt des Sexuallebens von Erwachsenen. Im Kapitel über Übertragung habe ich darauf hingewiesen, daß jede Objektwahl in der späteren Kindheit und im Erwachsenenleben Kompromißbildung ist. Bis heute ist es keinem Analytiker gelungen, eine Ausnahme von der Regel, daß jedes spätere Objekt, psychisch gesehen, Ersatz für ursprüngliche Objekte der frühen Kindheit ist, zu entdecken oder zu beschreiben. Jeder spätere Mensch wird, ob real oder phantasiert, zum Brennpunkt und Ziel der mannigfaltigen, ambivalenten Wünsche der Kindheit und der damit verbundenen Konflikte. Ich möchte noch hinzufügen: Was allgemein für die Objektwahl des späteren Lebens gilt, gilt genauso für den speziellen Fall der Wahl eines Sexualpartners oder Liebesobjekts.
Jeder erfahrene Analytiker wird der Auffassung zustimmen, daß die Sexualpartnerwahl jedes Patienten, über dessen Sexualleben wir Daten besitzen, unweigerlich eine Kompromißbildung ist. Danach sorgt bei jedem Patienten eine sexuell zufriedenstellende Beziehung im Erwachsenenleben für die Befriedigung libidinöser und aggressiver Triebabkömmlinge aus der Kindheit; außerdem ist sie durch Angst und depressive Affekte, durch Abwehr und

Überich-Tätigkeit festgelegt. So ist es nicht schwierig, klinisches Material zur Bestätigung dieser These beizubringen. Die Schwierigkeit liegt auf einem anderen Gebiet.

Freud ist bei seiner Arbeit als Analytiker bereits früh auf die empirische Tatsache gestoßen, daß unter Patienten, deren Symptome sie zu einer Analyse veranlaßten, derart häufig eine offene psychosexuelle Pathologie anzutreffen ist, daß man sie geradezu als Kennzeichen für die Psychopathologie ansehen kann, bei der die Psychoanalyse die Behandlungsmethode der Wahl darstellt. Anders gesagt, faktisch jeder analytische Patient läßt ein gewisses Maß an sexueller Pathologie erkennen. Es wäre daher schwierig, Anschauungsmaterial mit adäquaten analytischen Daten, das heißt Material aus einem analytischen Fall, als Beispiel für eine *normale* Sexual- und Liebesobjektwahl zu präsentieren.

Neben dieser Schwierigkeit gibt es noch eine andere, die aber wahrscheinlich mit der ersten zusammenhängt. Lange bevor Freud die psychoanalytische Methode entwickelte, lange bevor man überhaupt an analytische Daten dachte, gehörte es zum allgemeinen Wissensgut, daß sexuelle Objektwahl, vor allem wenn intensive Liebesgefühle ins Spiel kommen, von Psychopathologie nicht zu trennen ist. Umgangssprachlich ausgedrückt ist Liebe dem Wahnsinn verwandt. Alles in allem ist Vorsicht geboten bei der Präsentation analytischen Materials, das die normale Psychologie der Sexualobjektwahl erklären soll. Zu dem folgenden Beispiel kann ich nur sagen, daß ich es als normal einordne und daß es zumindest nicht übermäßig pathologisch ist.

Die Patientin war eine Frau, die im Alter von achtunddreißig Jahren eine Analyse aufnahm. Vor dem Tod ihres Mannes ein Jahr zuvor hatte sie eine Analyse nicht für erforderlich gehalten, und soweit man das beurteilen kann, war ihre vierzehn Jahre dauernde Ehe stabil gewesen.

Als die Patientin und ihre ältere Schwester noch Mädchen waren, war ein nebenan wohnender Junge im Alter der Schwester beider engster Spielgefährte. Er und die Schwester der Patientin mochten einander so gern, daß es allgemein hieß, sie würden heiraten, wenn sie erwachsen wären. Die Patientin fühlte sich von den beiden Spielgefährten ausgeschlossen und war eifersüchtig auf sie, wie auch auf ihre Eltern, die eine enge Beziehung hatten, von der die Patientin natürlich ausgeschlossen war.

In der späteren Kindheit sahen die Schwestern ihre früheren Nachbarn kaum noch, da die beiden Familien umzogen. Viele Jahre später, als die Patientin sich in der späten Adoleszenz befand, führten andere Umstände die drei jungen Leute wieder zusammen. Dieses Mal unternahm die Patientin eine bewußte Anstrengung, um den jungen Mann zu veranlassen, sie ihrer Schwester vorzuziehen, während diese auf dem College war. Sie setzte ihre Absicht erfolgreich durch, aber sie wies seine sexuellen Annäherungen zurück und zog es vor, daß sie gute Freunde waren, wie sie es nannte. Sie verliebte sich in einen engen Freund des jungen Mannes, den sie ihrer Schwester ausgespannt hatte, und heiratete ihn, der selbst mit einer anderen jungen Frau verlobt gewesen war, als die Patientin ihm begegnet war. So gelang es der Patientin als Erwachsene, in ihrem Sexualleben das zu erreichen, wonach sie sich als kleines Mädchen heftig gesehnt hatte: in einem familiaren Dreiecksverhältnis die erfolgreiche Frau, nicht die erfolglose zu sein. Während dieses Vorgangs nahm sie Rache an dem Mann, der in der Kindheit ihre Schwester vorgezogen hatte. Sie gab ihn wegen eines anderen Mannes auf. In ihrem Sexualleben lebte sie eine Kompromißbildung aus, die aus den Ödipalwünschen ihrer Kindheit hervorgegangen war. Triebabkömmlinge, Angst und depressive Affekte, Abwehr und Überich-Tätigkeit, sie gehörten allesamt zu den Konfliktkomponenten, welche die Objektwahl der Patientin determinierten.

Tagträume

Tagträume bilden die letzte Gruppe normaler psychischer Phänomene, die ich auf der Grundlage klinischen Analysematerials erörtern möchte.

Es bedarf keiner Kenntnisse der Psychoanalyse, um sich zu vergegenwärtigen, daß Tagträume mit unerfüllten Wünschen zu tun haben. Jeder weiß aus Erfahrung und auch aus Informationen anderer, daß man sich in Tagträumen oder Träumereien oft vorstellt, die Erfüllung von Wünschen sei tatsächlich in Reichweite. Voneinander getrennt lebende Liebende stellen sich vor, sie seien glücklich vereint. Kinder träumen davon, sie seien erwachsen. In der Phantasie sind sie schön, gebildet und erfolgreich in allem, was sie tun. Ein hungriger Mensch träumt von einem köstlichen Mahl, ein durstiger vom Trinken, ein müder Mensch vom Ausruhen. Freilich, es gibt auch Ausnahmen, nämlich unangenehme, sogar angsteinflößende Tagträume. In der großen Mehrzahl befriedigen Tagträume allerdings bewußte Wünsche bewußt.

Was ich bis jetzt gesagt habe, ist allgemein bekannt. Psychoanalytische Daten fügen diesem Wissen noch folgendes hinzu: Tagträume sind zumindest im Erwachsenenleben niemals einfach Phantasien, die bewußte Wünsche oder Bedürfnisse befriedigen. Sie sind Kompromißbildungen, die aus Konflikten in Zusammenhang mit kindlichen Triebabkömmlingen stammen, selbst wenn sie gleichzeitig von bewußten Wünschen entscheidend beeinflußt werden. Im folgenden soll die Rolle jedes Faktors beleuchtet werden.

Ein achtundzwanzig Jahre alter Patient ärgerte sich über mich, weil er seinen täglichen Stundenplan meinen Wünschen zuliebe ändern mußte. Er hätte mich am liebsten zum Teufel gewünscht. Gleichzeitig schämte er sich über seine Wut, denn im Grunde war er dankbar für die Hilfe, die er seinem Gefühl nach bekam, und war mir im allgemeinen wohlgesonnen. Unter diesen Umständen hatte er den folgenden Tagtraum, über den er zu Beginn einer analytischen Sitzung berichtete.

Als er auf dem Weg zu der Sitzung war, stellte er sich vor, er käme um die Ecke und sähe Polizeiautos und einen Notfallwagen vor dem Eingang zur Praxis. Er phantasierte, es habe einen schrecklichen Unfall gegeben. Ein Patient sei gewalttätig geworden und habe mich angeschossen. Ich läge auf dem Boden in einer Blutlache. An diesem Punkt änderte der Patient seine Phantasie: Ich war nicht angeschossen, sondern ein wahnsinniger Patient bedrohte mich mit einem Gewehr. Er, mein Patient, war in der Praxis, kämpfte mit dem Angreifer und entwaffnete ihn, bevor er auf mich schießen konnte.

Die Assoziationen des Patienten begannen mit einem Film, den er am Abend zuvor gesehen hatte, und der voller Gewalt- und Mordszenen gewesen war. Der Film zeigte auch freizügige erotische Szenen, die den Patienten sexuell erregt hatten. In einer Szene verführte ein Mann die Witwe eines anderen Mannes, den er getötet hatte. Der Patient war darüber entsetzt, gleichzeitig jedoch auch von der Vorstellung fasziniert, jemand könne so etwas tun. Später erwähnte er, einer der Darsteller, ein älterer Mann, habe ihn an seinen Vater erinnert – nicht daß er ihm wirklich ähnlich gesehen habe, nur seine Brille sei wie jene gewesen, die sein Vater gewöhnlich getragen habe. Der Patient fuhr dann fort, sein Vater sei immer zuverlässig gewesen, er habe sich immer auf ihn verlassen können, und von dort kam er zu seinem Ärger auf mich wegen des geänderten Zeitplans.

In diesem Tagtraum äußerten sich die bewußten Gefühle des Patienten mir gegenüber in einer Form, die eindeutig von dem Film beeinflußt war, den er am Abend zuvor gesehen hatte. Er befriedigte seine Wut auf mich, indem er sich vorstellte, jemand habe mich getötet oder, in der revidierten Fassung, jemand habe gedroht, mich umzubringen. Er befriedigte seine freundlichen Empfindungen, indem er mich rettete. Das Schuldgefühl, das er bewußt empfand, weil er mich zum Teufel wünschte, wie auch das Bedürfnis, seine Wut abzuwehren, fanden ihren Ausdruck in der Phantasie, daß nicht er, sondern ein anderer Patient mein Mörder sei, und in dem Umstand, daß er sich in der Phantasie selbst in Gefahr brachte, als er mit meinem Angreifer kämpfte.

Diese Motive waren alle bewußt. Der Patient erkannte sie ohne weiteres. Doch sie waren keineswegs die einzigen Determinanten des Tagtraums und in diesem Fall nicht einmal die wichtigsten. Der Vater des Patienten war in seinem Büro von einem geistesgestörten Angestellten erschossen worden, und zwar zu einer Zeit, als der Patient sich in der frühen Adoleszenz befand. Er hatte seinen Vater nach dessen Tod sehr vermißt und sich oft Szenen vorgestellt, in denen er sich in des Vaters Büro aufhielt, dessen Angreifer entwaffnete und seinem Vater das Leben rettete. Der Patient äußerte durch seinen Tagtraum nicht nur seine bewußten, ambivalenten Gefühle mir gegenüber, sondern auch mörderische und liebevolle Wünsche und Empfindungen gegenüber seinem Vater, die er auf mich als seinen Analytiker übertragen hatte. Auch stammten die übertragenen Wünsche und Gefühle keineswegs aus seiner Adoleszenz, wenn auch der Mord an seinem Vater zu jener Zeit sie stark beeinflußt hatten. Seine Assoziationen lassen vermuten, daß seine übertragenen Wünsche und Gefühle ödipalen Ursprungs sind. Ein wichtiger Stimulus für den Tagtraum waren die am Abend zuvor gesehenen sexuell erregenden Filmszenen, in denen ein Mann einen anderen tötet und dessen Witwe verführt, ein Vorgang, den der Patient gleichermaßen abstoßend wie faszinierend fand und zu dem er Gedanken an seinen eigenen Vater assoziierte.

Ohne davon auszugehen, der besagte Tagtraum sei völlig oder erschöpfend analysiert, kann man doch auf der Grundlage des vorhandenen Materials sagen, daß er eine Kompromißbildung ist, in der die aus der Kindheit stammenden Konfliktkomponenten eine Verbindung eingegangen sind. In ihr verbinden sich ödipale Triebabkömmlinge, Kastrationsangst, symbolisiert durch meine Erschießung und durch Entwaffnung des Angreifers durch den Patienten, ferner Abwehren und Überich-Funktionen.

Für den jetzigen Gedankengang ist eine gründlichere, vollständigere Analyse des Tagtraums unnötig, da sie nicht mehr wäre als eine Bestätigung der Aussage, der Tagtraum dieses Patienten sei eine Kompromißbildung, die aus einem psychischen Konflikt der Kindheit stammt.

Die bewußten Wünsche des Alltagslebens ändern sich oberflächlich mit den Alltagsumständen, mit den täglichen Bedürfnissen, Eindrücken und Interessen. Die Triebabkömmlinge der Kindheit bleiben im wesentlichen das ganze Leben lang unverändert, wenn auch weitgehend unbewußt. Das führt dazu, daß sich die Tagträume zwar entsprechend den bewußten Wünschen ständig ändern, daß sie aber in einem ganz wichtigen Sinne gleichbleiben, insofern sie die verschiedenen Konfliktkomponenten widerspiegeln, die mit den kindlichen Triebabkömmlingen verbunden sind und aus ihnen hervorgehen. So hatte beispielsweise der erwähnte Patient während seiner Adoleszenz Tagträume, in denen er seinem Vater das Leben rettete. Die Träumereien seiner Kindheit hatten regelmäßig Vatermord zum Thema, in der gleichen Weise wie der oben erörterte Übertragungs-Tagtraum.

Ein anderer Patient hatte in seiner Kindheit wiederkehrende Phantasien, er sei in der Armee und bediene ein Maschinengewehr. In seinen Tagträumen tötete er Tausende von phantasierten Feinden. In jedem Tagtraum hatte er auch einen Kumpel, einen geliebten Kameraden. Der Kumpel wurde stets beinahe tödlich verwundet, nur um dann von dem Patienten in heroischer, selbstaufopfernder Weise gerettet zu werden.

In diesem Fall wurde der militärische Rahmen durch äußere

Umstände bestimmt, nämlich durch den Zweiten Weltkrieg. Der Patient, während des Krieges noch ein Junge, hatte bewußt den Wunsch, erwachsen und ein mannhafter Soldat zu werden. Die unbewußten Determinanten seines wiederholten Tagtraums waren jedoch sowohl komplexer als auch wichtiger.

Die Spielgefährtin des Patienten im wirklichen Leben, sein wirklicher Kumpel, war seine Schwester, vier Jahre jünger als er und der Liebling der Mutter. Die eifersüchtige Wut des Patienten galt der ganzen Familie, konnte aber nie offen geäußert werden. Statt dessen fand sie ein Teil- oder Ersatzventil in Phantasien über patriotische Schlächtereien. Sein eifersüchtiger Wunsch, den Platz seiner Schwester, des geliebten kleinen Mädchens der Familie, einzunehmen, ging mit intensiver Kastrationsangst einher, die sich ebenfalls in seinen Tagträumen äußerte, genau wie Abwehr und Überich-Tätigkeit. Er war also in seinen Tagträumen nicht ein Mädchen, sondern seine Schwester, die zu einem Mann wurde. Mehr noch, er hatte ein großes Maschinengewehr in der Hand, als symbolische Versicherung, daß sein Penis unversehrt war. Außerdem tötete nicht er in der Phantasie seine Schwester, sondern der böse Feind versuchte sie zu töten, während er sie rettete und ihre Wunden mit liebevoller Fürsorge pflegte, immer unter Lebensgefahr.

Tagträume sind also eine weitere Gruppe normaler psychischer Phänomene, die als Kompromißbildungen anzusehen sind, die sich ergeben aus psychischen Konflikten der Kindheit. Das ist an sich schon wichtig, doch es hat noch weiterreichende Implikationen für viele andere Aspekte des psychischen Geschehens.

Die meisten Tagträume haben für den Träumer rein persönliche Bedeutung. Sie werden vor einem anderen Menschen nur unter bestimmten Umständen enthüllt, etwa wenn man Patient in Psychoanalyse ist. Es gibt allerdings auch Tagträume, die anderen mitgeteilt werden und die dann im Seelenleben derer, denen sie erzählt worden sind, eine wichtige Rolle spielen. Tagträume bilden nämlich die Grundlage von Märchen, Romanen, Mythen und religiösen Glaubensvorstellungen. Sie können Gemeingut werden, indem auch andere Menschen außer dem Urheber sie übernehmen (Sachs, 1942).

Märchen

Ich möchte mit den Märchen beginnen, da sie in vielerlei Hinsicht die einfachsten Beispiele kollektiver Tagträume sind. Vielleicht ist ihre Einfachheit der Tatsache zuzuschreiben, daß man heutzutage bei Märchen an jene anonymen Erzählungen denkt, die vor allem einen Reiz auf Kinder und kindliche Erwachsene ausüben.

Die Originalfassung jedes Märchens, wie immer es auch sei, war der Tagtraum der alten Frau oder des greisen Mannes, die ihn zuerst erzählt haben. Jede neue Version war der Tagtraum des jeweiligen Erzählers, der die ursprüngliche Geschichte abwandelte. Wer einem Märchen zuhört und es sich zu eigen macht, für den ist es ein gebrauchsfertiger Tagtraum, der in seinem Seelenleben die gleichen Funktionen erfüllt wie die eigenen Tagträume. Ein Märchen ist eine Kompromißbildung für den unbekannten Urheber, für jeden neuen Erzähler und für jedes Mitglied der größeren oder kleineren Zuhörerschaft, das es sich zu eigen macht.

Sicher, diese Verallgemeinerung läßt sich nicht direkt überprüfen. Die Menschen, die dem Märchen seine Gestalt gegeben haben, sind unbekannt und seit langem tot. Man kann sie nicht mehr analysieren, noch kann man sich in dieser Hinsicht auf psychoanalytische Daten von Kindern oder primitiven Völkern berufen, in deren Seelenleben Märchen eine bedeutende Rolle spielen. Die Begründung kann nur aus anderen Quellen kommen.

Viele echte (und Kunst-)Märchen, die großen Beifall gefunden haben und sich zeitloser Beliebtheit erfreuen, sind einander in ihrem Inhalt ähnlich. Sie haben ähnliche Handlungsstränge und ein ähnliches Ensemble von Charakteren. In jedem findet man einen jungen Helden, eine Heldin oder beide, die über einen niederträchtigen Bösewicht triumphieren, sei er männlichen oder weiblichen Geschlechts, die den Bösewicht töten und einen schönen Jüngling oder eine schöne Jungfrau heiraten, die zur Familie des Bösewichts gehörten, unter seiner Aufsicht standen oder seiner Macht ausgeliefert waren. Der Hauptbeweis für die oben aufgestellte Behauptung liegt in der Ähnlichkeit zwischen diesen stereotypen Handlungsverläufen und dem typischen Wunsch von

Kindern in der ödipalen Entwicklungsphase, den gegengeschlechtlichen Elternteil zu heiraten und den im Wege stehenden Rivalen zu ersetzen und zu töten. Viele Märchen schildern auf verschiedene Weise, die dennoch leicht zu verstehen ist, die Befriedigung von ödipalen Triebabkömmlingen. Für Kinder sind sie vorgefertigte, wunscherfüllende Tagträume, welche die ödipalen Triebabkömmlinge jedes Kindes befriedigen. Sonst wäre ihre anhaltende Beliebtheit nicht zu erklären.

Außerdem sind Märchen, wie zu erwarten, nicht bloße Schilderungen von Triebbefriedigungen. Vorgefertigte Tagträume enthalten, wie die individuellen auch, Elemente, die jeden der anderen Konfliktkomponenten repräsentieren. Angst, depressive Affekte, Abwehren und Überich-Funktionen sind zu offensichtlich, als daß sie mißzuverstehen wären. Gefahr und Not sind Themen jedes Märchens; Vater, Mutter und Geschwister tauchen verschleiert als Fremde auf; und es heißt immer, die Handlung habe sich ereignet, lange bevor die Zuhörer oder Leser geboren waren – oder auch, daß das Märchen ganz und gar nicht wahr sei, daß es sich um Phantasiegebilde handele. Für die Überich-Elemente genügen leicht zu durchschauende Muster. Die Motive des Helden und der Heldin sind immer gut. Sie sind niemals schlechte Menschen, nie eifersüchtig, grausam oder rachsüchtig. Held und Heldin töten nur, um Übeltäter zu bestrafen. Die Bösewichte sind die schlechten Menschen. Sie werden bestraft, wie sie es verdient haben.

Das Märchen von Aschenputtel zum Beispiel. Es spricht vor allem jüngere Schwestern an, aus einleuchtendem Grund. In der Geschichte überflügelt eine jüngere Schwester ihre Mutter und ihre beiden älteren Schwestern und heiratet einen Prinzen, der nur sie liebt, trotz aller Anstrengungen, die Mutter und Schwester unternehmen, dies zu verhindern. Die Geschichte ist explizit darauf angelegt, die libidinösen und aggressiven Triebabkömmlinge kleiner Mädchen zu befriedigen, die auf Mutter und Schwester eifersüchtig sind und die der Liebling des Vaters sein möchten. Gleichzeitig spielen in der Handlung auch Leid und Angst eine große Rolle. Aschenputtel lebt, wie ihr Name andeutet, in Elend, ist in Lumpen gekleidet und wird von ihren Rivalinnen bis ganz zum Schluß der Geschichte wie eine Dienerin behandelt. Außerdem hat sie große Angst, für ihren Ungehorsam bestraft zu werden, den sie unbekümmert und unbeabsichtigt begangen hat, obwohl sichere Bestrafung ihrer wartet, als sie trotz nahender Mitternacht weiter die Gunstbezeigungen und Aufmerksamkeiten des Prinzen genießt. Es taucht auch eine liebe Mutter auf, die gute Fee, die von Aschenputtel geliebt wird und die es ihrerseits liebt, und zwar so sehr, daß sie Aschenputtel dabei hilft, die Liebe des Prinzen zu gewinnen. Kurzum, die Anteile von Triebabkömmlingen, von Ängsten und depressiven Affekten, von Abwehr und Überich sind so offenkundig, wie sie es ohne konkrete analytische Daten nur sein können.

Das gleiche gilt für das beliebteste britische Märchen von Jack, das den Titel »Jack und der Bohnenstengel« *(Jack and the Beanstalk)* oder auch »Jack, der Riesentöter« *(Jack the Giant Killer)* trägt. Es handelt von einem Jungen, der einem Riesen die Reichtümer raubt und dann den Riesen tötet, indem er einen Zauberbohnenstengel fällt. Die augenfälligsten Triebabkömmlinge haben mit Neid, Kastration und Vatermord zu tun. Furcht vor Vergeltung, vor Vernichtung durch den Riesen, der sich wiederholt anschickt, Jack zu töten und ihn zu verspeisen, nimmt in der Geschichte einen beherrschenden Raum ein, und auch Armut und Not fehlen nicht: Zu Beginn der Geschichte sind Jack und seine Mutter infolge ihrer Armut dem Hungertod ausgeliefert. Was die Abwehr betrifft, so kommt zu dem oben erwähnten Element der Vortäuschung hinzu, daß der Riese in der Geschichte ein Fremder ist, nicht Jacks Vater. Tatsächlich hat er in manchen Versionen des Märchens Jacks Vater ermordet und dessen Eigentum geraubt, so daß Jack als Rächer für des Vaters Tod erscheint und nicht, als habe er selbst Vatermord begangen. Diese Abwehren stehen auch im Dienste der Moral. Jack war gut, nicht schlecht; der Riese hat verdient, was ihm widerfuhr; das Eigentum des Riesen gehört rechtmäßig Jack, so daß er gar kein Räuber ist.

Und so könnte man mit einem Märchen nach dem anderen fortfahren. Sie sind vorgefertigte Phantasien – Kompromißbildungen, die den Kindern die Lust phantasierter Befriedigung libidinöser und aggressiver Triebabkömmlinge bieten und die mit Angst, depressiven Affekten, Abwehr und Überich-Manifestationen vermischt sind. Einem Erwachsenen mit einigen Kenntnissen der Psychoanalyse dürfte es nicht schwerfallen, den Gehalt zumindest einiger Triebabkömmlinge und die mit ihnen verbundenen anderen Konfliktkomponenten zu erraten. So monoton und uninteressant Märchen auf Erwachsene einfach aufgrund ihres fiktiven Gehalts wirken mögen, sie sind, vor allem die mit großer Anziehungskraft auf viele Kindergenerationen, dennoch nützlich und interessant wegen der Einsichten, die sie Erwachsenen in die Psyche des Kindes gewähren. Sie entfalten ein beispielloses Panorama von kindlichen Konfliktkomponenten, die Triebabkömmlingen entstammen, ein Panorama kindlicher Wünsche, Ängste, Nöte, Abwehren und Moralvorstellungen, schicksalhafter Kindheitskonflikte, die das ganze Leben über bestehenbleiben.

Mythen und Legenden

Wie Märchen sind auch Mythen und Legenden kollektive Tagträume. Beweismaterial dafür, daß sie Kompromißbildungen sind, ist von der gleichen Art wie das für die Behauptung herangezogene, Märchen seien Kompromißbildungen. Die von Menschen geteilten Mythen sind einander und den individuellen, psychoanalytischer Forschung unterzogenen Tagträumen so ähnlich, daß die Schlußfolgerung gerechtfertigt ist, daß auch sie Kompromißbildungen sind, die mit kindlichen Konflikten in Zusammenhang stehen und die als vorgefertigte übernommen werden.[1]

Man darf nicht aus den Augen verlieren, daß zwischen Märchen und Mythen oder Legenden sowohl Unterschiede als auch Ähnlichkeiten bestehen. Die ersteren dienen der Unterhaltung, die letzteren ernsteren Absichten. Sie geben vor, den Ursprung eines Volkes oder Stammes zu erklären, sie versuchen, Wesen und Ursprung der Betätigungen des Menschen und seiner Umwelt zu erklären, oder sie sind kosmologische Erklärungsversuche. Kurz, sie behandeln ernste, reale Probleme, die für die Mitglieder einer Gemeinschaft, die solche Probleme hat, von gravierender Bedeutung sind. In einem ganz konkreten Sinn sind Mythen, wie bereits vielfach erörtert, Vorläufer wissenschaftlicher Theorien. Den-

1 Vgl. Arlow, 1961, für eine ausführliche Erörterung der Psychologie der Mythen.

noch haben sie eine direkte, intime Beziehung zu psychischen Konflikten.

Für abendländische Menschen ist die von Homer überlieferte griechische Mythologie am bekanntesten. Um kurz nach 1000 v. Chr. entstanden, schildert sie Götter und Göttinnen als große Familie, die in einem Palast auf einem Berggipfel lebt, eine Familie mit Vater (Zeus), Mutter (Hera) und vielen Kindern. Inzest, Eifersucht, Kämpfe und Intrigen sind auf Homers Olymp so üblich wie in der Psyche eines ödipalen Kindes. Mord ist jedoch unmöglich. Die Homerschen Götter sind unsterblich, und da Zeus der stärkste ist, ist er immer der Sieger oder der entscheidende Schiedsrichter. Der Homersche Mythos schließt Vatermord aus. Für den Vater endet es niemals tragisch.

In anderen Mythen jedoch, darunter manchen griechischen, taucht das Thema Vatermord unmittelbar auf. Der Gottvater erleidet das gleiche Schicksal wie der Riese in dem Märchen von »Jack und dem Bohnenstengel«. Er wird von seinen Kindern getötet, kastriert und häufig auch verspeist, nicht selten unter Mithilfe der Mutter. Die Kinder bemächtigen sich seiner Macht und seiner sexuellen Privilegien, nur um später ebenfalls von ihrer eigenen Nachkommenschaft vernichtet zu werden.

Im Ödipus-Mythos, im fünften Jahrhundert v. Chr. von Sophokles zu einem Drama verarbeitet, erschlägt der Held seinen Vater, wird an seiner Stelle König, heiratet seine Mutter, wird schließlich mit Blendung – ein nicht seltenes Kastrationssymbol – und durch Vertreibung aus seiner Stadt bestraft, um fortan als Bettler auf der Erde umherzuziehen.

Weil im Ödipus-Mythos unmittelbar von Vatermord und Inzest die Rede ist, benutzte Freud den Namen Ödipus als Etikett für die ödipale Entwicklungsphase. Der Ödipus-Mythos ist jedoch genauso eine Kompromißbildung wie jeder andere. Wie überliefert und von Sophokles dargestellt, wußte Ödipus nicht, daß der Mann, den er erschlagen hatte, sein Vater und daß die Witwe, die er heiratete, seine Mutter war. Dem Mythos nach wußten es die Götter. Sie prophezeiten es zwar bei seiner Geburt, doch Ödipus tritt als Mensch auf, der wie jeder seiner Zeitgenossen in Entsetzen gerät, als er erkennen muß, daß er sich der Verbrechen Vatermord und Inzest schuldig gemacht hat. Nach dem Mythos wollte er weder das eine noch das andere tun. Solcher Absichten hatte er sich nicht schuldig gemacht. Alles war ein schrecklicher Unglücksfall, für den er nicht verantwortlich zu machen war. Nach dem Mythos zu urteilen, war es in gewisser Weise das Verschulden seines Vaters Laios, denn er hatte es abgelehnt, Ödipus als seinen Sohn aufzuziehen; er hatte ihn verbannt und befohlen, ihn dem Tod auszusetzen. Als Ödipus schließlich entdeckte, was er, wenn auch in aller Unschuld, getan hatte, bestrafte er sich selbst, indem er sich blendete. In dem Mythos erkennen wir deutlich alle Konfliktkomponenten. Er ist eine Kompromißbildung. Von seiner Gestalt her ist er eine Mischung aus Triebabkömmlingen, Angst, depressiven Affekten, Abwehr und Überich-Manifestationen.

Die griechischen Mythen vom Olymp und von Ödipus sind religiöse Mythen. Wir nennen sie Mythen und Sagen, weil wir an die Religion, der sie angehören, die Religion des klassischen Altertums, nicht glauben. Die religiösen Überzeugungen, die Glaubensgrundsätze eines frommen Menschen sind Mythen und Aberglaube für andere, die nicht an sie glauben und ihre eigenen Anschauungen und Mythen besitzen. Ob solche Mythen noch hochgehalten und als wahr akzeptiert werden, ob man sie nur in der Vergangenheit akzeptierte und heute anzweifelt, sie sind dennoch Kompromißbildungen.

Die griechische Religionstradition ist von der jüdisch-christlich-moslemischen verdrängt und in die Geschichte verwiesen worden. Von deren vielen Mythen und Legenden sollen zwei genauer betrachtet werden, nämlich die von Moses und Jesus. Sie sind für meine Argumentation von Nutzen, denn jede hat unmißverständlich mit der Beziehung zwischen Vater und Sohn zu tun. Die Jesus-Legende beschreibt Jesus wortreich als Gottes Sohn. Die Moses-Legende äußert sich in dieser Hinsicht weniger offen. Moses erscheint als Gottes Günstling und als sein Stellvertreter gegenüber anderen Sterblichen – als Gottes Juniorpartner sozusagen. Außerdem sprach Gott Moses gemäß der frommen Tradition unter Juden als seinen Sohn an.

Zu versuchen, beide Legenden hier vollständig darzustellen, ist weder möglich noch für meine Argumentation notwendig. Meine Erörterung wird sich auf einige der wesentlichen Elemente beider Legenden stützen.

Moses, vermutlich als Jude geboren, wurde am ägyptischen Hof

als Prinz erzogen. Er rebellierte gegen den König, besiegte ihn, trieb ihn in den Tod und wurde selbst König mit eigenem Volk und Land. Im Gegensatz dazu verhielt sich Moses gegenüber seinem anderen Vater, Gott, liebevoll und gehorsam. Nach der Schilderung war er Gott treu ergeben und bestrafte jene, die gegen Gott rebellierten und andere Götter anbeteten, das heißt, er bestrafte jene, die den Gott des Moses töten und durch einen anderen ersetzen wollten. Kurz, der Moses der Legende identifizierte sich völlig mit Gott und war ihm gegenüber unterwürfig.
Wer immer (kollektiv) die Legende geschaffen hat, als er Moses zwei Väter gab, verschleiert dadurch das Thema Vatermord. Nach der Legende ist Moses nicht dafür zu verurteilen, daß er den ägyptischen König beseitigt hat. Dieser König war schlecht, er mißachtete Gott, und Gott war es, der entschied, der König müsse verschwinden; außerdem war der König nicht wirklich Vater von Moses. Tatsächlich war Moses Jude und kein ägyptischer Prinz. Nach der Legende ist Moses darum kein Vatermörder. Er ist seinem Gott ein guter Sohn, ein Sohn, der treu, liebevoll und gehorsam ist. Sicher, Moses soll Gott gegenüber ein wenig ungehorsam gewesen sein, und dafür bestrafte Gott ihn, indem er ihm den Zugang ins gelobte Land verwehrte. Doch die wichtigste Botschaft der Legende ist, wie treu ergeben und gehorsam Moses gegenüber Gott war.
Wie Märchen, wie der Ödipus-Mythos und wie andere ähnliche Mythen besitzen die Moses-Legende, wenn auch verdichtet, und die vatermörderischen, ödipalen Phantasien, die Analytikern aufgrund ihrer Erfahrungen mit vielen Analyse-Patienten vertraut sind, solche Ähnlichkeit, daß es plausibel ist anzunehmen, daß die Legende Konflikten infolge vatermörderischer, ödipaler Wünsche entspringt. Mit ziemlicher Sicherheit läßt sich sagen, daß, wer immer diese Legende erfunden hat, damit einen Kompromiß fand zwischen seinen vatermörderischen, wetteifernden Triebabkömmlingen, den von ihm in seiner Psyche hervorgerufenen Ängsten und depressiven Affekten und ihren Folgen als Abwehr und Überich-Tätigkeit. Wenn man den psychoanalytischen Einsichten über das psychische Geschehen trauen kann, ist die Legende eine Kompromißbildung ihres Urhebers oder ihrer Urheber. Für die Gläubigen hat sie die Funktion einer vorgefertigten Kompromißbildung, das heißt, wenn man auch hier den

Einsichten der Psychoanalyse über die Denkweisen von Kindern und Erwachsenen trauen kann. Statt auf unmittelbare analytische Daten müssen wir uns in diesem Fall auf die Annahme verlassen, daß Menschen, die sich keiner Analyse unterziehen, in ihrem psychischen Geschehen dennoch Menschen gleichen, die in einer Analyse sind. Vorausgesetzt, dem ist so, kann man auf der Grundlage der verfügbaren Befunde nur den Schluß ziehen, daß die Moses-Legende eine Kompromißbildung in dem Sinn ist, wie Märchen Kompromißbildungen sind.

Das gleiche gilt für die Jesus-Legende. Wie in der Geschichte von Moses liegt hier der Hauptakzent auf der Liebe des Sohnes zum Vater. Jesus und sein Vater, Gott, identifizieren sich nach der Legende so stark miteinander, daß sie tatsächlich ein und dieselbe Person sind. Der Held rebelliert niemals. Im Gegenteil, er unterwirft sich dem Willen des Vaters derart, daß er es seinem Vater nicht verwehrt, ihn töten zu lassen, woraufhin Jesus und Gott, Sohn und Vater, für immer liebend vereint sind. Das Thema des Vatermordes taucht in der Geschichte nur beiläufig auf, doch es ist trotzdem vorhanden. Der Held ist kein Vatermörder, weder in Gedanken noch in der Tat. Die bösen Menschen, Juden und Römer, kreuzigen den jungen Jesus, der jedoch laut Legende auch Vater-Gott ist. Sie begehen Vatermord, und nicht der Held. Er ist ihr Opfer und nicht ihr Anführer.

Das Thema des Inzests ist in der Legende sogar noch weniger ausgeprägt. Es taucht wie nebenbei auf, nur angedeutet. Nach der Legende erschien Jesus auf der Erde und starb, um die Menschheit von der Erbsünde zu erlösen, die Gott andernfalls unnachgiebig bestrafen würde. Man muß dabei bedenken, daß die Erbsünde des Menschen die Sünde von Adam und Eva im Garten Eden ist, nämlich die Sünde des Geschlechtsverkehrs trotz Gottes ausdrücklichem Verbot. Das ist der Grund, warum Jesus sterben mußte, obwohl die Legende davon nicht ausdrücklich spricht.

Eine Form der Abwehr von Vatermordwünschen besteht darin, das Ziel zu verschieben und, in der Phantasie, jemand anderen zu töten, einen Stiefvater etwa, oder jemanden, der es angeblich ohnehin verdient zu sterben, wie in der Moses-Legende. Eine andere Form ist, sich einer Verstümmelung, die Kastration symbolisiert, durch den Vater zu unterwerfen, um so seine Liebe und

Vergebung zu erlangen, wie in der Jesus-Legende, die damit, man erinnere sich, endet, daß Jesus auf Gottes Thron sitzt und Himmel und Erde regiert. Der Schluß liegt nahe, daß die beiden Legenden trotz vieler Unterschiede gemeinsam haben, daß sie als Kompromißbildungen aufgefaßt wurden und im Seelenleben der Gläubigen vorgefertigte Kompromißbildungen sind, vorausgesetzt, man akzeptiert die weiter oben skizzierten Annahmen.

Religion

Eine Betrachtung von Mythen und Legenden führt unmittelbar zur Religions-Psychologie, wie die oben angeführten Beispiele nahelegen. Kein Aspekt des sozialen Lebens ist psychologisch so interessant wie dieser. Seit Anbeginn der Geschichte nimmt die Religion in dem Zivilisation genannten großen Drama der vergangenen fünfzehntausend Jahre eine zentrale Stellung ein. Erst seit zwei Jahrhunderten ist die überragend wichtige Rolle der Religion bedroht.
Eine Kosmogonie, ein moralischer und ethischer Kodex und ein Katalog oder System von Belohnungen für das Beachten dieses Kodex und von Bestrafungen für die Übertretung – diese Elemente finden sich in jeder bekannten Religion (Freud, 1933a [1932]). Jede Religion sagt ihren Gläubigen, wie sie und die Erde, auf der sie leben, entstanden sind und wie man sich zu verhalten hat, um voranzukommen und glücklich zu sein. Nicht jede Religion hat einen anthropomorphen Gott wie die jüdisch-christlich-moslemische. Manche Religionen haben mehrere Götter von menschlicher Art, andere tierische, und wieder andere überhaupt keine Götter. Einige verheißen ein Leben nach dem Tod, andere nicht. Einige sind kriegerisch, während andere Frieden und Brüderlichkeit predigen. Wie sehr sie sich in dieser oder jener Hinsicht auch unterscheiden mögen, alle Religionen lehren, schreiben vor und beschützen oder drohen in der von Freud beschriebenen Weise. Die Religionen behandeln Erwachsene, wie Eltern ihre Kinder behandeln (Freud, 1933a [1932]).
Wenn Freuds Auffassung richtig ist, und ich meine, sie ist es, dann ist die Religion die Ausweitung der Eltern-Kind-Beziehung in das Erwachsenenleben hinein. Da diese Beziehung auf seiten

des Kindes sich so weitgehend aus Triebabkömmlingen und den von ihnen hervorgerufenen Konflikten zusammensetzt, kann es keine Überraschung sein, wenn man behauptet, daß religiöse Überzeugungen und Praktiken Kompromißbildungen sind. In Kapitel 8 habe ich ausführlicher die psychologische Bedeutung der Kommunion für die christlichen Religionen und die Bedeutung der Beschneidung für die Juden erörtert. Ich kann hinzufügen, daß jeder Moralkodex mit seinem Lohn- und Strafsystem dem Überich der Gläubigen entspringt und seinen Funktionen dient. Institutionalisierte Moral kommt von individueller Moral. Da die Überich-Bildung und -Tätigkeit in jedem Fall eine Kompromißbildung darstellt, muß auch dieser Teil der Religion eine Kompromißbildung sein. Daß religiöse Mythen und Legenden, auch jene, die von einer Kosmogonie handeln, Kompromißbildungen sind, scheint genauso auf der Hand zu liegen.

Wenngleich es unmöglich ist, eine wirklich zuverlässige Schätzung abzugeben, ist es wahrscheinlich korrekt, wenn man sagt, daß religiöse Überzeugungen im bewußten Leben der meisten Menschen auf dieser Erde eine wichtige Rolle spielen. Gleichzeitig ist nicht von der Hand zu weisen, daß ein wachsender Anteil der Weltbevölkerung keinem religiösen Glauben mehr anhängt und daß Religion als soziale Institution im Verfall begriffen ist.

Der wichtigste Faktor dieses Verfalls ist ziemlich sicher der psychologische Einfluß der wissenschaftlichen und technologischen Entwicklungen der vergangenen drei Jahrhunderte. Vor allem Galilei hat jene Ereignisse in Gang gebracht, deren Folgen die römische Kurie dadurch zu verhindern hoffte, daß sie ihn zum Widerruf nötigte und ihn dann für den Rest seines Lebens als Gefangenen festhielt. Es bedurfte jedoch vieler Jahrzehnte und der Entdeckungen vieler Wissenschaftler im Gefolge Galileis, bevor sich der wissenschaftliche Fortschritt, groß, wie er war, auf die religiösen Überzeugungen der Menschheit in einem merklichen Ausmaß auswirkte. Vor nicht allzu langer Zeit, bis zum Ersten Weltkrieg, hat jede Regierung eine religiöse Überzeugung befürwortet: keine einzige war offiziell atheistisch. Heutzutage ist die Situation wesentlich anders. Die Regierungen zweier Länder, Chinas und der Sowjetunion, deren Bevölkerungen zusammengenommen ein Drittel der Weltbevölkerung ausmachen, verwerfen jede Religion. Die Regierungen vieler kleinerer Länder

ebenfalls. Was ist mit dem religiösen Glauben dieser anderthalb Milliarden Menschen geschehen?
Ohne Zweifel halten Millionen weiterhin an bewußten Überzeugungen der einen oder anderen Religion fest, aber Hunderte von Millionen sind sich mit ihren politischen und intellektuellen Führern, mit ihren Herrschern und deren Lehrern bewußt darin einig, daß alle Religionen falsche Lehren verbreiten. Sie sind überzeugt, daß die von ihren Eltern und Großeltern angebeteten Götter nicht existieren, daß die Verheißungen nur den Himmel versprechen oder mit der Hölle drohen und daß religiöse Kosmologien nichts anderes sind als liebenswürdige Mythen primitiver, unwissender, unwissenschaftlicher Menschen.
Da Religion aus Quellen im Seelenleben kommt, die so tief sind, wie wir aus der Psychoanalyse wissen, da religiöse Überzeugungen für unzählige Generationen der Menschheit nützliche Kompromißbildungen gewesen sind, scheint es unmöglich, daß Religion einfach ohne Ersatz verschwinden kann. Wir haben heute genug Daten, um zeigen zu können, daß der marxistische Sozialismus weder die kindlichen Triebabkömmlinge verändert noch die damit verbundenen Konflikte beseitigt. Die psychischen Kräfte, welche die Menschen seit zahllosen Jahrhunderten veranlaßt haben, sich organisierten Religionen anzuschließen, sind bei den Bewohnern sozialistischer Länder genauso mächtig wie bei den Menschen der übrigen Welt. Welches sind also ihre Manifestationen in einer atheistischen, areligiösen Gesellschaft?
Um diese Frage wirklich beantworten zu können, müßten wir psychoanalytische Daten haben, auf die man sich bei seiner Antwort stützen könnte. Man müßte eine Fülle relevanter Erkenntnisse aus Analysen vieler bewußt atheistischer Menschen heranziehen, vor allem der zweiten und dritten Generation, die in offiziell atheistischen Ländern leben. Leider haben wir solche Erkenntnisse nicht. Die offiziell atheistischen Länder der heutigen Welt sind, wie viele andere Staaten, die sich offiziell dem einen oder anderen religiösen Glauben verschrieben haben, Polizeistaaten, in denen die Angehörigen der mit psychischen Problemen befaßten Berufe ihren Lebensunterhalt dem Staat verdanken. Unter solchen Bedingungen ist es praktisch unmöglich, eine psychoanalytische Ausbildung zu absolvieren oder, wenn man woanders ausgebildet ist, Psychoanalyse zu praktizieren.

Man kann hoffen, Daten aus Analysen atheistischer Patienten heranziehen zu können, die in Gesellschaften leben, die nicht offiziell atheistisch sind, in denen aber große Teile der Bevölkerung tatsächlich Atheisten sind. Die vorliegenden Daten aus diesen Quellen legen die Antwort nahe, daß religiösen Überzeugungen die Tendenz haben weiterzubestehen, auch wenn sie geleugnet werden. Das gleiche oder ähnliches gilt auch für religiöse Praktiken wie für religiöse Glaubensvorstellungen. Zum Beispiel reagieren atheistische Patienten in manchen Gesellschaften auf religiöse Feiertage genauso wie Patienten, die erklärtermaßen an deren Bedeutung glauben. Sie träumen von Babys zur Weihnachtszeit und von Kindes- oder Vatermord zur Zeit des Passah- und Osterfestes. Sie rufen Gott an, sie zu segnen und andere zu verfluchen. Sie haben Freude an sakraler Musik – an einer Bach-Kantate oder einer Messe von Mozart zum Beispiel –, während sie an den Worten, für die die Musik geschrieben worden ist, kein Interesse haben. Nicht selten nehmen sie an Gottesdiensten teil, von denen sie gleichzeitig aufrichtig erklären, daß sie ihnen nichts bedeuten. Kurz, sie scheinen zumindest einige der religiösen Überzeugungen und Praktiken der Gesellschaft angenommen zu haben, in der sie geboren und aufgewachsen sind, auch wenn sie Glauben und Praktiken bewußt ablehnen. Wenn man die Bedeutung solcher Daten zu beurteilen versucht, darf man nicht vergessen, daß sie zum großen Teil, wenn nicht vollständig, aus der Analyse von Menschen stammen, die in ihrer Kindheit irgendeinem religiösen Einfluß ausgesetzt waren oder sogar eine formale religiöse Erziehung erhalten haben.

Die ziemlich ungenügenden Daten, die wir haben, um die Frage zu erörtern, deuten an, daß religiöse Überzeugungen und Praktiken in der Psyche von Atheisten weiterbestehen, wenn auch verleugnet, verdrängt oder sonstwie abgewehrt. Über wie viele Generationen sie in einer erklärtermaßen atheistischen Gesellschaft fortdauern können, entzieht sich unserer Kenntnis. Vielleicht hat die folgende, zugegeben spekulative, Antwort auf die ursprüngliche Frage einigen Wert.

Es kann sein, daß Politik und politische Überzeugungen heute in den offiziell atheistischen Ländern der Welt die gleiche psychologische Rolle spielen und die gleichen Funktionen erfüllen wie

Religion und religiöse Überzeugungen in anderen Ländern. Atheistische Länder veranstalten statt religiöser politische Umzüge und Feierlichkeiten. Statt religiöser Ikonen werden politische Banner und Bilder gezeigt. Göttliche oder halbgöttliche Persönlichkeiten der Vergangenheit sind durch Marx, Engels und Lenin ersetzt. Den Platz von Priestern haben politische Führer eingenommen; sie fordern Gehorsam, Liebe und ehrfürchtigen Respekt. Darüber hinaus sind die real existierenden sozialistischen oder kommunistischen Lehren von einer stark moralischen Tendenz geprägt. Gläubigkeit und Konformität werden nicht nur im materiellen Sinne belohnt; sie werden auch als gut bewertet. Wer an den Sozialismus glaubt und das Regime unterstützt, gilt als gut im moralischen Sinne. Zweifler und Gegner des Regimes stuft die Gemeinschaft insgesamt als schlecht ein. Außerdem belohnt der Sozialismus gutes Verhalten und bestraft schlechtes, genau wie Religionen. Er verheißt mit der Ankunft des wahren Sozialismus eine Art Himmel auf Erden, ein Äquivalent des stereotypen Märchenendes »... und sie lebten glücklich bis an ihr Lebensende«.
Was ich gerade über die politische Psychologie in Ländern der heutigen Welt mit atheistischen Regierungen gesagt habe, soll weder die ökonomischen oder politischen Theorien des Sozialismus noch sein Idealziel eines ökonomischen Wohlstands für alle diskreditieren. Wenn es richtig ist, daß Nachahmung die aufrichtigste Form der Schmeichelei ist, dann sind die größten kapitalistischen Länder der Welt des höchsten Lobes voll für das sozialistische Ideal sozialer Gerechtigkeit. Ohne Ausnahme versprechen sie ihren Bürgern materiellen Wohlstand und Sicherheit für alle. Meine Spekulation galt nur der These, daß in nicht-religiösen Gesellschaften die psychischen Tendenzen, die sich sonst in religiösen Praktiken und Überzeugungen äußern, aus Politik und Politikern eine Art Religion gemacht haben. Man sollte hinzufügen, daß diese Entwicklung weder beabsichtigt noch vorauszusehen war. Die Architekten und Führer der Revolutionen, welche die heutigen nicht-religiösen Gesellschaften geschaffen haben, hatten nicht den bewußten Wunsch, jene Gesellschaften sollten sich in eine Art Religion verwandeln. Ganz im Gegenteil. Solch eine Vorstellung hätte sie mit Abscheu erfüllt. Dennoch kann genau das geschehen sein.

Wenn dem so ist, so ist das keineswegs ein Novum in der Sozialorganisation. In vielen Gesellschaften haben Männer und Frauen seit altersher ihre Herrscher zu Göttern erhoben. In Ägypten und im Tal zwischen Euphrat und Tigris, wo die ersten uns bekannten Imperien entstanden sind, waren Herrscher, Hoher Priester und Gott ein und dieselbe Person. Selbst nach der Geburt des Rationalismus im Goldenen Zeitalter Griechenlands wurde Alexander, ein Schüler des Aristoteles, zum Gott erhoben, wie zahllose andere griechische und römische Herrscher nach ihm. Es mutet uns eigenartig an, wenn ein lebender Mensch für sich in Anspruch nimmt, Gott zu sein, und noch eigenartiger, wenn ein solcher Mensch von anderen für Gott gehalten wird, doch war bis vor kurzem der größte Teil der Welt von Männern und Frauen beherrscht, zumindest in ihrem Namen, die von sich behaupteten, Gott selbst habe sie für die Stellung als König oder Königin auserwählt. Nach ihrer eigenen Meinung und nach Mitteilung und Überzeugung ihrer Untertanen waren sie Herrscher von Gottes Gnaden – *dei gratia*. Selbst heutzutage halten konservative Gläubige den Papst (italienisch, *il Papa* = Vater), dessen offizieller Titel Bischof von Rom ist, für den unmittelbaren Stellvertreter Gottes auf Erden. Diese Position ist, psychologisch gesprochen, der einer lebenden Gottheit sehr nahe – natürlich nicht zu vergleichen mit der eines großen Gottes, aber ihr ähnlich, wenn auch auf einer niederen Rangstufe.

Tatsache ist, analytische Daten legen den Schluß nahe, daß ein Mensch, zu dem andere als dem Älteren aufschauen und ihm überlegene Klugheit zuschreiben, unbewußt einen Elternteil repräsentieren kann und es häufig auch tut. Diese Verallgemeinerung gilt nicht nur für autoritäre Regime, ob religiöse oder atheistische. Jede Herrschermacht wird nicht einfach von oben auferlegt. Sie wird auch von unten gestützt, und in der Haltung der Untergebenen gegenüber ihren Herrschern spiegeln sich in jeder Gesellschaft unvermeidlich die Triebabkömmlinge und die damit verbundenen Konflikte wider. Der Präsident einer Republik wird unbewußt nicht weniger als Vater angesehen als Gott, ein Diktator, ein von Gottes Gnade eingesetzter König oder ein königlicher Halbgott. Der anerkannte Beiname des ersten Präsidenten der Vereinigten Staaten, George Washington, lautet *Der Vater seines Landes (The Father of His Country)*. Diesen Namen erhielt er als erster Präsident. Franklin, Jefferson, Madison oder Hamilton wurden nie so genannt, obwohl sie alle bei der Vereinigung der dreizehn britischen Kolonien eine unverzichtbare Rolle gespielt haben, genauso wie Washington. Nur Washington, der erfolgreiche Kriegsherr und erste Präsident der neuen Nation, wird durch Konsens als Vater des Landes verehrt.

Die Unterschiede in der Haltung der Öffentlichkeit gegenüber einem Gott, einem Halbgott, einem gesalbten König, einem Diktator und einem vom Volk gewählten Präsidenten scheinen nur gradueller Art zu sein. Die Unterschiede scheinen nur in der Stärke zu liegen, mit der eine Gesellschaft oder ein gesellschaftliches System daran festhält, daß ein Mensch oder relativ wenige Menschen *in der Wirklichkeit* Eigenschaften besitzen, mit denen kleine Kinder ihre Eltern ausstatten: daß sie allwissend, allmächtig und ohne Sünde oder Makel sind. Daß sie zu lieben und ihnen zu gehorchen gut ist, das heißt Liebe und Belohnung verdient, während sie nicht zu lieben und ihnen nicht zu gehorchen heißt, daß man schlecht ist und jede Strafe verdient, die sie auferlegen.

Je mehr eine religiöse Organisation oder ein politisches System sich solchen Kriterien nähert, um so offenkundiger sind sie von Erwachsenen hergestellte Reproduktionen des kindlichen Seelenlebens, um so offenkundiger dienen sie allen ihren Mitgliedern als Kompromißbildungen. Der Drang, die Kindheitswelt zu kopieren, ist sowohl bei der Politik wie bei der Religion unverkennbar. Das können wir in heutigen Gesellschaften genauso beobachten wie in denen vor fünfzig Jahrhunderten.

Es ist nicht zu übersehen, daß ich mit dieser Betrachtung der Religion und, in geringerem Ausmaß, der sozialpolitischen Organisationen nur einen Aspekt dieser zwei überaus komplexen Themenbereiche gestreift habe. Ich habe damit Anhaltspunkte für die Ansicht gegeben, daß die Psychologie jedes der beiden Themen die Psychologie der aus kindlichen Triebabkömmlingen resultierenden Kompromißbildung ist. Selbst bei dieser Aufgabe habe ich mir noch Grenzen auferlegt. So habe ich zum Beispiel über die Rolle sinnlicher oder libidinöser Triebabkömmlinge wenig gesagt, jedenfalls im Vergleich zur Rolle der aggressiven, obwohl beide in ihrer Bedeutung, wenn nicht gleich, so zumindest völlig vergleichbar sind. So heiraten weibliche Mitglieder

vieler christlicher Orden ihren Gott (Jesus), wenn sie in den Orden eintreten.
Ich möchte sicherstellen, daß der Leser nicht fälschlicherweise annimmt, ich sei der Meinung, meine Äußerungen seien auch nur annäherungsweise eine gründliche Darstellung wenigstens der Psychologie jenes Aspekts menschlichen Seelenlebens, den ich diskutiert habe – von einer gründlichen Darstellung aller Aspekte ganz zu schweigen. Zu welchen allgemeinen Aussagen über die Psychologie von Religion oder sozialpolitischen Organisationen man gegenwärtig auf der Grundlage der Erkenntnisse psychoanalytischer Psychologie auch kommen mag, solche Aussagen können nur von vorläufiger Art sein. Wenn man jedoch bedenkt, wie wenig wir über beide Bereiche wissen und wieviel es noch zu erforschen gibt, kann man so wie ich der Überzeugung sein, daß selbst Aussagen, die sich noch nicht hinreichend beweisen oder einigermaßen nachprüfen lassen, dennoch ernsthafter Erwägung wert sind, vorausgesetzt, wir lassen ihre Vorläufigkeit nicht außer acht.
Als letzte Verallgemeinerung dieser Art scheint mir noch folgendes von Interesse.
Die zwei Jahrhunderte nach der französischen und der amerikanischen Revolution sind häufig als Zeitalter der Revolutionen bezeichnet worden. Nie zuvor waren Revolutionen so weit verbreitet. Nie zuvor haben so viele Revolutionen so erfolgreich ihr unmittelbares Ziel erreicht, bestehende Regierungen zu stürzen und neue zu etablieren, Revolutionen, deren jede sich auf die mittlerweile allgemein anerkannten Prinzipien von Freiheit, Gleichheit, Brüderlichkeit, Volkssouveränität und Menschenrechte berief.
Im Verlauf der historischen Aufarbeitung dieser politischen Umwälzungen ist es der Aufmerksamkeit zumindest einiger Historiker nicht entgangen, daß ein Gegner der Tyrannei oftmals genauso tyrannisch wird, wenn er den herrschenden Tyrannen erst einmal gestürzt hat. Zur kausalen Erklärung dieser Ereignisabfolge zieht man sehr häufig ein Epigramm heran, das dem britischen Historiker Acton zugeschrieben wird und besagt, daß Macht korrumpiert und absolute Macht absolut korrumpiert.
Psychoanalytische Daten legen die Vermutung nahe, daß in die Entwicklung eines Revolutionärs, wie auch eines Despoten, eines

Priesters, eines Halbgottes usw. wichtige Konfliktdeterminanten hineinspielen, die mit den Triebabkömmlingen der Kindheit zusammenhängen. Die Daten lassen vermuten, daß ein Revolutionär sich diese bestimmte Kompromißbildung als Berufung erwählt. Wenn das der Fall ist, und ich bin davon überzeugt, kann man ohne weiteres unterstellen, daß einige der psychologischen Determinanten für die Entwicklung von Freiheitskämpfern zu Tyrannen verantwortlich sein können.

Wie bereits erwähnt, spiegelt die Beziehung zwischen erwachsenem Untertan und Herrscher, ob Tyrann oder nicht, die Beziehung zwischen Kind und Eltern wider und wiederholt sie in bestimmten wichtigen Bereichen. Sie ist eine Kompromißbildung, hervorgegangen aus Konflikten über kindliche Triebabkömmlinge, zu denen auch der Wunsch gehört, ein Elternteil zu verdrängen und seinen Platz in der Familienkonstellation einzunehmen. Die vorhandenen Daten aus der Psychoanalyse von Patienten lassen vermuten, daß Verehrung, Neid und Nachahmungsdrang zu den Determinanten der Berufswahl und des Verhaltens von politischen Revolutionären zählen. Einerlei ob es ihnen bewußt ist oder nicht, sie wollen jene, gegen die sie revoltieren, verdrängen und nachahmen. Es ist zu erwarten, daß ein solcher Herrscher aus dem gleichen Guß ist. Wenn der abgesetzte Herrscher ein Tyrann war, kann man erwarten, daß derjenige, der ihn gestürzt hat, ebenfalls einer wird. Wenn man die Macht hat, kann man tun, was man will. Wenn man ein Tyrann werden will, kann die Macht, die man erlangt hat, dazu genutzt werden, ein Tyrann zu werden.

Psychoanalytische Daten legen die Vermutung nahe, daß Macht nicht »korrumpiert«. Es hat schließlich auch wohltätige Despoten gegeben und nicht nur bösartige. Psychoanalytische Daten lassen den Schluß zu, daß Macht, das heißt die Macht, anderen Menschen den eigenen Willen aufzuzwingen, die Befriedigung von Kindheitswünschen ermöglicht, ja geradezu begünstigt, von Wünschen, die im Erwachsenenleben sonst andere Befriedigungsformen fänden. Wie schon erwähnt, bereiten die Umweltbedingungen lediglich die Bühne für das Drama jedes Menschenlebens vor. Jeder Mensch, ob Herrscher oder Untertan, Herr oder Knecht, beutet alle vorhandenen Befriedigungsmöglichkeiten aus.

Aberglaube

Ein anderer Bereich der normalen psychischen Funktionen umfaßt die sogenannten abergläubischen Gedanken und Praktiken. Wie oben bereits gesagt, überlappen sie sich mit religiösen Glaubensvorstellungen und Praktiken insofern, als die Gläubigen als offenbarte Wahrheit ansehen, was Nichtgläubigen als reinen Aberglauben ansehen. Der Charakter des Heiligen aller Religionsvorstellungen oder -praktiken, zu denen auch magische, übernatürliche Vorstellungen gehören, ist untrennbar vom Religionsglauben, dessen Bestandteil das Heilige ist.

Unter Stadtkindern ist der Aberglaube verbreitet, es bringe Unglück, auf Bürgersteigritzen zu treten. Haben Kinder im Alter zwischen fünf und zehn erst einmal davon gehört, gewöhnlich von anderen Kindern, geben sie sich zeitweilig große Mühe, den angeblichen Unglückstritt zu vermeiden. Ich kenne keine analytischen Daten aus der Analyse von Kindern, die diesem Aberglauben anhängen, also Daten, welche die psychischen Determinanten dieser abergläubischen Vorstellung aufhellen könnten. Die Determinanten mögen durchaus von Kind zu Kind anders sein, sogar anders bei ein und demselben Kind zu verschiedenen Zeitpunkten, denn der Aberglaube nimmt gewöhnlich erst zu und dann wieder ab, ehe er schließlich ganz aufgegeben wird. Die vorhandenen Anhaltspunkte für eine allgemeine Bedeutung stimmen mit psychoanalytischen überein, wie das bei Kinderspielen häufig der Fall ist – allerdings nicht für die Kinder selbst, sondern nur für Erwachsene, die diese Spiele im Lichte psychoanalytischer Erkenntnisse beobachten. Das abergläubische Verhalten wird (in Amerika) von einem Liedchen begleitet. Kinder singen es leise oder auch laut, wenn sie einen Bürgersteig entlanggehen und aufpassen, daß sie nicht auf eine Ritze treten:

> Der Tritt auf eine Ritze bricht deiner Mutter
> (oder deines Vaters) Rücken.
> Der Tritt auf einen Strich bricht deines Vaters
> (oder deiner Mutter) Rückgrat.

Außerdem rennen dieselben Kinder manchmal in großer Aufregung einen Bürgersteig entlang, singen das Liedchen und treten oder springen auf jede Ritze oder jeden Strich, an den sie kommen.

Der Schluß scheint erlaubt, daß der besagte Aberglaube für viele Kinder eine Kompromißbildung ist, die zurückzuführen ist auf Konflikte aufgrund von Elternmordwünschen, das heißt von wohlbekannten, universell problematischen kindlichen Triebabkömmlingen. Möglicherweise sind bei vielen Kindern auch libidinöse und kastrierende Wünsche beteiligt, doch diese Triebabkömmlinge klingen weder in der Sprache noch im Verhalten unmißverständlich an. Außerdem kann man den vorhandenen Daten nicht entnehmen, welche Katastrophen jedes Kind mit den Mord- und möglicherweise Inzest- und Kastrationswünschen verbindet. Was die Abwehr betrifft, so hat das Vermeiden von Bürgersteigritzen explizit die Bedeutung, daß das Kind seinen Eltern nicht den Rücken oder das Rückgrat brechen will. Außerdem ist alles nur ein Vortäuschen. Die Kinder wissen alle, daß sie Vater oder Mutter das Rückgrat nicht brechen können, wenn sie auf die Bürgersteigritzen treten. Sie können lediglich so tun, als ob sie auf jede Ritze treten oder springen. Was schließlich die Überich-Manifestationen anlangt, so bedeutet »Unglück«, daß man auf die eine oder andere Art bestraft wird.
Das vorhandene Beweismaterial scheint den Schluß zu gestatten, daß all die üblichen psychischen Konfliktkomponenten, zumindest in vielen Fällen, zu dem Aberglauben im Zusammenhang mit den Bürgersteigritzen beitragen. Der Aberglaube ist eine Kompromißbildung, die ich als normal einstufen würde. Wer behauptet, sie sei nicht normal, sondern augenscheinlich pathologisch, dem kann ich nur sagen: »Sie ist es sicher nicht mehr als eine Fehlleistung oder ein Versehen. Es handelt sich dabei höchstens um Psychopathologie des Alltagslebens.«
Man sollte nicht vergessen, daß das bisher Gesagte hinsichtlich des besagten Aberglaubens keineswegs alles ist. Mit einem Aberglauben dieser Art will, wer ihn praktiziert, magische Wirkung erzielen. Er will damit Glück erreichen oder zumindest Unglück vermeiden. Es ist, als sage der Abergläubische dem allmächtigen Schicksal: »Ich will nicht böse sein. Ich möchte gut sein. Deshalb sei auch gut zu mir.«
Wie wir oben gesehen haben, gehört diese Haltung zum religiösen Glauben im allgemeinen. Diese Einstellung zur Anschauung von der Welt ist auch eine Kompromißbildung: Das Schicksal oder Gott werden gut zu mir sein, wenn ich tue, was sie von mir

verlangen. Die mutmaßliche Herkunft dieser Vorstellung aus psychischen Kindheitskonflikten sollte aus den bisherigen Anmerkungen zum Thema deutlich geworden sein.
Ein anderer Aberglaube, der gleichfalls Unglück verhindern soll, dreht sich um die Zahl dreizehn. Der Glaube, dreizehn sei eine Unglückszahl, ist derart verbreitet, daß es in manchen Gebäuden keine mit »13« gekennzeichnete Etage gibt, weil sich die Leute weigern, das Stockwerk zu betreten, und daß bei der Numerierung von Theaterplätzen die »13« ausgelassen wird etc. Wie im Fall des vorherigen Beispiels haben wir keine psychoanalytischen Daten, die Dynamik und Genese des Aberglaubens von der unglückbringenden Zahl dreizehn hinreichend erklären könnten. Wir haben nur folgende Hinweise.
Es ist ein christlicher Aberglaube. In seiner ursprünglichen Form war es die Vorstellung, es bedeute Unglück, wenn dreizehn Leute bei Tisch sitzen. Als Grund wird angegeben, am letzten Abendmahl hätten dreizehn Menschen teilgenommen: Jesus und seine zwölf Jünger. Ein weiterer, damit verbundener christlicher Aberglaube besagt, daß Freitag ein Tag mit bösem Omen sei, ein Unglückstag; es war ein Freitag, an dem Jesus gekreuzigt wurde. Eine Kombination aus beiden abergläubischen Vorstellungen besagt, daß Freitag der dreizehnte ein besonderes Unglück ist.
Doch kehren wir zur Zahl dreizehn zurück. Der abergläubischen Vorstellung nach bringt es Unglück, wenn dreizehn Leute wie Jesus und seine Jünger bei Tisch sitzen. Einer der dreizehn wird vor dem nächsten Mal sterben, wie es Jesus nach der Legende widerfuhr, oder sonst etwas Schlimmes wird sich ereignen.
Auf den ersten Blick ist die Ursache für die Verbindung zwischen letztem Mahl und Tod rätselhaft. Warum sollte gerade einem Mahl und nicht einem der Kreuzigung vorausgehenden anderen Ereignis solche Bedeutung beigemessen werden? Die Verbindung wird verständlicher, wenn man sich erinnert, daß das letzte Abendmahl nicht einfach ein Mahl war, an dem dreizehn Personen teilnahmen. Es war die erste Kommunion. Die Legende besagt, daß bei dieser Gelegenheit zwölf Personen, die Jünger, ihren Gott in Form ihres Meisters, Jesus, verzehrt haben. Hier die Beschreibung (Matthäi 26): »Da sie aber aßen, nahm Jesus das Brot, dankte und brach's und gab's den Jüngern und sprach: Nehmet, esset; das ist mein Leib. Und er nahm den Kelch und

dankte, gab ihnen den, und sprach: Trinket alle daraus. Das ist mein Blut ...«

Es scheint also, daß sich für den Christen in der Tischversammlung von dreizehn Personen die Befriedigung eines kindlichen Triebabkömmlings äußert, nämlich die eigenen Eltern zu töten und zu verspeisen. Unter diesem Blickwinkel ist es verständlich, daß viele Christen glauben, sie würden bestraft, wenn sie dreizehn Personen bei Tisch versammeln – in einer Version des Aberglaubens bestraft mit dem eigenen Tod. Auf der Grundlage der vorhandenen Anhaltspunkte kann man billigerweise annehmen, daß die Vorstellung, es bringe Unglück, wenn dreizehn Personen, nicht mehr und nicht weniger, bei Tisch sitzen, für diejenigen, die dem Aberglauben anhängen, eine Kompromißbildung ist aufgrund eines Konflikts, der mit einem mörderischen, kannibalistischen Kindheitswunsch einhergeht. Bei dieser abergläubischen Vorstellung spielen Angst, Abwehr und Furcht vor Strafe allesamt leicht erkennbare Rollen, genau wie in der Psyche von Kindern, die glauben, es bringe Unglück, auf Bürgersteigritzen zu treten.

Wie bereits im Zusammenhang mit Märchen und Legenden gesagt, läßt sich jeder Aberglaube für den, der auf ihn hört oder an ihn glaubt, am besten als vorgefertigter Tagtraum beschreiben. Da der Ursprung all dieser Phänomene niemals erkennbar ist, kann man nicht sicher sein, ob der Urheber sie ersonnen hat, während er wach war oder während er schlief – ob sie zuerst sozusagen Nacht- oder Tagträume waren. Als kollektive Phänomene haben sie jedoch die gleiche Funktion wie Tagträume.

Fiktion

Werke der Fiktion bilden eine weitere Gruppe psychischer Phänomene, die für diejenigen, die sie lesen, ihnen zuhören oder sie anschauen, die Funktion von künstlichen Tagträumen haben (Sachs, 1942). In ihrer Funktion, die primär in der Unterhaltung besteht, ähneln sie klar den Märchen. Sie unterscheiden sich von ihnen insofern, als ihre Autoren bekannt sind. Sie sind nicht, wie Märchen, anonymen Ursprungs. Fiktionale Werke wie Geschichten, Romane, Gedichte, Bühnenstücke und Filme sind von Analytikern unter verschiedenen Gesichtspunkten erörtert worden. Ich beschränke mich auf wenige Gesichtspunkte. Ich möchte Anhaltspunkte anführen für die Auffassung, daß fiktionale Werke in der Psyche sowohl des Schöpfers wie des Rezipienten Kompromißbildungen sind.

Man muß sich von Anfang an darüber im klaren sein, daß Anhaltspunkte für die Auffassung weitgehend indirekt sind. Wir haben relativ wenige psychoanalytische Daten. Dennoch, die Hinweise, die wir haben, sprechen für die hier vertretene Auffassung.

Libidinöse und aggressive Triebabkömmlinge, Lust und Gewalt, haben in populären Werken das Übergewicht. Man kann zwar nicht sagen, daß ihr Vorhandensein die Popularität solcher Werke garantiert, doch es scheint, als sei auf Popularität ohne diese Elemente nicht zu hoffen. Mit ihnen verwoben sind die Katastrophen Verstümmelung, Tod, Liebesverlust, Verlassenheit und Einsamkeit. Angst und depressive Affekte sind, mit anderen Worten, genauso wichtige und beständige Elemente von fiktionalen Werken wie Lust und Gewalt. Gleichzeitig schützt der explizit fiktionale Charakter dieser Werke vor einem zu großen Maß an Unlust, wie viele andere Abwehrformen, die sich von Werk zu Werk unterscheiden. Schließlich sind auch Überich-Manifestationen immer präsent: Belohnung, Bestrafung, Reue und häufig eine moralische Botschaft, die manchmal explizit, manchmal implizit ist.

Es ist richtig, daß wir diese Daten nicht der psychoanalytischen Methode verdanken, doch wenn wir alle zusammennehmen, können wir es als ziemlich wahrscheinlich ansehen, daß auch fiktionale Werke Kompromißbildungen sind, die aus Konflikten über kindliche Triebabkömmlinge entstanden sind (vgl. Brenner, 1973b; S. 255 ff.).

Neurotische Symptome und Charakterzüge, Träume, Tagträume, Fehlleistungen und Irrtümer des Alltagslebens, Objektbeziehungen in und außerhalb der Analyse, normale Charakterzüge, Berufs- und Nebenberufsaktivitäten, Religion, Aberglaube, Märchen, Mythen, Legenden, fiktionale Werke – alle zusammengenommen machen einen großen Teil des Seelenlebens aus. Aber wie steht es mit den ziemlich prosaischen, augenscheinlich trivialen Bereichen, wie mit der Kleiderwahl zu bestimmten Tagen, mit der Wahl des Frühstücks oder mit der

Entscheidung, einen Spaziergang zu machen oder zu Hause zu bleiben, um die Wohnung aufzuräumen? Sind all dies auch Kompromißbildungen? Ich denke, die Antwort lautet, sie sind es. Immer wenn wir eine solche triviale Sache analysieren können, sind wir überrascht zu entdecken, wie viele Konfliktkomponenten sie determinieren. Ich glaube nicht, daß Kompromißbildungen ein Zeichen für Neurose oder Unreife sind. Eine pathologische Kompromißbildung hat charakteristische Merkmale, die sie von einer gesunden oder normalen unterscheiden. Die Unterschiede sind von großer praktischer Bedeutung. Das gleiche gilt für Unreife. Kinder und Jugendliche sind keine Erwachsenen. Einige Erwachsene sind weniger reif als andere. Auch hier sind die Unterschiede von großer praktischer Bedeutung. Die Rolle, die Kompromißbildungen im Seelenleben spielen, ist jedoch für alle gleich.

Schlußfolgerungen

Um zu wiederholen, was ich bereits früher geschrieben habe: Psychoanalytische Befunde haben den Weg geebnet für eine Erklärung des Seelenlebens, die sowohl einzigartig ist als auch von weitreichender Bedeutung. Es hat sich gezeigt, daß kindliche Triebabkömmlinge niemals verschwinden, daß sie niemals ihre zwingende Qualität verlieren, daß auch die von ihnen hervorgerufenen Konflikte weiterbestehen und daß die Kompromißbildungen als Folgen der besagten Konflikte die sich ständig wandelnden Manifestationen der psychischen Aktivitäten ausmachen, derer wir uns selbst bewußt sind und die wir bei anderen um uns herum beobachten können. Das Gebäude des uns bekannten Seelenlebens ist zusammengesetzt aus Triebabkömmlingen, Angst und depressiven Affekten, Abwehren und Überich-Manifestationen.

Dazu gehört nicht nur die ganze Skala neurotischer und charakterlicher Störungen, sondern auch ein extrem großer Bereich normaler psychischer Phänomene. Psychische Konflikte haben wichtigen Anteil an Träumen, an der Psychopathologie des Alltagslebens, an Witzen, Phantasien, Plänen, Gedanken, Objektwahlen, Berufen und Nebenberufen, wissenschaftlichen und künstlerischen Leistungen, selbst an den gewöhnlichen Lebenshandlungen, die selten mehr als oberflächliche und flüchtige Aufmerksamkeit auf sich ziehen. Durch psychische Konflikte hervorgerufene Kompromißbildungen umfassen praktisch das gesamte Seelenleben, das für uns von emotionaler Bedeutung ist. Man hat ganz richtig gesagt, daß die Erkenntnisse der Psychoanalyse ein weiteres Fenster aufgestoßen haben, durch das wir die menschlichen Werke betrachten können. Der so eröffnete Blickwinkel ist nicht nur einzigartig, sondern wesentlich für das Verständnis von Phänomenen, die uns sonst fragmentarisch und unzusammenhängend erschienen. Wie das in den Sternenhimmel gerichtete Teleskop die für das bloße Auge sichtbaren verschwommenen und verdichteten Bilder in einzelne Bestandteile auflöst, deren Vorhandensein und Verknüpfung wir zuvor nicht vermutet hatten, so kann die Psychoanalyse das Verhalten und das bewußte Seelenleben in die unvermuteten und anscheinend unverbundenen Komponenten auflösen. Sie läßt die Interaktionskräfte oder -tendenzen erkennen, das heißt die Teilelemente der psychischen Konflikte und deren Beziehung zu den zahllosen Kompromißbildungen, genauer: zu den Folgen psychischer Konflikte.

Anhang

Literaturverzeichnis

Arlow, J. A. (1951), The consecration of the prophet. *Psychoanal. Quart.*, 20, S. 374–397.
–, (1959), The structure of the *déjà vu* experience. *J. Amer. Psychoanal. Assn.*, 7, S. 611–631.
–, (1961), Ego psychology and the study of mythology. *J. Amer. Psychoanal. Assn.*, 9, S. 371–393.
–, (1979), Metaphor and the psychoanalytic situation. *Psychoanal. Quart.*, 48, 363–385.
Arlow, J. A. und Brenner, C. (1964), *Psychoanalytic Concepts and the Structural Theory*. International Universities Press, New York.
–, (1966), The psychoanalytic situation. In: *Psychoanalysis in the Americas*, Hrsg. R. E. Litman. International Universities Press, New York, S. 23 bis 43.
Brenman, M. (1952), On being teased and the problem of »moral masochism«. *The Psychoanalytic Study of the Child*, 7, S. 264–285. International Universities Press, New York.
Brenner, C. (1953), An addendum to Freud's theory of anxiety. *Internat. J. Psycho-Anal.*, 34, S. 18–24.
–, (1957a), The nature and development of the concept of repression in Freud's writings. *The Psychoanalytic Study of the Child*, 12, S. 19–46. International Universities Press, New York.
–, (1957b), The reformulation of the theory of anxiety. In: *A General Selection from the Works of Sigmund Freud*, Hrsg. J. Rickman. Doubleday, New York, S. 236–246.
–, (1959), The masochistic character: genesis and treatment. *J. Amer. Psychoanal. Assn.*, 7, S. 197–226.
–, (1966), The mechanism of repression. In: *Psychoanalysis – A General Psychology*, Hrsg. R. M. Loewenstein et al. International Universities Press, New York, S. 390–399.
–, (1968), Psychoanalysis and science. *J. Amer. Psychoanal. Assn.*, 16, S. 675–696.
–, (1973a), Psychoanalysis: philosophy or science. In: *Psychoanalysis and Philosophy*, Hrsg. C. Hanly und M. Lazerowitz. International Universities Press, New York, S. 35–45.
–, (1973b), *An Elementary Textbook of Psychoanalysis*, New York, 2. Ausg.; dt.: *Grundzüge der Psychoanalyse*, S. Fischer, Frankfurt am Main 1972, erw. Neuausgabe.
–, (1974a), Depression, anxiety, and affect theory. *Internat. J. Psycho-Anal.*, 55, S. 25–32.

–, (1974b), Some observations on depression, on nosology, on affects, and on mourning. *J. Geriat. Psychiat.*, 7, S. 6–20.
–, (1974c), On the nature and development of affects: a unified theory. *Psychoanal. Quart.*, 43, S. 532–556.
–, (1975a) Affects and psychic conflict. *Psychoanal. Quart.*, 44, S. 5–28.
–, (1975b) Alterations in defenses during psychoanalysis. *Monogr. Kris Study Group N. Y. Psychoanal. Inst.*, 6, S. 1–22. International Universities Press, New York.
–, (1976), *Psychoanalytic Technique and Psychic Conflict,* New York; dt.: *Praxis der Psychoanalyse,* S. Fischer, Frankfurt am Main 1979.
–, (1979a), Depressive affect, anxiety, and psychic conflict in the phallic-oedipal phase. *Psychoanal. Quart.*, 48, S. 177–197.
–, (1979b), The components of psychic conflict and its consequences in mental life. *Psychoanal. Quart.,* 48, S. 547–567.
–, (1980), Metapsychology and psychoanalytic theory. *Psychoanal. Quart.,* 49, S. 189–214.
Cannon, W. B. (1929), *Bodily Changes in Pain, Hunger, Fear, and Rage.* Appleton, New York.
Dahl, H. (1979), A new psychoanalytic model of motivation. *Psychoanal. a. Contemp. Thought,* 1, S. 373–408.
Darwin, C. (1872), *The Expression of the Emotions in Man and Animals,* Philosophical Library, New York 1955; dt.: *Der Ausdruck der Gemütsbewegungen bei dem Menschen und den Tieren,* Stuttgart 1872.
Fenichel, O. (1935), A Critique of the death instinct. In: *The Collected Papers of Otto Fenichel,* 1, S. 363–372, Norton, New York 1953.
–, (1939), The counter-phobic attitude. In: *The Collected Papers of Otto Fenichel,* 2, S. 163–173, Norton, New York 1954.
–, (1941), *Problems of Psychoanalytic Technique,* The Psychoanalytic Quarterly, Albany, N. Y.
–, (1954a), Neurotic acting out. In: *The Collected Papers of Otto Fenichel,* 2. S. 296–304, Norton, New York 1954.
–, (1945b), *The Psychoanalytic Theory of Neurosis,* Norton, New York.
Ferenczi, S. (1923), *Thalassa. A Theory of Genitality.* The Psychoanalytic Quarterly, Albany, N. Y.
–, (1925), Psychoanalysis of sexual habits. *Internat. J. Psycho-Anal.,* 6, S. 372–404.
Freud, A. (1936), *Das Ich und die Abwehrmechanismen,* Fischer Taschenbuch, Bd. 42001.
–, (1952), Mutual influences of ego and id. *The Writings of Anna Freud,* Bd. 4, S. 230–244, New York 1968. Dt.: *Die Schriften der Anna Freud,* 10 Bde., Kindler, München 1980.
–, (1969), Difficulties in the path of psychoanalysis: a confrontation of past with present viewpoints. *The Writings of Anna Freud,* Bd. 7., S. 124–156, New York 1971.
–, (1974), Introduction, *The Writings of Anna Freud,* Bd. 1, S. XII f., New York.
–, (1975), Introduction. In: *Female Sexuality and the Oedipus Complex* von H. Nagera, Aronson, New York.

–, (1976), Changes in psychoanalytic practice and experience. *Internat. J. Psycho-Anal.,* 57, S. 257–260.
–, (1977), Fears, anxiety and phobic phenomena. *The Psychoanalytic Study of the Child,* 32, S. 85–90, Yale University Press, New Haven.
Freud, Sigmund, (1894), Die Abwehr-Neuropsychosen, *Gesammelte Werke* (G. W.), 18 Bände, seit 1960 bei S. Fischer, Frankfurt am Main, Bd. 1, S. 57.
–, (1895b), Über die Berechtigung, von der Neurasthenie einen bestimmten Symptomenkomplex als »Angstneurose« abzutrennen., G. W., Bd. 1, S. 315.
–, (1895d) und Breuer, J., *Studien über Hysterie,* G. W., Bd. 1.
–, (1896b), Weitere Bemerkungen über die Abwehr-Neuropsychosen, G. W., Bd. 1.
–, (1898a), Die Sexualität in der Ätiologie der Neurosen, G. W., Bd. 1, S. 489.
–, (1900a), *Die Traumdeutung,* G. W., Bd. 2–3.
–, (1901b), *Zur Psychopathologie des Alltagslebens,* G. W., Bd. 4.
–, (1905c), *Der Witz und seine Beziehung zum Unbewußten,* G. W., Bd. 6.
–, (1905d), *Drei Abhandlungen zur Sexualtheorie,* G. W., Bd. 1, S. 235.
–, (1905e [1901]), Bruchstück einer Hysterie-Analyse, G. W., Bd. 5, S. 163.
–, (1911b), Formulierungen über die zwei Prinzipien des psychischen Geschehens, G. W., Bd. 8, S. 230.
–, (1911c), Psychoanalytische Bemerkungen über einen autobiographisch beschriebenen Fall von Paranoia (Dementia paranoides), G. W., Bd. 8, S. 239.
–, (1912b), Zur Dynamik der Übertragung, G. W., Bd. 8, S. 363.
–, (1912–13), *Totem und Tabu,* G. W., Bd. 9.
–, (1914c), Zur Einführung des Narzißmus, G. W., Bd. 10, S. 138.
–, (1915a [1914]), Weitere Ratschläge zur Technik der Psychoanalyse: III. Bemerkungen über die Übertragungsliebe, G. W., Bd. 10, S. 305.
–, (1915c), Triebe und Triebschicksale, G. W., Bd. 10, S. 209.
–, (1915d), Die Verdrängung, G. W., Bd. 10, S. 247.
–, (1915e), Das Unbewußte, G. W., Bd. 10, S. 263.
–, (1916d), Einige Charaktertypen aus der psychoanalytischen Arbeit, G. W., Bd. 10, S. 364.
–, (1916–17 [1915–17]), *Vorlesungen zur Einführung in die Psychoanalyse,* G. W., Bd. 11.
–, (1917c), Über Triebumsetzungen, insbesondere der Analerotik, G. W., Bd. 10. S. 402.
–, (1917e), Trauer und Melancholie, G. W. Bd. 10, S. 428.
–, (1919a [1918]), Wege der psychoanalytischen Therapie, G. W., Bd. 12, S. 27.
–, (1919e), Ein Kind wird geschlagen, G. W., Bd. 12, S. 195.
–, (1920g), *Jenseits des Lustprinzips,* G. W., Bd. 13, S. 3.
–, (1921c), *Massenpsychologie und Ich-Analyse,* G. W., Bd. 13, S. 73.
–, (1923b), *Das Ich und das Es,* G. W., Bd. 13, S. 237.
–, (1924c), Das ökonomische Problem des Masochismus, G. W., Bd. 13, S. 369.

–, (1924d), Der Untergang des Ödipuskomplexes, G. W., Bd. 13, S. 395.
–, (1924 [1923]), *Selbstdarstellung,* G. W., Bd. 14, S. 33.
–, (1925j), Einige psychische Folgen des anatomischen Geschlechtsunterschiedes, G. W., Bd. 14, S. 19.
–, (1926d), *Hemmung, Symptom und Angst,* G. W., Bd. 14, S. 113.
–, (1927a), Nachwort zur *Frage der Laienanalyse,* G. W., Bd. 14, S. 287.
–, (1930a [1929]), *Das Unbehagen in der Kultur,* G. W., Bd. 14, S. 421.
–, (1931b), Über die weibliche Sexualität, G. W., Bd. 14, S. 517.
–, (1933a), *Neue Folge der Vorlesungen zur Einführung in die Psychoanalyse,* G. W., Bd. 15.
Glover, E. (1947), Basic mental concepts: their clinical and theoretical value. *Psychoanal. Quart.,* 16, S. 482–506.
Hartmann, H. und Kris, E. (1945), The genetic approach in psychoanalysis, *The Psychoanalytic Study of the Child,* 1, S. 11–30, International Universities Press, New York.
– –, und Loewenstein, R. M. (1946), Comments on the formation of psychic structure. *The Psychoanalytic of the child,* 2, S. 11–38, International Universities Press, New York.
– – –, (1949), Notes on the theory of aggression. *The Psychoanalytic Study of the Child,* 3/4, S. 9–36. International Universities Press, New York.
Jacobson, E. (1953), The affects and their pleasure-unpleasure qualities in relation to the psychic discharge process. In: *Drives, Affects, Behavior,* Hrsg. R. M. Loewenstein. International Universities Press, New York, S. 38–66.
–, (1964), *The Self and the Object World.* International Universities Press, New York.
–, (1971), Depression. Comparative Studies of Normal, Neurotic, and Psychotic Conditions. International Universities Press, New York; dt.; *Depression. Vergleichende Untersuchung normaler, neurotischer und psychotisch-depressiver Zustände.* Suhrkamp Verlag, Frankfurt 1983.
Jones, E. (1911), On »dying together«, with special reference to Heinrich von Kleist's suicide. In: *Essays in Applied Psycho-Analysis,* 1., S. 9–15, International Universities Press, New York 1964.
–, (1912), An unusual case of dying together. In: *Essay in Applied Psychoanalysis,* 1, S. 16–21. International Universities Press, New York 1964.
–, (1931), *On the Nightmare,* Liveright, New York.
Katan, A. (1972), The infant's first reaction to strangers: distress or anxiety? *Internat. J. Psycho-Anal.,* 53, S. 501–503.
Klein, M. (1948), A Contribution to the theory of anxiety and guilt. *Internat. J. Psycho-Anal.,* 29, S. 114–123.
– et al. (1952), *Developments in Psycho-Analysis.* Hogarth Press, London.
Kramer, P. (1958), Note on one of the preoedipal roots of the superego. *J. Amer. Psychoanal. Assn.,* 6, S. 38–46.
Kris, E. (1935), The psychology of caricature. In: *Psychoanalytic Explorations in Art.* International Universities Press, New York 1952, S. 173 bis 188.
–, (1939), On inspiration. In: *Psychoanalytic Explorations in Art.,* International Universities Press, New York 1952, S. 291–302.

Kubie, L. S. (1939), A critical analysis of the concept of a repetition compulsion. *Internat. J. Psycho-Anal.,* 20, S. 390–402.
Lewin, B. D. (1950), *The Psychoanalysis of Elation.* The Psychoanalytic Quarterly, Albany, N. Y.
–, (1961), Reflections on depression. *The Psychoanalytic Study of the Child,* 16, S. 147–157. International Universities Press, New York.
–, (1965), Reflections on affect. In: *Drives, Affects, Behavior,* Hrsg. M. Schur. International Universities Press, New York, S. 23–37.
Loewald, H. (1972), Freud's conception of the negative therapeutic reaction, with comments on instinct theory. *J. Amer. Psychoanal. Assn.,* 20, S. 235–245.
Loewenstein, R. M. (1957), A contribution to the psychoanalytic study of masochism. *J. Amer. Psychoanal. Assn.,* 5, S. 197–234.
Malev, M. (1966), The Jewish orthodox circumcision ceremony. *J. Amer. Psychoanal. Assn.,* 14, S. 510–517.
McLaughlin, J. T. (1981), Transference, psychic reality, and Countertransference. *Psychoanalyt. Quart.,* 50, S. 639–664.
Novey, S. (1959), A clinical view of affect theory in psycho-analysis. *Internat. J. Psycho-Anal.,* 40, S. 94–104.
Panel (1956), Re-evaluation of the libido theory, dargestellt von C. Brenner, *J. Amer. Psychoanal. Assn.,* 4, S. 162–169.
Pollock, G. H. (1978), Process and affect: mourning and grief. *Internat. J. Psycho-Anal.,* 59, S. 255–276.
Rado, S. (1933), Fear of castration in women. *Psychoanal. Quart.,* 2, S. 425–475.
Rangell, L. (1955), On the psychoanalytic theory of anxiety: a statement of a unitary theory. *J. Amer. Psychoanal. Assn.,* 3, S. 389–414.
–, (1978), On understanding and treating anxiety and its derivatives. *Internat. J. Psycho-Anal.,* 59, S. 229–236.
Rivera, J. de (1977), *A Structural Theory of the Emotions. Psychol. Issues,* Monogr. Bd. 40, International Universities Press, New York.
Rochlin, G. (1953), The disorder of depression and elation. *J. Amer. Psychoanal. Assn.,* 1, S. 438–457.
Róheim, G. (1950), *Psychoanalysis and Anthropology.* International Universities Press, New York.
Sachs, H. (1942), The community of daydreams. In: *The Creative Unconscious,* Sci-Art Publishing, Boston.
Schafer, R. (1960), The loving and beloved superego in Freud's structural theory. *The Psychoanalytic Study of the Child,* 15, S. 163–188. International Universities Press, New York.
–, (1968), The mechanisms of defence. *Internat. J. Psycho-Anal.,* 49, S. 49–62.
Schur, M. (1966), *The Id and the Regulatory Principles of Mental Functioning,* International Universities, Press, New York; dt.: *Das Es und die Regulationsprinzipien des psychischen Geschehens,* S. Fischer, Frankfurt am Main 1973.
–, (1969), Affects and cognition. *Internat. J. Psycho-Anal.,* 50, S. 647 bis 653.

Stein, M. (1981), The unobjectionable part of the transference. *J. Amer. Psychoanal. Assn.,* 29, S. 869–892.
Stone, L. (1954), The widening scope of indications for psychoanalysis. *J. Amer. Psychoanal. Assn.,* 2, S. 567–594.
–, (1971), Reflections on the psychoanalytic theory of aggression. *Psychoanal. Quart.,* 40, S. 195–244.
–, (1979), Remarks on certain unique conditions of human aggression (the hand, speech, and the use for fire). *J. Amer. Psychoanal. Assn.,* 27, S. 27–64.
Strachey, J. (1961), Editor's note. In: *Standard Edition of the Complete Psychological Works of Sigmund Freud,* 19, S. 243–247.
Waelder, R. (1930), The principle of multiple function. Observations on overdetermination. In: *Psychoanalysis: Oberservation, Theory, Application,* Hrsg. S. A. Guttman. International Universities Press, New York 1976, S. 66–83.
–, (1937), The problem of the genesis of psychic conflict in earliest infancy. *Internat. J. Psycho-Anal.,* 18, S. 406–473.
Yorke, C. und Wiseberg, S. (1976), A developmental view of anxiety: some clinical and theoretical considerations. *The Psychoanalytic Study of the Child,* 31, S. 107–135. Yale University Press, New Haven.

Namen- und Sachregister

Geist und Psyche

Begründet von Nina Kindler 1964

Psychoanalyse

Stavros Mentzos
Neurotische Konfliktverarbeitung
Band 42239
Hysterie
Band 42212

Herausgegeben von
Stavros Mentzos
Angstneurose
Band 42266

M. Mitscherlich
Erinnerungsarbeit
Zur Psychoanalyse der Unfähigkeit zu trauern
Band 11617

Herausgegeben von
Humberto Nagera
Psychoanalytische Grundbegriffe
Band 42288

Badi Panahi
Grundlagen der modernen Psychotherapie
Ihre Quellen in Wissenschaft und Philosophie
Band 12021

Herausgegeben von
Harald Pühl/
W. Schmidbauer
Supervision und Psychoanalyse
Selbstreflexion der helfenden Berufe
Band 10599

David Rapaport
Gefühl und Erinnerung
Band 11817

J. Reichmayr
Spurensuche in der Geschichte der Psychoanalyse
Band 11727

Ernst Simmel
Psychoanalyse und ihre Anwendungen
Ausgewählte Schriften. Band 11348

Hans Strotzka
Macht
Ein psychoanalytischer Essay
Band 42303

D.W. Winnicott
Von der Kinderheilkunde zur Psychoanalyse
Aus den »Collected Papers«
Band 42249

Fischer Taschenbuch Verlag

fi 350 / 2 b